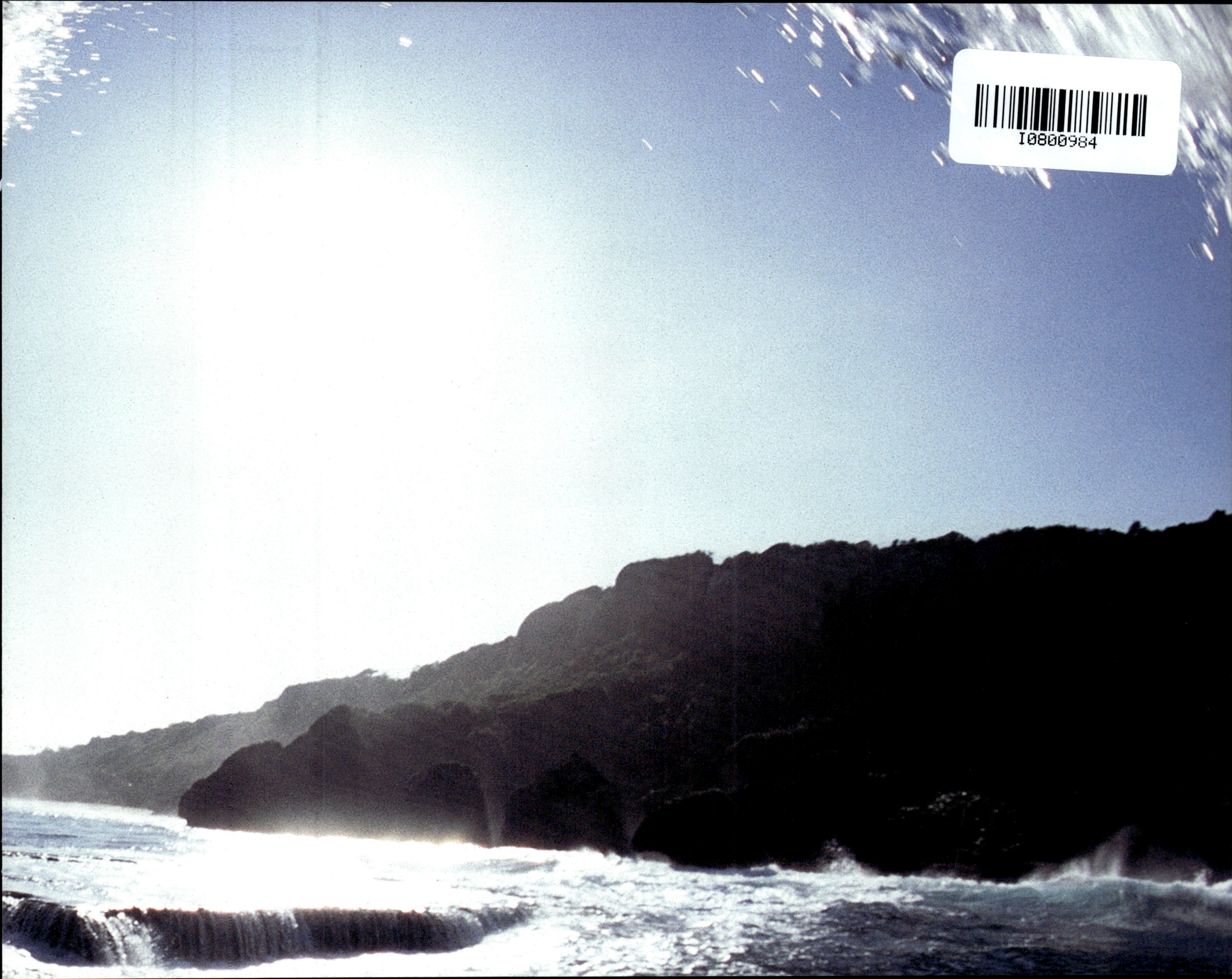

PUERTO RICO'S SURF CULTURE

THE PHOTOGRAPHY OF STEVE FITZPATRICK

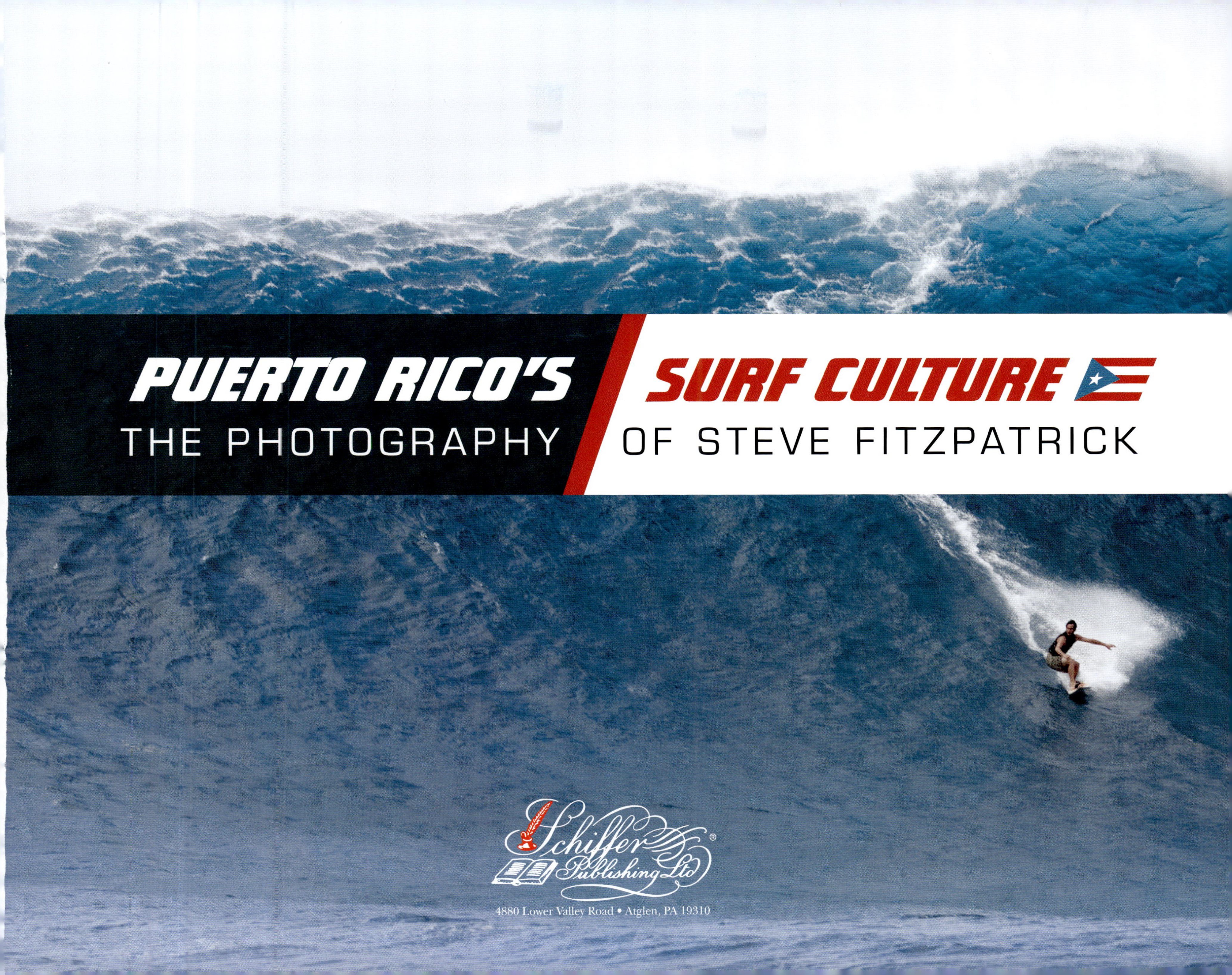

Schiffer Publishing Ltd®

4880 Lower Valley Road • Atglen, PA 19310

Other Schiffer Books on Related Subjects:

Flying Through the Clouds: Surf Photography of Jim Russi, 978-0-7643-3861-8, $45.00

Surfing, 0-7643-0655-3, $39.95

Surf Art! Graphics and Memorabilia, 0-7643-2495-0, $24.95

Surfboard Wax: A History, 978-0-7643-2569-8, $29.95

Graphic Surf: Decals, Patches, Stickers, 978-0-7643-2948-7, $29.95

Photo editing by Steve Fitzpatrick
Forewords by Alex Dick-Read & Eduardo Emanuelli
Text editing by Ricky Amon & Eduardo Emanuelli
Oceanographer: Miguel Canals, PhD
Translated by Glori Colón

Library of Congress Control Number: 2012939712

Designed by Justin Watkinson
Type set in Eurostile LT Std/Zurich BT

ISBN: 978-0-7643-4195-3
Printed in China

Published by Schiffer Publishing, Ltd.
4880 Lower Valley Road
Atglen, PA 19310
Phone: (610) 593-1777; Fax: (610) 593-2002
E-mail: Info@schifferbooks.com

For the largest selection of fine reference books on this and related subjects, please visit our website at **www.schifferbooks.com.** You may also write for a free catalog.

This book may be purchased from the publisher.
Please try your bookstore first.

We are always looking for people to write books on new and related subjects. If you have an idea for a book, please contact us at proposals@schifferbooks.com

Schiffer Books are available at special discounts for bulk purchases for sales promotions or premiums. Special editions, including personalized covers, corporate imprints, and excerpts can be created in large quantities for special needs. For more information contact the publisher.

In Europe, Schiffer books are distributed by
Bushwood Books
6 Marksbury Ave.
Kew Gardens
Surrey TW9 4JF England
Phone: 44 (0) 20 8392 8585; Fax: 44 (0) 20 8392 9876
E-mail: info@bushwoodbooks.co.uk
Website: www.bushwoodbooks.co.uk

FRONT COVER:

Carlos Cabrero, Tres Palmas, Rincón, March 20, 2008, 3:40 P.M.: "The Swell of the Century" was one for the ages, and the waves at Tres Palmas on this day were monstrous by local standards. Several tow teams were charging the outside section through the course of the day while Carlos paddled into whatever he could catch from the middle section though the bowl. When Carlos finally got the chance to be pulled into a few waves towards the end of the afternoon, it was somehow fitting that he would catch the biggest wave ever ridden in the history of Puerto Rican surfing.

Carlos Cabrero, Tres Palmas, Rincón, 20 de marzo de 2008, 3:40 P.M.: "La Marejada del Siglo" fue una para la historia, y las olas en Tres Palmas ese día eran monstruosas según los estándares locales. Varios equipos de remolque estaban corriendo la sección de afuera durante el día mientras Carlos le remaba a lo que pudiera agarrar desde la sección del medio a través del "bowl". Cuando finalmente Carlos tuvo la oportunidad de ser remolcado dentro de varias olas hacia el final de la tarde, hasta cierto punto era apropiado que fuera él quien cogiera la ola más grande jamás corrida en la historia del surfing puertorriqueño.

To my mother, Shirley Jean Fitzpatrick, and my late father, Richard Benton Fitzpatrick, who both believed in me, and my mission, even when sometimes I did not. And to my wife, Dery H. Ramos, without whose love and support this book would not have been possible.

A mi madre, Shirley Jean Fitzpatrick, y mi difunto padre, Richard Benton Fitzpatrick, quienes creyeron en mi, y en mi misión, hasta cuando yo mismo dudaba. Y a mi esposa, Dery H. Ramos, sin cuyo amor y apoyo la publicación de este libro no habría sido posible.

BACK COVER:

Dylan Graves, Backdoor, Aguadilla, February 27, 2006, 9:33 A.M.: By this time, a lot of sessions had gone down at Backdoor for Dylan and he was completely in tune with the wave. From my end, besides having a few solid swims here under my belt, I'd also had a chance to get the new digital technology fairly wired, and I was using the equivalent of that 35mm lens I'd grown to love so much at the end of my film era. Those two factors led to a nice hookup for a memorable watershot.

Dylan Graves, Backdoor, Aguadilla, 27 de febrero de 2006, 9:33 A.M.: Para este tiempo, ya Dylan había tenido muchas sesiones en Backdoor y estaba completamente sincronizado con la ola. En cuanto a mí, además de haber nadado allí varias veces, también me había acoplado bastante bien a la nueva tecnología digital y estaba usando el equivalente del lente de 35mm que me gustaba tanto a finales de mi época de usar película. Esos dos factores fueron una buena combinación para crear esta memorable imagen acuática.

"The most alive is the wildest. Not yet subdued to man, its presence refreshes him."

–Henry David Thoreau

"Lo más vivo es lo más salvaje. Aún no sometido al hombre, su presencia le refresca."

–Henry David Thoreau

CONTENTS

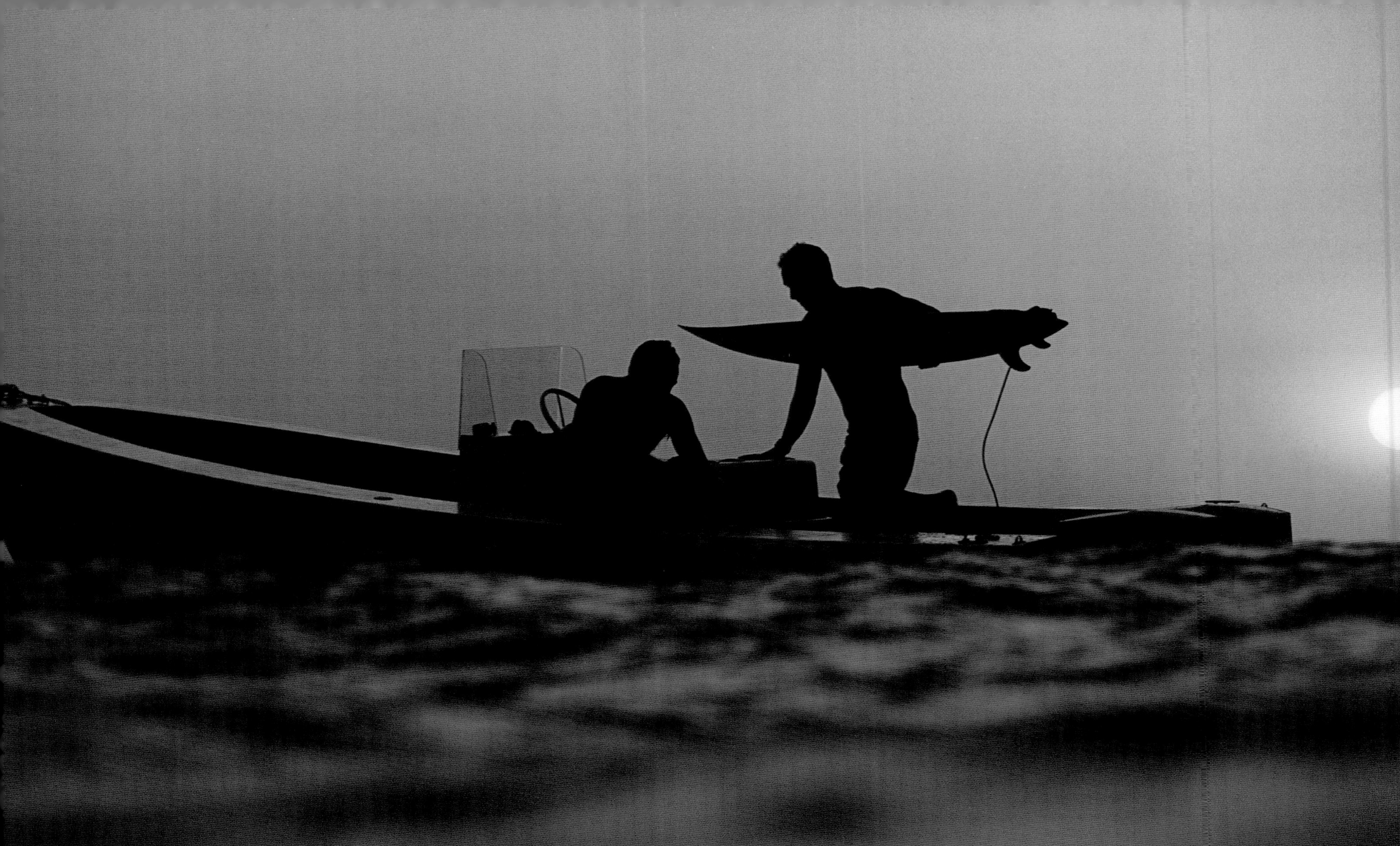

Randy Selsby and Luis de Orbeta, Outer Reef, March 18, 2005: Surfing the outer reefs of Puerto Rico is often a gamble. Notoriously fickle and susceptible to the wind, a reef expedition can sometimes go bust very quickly. However, Randy is one local who not only knows the reefs well, but also built the boat in which he accesses them. A veteran of many cross-Caribbean missions aboard Brava, Randy is one of a handful of people in the local surf community who know the Greater Antilles intimately in terms of surf potential.

Randy Selsby y Luis de Orbeta, Outer Reef, 18 de marzo de 2005: Surfear los arrecifes en las afueras de Puerto Rico a menudo es una lotería. Son sumamente inconstantes y susceptibles al viento, por lo que una expedición a ellos se puede dañar rápidamente. Sin embargo, Randy es un local que además de conocerlos bien, construyó el bote que usa para llegar a ellos. Randy es un veterano de muchas misiones por el Caribe a bordo de "Brava", y es uno de los pocos en la comunidad del surfing local que conoce a fondo las Antillas Mayores en términos de su potencial para el surfing.

Foreword I

Surf photography today isn't what it was back in the mid-nineties when Steve and I first met. Back then I was just starting out in surf magazines and in many ways, photographers ruled. Strange as it may sound, the guys who managed to squeak a living out of this obscure, highly specialized craft were...well...craftsmen.

We first met in a strange place, indeed. The airport restaurant in San Juan, Puerto Rico. I was heading to Europe to start a surf magazine and had a two-hour layover in San Juan. Someone had passed me the phone number of a Puerto Rico-based photographer they'd met on a beach in Barbados and, without a clue or a contact in the surf photography world, calling this guy Steve to see if he might contribute some photos seemed like a good idea.

On the phone Steve was wary. He didn't know me, didn't know anything about the publishers of the magazine I was about to start, and being a professional shooter, he needed certain assurances. Would there be compensation? Would I treat his transparencies with the extreme care he expected? Would he be guaranteed to get them back and in good time? Who was choosing the shots?

I bungled a few answers that must have sounded convincing because Steve agreed to schlep over to Luis Muñoz Marin Airport with a hefty pile of transparencies, a mini lightbox, and a loupe. We sat in the dimly lit lounge bar making polite, enthusiastic conversation while I leaned into sheet after sheet of glorious blue-water slides—deep blue, turquoise blue, unbelievable turquoise blue—with surfers and waves that clearly belonged on the pages of a surf mag.

It was tempting to take the whole stash, but I managed to pare it down to 10 sheets. Packing them into my bag, I felt, for the first time ever, the utter terror that comes when you're holding two hundred original, unique, irreplaceable images by a professional photographer. Images he'd swum for. Got up early for. Taken lips on the head for. Been smashed on the reef and nearly run over for. And of course, in financial terms, paid for.

Despite our easy-flowing conversation, my main memory from the meeting is that Steve let me know in no uncertain terms that this was serious stuff we were getting into. This was his livelihood, and by giving me his photographs he was entrusting part of that livelihood to me. I remember being aware that if I said one wrong

Prólogo I

La fotografía del surfing hoy día no es lo que era a mediados de la década de 1990, cuando Steve y yo nos conocimos. En ese entonces yo comenzaba a trabajar con las revistas de surfing y, en muchas maneras, los fotógrafos eran lo máximo. Puede sonar extraño, pero los tipos que lograban vivir de este oscuro y altamente especializado arte eran... pues... artesanos.

Nos conocimos en un lugar extraño: el restaurante del aeropuerto en San Juan, Puerto Rico. Me dirigía a Europa a comenzar una revista de surfing y tenía una parada de dos horas en San Juan. Alguien me había dado el teléfono de un fotógrafo basado en Puerto Rico que habían conocido en una playa en Barbados y, a falta de ideas y contactos en el mundo de la fotografía del surfing, llamar a este tal Steve para ver si quería aportar algunas fotos parecía una buena idea.

Al teléfono, Steve fue cauteloso. No me conocía ni sabía nada sobre los editores de la revista y, como fotógrafo profesional, necesitaba ciertas garantías. ¿Habría alguna compensación? ¿Trataría sus transparencias con el cuidado que esperaba? ¿Le garantizaría que se las devolvería y pronto? ¿Quién seleccionaría las fotos?

Mis respuestas deben haberle convencido porque aceptó llegar al Aeropuerto Luis Muñoz Marín con un paquete de transparencias, una pequeña caja de luz y una lupa. Sentados en el salón de la barra, hablábamos cortésmente mientras yo miraba página tras página de diapositivas de agua de maravillosos tonos de azul -azul intenso, azul turquesa, un azul turquesa increíble- con surfers y olas que claramente merecían estar en las páginas de una revista de surfing.

Me vi tentado a llevármelas todas, pero logré limitarme a 10 páginas. Al meterlas en mi bolso, sentí por primera vez el absoluto terror que se siente cuando llevas 200 imágenes originales, únicas e irremplazables de un fotógrafo. Imágenes por las cuales él nadó. Se levantó temprano. Le rompieron olas en la cabeza. Se estrelló sobre arrecifes y casi lo atropellaron. Y, por supuesto, en términos financieros, por las que él pagó.

A pesar de nuestra agradable conversación, mi recuerdo principal de este encuentro es que Steve me dejó saber muy claramente que esto era un asunto muy serio. Se trataba de su manera de ganarse la vida, y al darme sus fotografías estaba confiando parte de su sustento en mí. Recuerdo haber tenido muy presente que si decía algo incorrecto mientras hablábamos en aquel bar, él podía llevarse las fotos inmediatamente o negarse a enviarme más fotos en el futuro.

thing while we talked in that bar he could take back those photographs right away, or refuse to send me any ever again.

His images were so good they'd easily sell somewhere else, so in a way, he was doing me a favor just by giving them to me. But his biggest favor was to teach me the simple truth of editing in those days—that photographers had the upper hand, so respect, as they say in the Caribbean, was due.

I've worked with thousands of surf photographers since then and it's no exaggeration to say that our little meeting in the airport lounge of Luis Muñoz Marin Airport set me off on the right track for maintaining productive, professional, and all-around positive relationships with them all.

After the meeting I caught my plane. Steve's images appeared in the first issue of our magazine and were returned in good condition—he carried on submitting photos for *The Surfer's Path* for another 15-plus years.

Over that time we developed a working relationship and a friendship in parallel. If Steve is nothing else he is a consummate professional. I got used to the very formal, polite, and business-like manner he adopts when it comes to business. Compared to the casual communication styles normally employed in the surf industry, it seemed a little unnerving at first before I realized that it was the only way to operate when the talk tilts towards business.

Aside from that we got on great, sharing, as we do, not just an obsession with high-quality surf photographs, but also a driving passion for the Caribbean region, its people, cultures, and its waves. That passion spans from Trinidad to Jamaica and beyond, but for Steve it is centred in Borinquen, Puerto Rico, his chosen heartland.

Puerto Rico, as an adopted home, is no easy ride. If you're a young and ambitious New Jersey boy hungry to catch some Puerto Rican waves, you need to move carefully. If you want to photograph them, the dynamic gets even more sensitive. So it says a lot about Steve that, as an outsider, over two decades he has become more than just a respected member of Puerto Rico's rich and proud surfing culture. In a tiny nation packed with surfing talent, Steve became the chief image-maker for the island's subculture.

I remember asking him about Hawaii one time and he cut me short, saying, "I don't know much about Hawaii. I haven't been there." He could say the same about Australia or South Africa, or many of the other locations that are base-line standard for any professional surf photographer. But it didn't matter. In Steve's case it only served to underline his passion for his adopted homeland, showing his intention to be a serious, Puerto Rico-based photographer, not a whimsical, at-any-cost, surf photographer. Steve could have chased the ASP World Tour or jumped on planes to Teahupoo, Tangiers, or Jeffrey's Bay whenever the charts looked good,

Sus imágenes eran tan buenas que fácilmente las podía vender, así que realmente me estaba haciendo un favor solo por dármelas. Pero el favor más grande que me hizo fue enseñarme la simple realidad de la edición en esos días: que los fotógrafos tenían la ventaja, de manera que merecían respeto.

He trabajado con miles de fotógrafos de surfing después de ese día y no exagero al decir que nuestra pequeña reunión en el bar del Aeropuerto Luis Muñoz Marín me puso en la dirección correcta para mantener relaciones productivas, profesionales y positivas con todos ellos.

Luego de la reunión, abordé mi avión, las imágenes de Steve aparecieron en el primer número de nuestra revista, fueron devueltas en buenas condiciones y él continuó enviando fotos para The Surfer's Path por más de 15 años después.

En ese tiempo desarrollamos paralelamente una relación de trabajo y una amistad. Steve definitivamente es un profesional completo. Me acostumbré al estilo muy formal, cortés y serio que adopta cuando de negocios se trata. Comparado con los estilos casuales de comunicación que se usan normalmente en la industria del surfing, al principio me parecía un poco desconcertante, hasta que comprendí que era la única manera de operar cuando el tema tiene que ver con negocios.

Aparte de eso, nos llevábamos muy bien, pues compartíamos, además de una obsesión por la fotografía de surfing de alta calidad, una gran pasión por la región del Caribe, su gente, culturas, y olas. Esa pasión se extiende desde Trinidad hasta Jamaica y más allá, pero para Steve se concentra en Borinquen, Puerto Rico, su patria escogida.

Puerto Rico, como hogar adoptado, no es fácil. Si eres un joven ambicioso de Nueva Jersey loco por correr las olas de Puerto Rico, necesitas moverte cuidadosamente. Si quieres fotografiarlas, la dinámica se torna aún más sensitiva. Por lo tanto, dice mucho de Steve el que, como extranjero, en dos décadas se haya convertido en más que un miembro respetado de la rica y orgullosa cultura del surfing en Puerto Rico. En una pequeñísima nación llena de talento en el surfing, Steve se convirtió en el principal creador de imágenes de esta subcultura de la Isla.

Recuerdo haberle preguntado una vez sobre Hawai y me interrumpió para decirme "No sé mucho sobre Hawai. Nunca he ido". Y podría decir lo mismo de Australia, o Sudáfrica, o muchos otros destinos que son la base estándar para cualquier fotógrafo de surfing profesional. Pero no importaba. En el caso de Steve, simplemente subrayó su pasión por su patria adoptada, mostrando su intención de ser un fotógrafo serio basado en Puerto Rico, no un fotógrafo de surfing a toda costa y por capricho. Steve pudo haberse ido a seguir el Campeonato Mundial de la ASP, o pasársela viajando a Teahupoo, Marruecos o Jeffrey's Bay cada vez que las gráficas se vieran bien, pero nada de eso le interesaba. Establecer,

but none of that was in his sights. Establishing, maintaining, and polishing his relationship with Puerto Rico and its people was always his priority. PR first, surf second.

These days, of course, his craft has changed. Starting in the mid-2000s, digital photography blew into the surf world like a hurricane. A hard-earned image was no longer encapsulated in a single, see-through piece of transparency film. It could be reproduced and rendered an infinite number of times in pixel form. Suddenly, photographers didn't have to be the craftsmen they once were. These days, most don't serve apprenticeships like Steve and his generation did. Almost anyone can fire off magazine-quality shots. In editorial terms, of course, it means the shooter no longer rules, so many former professionals have dropped out of the photo game altogether, unable to retain a position in the fractionalized market. That said, there is still no substitute for having a keen eye and a polished vision, things that no technology can provide, even if the specialized skill of the photographer is now a smaller part of the equation.

But Steve has adapted, and more than that, he's used his central position to help and encourage younger local photographers trying to get a start in the game. For a man trying to survive in such a saturated market, that's a brave and selfless position to take. But that's Steve—always professional, but kind enough to give a newcomer a break.

As far as I'm concerned, despite the multitude of options available now, I'll still keep trying to persuade Steve to send me his photos. As we can see in this long-overdue collection, his work is still as thoughtful, beautiful, and energetic as ever. It speaks of Puerto Rico, of surfing, and of a love of photography that runs deep and continues to command my admiration and respect. Thanks, Steve, for sharing so much.

Alex Dick-Read
Tortola, British Virgin Islands
October 2011

mantener y pulir su relación con Puerto Rico y su gente fue siempre su prioridad. PR primero, y el surfing segundo.

Recientemente, por supuesto, su profesión ha cambiado. A mediados de la década del 2000 la fotografía digital revolucionó el mundo del surfing como un huracán. Una imagen lograda con esfuerzo ya no está encapsulada en un pedazo único de película transparente. Se puede reproducir y plasmar infinidad de veces en formato de píxel. Ya los fotógrafos no tienen que ser los artesanos que eran antes. Ahora la mayoría no hace internados como lo hicieron Steve y su generación. Casi cualquiera puede tirar fotos de calidad de revista. En términos editoriales, por supuesto, significa que el fotógrafo ya no es rey, por lo que muchos profesionales se han retirado de la fotografía por completo, al no poder retener una posición en el fraccionado mercado. Eso dicho, no hay sustituto para el buen ojo y la visión refinada, algo que ninguna tecnología puede proveer, aunque la destreza especializada del fotógrafo sea ahora una parte menor de la ecuación.

Pero Steve se ha adaptado, y más aún, ha usado su posición central para ayudar y fomentar que los fotógrafos locales más jóvenes entren en el juego. Para un hombre que intenta sobrevivir en un mercado tan saturado, es algo sumamente valiente y generoso. Pero ese es Steve – siempre profesional, pero lo suficientemente bondadoso para darle una oportunidad a un recién llegado.

En lo que a mi respecta, a pesar de la variedad de opciones que hay disponibles ahora, yo seguiré tratando de persuadir a Steve para que me envíe sus fotos. Como se puede ver en esta colección, su trabajo sigue siendo tan bien pensado, hermoso y energético como siempre. Habla de Puerto Rico, del surfing y de un profundo amor por la fotografía que continúa mereciendo mi admiración y respeto. Gracias, Steve, por compartir tanto.

Alex Dick-Read
Tortola, Islas Vírgenes Británicas
octubre de 2011

Foreword II

The process of being involved with Steve's goal to bring this book to fruition has been one of many blessings. From day one, as Steve scrolled through his collection of images spanning his 20 years in Puerto Rico, two things became clear. One, there is a big difference between an "average Joe" taking a picture of a lineup, and Steve seeing a moment or an angle unique to his perspective and capturing it with a high-end camera. Two, this book needed to exist. From that point on, the quality of Steve's persona, the artistic quality behind his photos, and his uncompromising dedication to his craft, kept me as stoked on the prospect of this book coming to be as I was on that first day he shared his vision: to make this book and have it serve as his gift of appreciation to an island that has given him so much.

As a surfer, overall ocean enthusiast, and proud member of the tribe of Puerto Ricans that reap the benefits of living on an island surrounded by warm waters and great waves, I believe this book serves as our most tangible bible as to who we are and why we are eternally hooked on searching and finding waves on this 100 x 35 mile island we call home.

Because of Steve's drive to live out his dream and capture his vision, we all now get to enjoy the images that span the history of his time on the island, and insert ourselves in the moment of every photo, entertaining the thought of riding every wave showcased. In essence, it is that for which I am thankful: to have been involved in a project whose lasting presence will live on and serve as a historic acknowledgment for all future generations of surfing in Puerto Rico.

Eduardo Emanuelli
San Juan, Puerto Rico
October 2011

Prólogo II

El proceso de estar involucrado en la meta de Steve de publicar este libro ha sido uno de muchas bendiciones. Desde el primer día, mientras Steve revisaba la colección de imágenes que ha acumulado en sus 20 años en Puerto Rico, me di cuenta de dos cosas. La primera, que hay una gran diferencia entre la persona común que toma una foto de surfing, y cuando Steve captura un momento o un ángulo único en su perspectiva con su cámara profesional. Y la segunda, que este libro tenía que existir. Desde ese punto en adelante, la calidad de persona que es Steve, la calidad artística de sus fotos, y su firme compromiso con su arte, me mantuvieron tan emocionado por la idea de hacer este libro como el primer día que compartió conmigo su visión: Hacer este libro para que fuese su regalo de apreciación a una isla que le ha dado tanto.

Como surfer, amante del mar en general, y orgulloso miembro de la tribu de puertorriqueños que aprovechan los beneficios de vivir en una isla rodeada de agua cálida y buenísimas olas, creo que este libro sirve como nuestra más tangible documentación de quiénes somos y por qué estamos eternamente adictos a la búsqueda de olas en esta isla de 100 x 35 millas que es nuestro hogar.

Gracias al ánimo de Steve de hacer su sueño realidad y capturar su visión, todos podremos disfrutar de las imágenes que comprenden su estadía en la Isla, y podremos insertarnos en el momento de cada foto con la fantasía de correr cada una de las olas. En esencia, es por esto que estoy agradecido: haber estado involucrado en un proyecto cuya presencia perdurará y servirá de reconocimiento histórico para todas las futuras generaciones del surfing en Puerto Rico.

Eduardo Emanuelli
San Juan, Puerto Rico
octubre de 2011

Acknowledgments/ Agradecimientos

My family: Shirley J. Fitzpatrick, Richard B. Fitzpatrick, Dan & Alison Fitzpatrick, Erin Fitzpatrick, Kevin Fitzpatrick, Claire Fitzpatrick, Jane Fitzpatrick Schulz, Kyle Schulz, Dylan Schulz, Kevin & Kate Cooke, Daniel Cooke, Ryan Cooke, Julie Fitzpatrick, and Dery Ramos.

Evelyn Leavens; Kevin Kady; Russell Ford; Rol Woolson; Stephen De Gersdorff; Jeffery Wrightsen; Bill Caldwell; Scott Thompson; Brian Unger; Francisco Maldonado; Claudio Alonso; Luis Miranda; Aldemar Cortés; John Curry; August Bandal; Conrad Kiffen; Michael Komoto; Amber Alliger; Charlie Samuels; Clay Humphrey; Ernesto Robles; Franklin Miranda; Alan Hirsh; Marilú López-Fretts; Luz María Fretts; Evalexa Tomei, Gamma Jorge; Benjamin Jorge; Raymond Rosado; Mario Oronoz; Ricky Amon; Eduardo Emanuelli; Glori Colón; Miguel Canals; Guillermo Real; Nicole Pietri; Franco Pietri; Leida Santiago; José Flores; Instituto de Cultura Puertorriqueña; Familia Fonalledas; Eva Salgado; Victor Castrillo; the partners of Carrion, Laffitte, & Casellas; Rene de la Cruz; Lorraine Visseppo; Celina Nogueras; Carlos Trapaga; Craig & Michele Prothers; Dennis & Carol Ritch; Craig & Michelle Barker; Brian Ramos; Chessy Montalvo; Sara Diaz-Velarde; Randy Selsby; Jonathan "Cholo" Alayón; Ricardo Villanueva; Pablo Diaz; Riki de Soto; Dick Meseroll; Tom Dugan; Larry "Flame" Moore; Jeff Divine; Jason Murray; Pete Taras; Jimmy Wilson; Alex Dick-Read; Alex Laurel; Art Brewer; Mike Moir; Sean Davey; Larry Pope; David Pu'u; Lee Pegus; Noah Hamilton; Tony Roberts; Steve Ogles; Mike Waggoner; all the talent with which I've had the pleasure to work; all the photo editors who have used my imagery; all the photographers with whom I have collaborated; all the people who have helped me in my travels; and all the people I have neglected to mention who in one way or another have had a hand in my work over the years, you all know who you are, many thanks.

Preface

My relationship with Puerto Rico began, strangely enough, in Boston. As a freshman at Boston College in the fall of 1984, I encountered Francisco "Teco" Maldonado on our first day of oceanography class. He approached me after class, and we became fast friends and eventually roommates. That year I visited the island for the first time during our Christmas break, and while, at times, the usual college carousing got in the way of maximizing the available swell, we did manage to get our fill and I certainly got more than I ever would have at home in New Jersey. What I took away from that first trip, more than anything, was an appreciation for the incredible potential the island held for top-quality waves, and more importantly, the fact that no one seemed to be documenting any of it.

Four years in Boston featured eight trips to Puerto Rico, and after graduating with a BA in Romance Languages and a minor in Film Studies, I made two more trips before leaving on a long awaited and open-ended walkabout through the Spanish Basque Country and the Canary Islands in September of 1990. Upon returning to the New York City area in the fall of 1991, I knew that life in the big city didn't hold much allure for me, and in October of 1992, I relocated to San Juan.

Prefacio

Mi relación con Puerto Rico, aunque parezca extraño, comenzó en Boston. Cursaba el primer año en Boston College en el otoño de 1984 cuando conocí a Francisco "Teco" Maldonado el primer día de nuestra clase de oceanografía. Se me acercó después de clase y rápidamente nos hicimos amigos y, al tiempo, compañeros de cuarto. Ese año visité la Isla por primera vez durante las vacaciones de Navidad y, aunque la juerga típica de los universitarios a veces nos impidió aprovechar las marejadas de la época, logramos surfear bastante y yo definitivamente surfié más de lo que hubiera surfiado en Nueva Jersey. Lo que saqué de ese primer viaje, más que nada, fue una apreciación del increíble potencial que tenía la Isla para olas de la más alta calidad y, más importante aún, el hecho de que nadie parecía estarlas documentando.

En los cuatro años que estuve en Boston viajé ocho veces a Puerto Rico y, luego de graduarme con una especialización en Lenguas Romances y Estudios de Cinematografía, hice dos viajes más antes de irme de excursión por el País Vasco español y las Islas Canarias en septiembre de 1990. Era un viaje que venía planificando desde hacía mucho tiempo. Cuando volví a Nueva York en otoño de 1991, sabía que la vida en la gran ciudad no me atraía mucho y en octubre de 1992 me mudé a San Juan.

Steve, Jobos, Isabela, December 1987: On the beach at Jobos before taking a walk with my first medium format camera, a Rolleiflex I bought used for $150 from a local New Jersey camera shop.

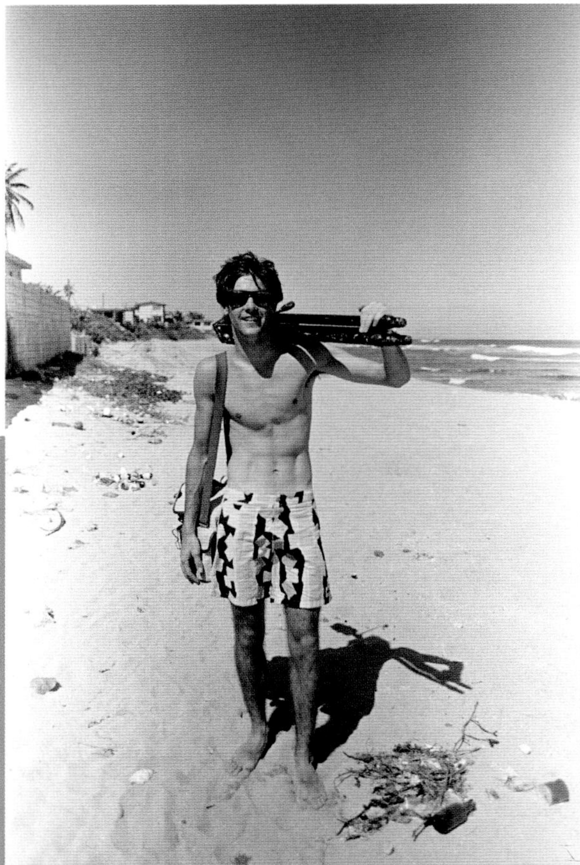

Steve, Jobos, Isabela, diciembre de 1987: En la playa de Jobos antes de dar un paseo con mi primera cámara de formato mediano, una Rolleiflex que compré usada por $150 en una tienda de fotografía local de Nueva Jersey.

People often wonder why I chose San Juan over Isabela, Aguadilla, or Rincón. First and foremost, my network of close Puerto Rican friends was mostly here in the capital. Second, despite working several menial jobs during my first two years here, any photographic work of interest to me outside of surfing was also here in San Juan. Finally, by no means least, and contrary to popular belief, some of the island's, and perhaps the Caribbean's, best waves are also here in the city.

Things at the beginning for me were not easy. Not long after arriving I landed a job as a bellhop at the San Juan Hotel & Casino. That lasted a few months until I misread the schedule and was surfing when I should have been working. Dismissed. I then began working as a waiter at Mona's Mexican restaurant in Ocean Park, an institution at the time and a place where several fellow surfers also worked. Along the way I was meeting some of the island's top commercial photographers and beginning to get work as an assistant. By 1994 I was working regularly with Clay Humphrey, and even getting the odd commercial, corporate, or editorial shooting job. All the while, of course, I was doing everything in my power to be free when the surf was pumping. Sacrifices were large and many, but before long I was making ends meet in a freelance dynamic and fell into a groove that let me catch nearly every significant swell event.

As the images began to pile up I created positive working relationships with editors at all of the major North American surf magazines, many of their European counterparts, and some of the surf publications in Asia and Australia. Major industry advertisers also became clients, and through the second half of the 90s and the first five years of the new millennium, things were firing on all cylinders.

It was about then that digital photography came of age, and like it or not, everything

La gente a menudo me pregunta por qué escogí San Juan en vez de Isabela, Aguadilla o Rincón. En primer lugar, mi grupo de amigos en su mayoría estaba aquí en la capital. En segundo lugar, a pesar de haber tenido varios trabajos acá durante mis primeros dos años aquí, el trabajo de fotografía que me interesaba fuera del surfing también estaba en San Juan. Por último, pero no menos importante, y contrario a lo que se piensa, algunas de las mejores olas de la Isla, y hasta del Caribe, también están aquí en la ciudad.

Al principio las cosas no fueron fáciles para mi. Poco después de llegar conseguí un trabajo como maletero en el San Juan Hotel & Casino. Eso duró pocos meses hasta que un día leí mal el itinerario de trabajo y me fui a surfear cuando debí haber estado trabajando. Despedido. Con el tiempo fui conociendo a algunos de los principales fotógrafos comerciales de la Isla y me empezaron a ofrecer trabajos como asistente. Para el 1994 trabajaba regularmente con Clay Humphrey y a veces por mi cuenta. Y, por supuesto, siempre hacía lo posible por tener tiempo libre cuando habían olas. Los sacrificios fueron muchos y grandes, pero al poco tiempo ya podía vivir del trabajo independiente y caí en una rutina que me permitía aprovechar el buen surfing.

Según se fueron acumulando las imágenes, fui creando buenas relaciones de trabajo con editores en todas las principales revistas de surfing de Norteamérica, en muchas de sus homólogas en Europa, y en algunas en Asia y Australia. Varios de los principales anunciantes de la industria también se convirtieron en mis clientes y entre 1995 y 2005 las cosas iban viento en popa.

Fue aproximadamente para ese tiempo que emergió la fotografía digital y, para bien o para mal, todo lo relacionado con el mercado cambió. En gran parte se perdió el misterio de lo que hacíamos con las cámaras y un exceso de fotógrafos redujo el valor de la imagen de

about the market changed. To a large degree the mystery was taken out of what we did with our film cameras, and a preponderance of photographers decreased the value of the average surf image. Meanwhile, the magazines, and especially advertisers, moved away from using freelance image creators and towards hiring staff shooters who would follow their team riders around the globe from one world-class surf break to the next. These advertisers would make use of the best images their staff photographers shot, and the rest would trickle down to the magazines as free editorial content, all of which caused the bottom to pretty much fall out of the surf photo market for people like me.

But the surf kept coming and I soldiered on, continuing to point my lens in the direction of the best waves I could find. I was often behind the curve in terms of the latest, greatest digital camera, computer, and software technology, but made the most of what I had, squeezing every last bit of juice out of the tools at my disposal.

My intention in making this book was to somehow encapsulate my 20 years of swell chasing on Puerto Rico into one volume that could be shared with the many people who are enthusiasts of the surf here. The hardest part of the entire project was editing two decades of photography down to the roughly 160 images that I felt best represented the totality of what I have accomplished here in terms of surf photography. A lot of people collaborated along the way and assisted my efforts in documenting, for posterity's sake, the often world-class quality of the waves that break here. For that I am truly grateful.

Finally, this book is in no way meant to represent the history of surfing in Puerto Rico. It is simply the Puerto Rican surf as seen through the lens of a single photographer who appreciates it enough to have made the island his adopted home.

To a very large degree, this book is my gift to the local Puerto Rican surf community for having allowed me to be here documenting the swells, the personalities, and the lifestyle that we all cherish so much.

Steve Fitzpatrick

Steve, Middles, Isabela, September 21, 2006, 8:43 A.M.: Swimming at Middles during the Hurricane Helene swell. This is the same wave of Brian Toth's water shot on page 132. *Photo by Jonathan "Cholo" Alayon.*

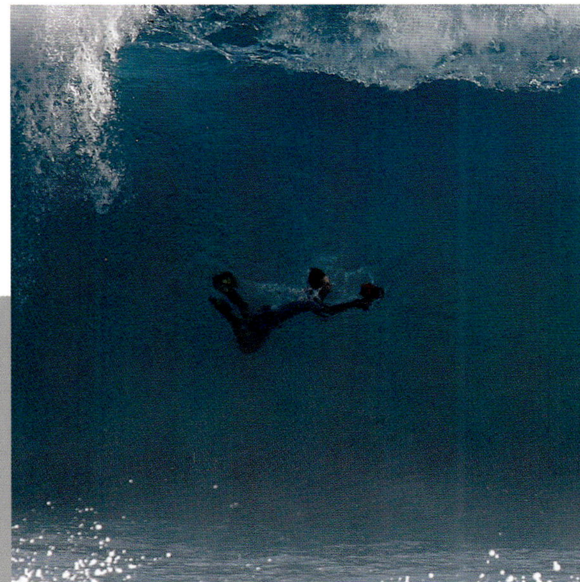

Steve, Middles, Isabela, 21 de septiembre de 2006, 8:43 A.M.: Nadando en Middles durante la marejada del Huracán Helene. Esta es la misma ola que la foto acuática de Brian Toth en la página 132. *Foto por Jonathan "Cholo" Alayon.*

surfing promedio. Mientras, las revistas, y especialmente los anunciantes, fueron dejando de usar creadores de imágenes independientes y empezaron a emplear fotógrafos a tiempo completo. Usaban las mejores imágenes y el resto las enviaban a las revistas como contenido editorial gratis. Esto prácticamente desmanteló el mercado para personas como yo.

Pero las olas seguían llegando y me mantuve en pie, apuntando mi lente hacia las mejores olas que pudiera encontrar. A menudo me encontraba detrás de la curva en términos de la tecnología más reciente de cámaras digitales, computadoras y software, pero hacía lo más que podía exprimiendo al máximo las herramientas que tenía a mi alcance.

Mi intención al hacer este libro era de algún modo encapsular mis 20 años de perseguir olas en Puerto Rico en un volumen que se pudiera compartir con todos los aficionados del surfing. La parte más difícil del proyecto era comprimir dos décadas de fotografía en las 160 imágenes que mejor representan lo que he logrado aquí en términos de fotografía del surfing. Muchas personas colaboraron y me ayudaron en el camino en mis esfuerzos de documentar para la posterioridad la calidad a veces mundial de las olas que rompen aquí. Por eso me siento realmente agradecido.

Finalmente, este libro de ninguna manera pretende representar la historia del surfing en Puerto Rico. Es simplemente el surfing puertorriqueño visto a través del lente de un fotógrafo que lo aprecia lo suficiente como para haber hecho a la Isla su hogar adoptivo.

En gran medida, este libro es mi regalo a la comunidad del surfing puertorriqueño por haberme permitido estar aquí para documentar las marejadas, las personalidades y el estilo de vida que tanto apreciamos.

Steve Fitzpatrick

A Brief Intro to Puerto Rico

How do you describe Puerto Rico in a few paragraphs to someone who's never been there? The first few things that come to mind are its location on a map, its geography, its history, its people, and a sampling of what the island has to offer. Assuming you've found Puerto Rico on a map (it's only a three and a half hour plane ride from New York City) and have some basic background information, you still have to deal with the idiosyncrasy of what it really means to be a *Boricua*. Boricua is the local term Puerto Ricans give themselves in reference to *Borikén*, the original Taíno Indian name for the island, which later changed to *Borinquen*. The following is an exercise in trying to describe all of the above with very broad strokes.

The first thing to point out is that Puerto Rico, like most Caribbean islands, is an ethnic melting pot of the original local Indian population (the Taínos), the European colonizers (in this case, the Spaniards), and the African slaves Spain brought over for labor.

With almost 4 million people inhabiting the island of Puerto Rico, it is one of the most densely populated islands in the world. There are about 1,000 people per square mile, a ratio higher than within any of the 50 states in the United States. It is estimated that some 2 million Puerto Ricans have emigrated to the United States. With an area covering roughly 100 x 35 miles, it is technically considered a coastal population, yet there are many people that don't know how to swim. However, a short trip into the interior will give you a glimpse at a wide array of beautiful mountain peaks, valleys, the only subtropical rain forest in the US National Parks system (El Yunque), waterfalls, coffee plantations, and quaint little mountain towns most tourists don't even know exist.

When the Spaniards first sailed to Puerto Rico in 1492, they found a very well-organized Taíno Indian population. The Spanish colonial movement lasted until 1898, when Puerto Rico changed hands to the United States by virtue of the Spanish American War. In 1952, Puerto Rico became a self-governing commonwealth in association with the United States.

The definition of commonwealth, according to current US State Department policy (as codified in the Department's Foreign Affairs),

Una breve introducción a Puerto Rico

¿Como describe uno a Puerto Rico en unos pocos párrafos, a alguien que nunca ha visitado la isla? Lo primero que viene a la mente es su ubicación en el mapa, su geografía, su historia, su gente y un surtido de lo que la Isla tiene que ofrecer. Suponiendo que encontraste a Puerto Rico en el mapa (está a solo tres horas y media en avión desde la ciudad de Nueva York) y tienes alguna información básica sobre la Isla, todavía tienes que lidiar con la idiosincrasia de lo que realmente significa ser un "Boricua." "Boricua" es el término local que utilizan los puertorriqueños para referirse a ellos mismos, y viene de la palabra Borikén, el nombre original que los indios taínos le dieron a Puerto Rico, que luego cambió a Borinquen. Lo siguiente es tratar de describir esto de una forma bien general.

Lo primero que se debe señalar es que Puerto Rico, como la mayoría de las islas caribeñas, es una mezcla de culturas: la original indígena (la taína), los colonizadores europeos (en este caso, los españoles) y la africana (los esclavos que los españoles trajeron para trabajar).

Con casi 4 millones de habitantes, la Isla de Puerto Rico es una de las islas con mayor densidad poblacional en el mundo. Hay 1,000 personas por milla cuadrada, una cifra más alta que en cualquiera de los 50 estados. Se estima que unos 2 millones de personas han emigrado a los EE.UU. Con un tamaño de 100 x 35 millas, se considera una población costera, pero hay muchas personas que no saben nadar. Sin embargo, un viaje corto al interior revela una gran variedad de picos de montañas y valles hermosos, el único bosque pluvial subtropical en el sistema de Parques Nacionales de los EE.UU. (El Yunque), cataratas, fincas de café y pueblitos pintorescos que la mayoría de los turistas ni saben que existen.

Cuando los españoles navegaron por primera vez a Puerto Rico en 1492, encontraron una sociedad taína muy bien organizada. La etapa colonial de los españoles duró hasta 1898, cuando Puerto Rico pasó a manos de los EE.UU. por virtud de la Guerra Hispanoamericana. En 1952, Puerto Rico se convirtió en un Estado Libre Asociado de los EE.UU. con su propio gobierno autónomo.

La definición de Estado Libre Asociado, de acuerdo a la actual política del Departamento de Estado de los EE.UU. (según el Departamento de Asuntos Exteriores) lee: "El término 'Estado Libre Asociado' no describe o provee para un estatus político específico o relación. Ha sido, por ejemplo,

reads: "The term 'commonwealth' does not describe or provide for any specific political status or relationship. It has, for example, been applied to both states and territories. When used in connection with areas under US sovereignty that are not states, the term broadly describes an area that is self-governing under a constitution of its adoption and whose right of self-government will not be unilaterally withdrawn by Congress." The term in Spanish for "Commonwealth of Puerto Rico" is "Estado Libre Asociado de Puerto Rico," which translates literally as "Associated Free State of Puerto Rico" or as Free Associated State (a state in "free association").

The head of the Puerto Rican government is a governor elected by Puerto Ricans. Puerto Ricans are represented in the US Congress by a Resident Commissioner who has a voice in the

Rincón sunset.

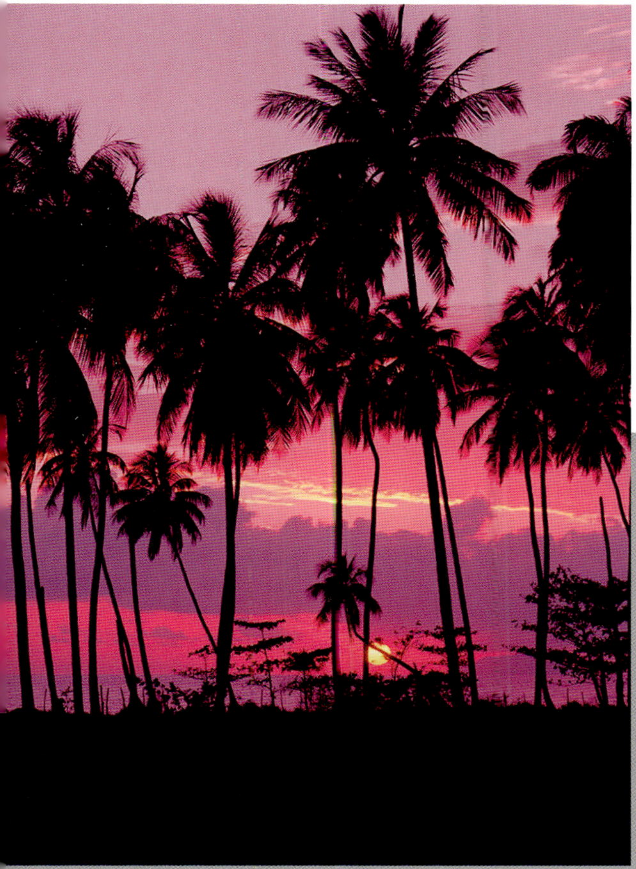

Atardecer en Rincón.

Seaplane over Puerto Rican waters.

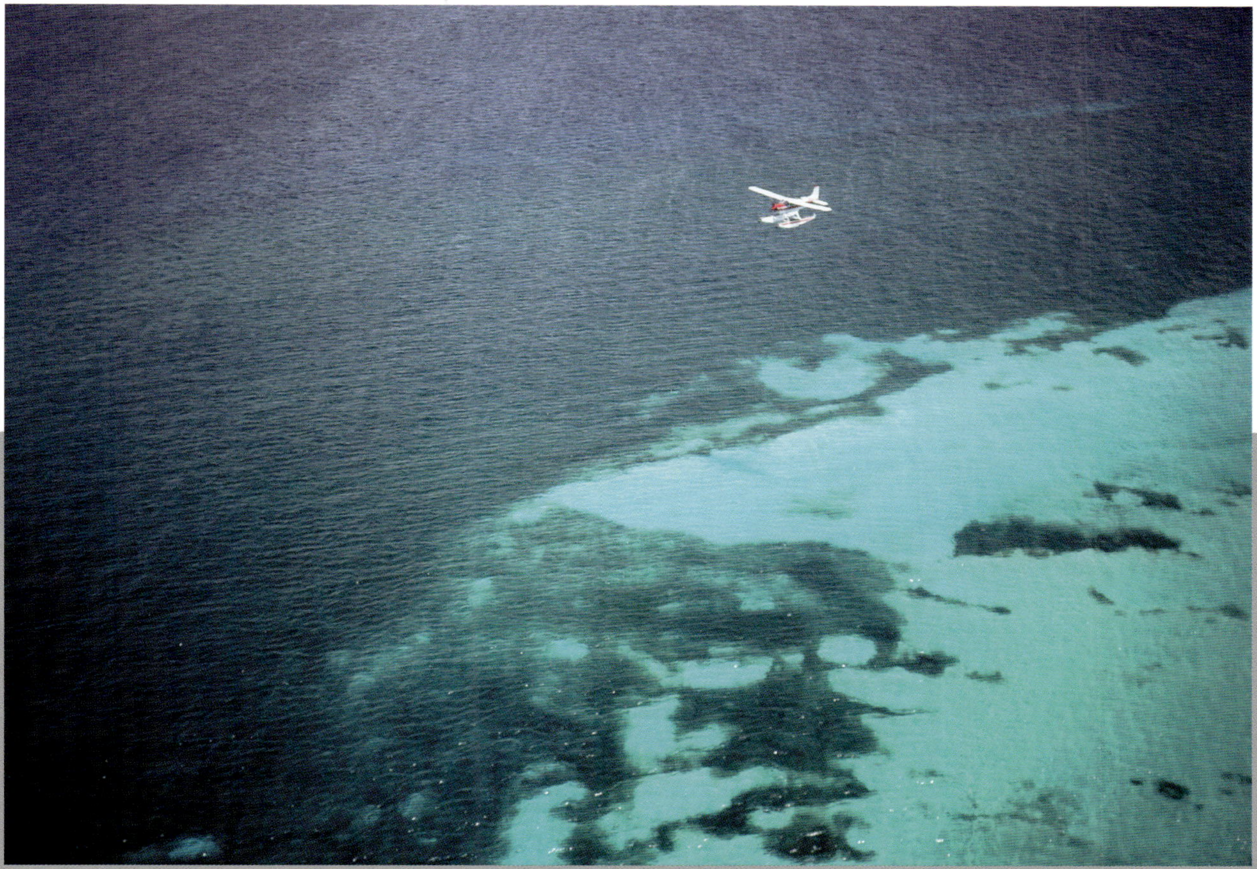

Hidroavión sobre aguas de Puerto Rico.

utilizado para estados y territorios. Cuando se usa en conexión con áreas bajo la soberanía de los EE.UU., el término (dentro de un marco amplio) describe un área autónoma bajo una constitución adoptada, y cuyo derecho de autonomía no será removido unilateralmente por el Congreso."

La cabeza del gobierno puertorriqueño es un gobernador electo por los puertorriqueños. Los puertorriqueños están representados en el Congreso de los EE.UU. por un Comisionado Residente quien tiene una voz en la Cámara de Representantes, pero no tiene voto. Aunque los puertorriqueños eligen su propio gobernador, no tienen el derecho de votar por el presidente de los EE.UU.

La presencia federal en la Isla es evidente en la construcción de carreteras, bases militares y agencias federales como el Servicio Postal de los EE.UU. y el Departamento de Seguridad Nacional que incluye, entre otros, a la Agencia

House of Representatives, but no vote. Puerto Ricans elect their own governor, but they are not allowed to vote for the US Presidency. When it was obligatory, Puerto Ricans were drafted for military service in most of the major US wars.

There is a strong US federal presence on the island, which can be seen in the construction of highways, military bases, and federal agencies like the United States Postal Service (USPS) and the Department of Homeland Security (DHS), which includes, among others, Customs and Border Protection (CBP), the Federal Emergency Management Agency (FEMA), the US Coast Guard (USCG), the US Immigration and Customs Enforcement (ICE), and the Transportation Security Administration (TSA). Puerto Ricans have their own "athletic nationality," in that they are independent members of the International Olympic Committee (IOC), and compete as a separate country from the US in the Olympics and in Miss Universe contests.

Being a commonwealth means all Puerto Ricans are born US citizens with US passports, use US currency, and most speak some level of English. Between obligatory English classes in public and private schools, being continuously exposed to English in the media, and having gone to college, visiting, living, or having family members on the mainland, many island locals are fully bilingual. There is also a contingent of people who have opted to study in Spain.

These four main cultural influences: the Taíno, Spanish, African, and American, are all very prevalent and easily identified in everyday Puerto Rican life. As is to be expected, five centuries under the rule of the "Motherland" or *La Madre Patria*, Spain, has had a profound impact on the language: the official language is Spanish; religion and customs: Catholicism is the dominant religion and each of the 78 towns has its own Patron Saint Festival; and architecture: a trip into Old San Juan is like visiting the Old World—and all the towns have a central plaza right next to a church, just like in Spain. The focal point of social activity, which used to be the town plazas, has now been substituted by large shopping malls.

Recent studies show there is still a large percentage of Taíno Indian DNA in the Puerto Rican population, resulting in many Indian features being present (high cheek-bones, Asian eyes, and very straight black hair), especially among people who live in the mountainous interior. There are many Indian artifacts in museums, as well as numerous archeological sites, ceremonial parks, and petroglyphs.

From the Africans we also retain physical traits, musical roots (*bomba* and several Afro-Caribbean rhythms which can be heard in a variety of musical styles), religious roots (like *Santería*), and culinary roots, especially in the northern town of Loíza where many of the slaves resided after making their escape.

Federal Para el Manejo de Emergencias, la Guardia Costanera de los EE.UU., el Servicio de Inmigración y Control de Aduanas de los EE.UU., y la Administración de Seguridad en el Transporte. Los puertorriqueños tienen su propia nacionalidad atlética en que son miembros independientes del Comité Olímpico Internacional (COI), y compiten por separado en los Juegos Olímpicos y en el certamen Miss Universo.

Pertenecer al Estado Libre Asociado significa que los puertorriqueños obtienen la ciudadanía americana al nacer, tienen derecho a un pasaporte de los EE.UU., la moneda oficial de Puerto Rico es el dólar americano, y la gran mayoría de las personas habla algo de inglés. Entre las clases de inglés obligatorias en las escuelas publicas y privadas, y la exposición constante al idioma inglés que reciben a través de los medios, habiendo estudiado, visitado, vivido, o teniendo familiares en los EE.UU., muchos puertorriqueños son completamente bilingües. También existe un contingente de personas que ha optado por estudiar en España.

Estas cuatro influencias culturales principales (la taína, la española, la africana y la norteamericana) se ven frecuentemente y se identifican fácilmente en la vida diaria de los puertorriqueños. Como es de esperarse, cinco siglos bajo "La Madre Patria", España, tuvieron un gran impacto en la lengua: el idioma oficial es español; en la religión y las costumbres: el catolicismo es dominante y cada uno de los 78 pueblos tiene su fiesta dedicada a su santo patrón (las fiestas patronales); y en la arquitectura: un viaje al Viejo San Juan es como ir al Viejo Mundo, cada pueblo se organiza alrededor de una plaza central que queda al lado de una iglesia, como es la costumbre en España. Hoy día, lo que fue el centro de la actividad social en siglos pasados, la plaza del pueblo, ha sido sustituido por centros comerciales.

Estudios recientes demuestran que existe un gran porcentaje de ADN taíno en la población puertorriqueña. Esto es visible en características como los pómulos altos, ojos rasgados y pelo negro lacio, particularmente notable en los pueblos de la montaña. En la Isla hay una gran variedad de artefactos indígenas en exhibiciones en museos, y una multitud de excavaciones arqueológicas, parques ceremoniales y petroglifos.

De los africanos también retenemos rasgos físicos, raíces musicales (la bomba y ritmos afro-caribeños que se escuchan en una variedad de estilos musicales), costumbres religiosas (como la Santería), e influencias culinarias, particularmente en el pueblo de Loíza, donde se asentaron muchos esclavos luego de liberarse.

La influencia americana es bien evidente, ya que ser un Estado Libre Asociado significa que el gobierno local o "estatal" responde a las leyes federales de los EE.UU. El sistema federal de los EE.UU. es el estándar, o el modelo, para el gobierno de Puerto Rico, su comercio, educación, defensa, la manera en que responde a los desastres naturales, etc. Al

The American influence is very evident, since being a US commonwealth means that our local or "state government" ultimately answers to the US federal system. The US federal system is the standard, or the model, for how Puerto Rico runs its government, its commerce, its education, its defense, reacts to natural disasters, etc. It should be noted that, as in most countries around the world, and due in a large part to the influence of Hollywood, there is a strong American impact on Puerto Rican pop-culture, fashion, music, fast-food, sports, and Internet (Google, Facebook, and Twitter), etc.

This mishmash of cultural influences can also be seen in a unique type of Spanish, "Puerto Rican Spanish," that has evolved with its own particular sound; also, words and concepts from all four cultures co-exist harmoniously. You are just as likely to find a McDonalds, a Wendy's, or a KFC on a Puerto Rican street corner, as you are to find a *Fonda* (a local cafeteria or bistro) serving traditional dishes such as *bistec encebollado con arroz y habichuelas y tostones de pana* ("steak and grilled onions with rice and beans and bread fruit fritters"), or *mofongo relleno de mariscos* ("green plantain mash, with bits of pork rind and garlic, stuffed with seafood in a tomato sauce").

Puerto Rico has several spectacular outer islands: Vieques, Culebra, Mona, Icacos, and others that are too small and numerous to mention, yet worth visiting. Vieques has a trendy W Hotel, many fine restaurants, and pristine beaches, while Mona is completely isolated with no hotels whatsoever, but has many unique animal and plant species, and is considered "The Galapagos of the Caribbean."

If anything, Puerto Rico is an island (or an archipelago) of contradictions:

We speak Spanish, yet we answer to an English-speaking country. We live in the warm tropics, but put our air-conditioners so high we often need jackets indoors. We take great care of our personal appearance and grooming, yet we could do much better in keeping our environment clean.

We are small geographically, yet we love to show the world we have made our mark on the universe with our music, art, food, *joie de vivre*, and celebrities, like sports legends Roberto Clemente and Chichí Rodriguez and artists like Ricky Martin, J-Lo, Raúl Juliá, and Benicio del Toro (who with Rita Moreno and José Ferrer have won Oscars). And last but not least, Puerto Rico has won the Miss Universe pageant five times!

Llorens Torres housing project little leaguer, 1993.

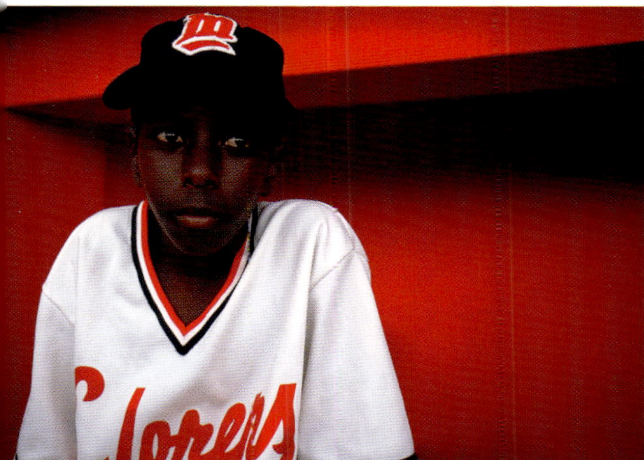

Jugador de pequeñas ligas del residencial Luis Llorens Torres, 1993.

igual que en muchos otros países alrededor del mundo, y debido en gran parte a la influencia de Hollywood, hay un gran impacto de la cultura moderna americana en la cultura de Puerto Rico; en la moda, la música, la comida rápida, los deportes y la Internet (Google, Facebook, Twitter, etc.).

Esta mezcla de influencias culturales también se ve en el estilo particular de español que se habla en la Isla, el "español puertorriqueño," que ha evolucionado hasta tener su propio sonido, y donde palabras y conceptos de las cuatro culturas coexisten en armonía. En Puerto Rico es tan fácil encontrar un restaurante McDonald's, Wendy's, o KFC en cualquier esquina como encontrar una "fonda" (cafetería o bistro local) que ofrezca platos típicos como bistec encebollado con arroz y habichuelas y tostones de pana, o mofongo de plátano (majado de plátano con chicharrón y ajo) relleno de mariscos en una salsa de tomate.

Puerto Rico tiene varias islas espectaculares como Vieques, Culebra, Mona, Icacos y otras que son demasiado pequeñas y numerosas para nombrar, pero que merecen ser visitadas. Vieques tiene hoteles muy a la moda como el W Hotel, muchos restaurantes finos y playas prístinas, mientras que Mona es totalmente deshabitada, sin hoteles y tiene especies de flora y fauna únicas, por lo que se le considera "El Galápagos del Caribe".

Puerto Rico es, más que nada, una isla (o un archipiélago) de contrastes:

Hablamos español, pero le rendimos cuentas a un país de habla inglesa. Vivimos en un clima tropical, pero ponemos el aire acondicionado tan frío que a menudo tenemos que abrigarnos. Nos preocupamos mucho por nuestra apariencia física e higiene personal, pero podríamos mejorar mucho el mantener limpio nuestro ambiente.

Geográficamente somos pequeños, pero nos encanta enseñarle al mundo que hemos dejado nuestra huella en el universo con nuestra música, arte, comida, alegría de vivir y celebridades como las leyendas del deporte Roberto Clemente y Chichí Rodriguez, artistas como Ricky Martin, J-Lo, Raúl Juliá y Benicio del Toro (quien junto a Rita Moreno y José Ferrer han ganado el premio Oscar) y por último, pero no menos importante, ¡cinco ganadoras del certamen Miss Universo!

Es tan fácil saborear un plato de mariscos acompañado de un bacalaíto o una alcapurria de jueyes (frituras de bacalao y jueyes), y bajarlo todo con un coco frío o una cerveza en un kiosco rústico de Piñones (un barrio a unos

You can just as easily savor fresh seafood accompanied by a *bacalaíto*, or an *alcapurria* ("cod" and "crab fritters"), and wash it all down with an ice cold coconut or beer at a run down beach shack in Piñones (a sector about a 20 minute car ride from San Juan), as you can have an elegant night on the town at one of several very swanky hotels in San Juan like The Hotel La Concha or El San Juan Hotel & Casino. You can get all dressed up to go to a fancy art exhibit or gala, or just chill by walking the cobble stone streets of Old San Juan in shorts and sneakers to visit the historic Spanish forts of El Morro or San Cristobal.

You can lodge at the very reasonably priced *paradores* ("local bed and breakfasts" found on the coast as well as in the interior), splurge at a luxury hotel such as the Horned Dorset Primavera in Rincon or the St. Regis Bahia Beach Resort in Rio Grande, or go "green" at the prize winning Hix House eco-lodge on Vieques.

El Morro de San Felipe, 1998.

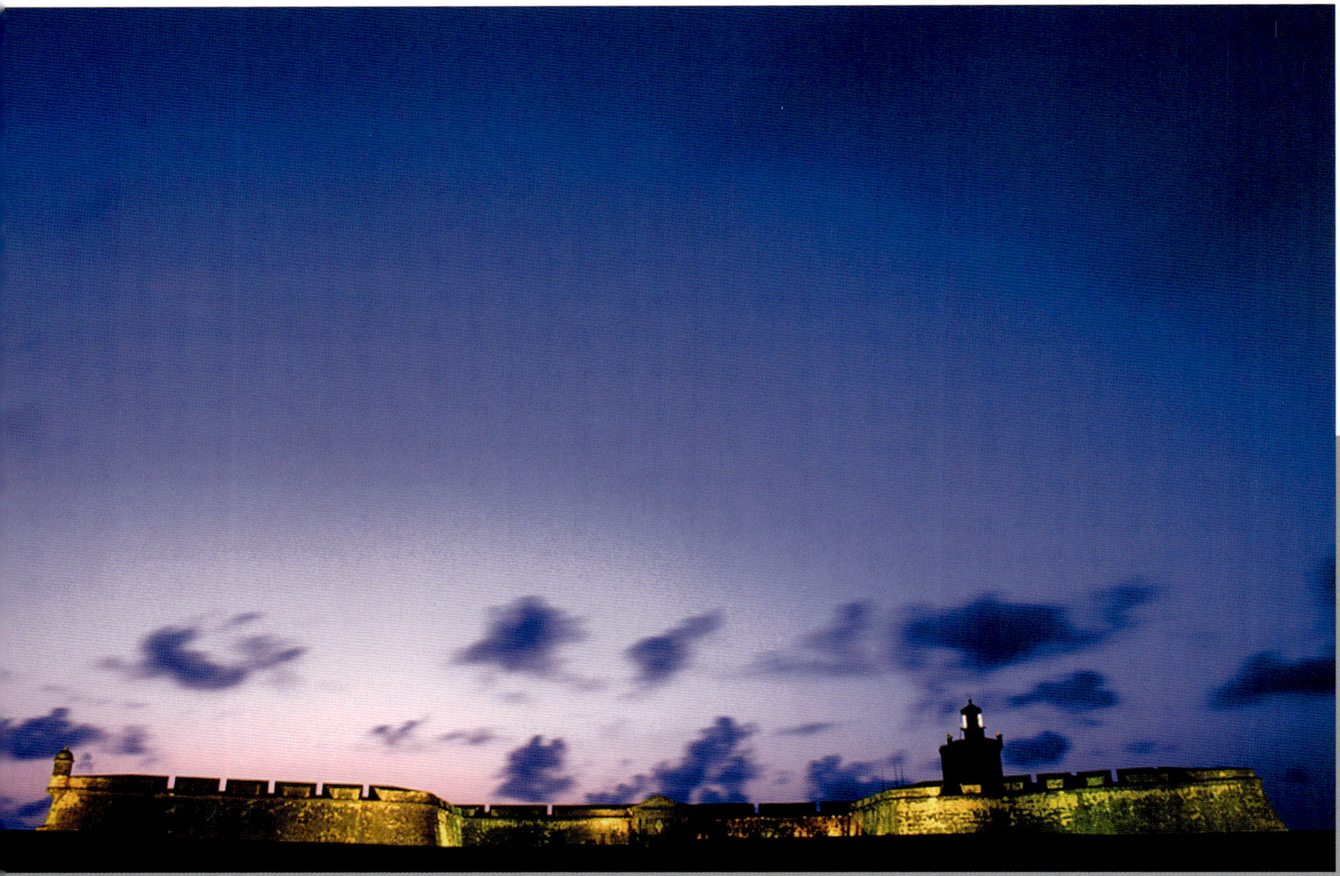

La Mina Falls, El Yunque National Rain Forrest.

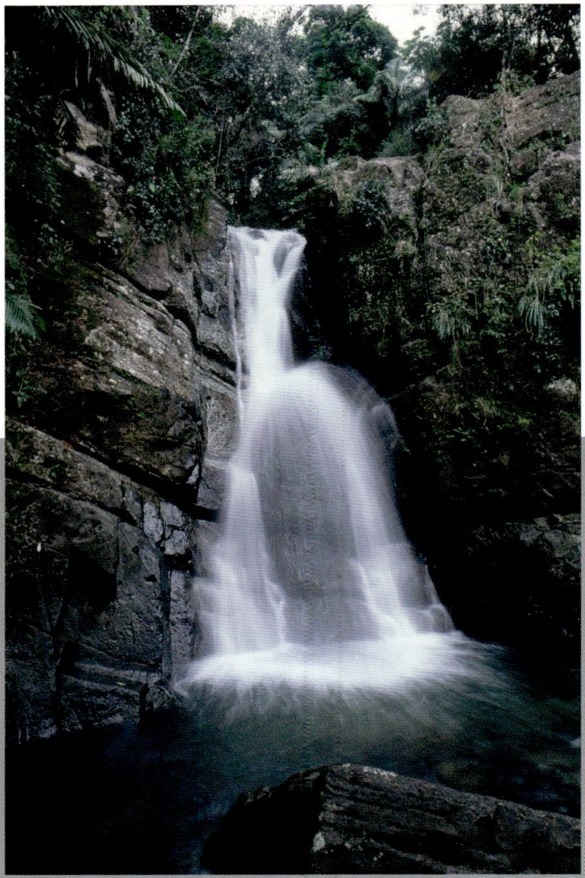

Cascada La Mina, El Yunque National Rain Forrest.

20 minutos en automóvil de San Juan), como disfrutar de una cena elegante en uno de los muchos hoteles lujosos de la ciudad como La Concha o El San Juan Hotel & Casino. Se puede uno engalanar para una exhibición de arte o una gala, o relajarse caminando las calles del Viejo San Juan en pantalones cortos y zapatos deportivos para visitar los fuertes históricos de El Morro o San Cristóbal.

Puede quedarse en los económicos paradores (hoteles pequeños locales en las costas y en la montaña), o en un hotel lujoso como el Horned Dorset Primavera en Rincón o el St. Regis Bahía Beach Resort en Río Grande, o escoger una opción "verde" como el premiado eco-hotel Hix House en Vieques.

Se pueden correr olas de "point break", de orilla, de arrecife, herraduras, izquierdas, derechas, picos, olas fáciles, olas difíciles, olas extremadamente impresionantes, olas cristalinas en sus islitas adyacentes, y olas

You can surf point breaks, shore breaks, reef breaks, outer-reef breaks, bowls, lefts, rights, A-frames, easy waves, fun waves, extremely scary waves, crystal clear outer island waves, or murky river-mouth waves. And when it's flat you can always go snorkeling; hiking; sailing; mountain biking; horseback riding; caving; climbing; golfing; stand-up-paddle boarding and kayaking at night at the bioluminescent lagoons of La Parguera, Fajardo, and Vieques; or go zip-lining through the tree canopy at one of the many adventure/nature parks.

At night you can do culinary tourism, go dancing at clubs, experience the night life of the Santurce Fresh Fruit and Vegetable Market (Thursdays and Fridays), go shopping and meet people at the malls, catch an art film, a play, a classical music or salsa concert, or go to the current Patron Saint Festival of any of the 78 towns.

In short, except for the lack of snow and ice (although the temperature can drop to as low as 45 degrees Fahrenheit during "the winter" in the mountains), and because of its many different ecosystems and wide variety of activities it has to offer, Puerto Rico is pretty much a microcosm of Planet Earth. Some people even call Puerto Rico "Fantasy Island," in reference to the TV show about an island where people can fulfill all of their fantasies!

Finally, as in all places, you will find all kinds of people in Puerto Rico: educated; uneducated; elegant; rough; friendly; not-so-friendly; locals; ex-pats; tourists; coastal populations; mountainous interior populations; hippies; yuppies; white collar; blue collar; university educated oceanographers; wise and salty old fishermen; old people; young people; middle-aged people; lots of kids; honest people; tricky people; white people; black people; yellow people; brown people (we call brown people *café con leche* or "coffee with milk"); tall; short; skinny; fat; and everything-in-between people.

Most visitors will agree though, the Puerto Rican people (in general) are extremely hospitable, friendly, colorful, and very proud of their heritage. They love a good joke, a good

Mari Merce Santiago, Breñas, Dorado.

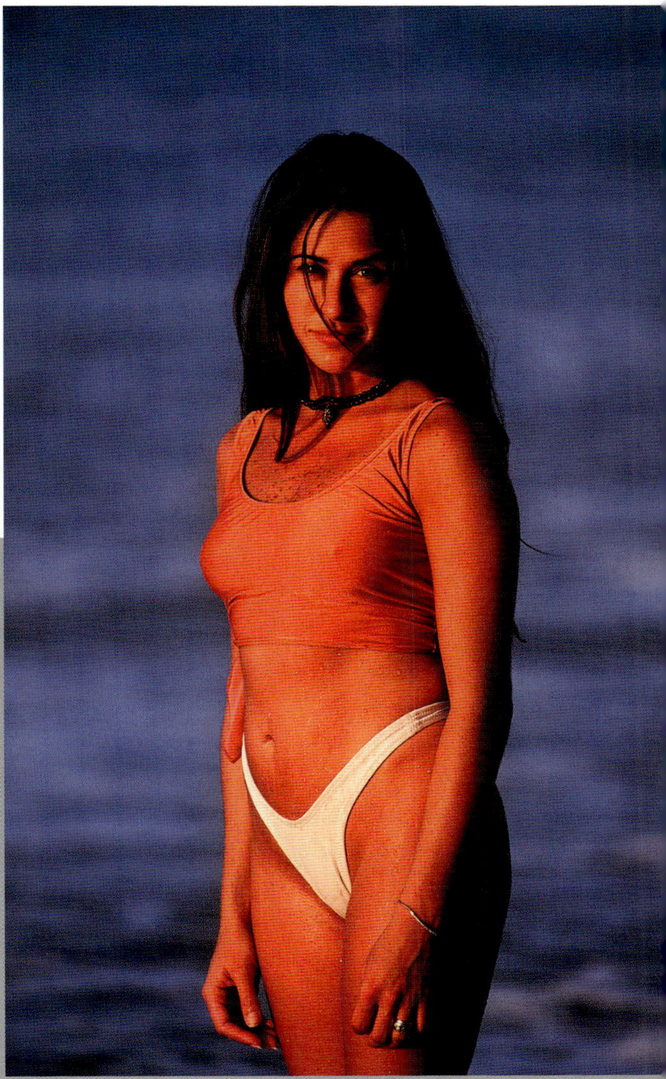

turbias de desembocadura de río. Y cuando no hay olas, se puede bucear, escalar, navegar, hacer "mountain-biking", cabalgar, explorar cuevas, jugar golf, remar SUP y pasear en kayak en las lagunas bioluminiscentes de La Parguera, Fajardo y Vieques, o hacer tirolesa ("zip-lining") por encima de los árboles en uno de los muchos parques ecológicos y de aventuras.

Por las noches se puede hacer turismo culinario, ir a clubes a bailar, experimentar la vida nocturna de la Plaza del Mercado en Santurce (jueves y viernes), ir de compras y hacer amistades en los centros comerciales, ver una película extranjera, asistir a una obra de teatro, a un concierto de música clásica o de salsa, o ir a las Fiestas Patronales de alguno de los 78 municipios alrededor de la Isla.

En resumen, a excepción de la falta de nieve y de hielo (aunque se han registrado temperaturas tan bajas como 45 grados Fahrenheit durante las noches de "invierno" en las montañas), por sus muchos ecosistemas diferentes y gran variedad de actividades que tiene que ofrecer, Puerto Rico se puede considerar un microcosmos del Planeta Tierra. ¡Algunas personas hasta llaman a Puerto Rico la Isla de la Fantasía, en referencia al programa de televisión sobre una isla donde las personas pueden realizar todas sus fantasías!

Finalmente, como en todo lugar, en Puerto Rico encontrará todo tipo de personas: gente educada y no muy educada, gente elegante y gente brusca, gente amistosa y no tan amistosa, gente local y extranjera, expatriados y turistas, poblados costeros y montañosos, hippies, yuppies, de cuello blanco, de cuello azul, oceanógrafos universitarios, pescadores experimentados y sabios, gente vieja, gente joven, siempre muchos jóvenes, gente honesta, gente dudosa, gente blanca, gente negra, gente amarilla, gente marrón (los llamamos "café con leche"), gente alta, baja, flaca, gorda y todo lo demás.

Sin embargo, la mayoría de los visitantes concuerdan en que la gente puertorriqueña (en general) es extremadamente hospitalaria, amistosa, llena de vida, y muy orgullosa de su herencia cultural. Les encanta un buen chiste, una buena conversación, la música, el baile, comer y festejar. Estas últimas cuatro características se comprueban con la gran cantidad de días feriados: religiosos, americanos y aquellos

conversation, music, dancing, eating, and partying. These last four qualities can be seen in the large number of holidays—religious, American, and those dedicated to distinguished local people—that are all recognized merrily and involve some sort of celebration. If you ever get the chance to experience a traditional Christmas pig roast in the rural interior, or go to the San Sebastian Festival in Old San Juan, you'll know what I'm talking about!

The important thing is to make the effort to MEET the people and learn about the culture, the history, and the things Puerto Rico has to offer on your own terms, in your own unique way. That's the real beauty and adventure of traveling to any new place. No matter what the travel guides tell you, there are just too many intangibles involved to write a really accurate report for anybody else; one person's experience may be completely different from another's. You just have to go and experience the place for yourself so you can make your own assessment. In other words, "Explore Beyond the Shore," as the Tourism Company slogan suggests, and come enjoy *La Isla del Encanto* ("the Isle of Enchantment")!

Ricky Amon

Snorkeling at Luis Peña, Culebra.

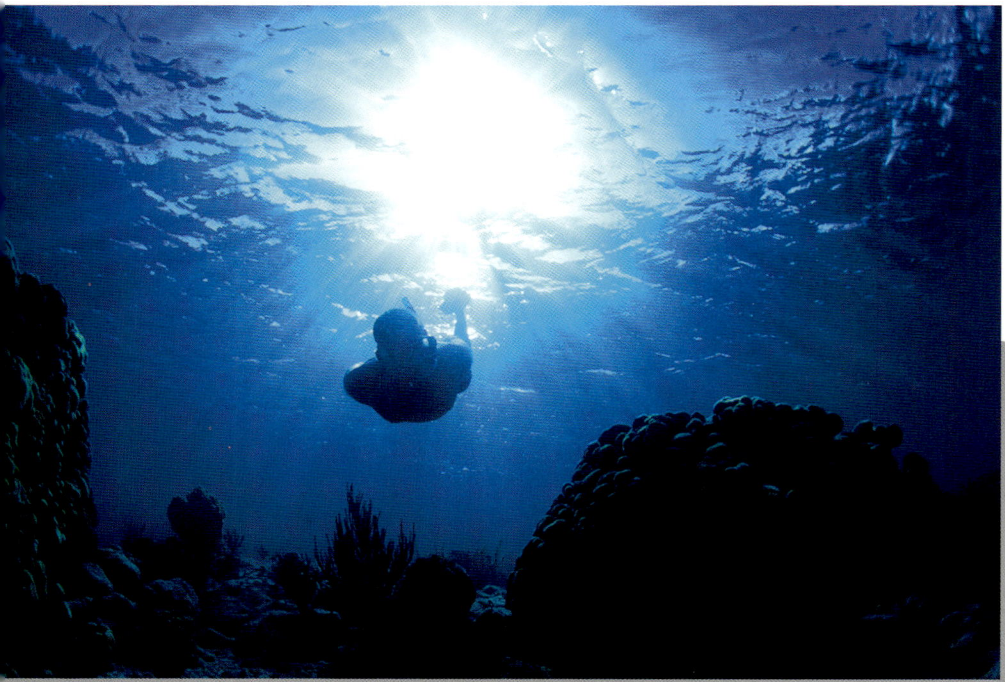

Buceando en Luis Peña, Culebra.

Sunset over Desecheo Island.

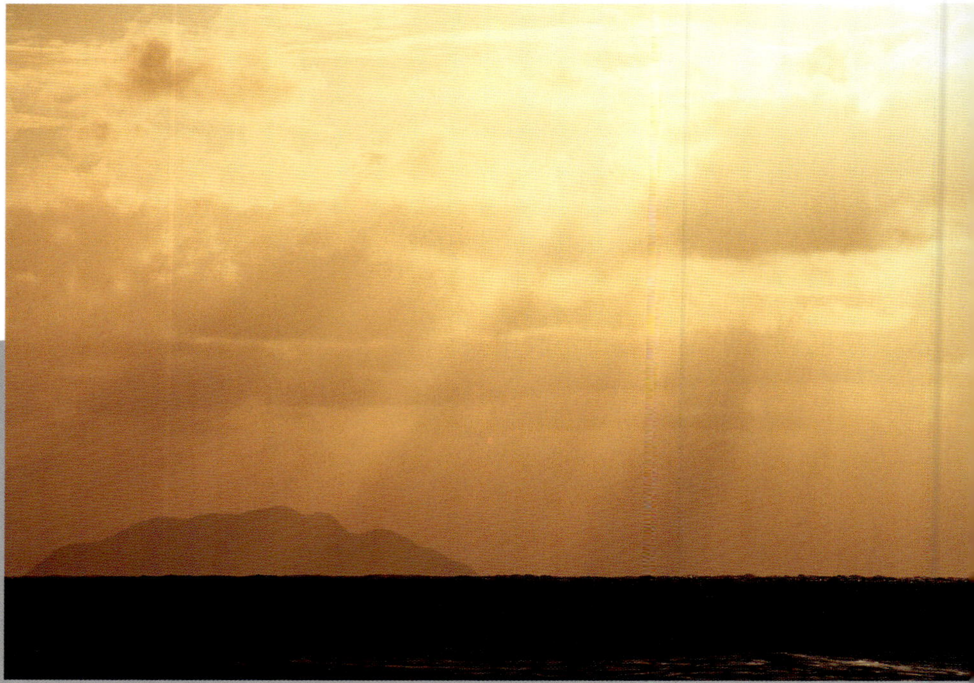

Atardecer sobre la Isla de Desecheo.

dedicados a personajes locales distinguidos, que se celebran con algún tipo de fiesta. Si alguna vez tiene la oportunidad de asistir a una fiesta típica de navidad, con lechón asado en el interior rural de la Isla o a las Fiestas de San Sebastián en el Viejo San Juan, ¡sabrá de lo que estoy hablando!

Lo importante es hacer el esfuerzo de CONOCER a la gente y aprender sobre la cultura, la historia y las cosas que Puerto Rico tiene que ofrecer por experiencia propia. Esa es la verdadera belleza y aventura de viajar a un lugar nuevo. No importa lo que le digan las guías turísticas, hay demasiados factores intangibles que hacen muy difícil describirlo para otra persona, y la experiencia de una persona puede ser completamente diferente a la de otra. Por eso es necesario experimentar el lugar por sí mismo para poder hacer su propio juicio. En otras palabras: "¡Explore más allá de la orilla," como sugiere la Compañía de Turismo, y disfrute la Isla del Encanto!

Ricky Amon

The Island of Puerto Rico.

La Isla de Puerto Rico.

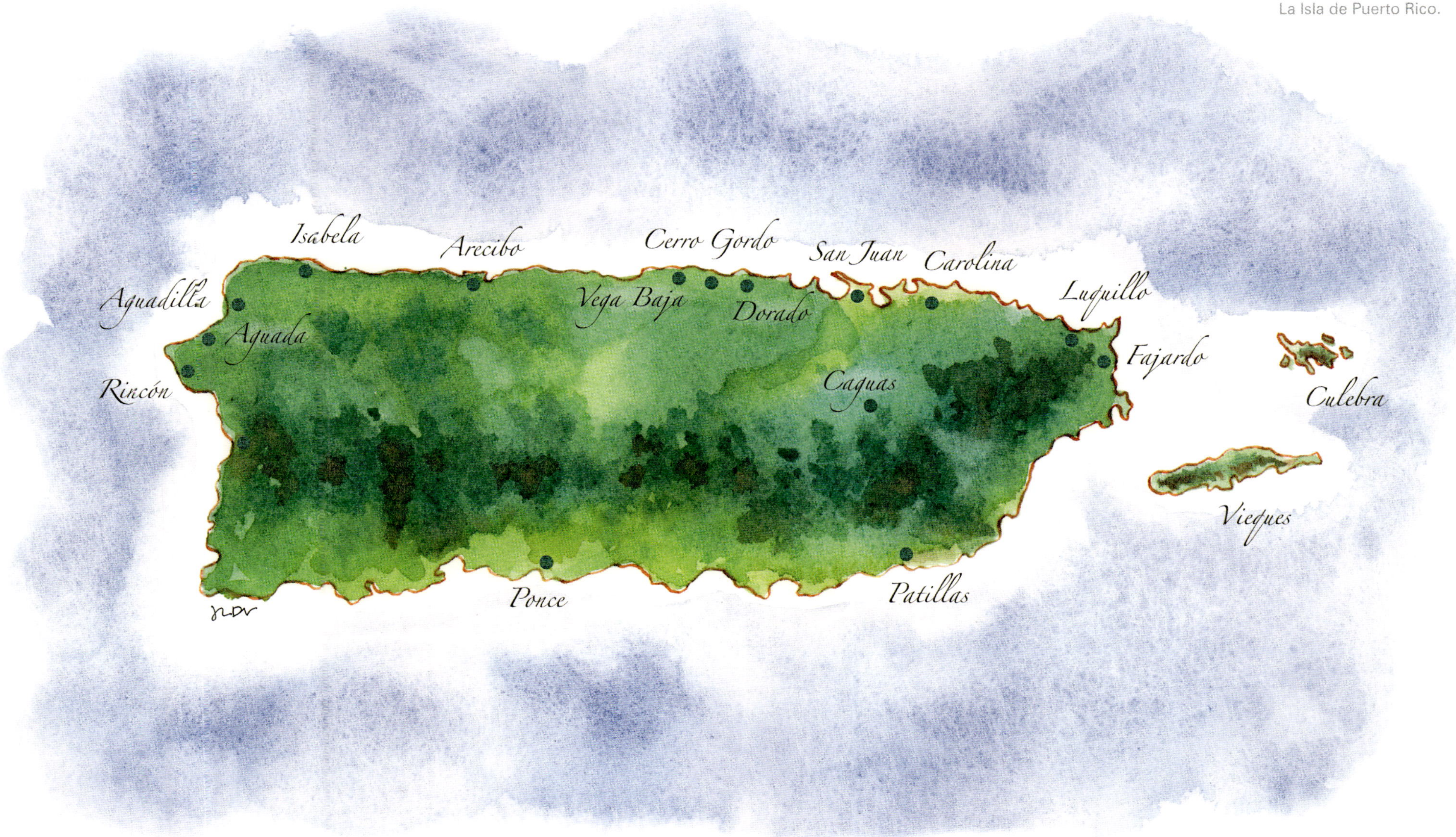

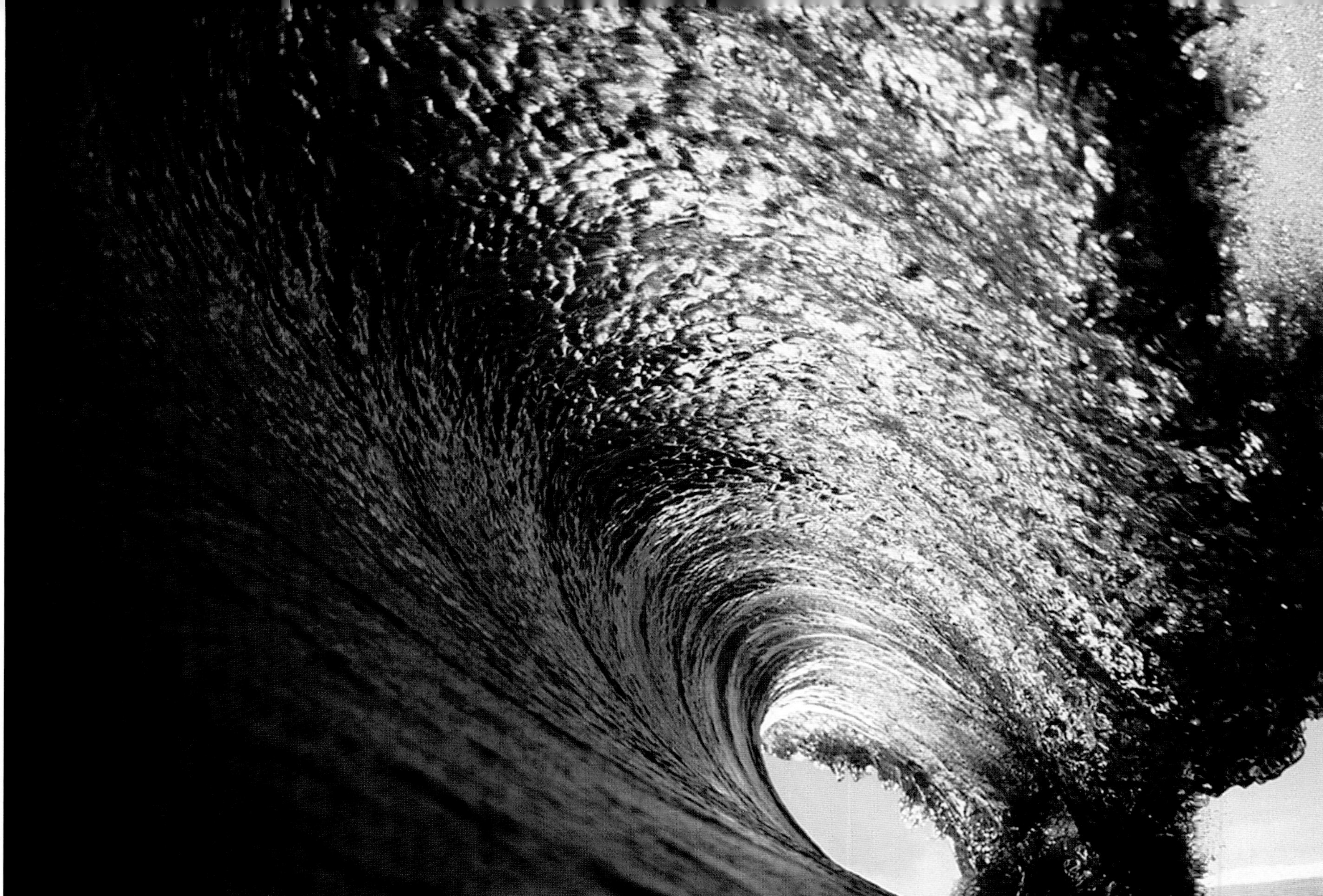

Chatarra, Piñones, November 1992: I'd been living on the island for less than a month when I captured this image, and there was still a lot of doubt in my mind and restless nights wondering if it would all work out well enough to endure. But when I put my loupe over the slide of this image on the light box, my heart skipped a beat and I was suddenly pretty sure that I was on to something good.

Chatarra, Piñones, noviembre de 1992: Cuando capturé esta imagen, llevaba menos de un mes viviendo en la Isla y tenía todavía muchas dudas y pasaba noches preguntándome si esto funcionaría lo suficientemente bien como para perdurar. Pero cuando puse mi lupa sobre la diapositiva de esta imagen sobre mi caja de luz, el corazón me dio un brinco y de momento me sentí bastante seguro de que esto sería algo bueno.

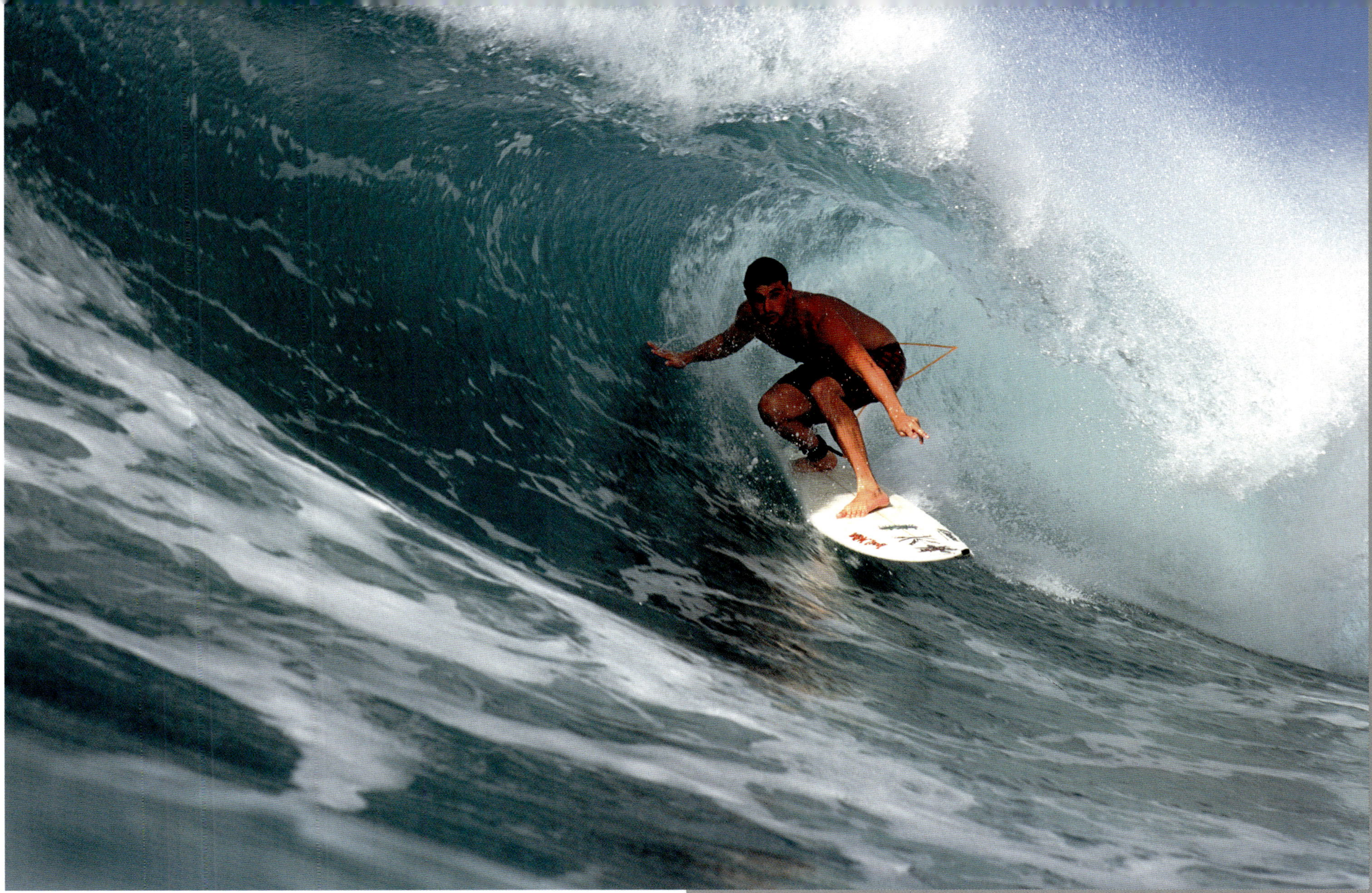

Juan Ashton, Caballos, Isla Verde, January 1993: Early on I was fortunate to collaborate with some of the island's best talent and gain access to some of the best waves. Juan was, by this time, already one of the alpha male locals and we'd established a good rapport that produced some excellent imagery. On this afternoon, it was pretty much just the bowl section that was working, but that made it easy for me to stay in position while I swam as the late afternoon light began to attain that magical golden quality.

Juan Ashton, Caballos, Isla Verde, enero de 1993: Desde un principio tuve la suerte de poder colaborar con algunos de los mejores talentos de la Isla y lograr acceso a algunas de las mejores olas. Para entonces, ya Juan era uno de los locales dominantes y habíamos establecido una buena relación que produjo unas imágenes excelentes. Esa tarde, era mayormente la sección del "bowl" la que estaba funcionando, pero eso me permitió mantenerme en posición al nadar mientras la luz de la tarde comenzaba a adquirir esa mágica calidad dorada.

Otto Flores, El Morro de San Felipe, San Juan, January 29, 2002: When *Surf Europe* Magazine did a profile on Otto in early 2002, they turned to me to make a portrait of him that was Puerto Rico specific. While something around El Morro was an obvious choice, my concern became that it would turn out somewhat cliché. I had been experimenting with some cross processing techniques in the months leading up to this assignment and employed one of them to bring a more dynamic look to the very much over-used location. Otto and I were both pleased with the results, as were my editors at the magazine.

Otto Flores, El Morro de San Felipe, San Juan, 29 de enero de 2002: Cuando la revista Surf Europe Magazine publicó un perfil sobre Otto a principios del 2002, me solicitaron que hiciera un retrato de él que fuese específicamente sobre Puerto Rico. Aunque algo alrededor del Morro parecía lo más indicado, me preocupaba que el resultado fuera algo ya muy visto. Había estado experimentando con varias técnicas de procesamiento cruzado en los meses anteriores y usé una de ellas para darle un estilo mucho más dinámico a este escenario tan visto. Otto y yo estuvimos complacidos con el resultado, así como mis editores en la revista.

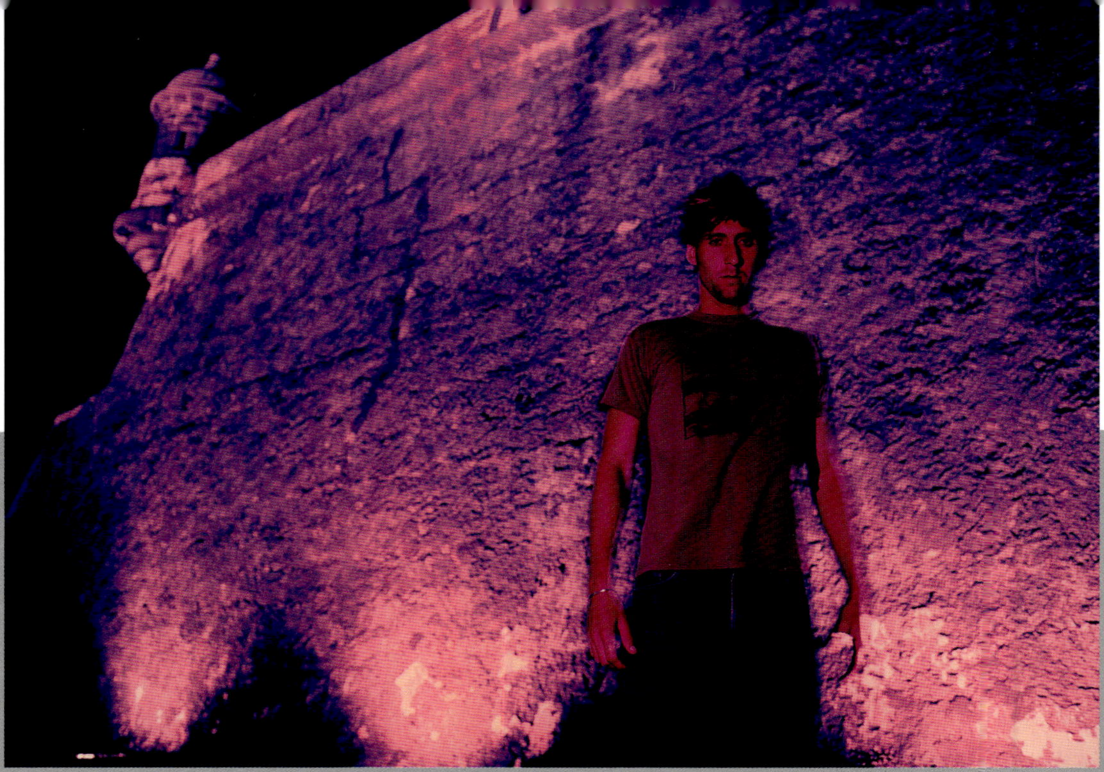

Wishing Well, Aguadilla, March 1994: This is the van I brought with me to the island in 1992, and it's original owner, my good friend and fellow New Jersey local, Kevin Kady. The 1969 Chevrolet Van Dura was running on a 1974 Camaro engine block, its third, and its fourth head, and sported a three-speed "Hurst" shifter on the floor. The engine was in constant need of attention, the sliding door often fell off it's track, and the back doors did not lock—they were only kept closed by a network of bungee cords criss-crossing the cargo bed. A modest ride to be sure, but it got me where I wanted to go, carried all my gear, and witnessed a lot of classic Puerto Rican surf.

Wishing Well, Aguadilla, marzo de 1994: Esta es la van que traje a la Isla cuando llegué en 1992 y su dueño original, mi buen amigo y local de Nueva Jersey, Kevin Kady. La Chevrolet Van Dura de 1969 corría con un motor de Camaro de 1974, el tercero que tuvo, y su cuarto cabezal, y tenía una transmisión "Hurst" de tres cambios en el piso. El motor necesitaba reparaciones constantemente, la puerta corrediza a menudo se salía de su riel, y las puertas traseras no cerraban, solo se aguantaban con un sistema de cuerdas elásticas cruzadas sobre el compartimiento de carga. Era un vehículo modesto, eso no hay duda, pero me llevaba a donde quería ir, cargaba todo mi equipo y fue testigo de muchas sesiones clásicas del surfing puertorriqueño.

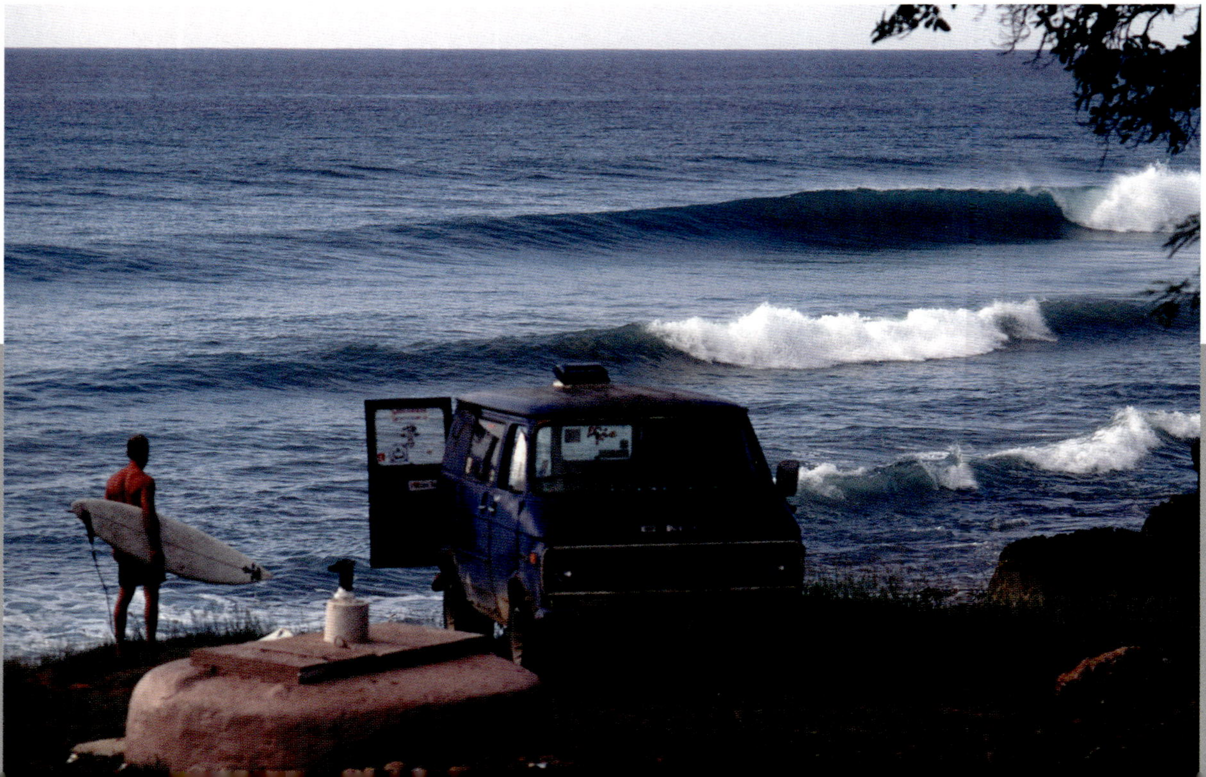

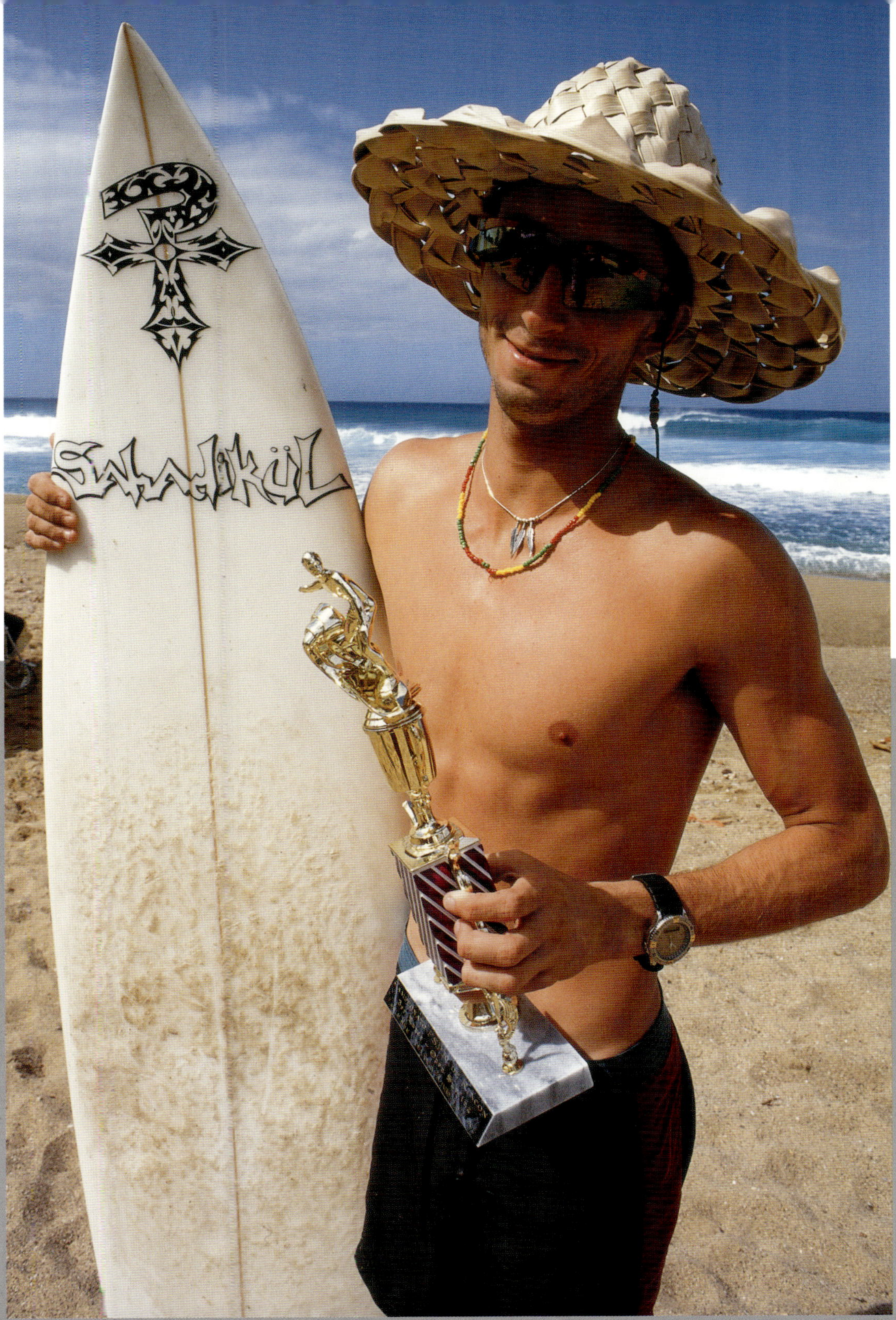

Aldemar Cortés, Domes, Rincón, April 1995: A neighbor and high-school classmate of my college classmate Teco Maldonado, Aldemar became a regular surfing buddy through the 90s. On this particular day he'd placed in a Puerto Rico Surfing Federation event and put Sabadikül, my friend Kevin Kady's fledgling surfboard brand, in the local limelight with his performance. Alde eventually relocated to California to pursue a career in the pharmaceutical industry, and despite landing in Oxnard, one of the state's most localized areas, his affable personality allowed him to fall into the good graces of even the heaviest locals there within a matter of weeks. Of course, being a talented surfer didn't hurt either.

Aldemar Cortés, Domes, Rincón, April 1995: Aldemar era vecino y amigo de la escuela de mi compañero de universidad Teco Maldonado y se convirtió en uno de mis compañeros regulares de surfing en la década de los 90. Este día había cualificado en un evento de la Federación de Surfing de Puerto Rico y eso puso la atención local en la marca de tablas de surfing Sabadikül, de mi amigo y compañero de surfing Kevin Kady. Alde luego se mudó a California a seguir una carrera en la industria farmacéutica, y a pesar de aterrizar en Oxnard, una de las áreas de mayor localismo, gracias a su personalidad afable se hizo amigo de todos los locales en cuestión de semanas. Por supuesto, ser un surfer talentoso también le ayudó.

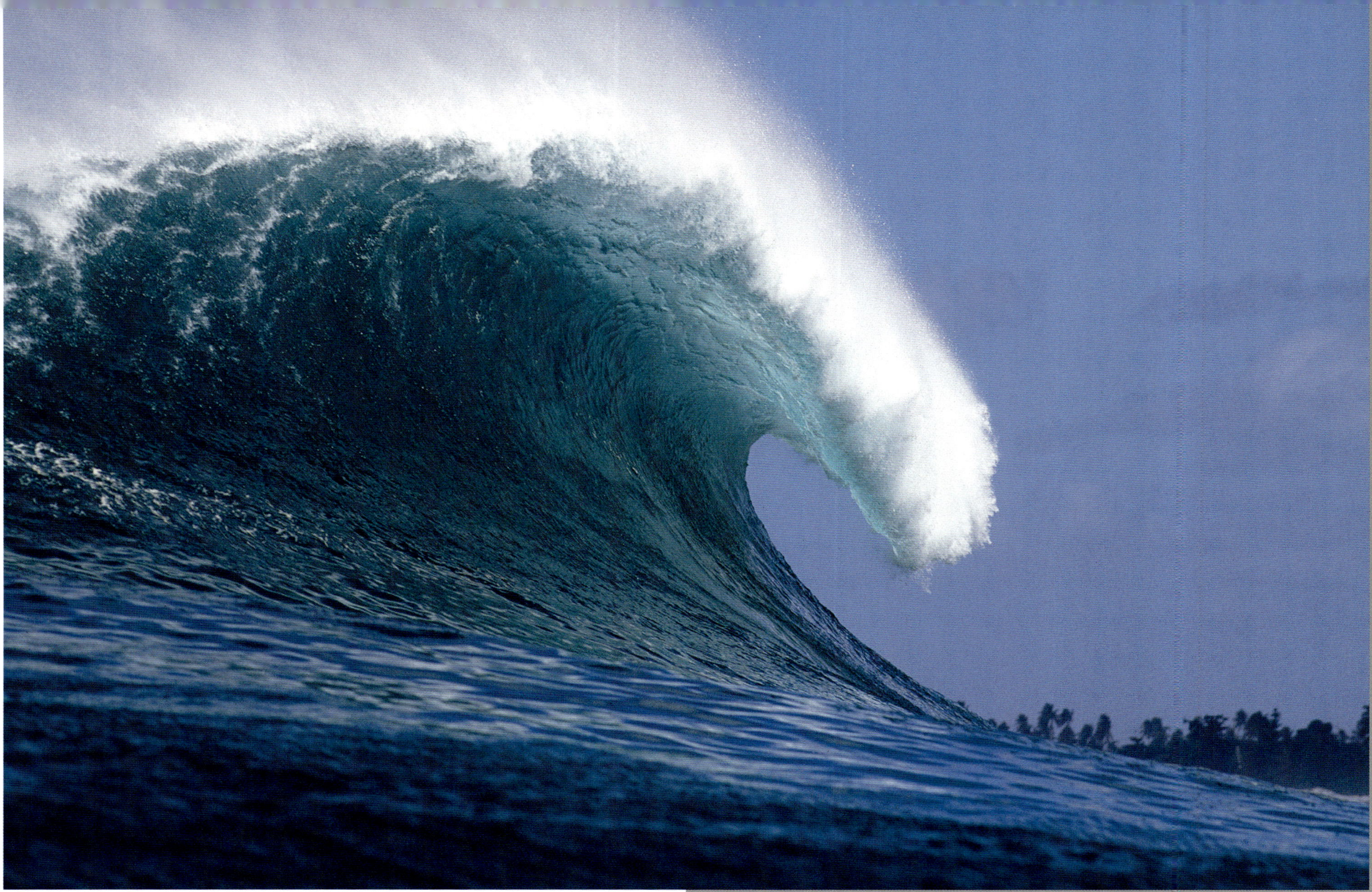

Tres Palmas, Rincón, February 2, 1999: At the time this image was captured, this was one of the biggest swells ever seen at Tres Palmas. During the first day of a two-day swell, Tres Palmas was the only place that was even rideable, and not many people even had the proper equipment with which to tackle the huge waves. I'd never even seen Tres Palmas break, let alone shot it from the water, until this day—I was always opting for other spots on the bigger swells. I borrowed an 8′ fun board from a guesthouse owner and paddled out with my camera from the marina. It was quite a lot of effort to reach the channel, but an image like this one, which has been used widely, made it all worthwhile.

Tres Palmas, Rincón, 2 de febrero de 1999: Al momento en que se tomó esta foto, este era una de las marejadas más grandse que se había visto en Tres Palmas. Durante el primer día de una marejada de dos días, Tres Palmas era el único lugar que se podía correr, y no muchos tenían siquiera el equipo adecuado para manejar las olas enormes. Yo ni siquiera había visto Tres Palmas romper hasta ese día, pues siempre optaba por otras playas cuando entraban las marejadas más grandes, así que tampoco la había fotografiado desde el agua. Tomé prestada una tabla tipo "fun board" de 8 pies del dueño de un hotelito y salí remando de la marina con mi cámara. Se me hizo bastante difícil llegar al canal, pero para conseguir una imagen como esta, que ha sido usada en muchos medios, valía la pena todo el esfuerzo.

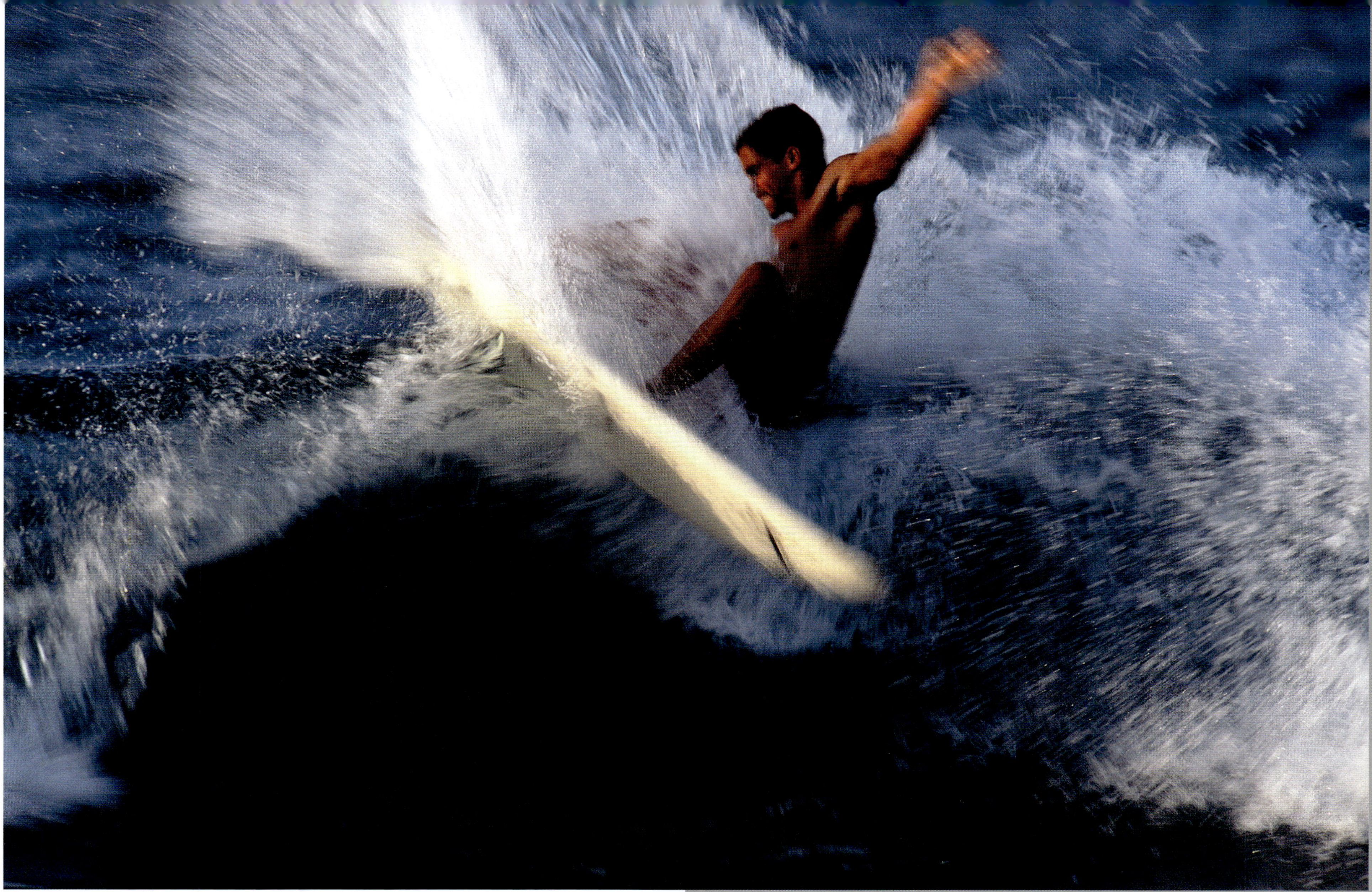

Pablo Diaz, Aviones, Piñones, November 1993: As a surf photographer it always helps to create steady working relationships with the best surfers. Early on in my residency in San Juan, Pablo was one of the surfers with whom I worked the most. We lived in the same neighborhood, often ended up at the same beaches, and enjoyed each other's company, something that always helps make the missions more fun. On this afternoon the tide was extremely low and I had waded through the tide pool to perch myself on the inside reef for a better angle. An offshore wind was grooming a perfect little north swell, and as the magic hour of golden light came I went into speed blur mode and was able to capture this move in a unique way.

Pablo Diaz, Aviones, Piñones, noviembre de 1993: Como fotógrafo de surfing, siempre es positivo mantener relaciones de trabajo constantes con los mejores surfers. Al principio de mi residencia en San Juan, Pablo fue uno de los surfers con quien más trabajé. Vivíamos en la misma área, a menudo terminábamos en las mismas playas, y disfrutábamos la compañía del otro, algo que siempre ayuda a hacer las misiones más divertidas. En esta tarde, la marea estaba extremadamente baja y yo había atravesado la pocita para ubicarme en el arrecife interior para lograr un mejor ángulo. Un viento que soplaba de la tierra le daba forma a una perfecta marejada pequeña del norte, y a medida que se acercaba la hora mágica de luz dorada, usé una técnica de baja velocidad y pude capturar esta movida de una manera única.

Table Rock, Aguada, November 1995: November is almost a sure bet month for surf in Puerto Rico. Fall is in full swing, but winter and its sometimes-blustery weather hasn't really arrived, and sometimes a perfect recipe of conditions comes together for surf at places like Table Rock, one of the region's most elusive and high quality peaks. Home to a very serious bowl section, this wave makes excellent fodder for jaw dropping lineup images when things coincide like they did on this day.

Table Rock, Aguada, noviembre de 1995: Noviembre es un mes en el que es casi seguro que habrán marejadas en Puerto Rico. El otoño está en todo su apogeo, pero el invierno con su clima a veces ventoso aún no ha llegado. A veces se crea la receta perfecta para el surfing en lugares como Table Rock, uno de los picos más impredecibles y de mejor calidad de la región. Esta ola, que con estas condiciones produce un "bowl" impresionante, es excelente para imágenes panorámicas de la rompiente cuando todos los factores coinciden como sucedió en este día.

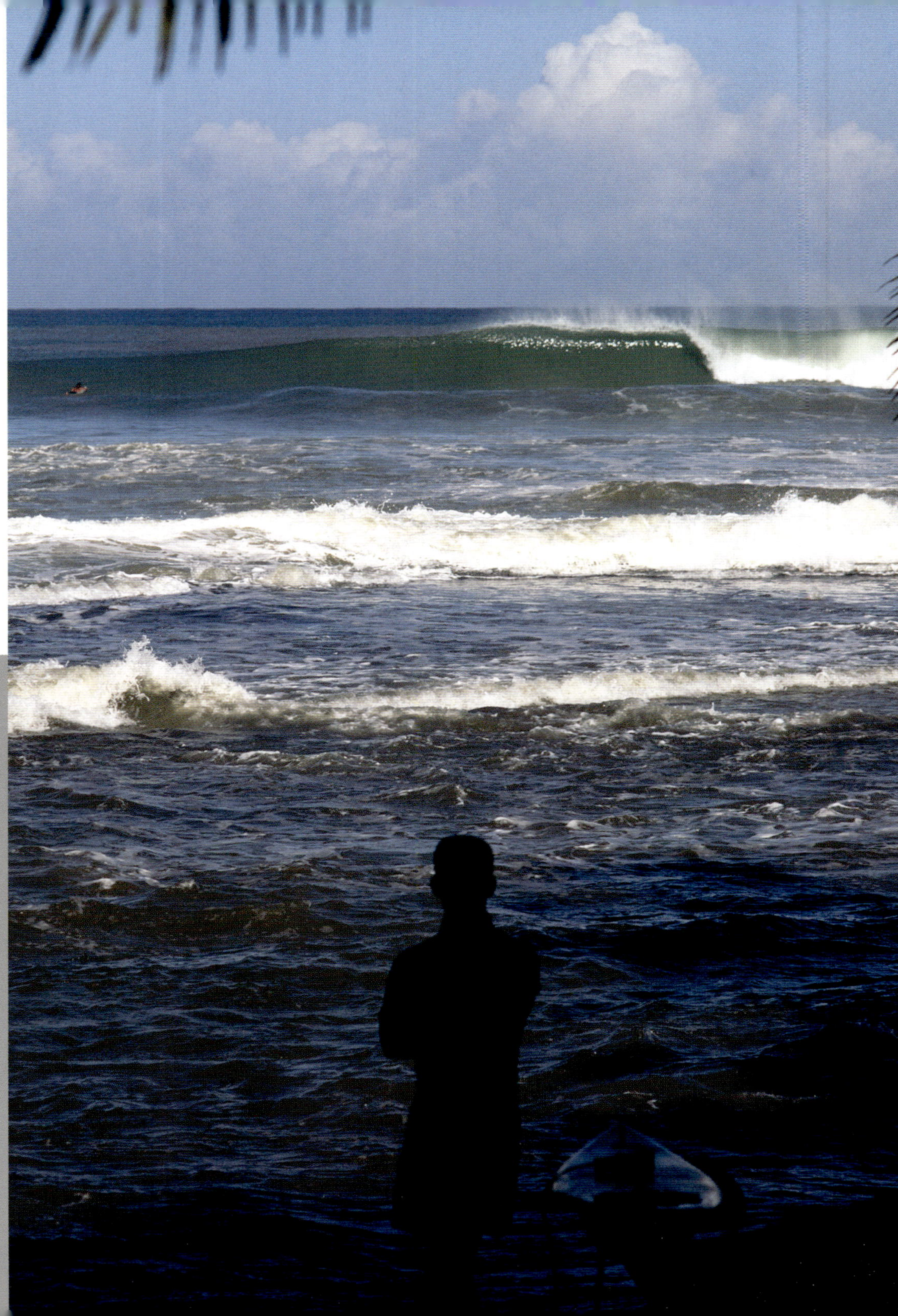

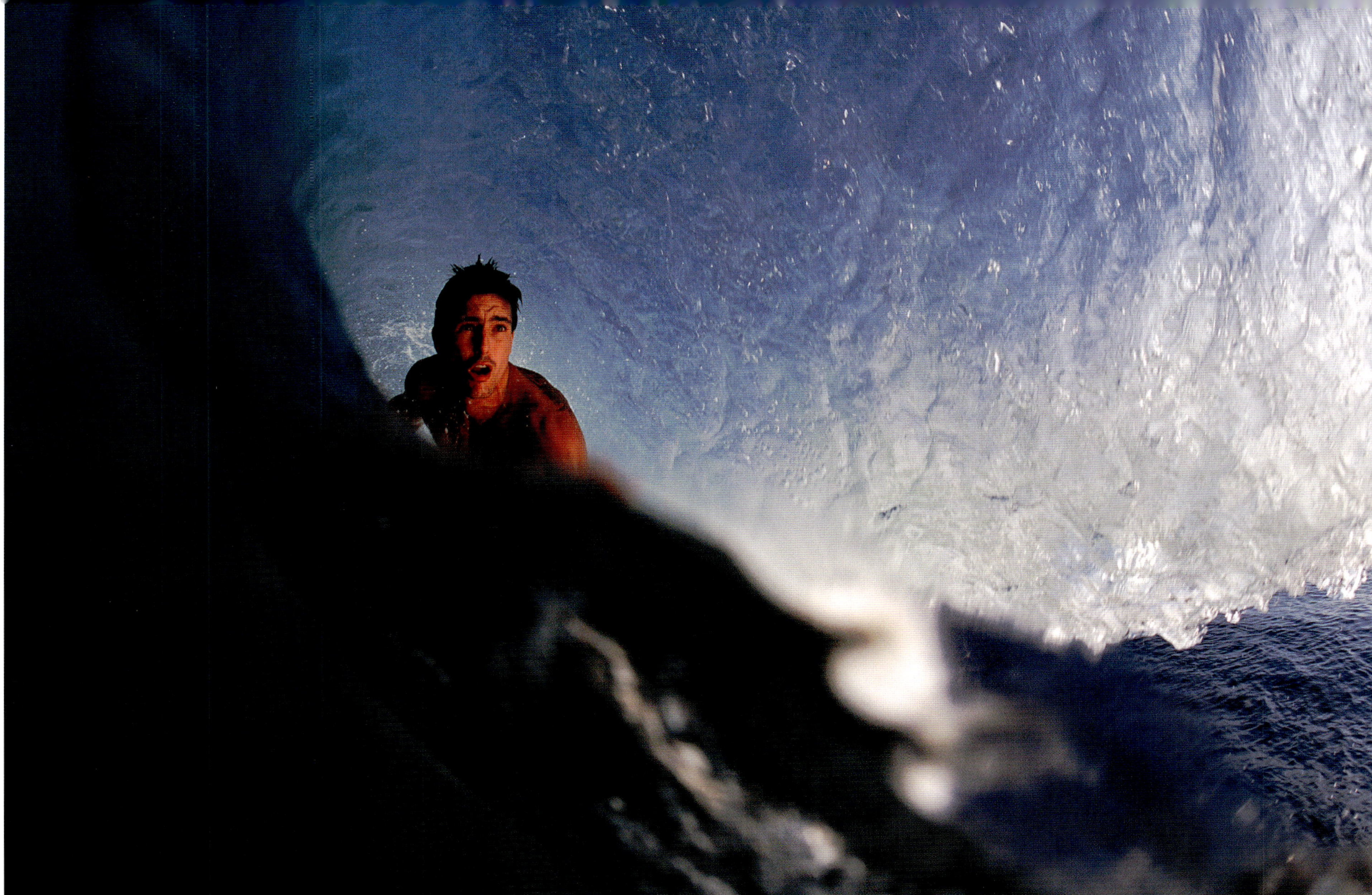

Jorge Iglesias, Chatarra, Piñones, January 2001: Chatarra is undoubtedly one of Puerto Rico's premiere surf spots. Not only is it world class when it's working, but being a left that is generally best in the early morning hours, it's also a perfectly lit photo studio. Hundreds if not thousands of great watershots have come out of Chatarra over the years, but what makes this photo of Jorge so unique is not only the way the water is partially covering the lens, or the way that you can see both the falling lip line and the trough of the wave in the lower right hand corner, but because this wave is a right in the late afternoon hours, the polar opposite of what Chatarra usually is.

Jorge Iglesias, Chatarra, Piñones, enero de 2001: Chatarra es, sin duda, una de las principales playas de surfing en Puerto Rico. Además de ser una ola de calidad mundial cuando está funcionando, por ser una izquierda que usualmente funciona mejor temprano en la mañana, resulta un estudio fotográfico perfectamente iluminado. Cientos, si no miles, de fotos acuáticas magníficas se han tomado en Chatarra a lo largo de los años, pero lo que hace esta foto de Jorge única no es simplemente la manera en que el agua cubre parcialmente el lente, ni la manera en que se puede ver la cresta de la ola cayendo y el valle de la ola en la esquina inferior derecha, sino el hecho de que se trata de una derecha en las últimas horas de la tarde, lo opuesto a lo que usualmente se puede esperar en Chatatrra.

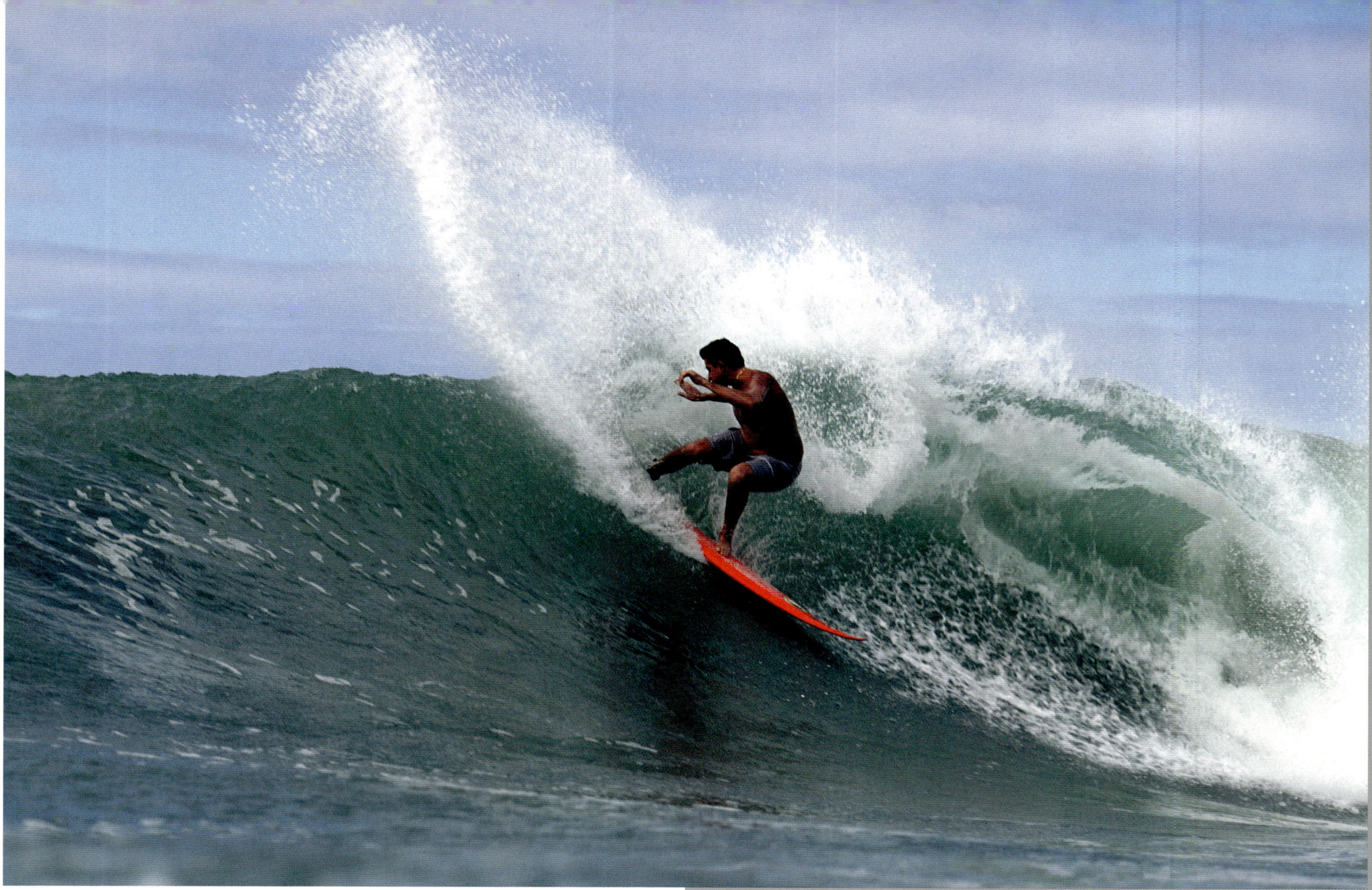

Alberto Licha, Gas Chambers, Aguadilla, March 1997: Few Puerto Rican surfers have become as synonymous with any particular surf spot as much as Licha has with Gas Chambers. Rarely does he miss a day here unless he's off the island. Albert will always stand tall in the biggest barrels, and never have I witnessed anyone throw this much water on a wave of such consequence.

Alberto Licha, Gas Chambers, Aguadilla, marzo de 1997: Pocos surfers puertorriqueños se han identificado con una playa de surfing en particular como lo ha hecho Alberto Licha con Gas Chambers. Rara vez se pierde un día aquí a menos que esté fuera de la Isla. Alberto siempre sobresale en los tubos más grandes y nunca he visto a alguien desplazar tanta agua en una ola de este calibre.

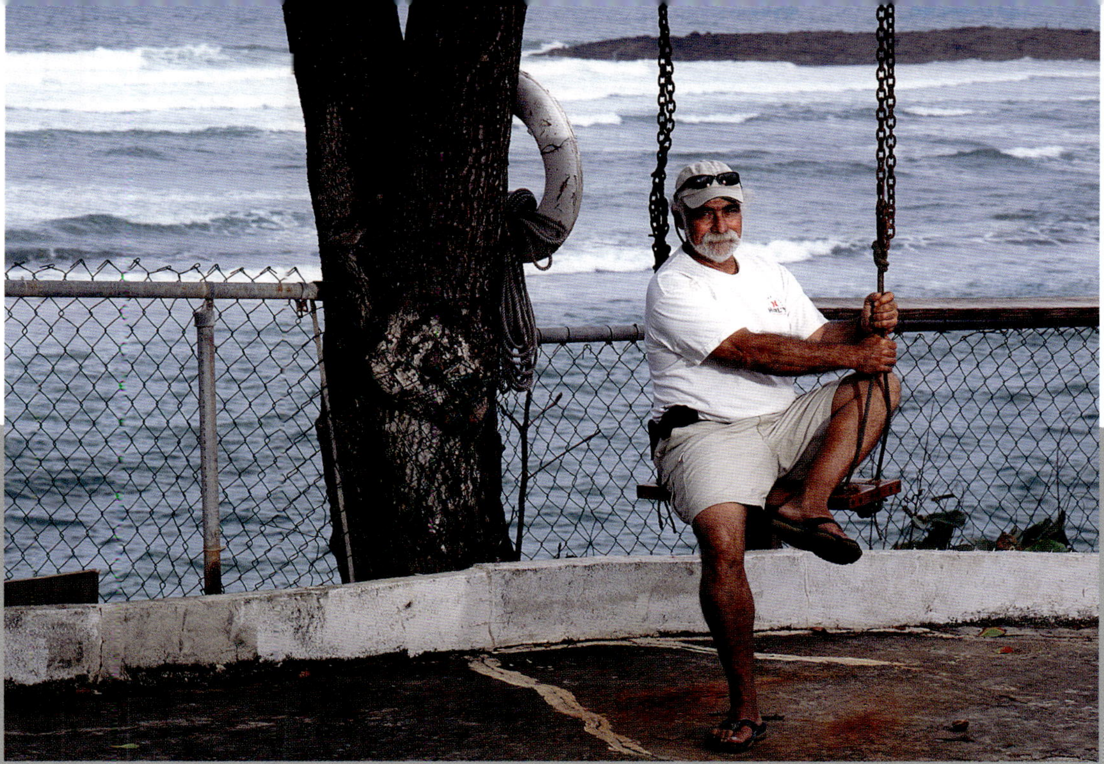

Riki de Soto, La Ocho, San Juan, February 2005: This image was captured for a feature article on Puerto Rico in *The Surfer's Path* magazine. After a long and storied past of defending the coast and beaches of Puerto Rico, Riki was an obvious choice to highlight in such an article about the island, and he has since continued his efforts to keep overzealous developers in check and what is left of the island's pristine and untouched coast intact.

Riki de Soto, La Ocho, San Juan, febrero de 2005: Esta imagen fue capturada para un artículo sobre Puerto Rico en la revista The Surfer's Path. Por su largo historial como defensor de las costas y las playas de Puerto Rico, me pareció perfecto presentar a Riki, y desde entonces ha continuado en sus esfuerzos por fiscalizar a los desarrolladores inescrupulosos y preservar intacto lo que queda de las costas prístinas y vírgenes.

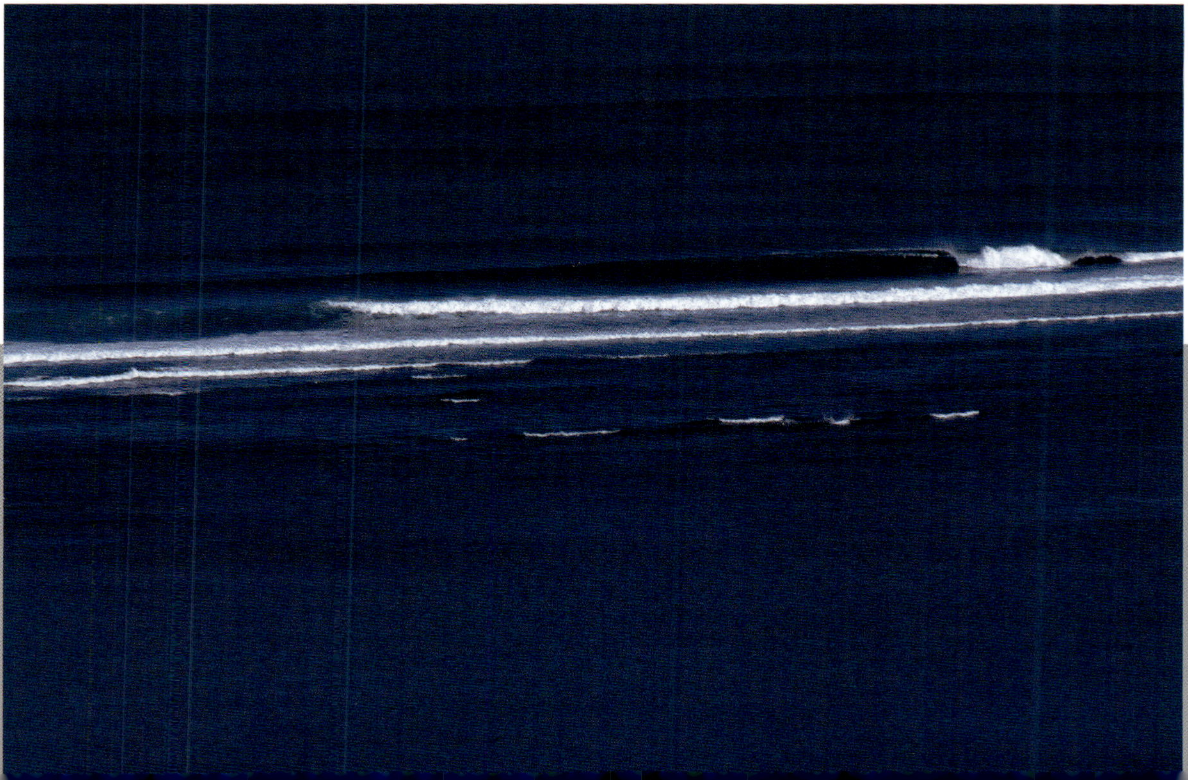

Racetracks, Fajardo, Janaury 1996: The northeast corner of Puerto Rico is fickle to say the least, and while a trip east means a roll of the dice compared to going west to Punta Borinquen, the payoff can sometimes be incredible waves in the company of only your mates. On the other hand, the payoff at other times can be a long drive back home and missing the sure thing on which you turned your back in the first place. On this day in particular, I scored the former, but having spent many a swell moving away from the masses, I'm no stranger to the latter.

Racetracks, Fajardo, enero de 1996: La esquina noreste de Puerto Rico es sumamente inconstante y mientras que un viaje al este es una lotería comparado con ir al oeste a Punta Borinquen, el premio a veces puede ser olas increíbles en compañía de tus amigos solamente. Por otro lado, el premio otras veces puede ser un largo viaje de regreso sabiendo que te perdiste lo que tenías asegurado si hubieras ido en la dirección opuesta. En este día en particular, mi premio fue lo primero, pero habiendo pasado muchos eventos de marejada alejándome de las masas, no me han faltado los días en que me pasó lo segundo.

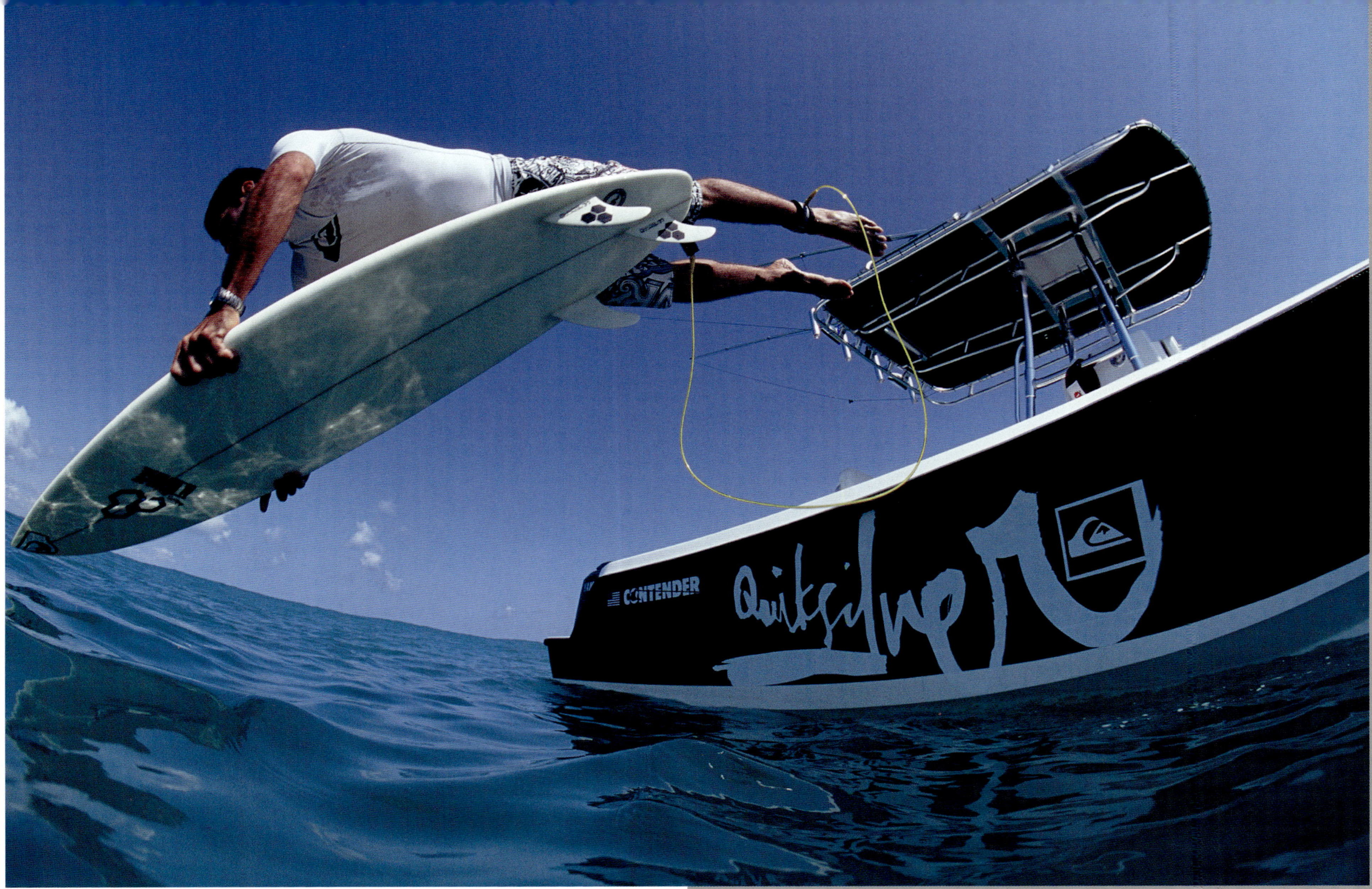

Ricardo Villanueva, Outer Island, March 2003: Few people have enjoyed the level of success in the local surf industry that Ricardo has. Even while taking several brands from obscurity to leading positions in the local market, Ricardo always seems to find time to catch every swell and usually in places where others are not. I've been fortunate to be a fly on the wall on some of his missions, and images like these are often more revealing and emblematic of the surfing lifestyle than any hardcore action image.

Ricardo Villanueva, isla pequeña adyacente a Puerto Rico, marzo de 2003: Pocas personas han disfrutado del nivel de éxito en la industria local del surfing como lo ha hecho Ricardo. Aún habiendo logrado colocar varias marcas en el mercado local, Ricardo siempre parece tener tiempo para aprovechar cada evento de marejadas y a menudo en lugares donde nadie más va. He tenido la suerte de haber podido pasar desapercibido en algunas de sus misiones e imágenes como esta son a veces más reveladoras y emblemáticas del estilo de vida del surfing que una imagen de mucha acción.

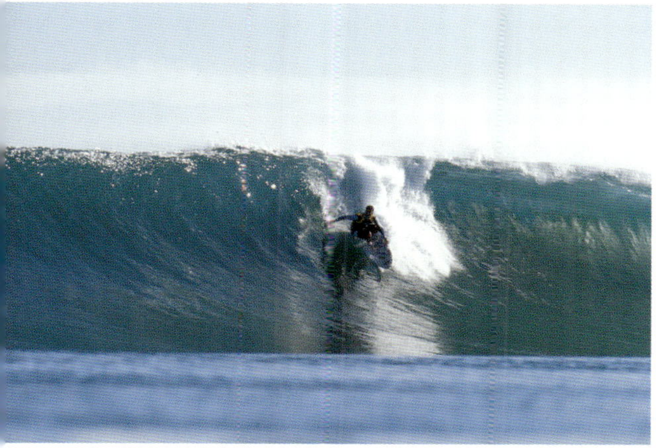

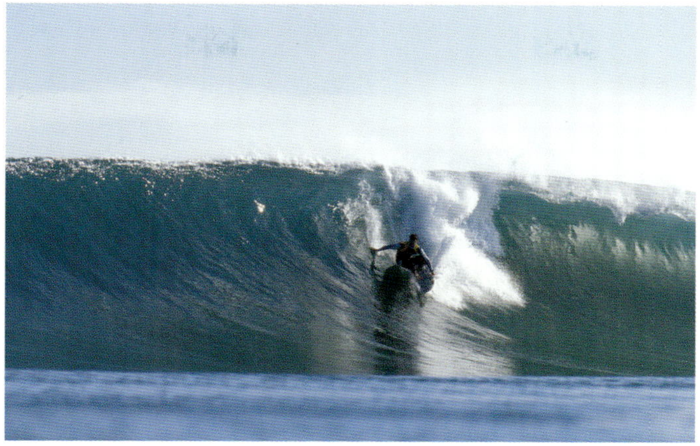

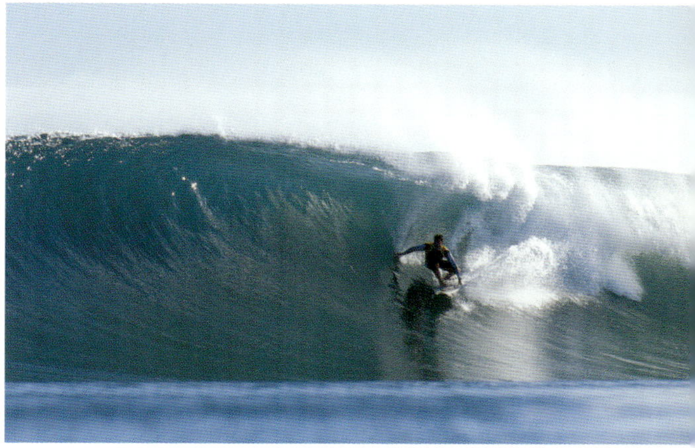

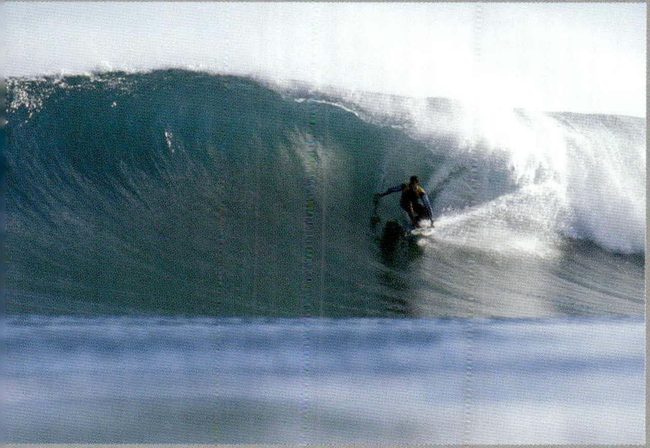

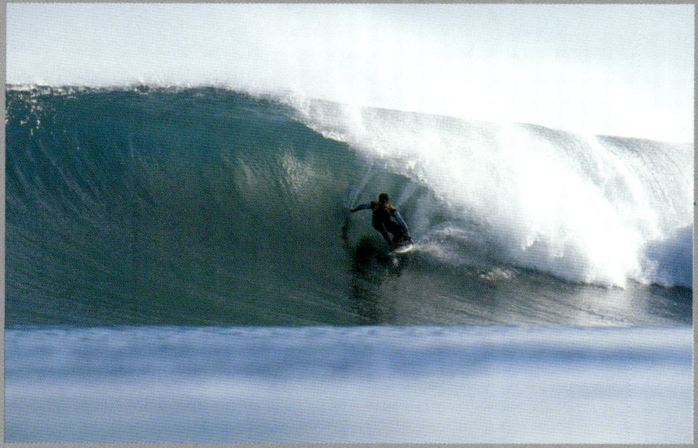

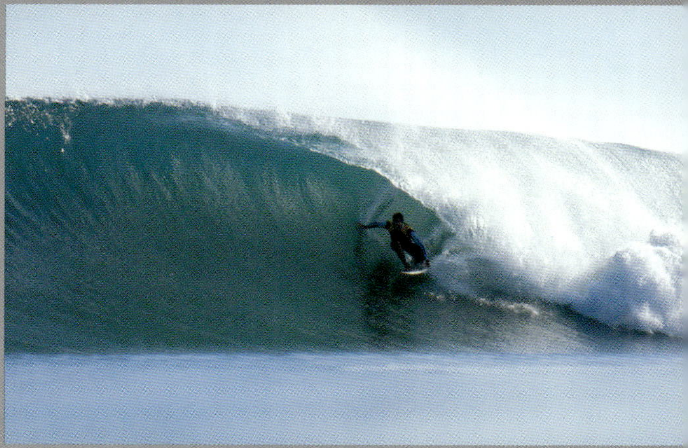

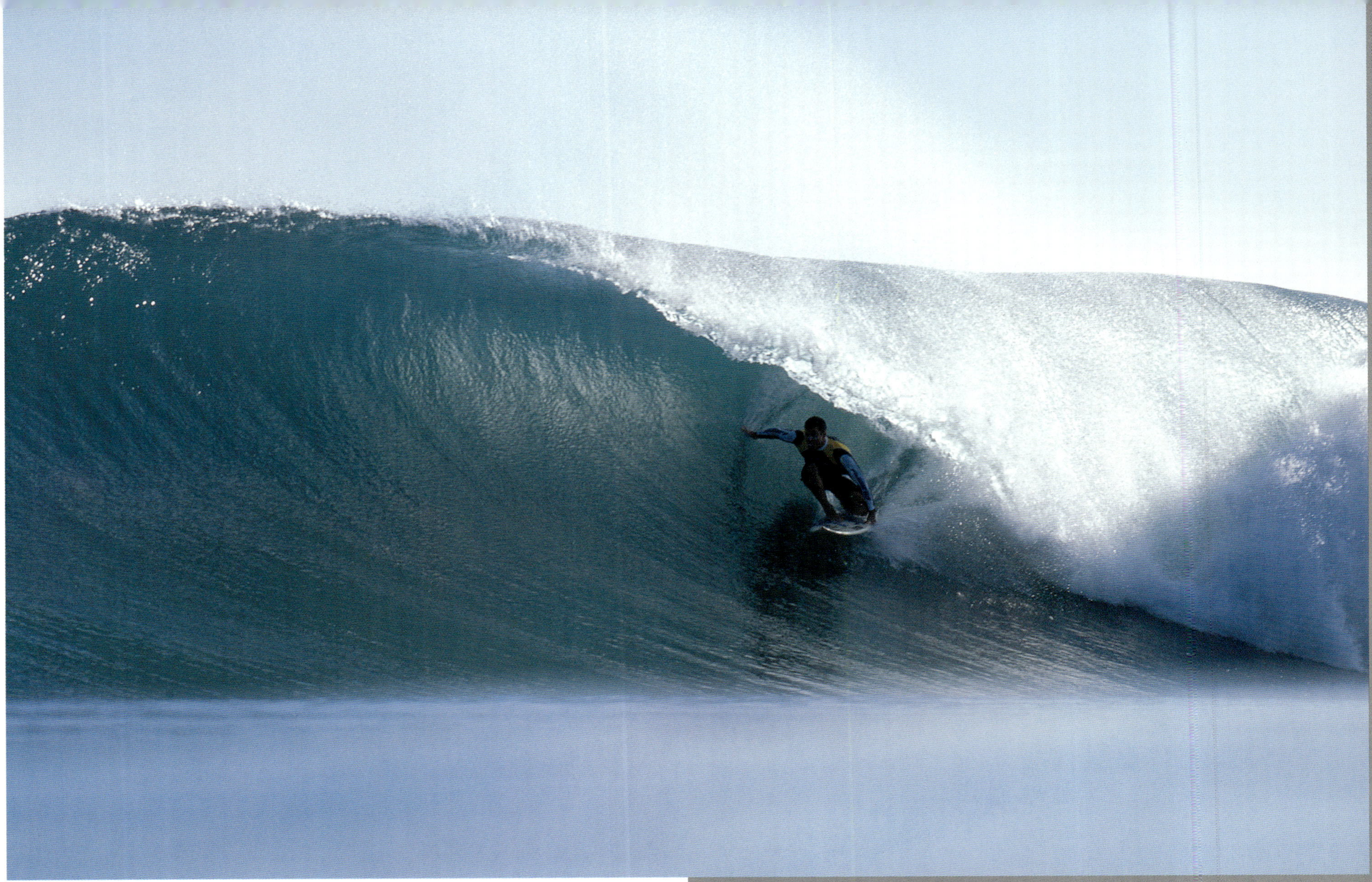

Ricardo Villanueva, Outer Reef, November 7, 2002: Back in the film days I used to make laminated business cards of fresh images that were worthy of sharing, and pull them out in social situations as a conversation catalyst. In retrospect, they were kind of like analog Facebook posts. When I began distributing cards of the image above, I responded to people's surprise by saying, "I didn't tell you about my trip to Indonesia this summer?", a statement that was swallowed hook, line, and sinker until word started getting around that it was actually captured here in Puerto Rico.

Ricardo Villanueva, arrecife en las afueras de Puerto Rico, 7 de noviembre de 2002: En la época de la película yo solía hacer tarjetas de presentación laminadas de las imágenes nuevas que valía la pena compartir y las sacaba en situaciones sociales para hacer conversación. En retrospectiva, les veo cierta analogía con las publicaciones en Facebook. Cuando comencé a distribuir las tarjetas de la imagen arriba, respondía a la sorpresa de la gente diciendo: "¿No te conté de mi viaje a Indonesia este verano?" Todos se creían el cuento, hasta que comenzó a regarse la voz de que la imagen había sido tomada aquí en Puerto Rico.

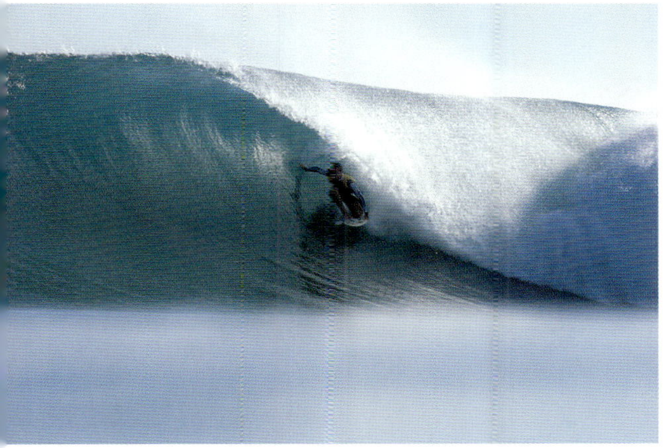

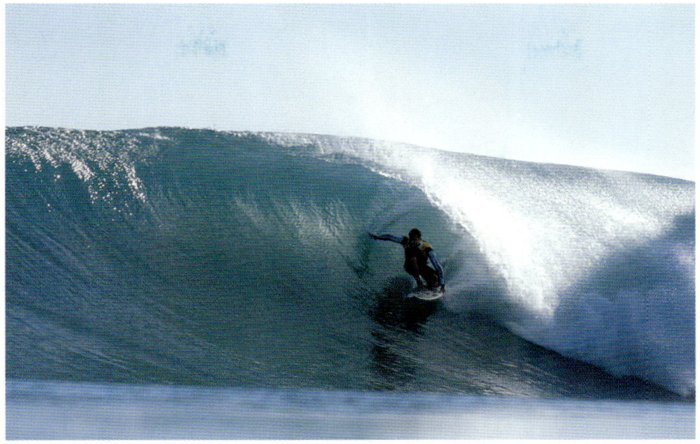

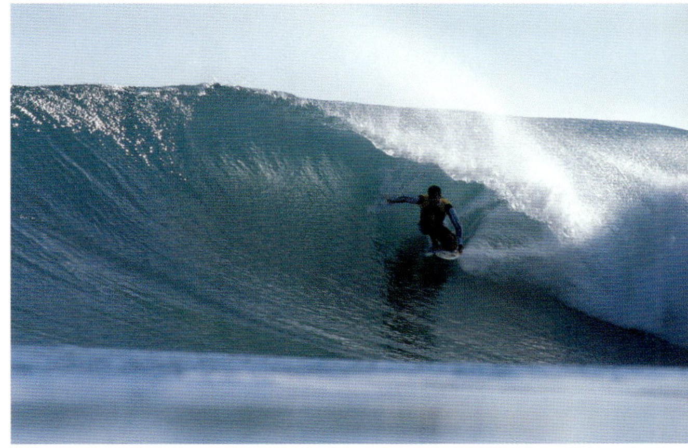

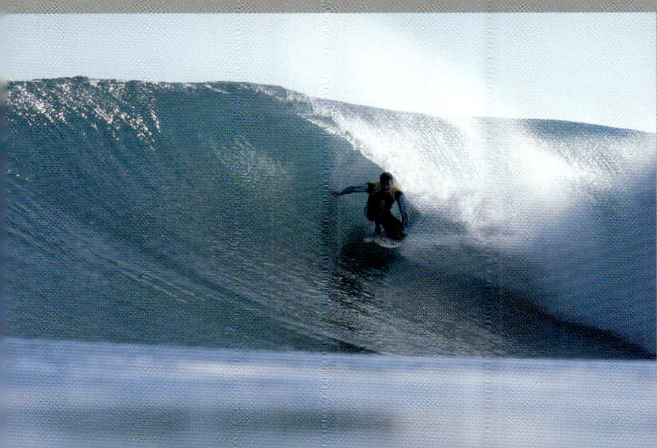

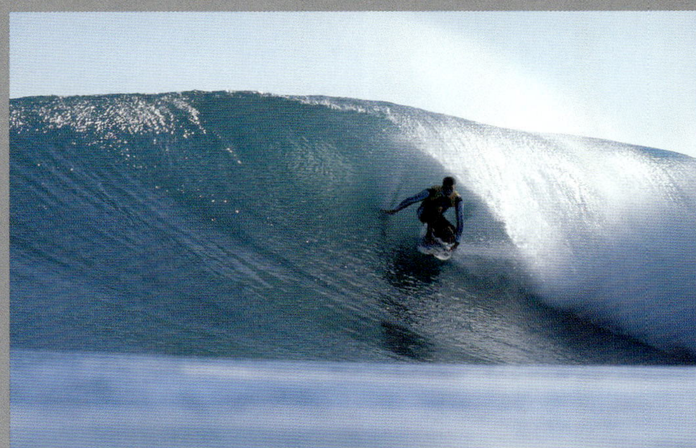

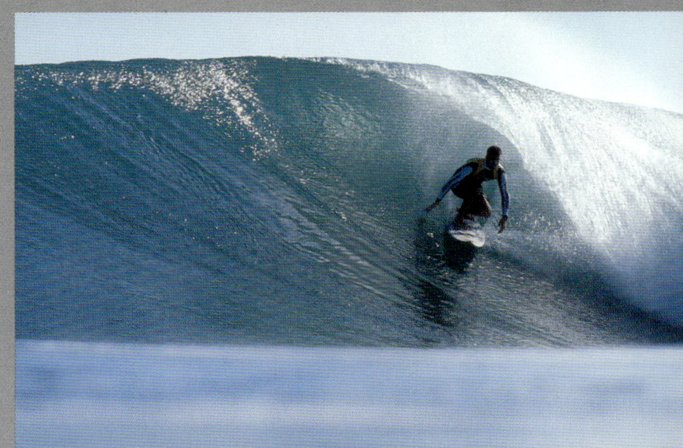

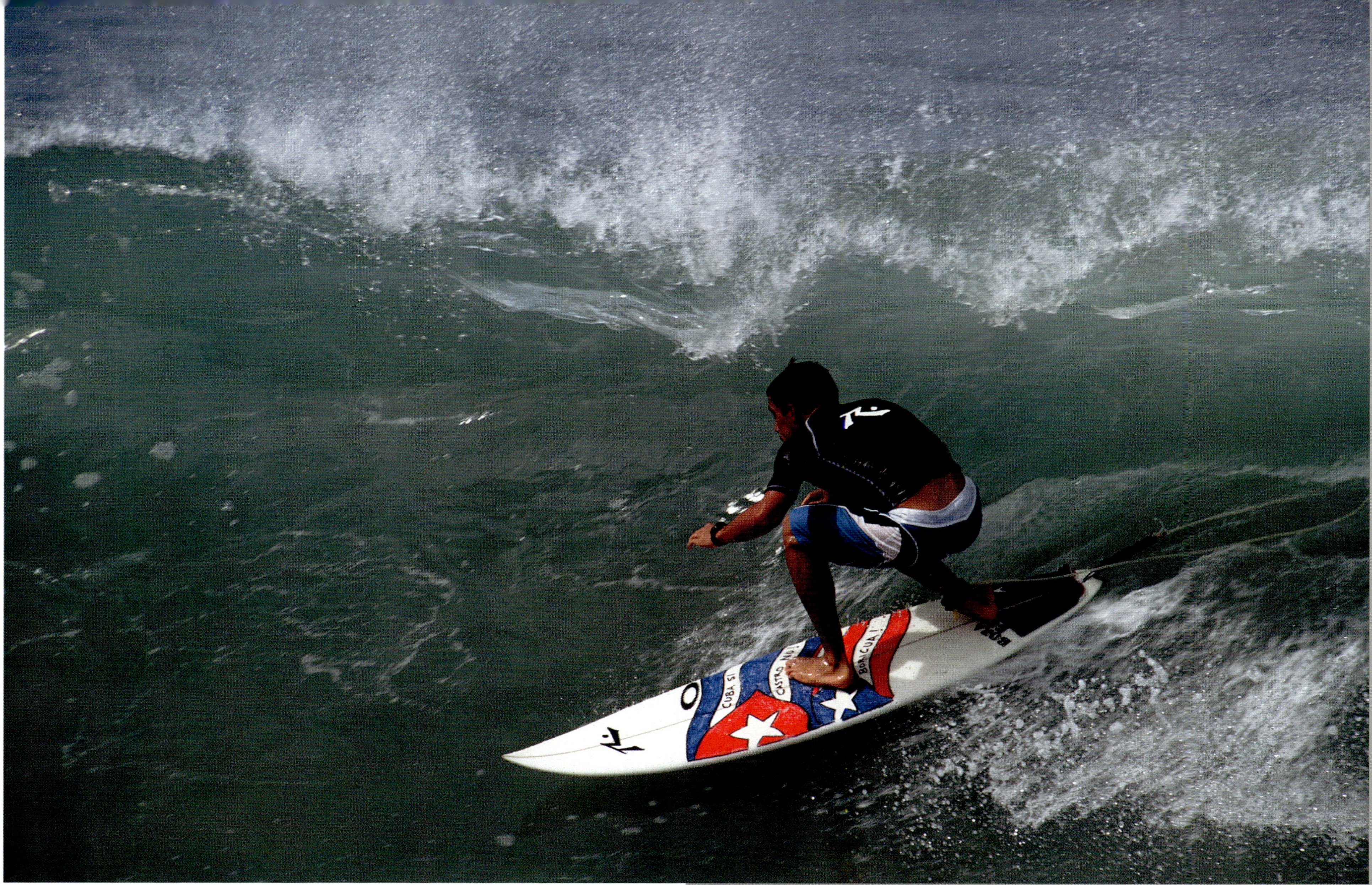

Pablo Diaz, Wishing Well, Aguadilla, January 1997: The cultural link between Puerto Rico and Cuba runs deep, but rarely does it run deeper than it does in the Diaz family. Both of Pablo's parents escaped Castro's revolution in the early 60s and he is one surfer acutely aware of the regional politics as it relates to his ancestral homeland. Nonetheless, upon seeing this image I recall Pablo being concerned with the clarity with which his political statement (applied to the board by local surfer Alberto "Pupo" Castro) had been captured.

Pablo Díaz, Wishing Well, Aguadilla, enero de 1997: Los lazos culturales entre Puerto Rico y Cuba son profundos, pero rara vez más profundos que en la familia Díaz. Los padres de Pablo escaparon la revolución de Castro a principios de la década del 60 y él está sumamente consciente de la política local en cuanto a su relación con la tierra de sus ancestros. No obstante, al ver esta imagen recuerdo que a Pablo le preocupaba la claridad con la cual se había capturado su manifestación política (que fue aplicada a la tabla por el surfer local Alberto "Pupo" Castro).

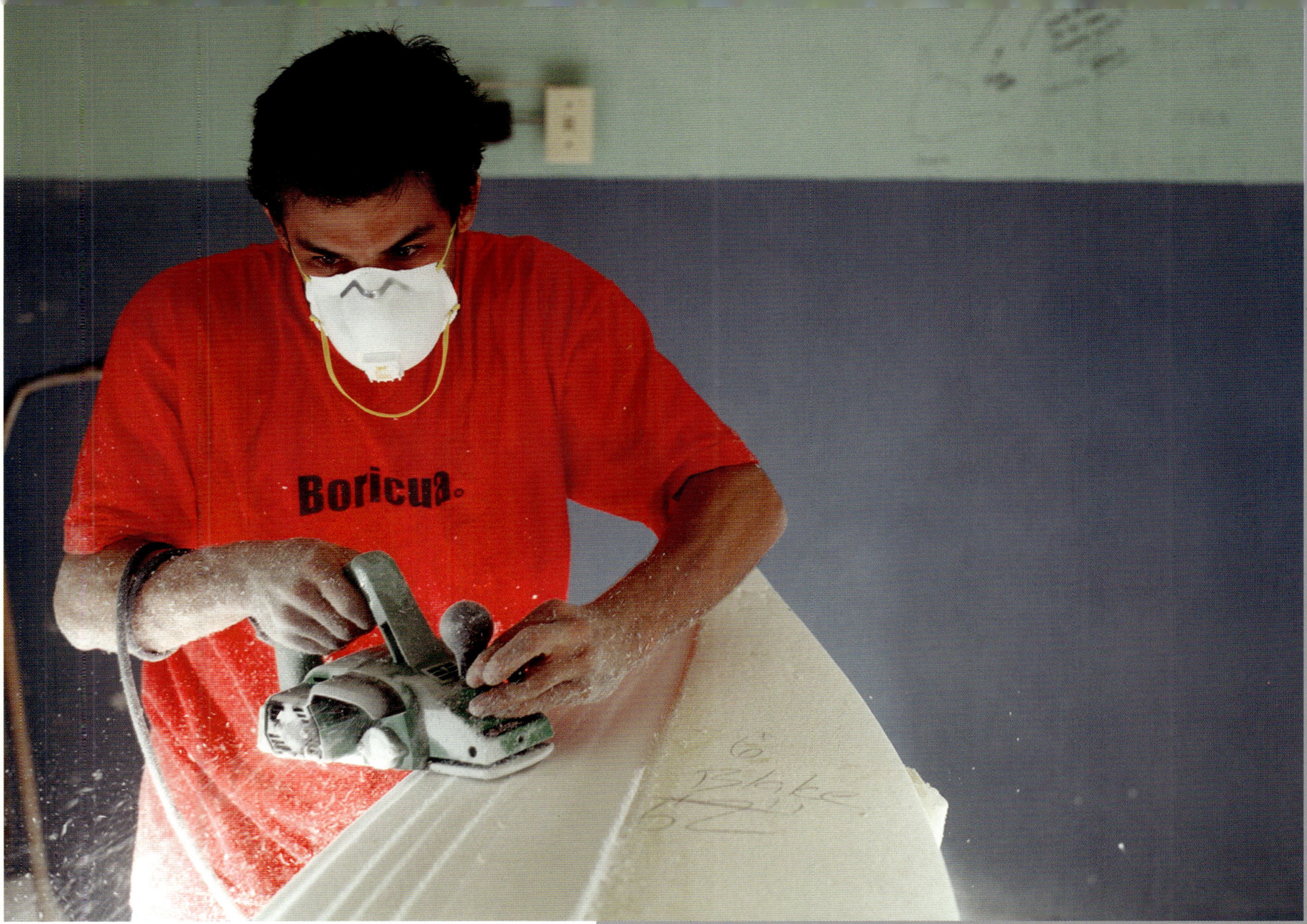

Ché Morales, Pelícano Surfboards, Isabela, April 6, 2003: Ché is one of Puerto Rico's more gifted shapers. And although, like many mowers of foam, his ability to earn a living from his craft has fluctuated, the boards he turns out are often among the island's best and can rival some of the industry's most successful brands. During this time Ché was working with Nestor Ramírez of Pelícano Surfboards, and receiving support from Hurley, for whom this shoot was executed.

Ché Morales, Pelícano Surfboards, Isabela, 6 de abril de 2003: Ché es uno de los escultores de tablas de surfing más talentosos de Puerto Rico. Y aunque, al igual que muchos otros escultores del "foam", su habilidad para ganarse la vida mediante su arte ha fluctuado, las tablas que produce son a menudo de las mejores en la Isla y pueden competir con algunas de las marcas más exitosas de la industria. Para este tiempo, Ché estaba trabajando con Nestor Ramírez de Pelícano Surfboards, y recibía el apoyo de Hurley para quien se ejecutó esta toma.

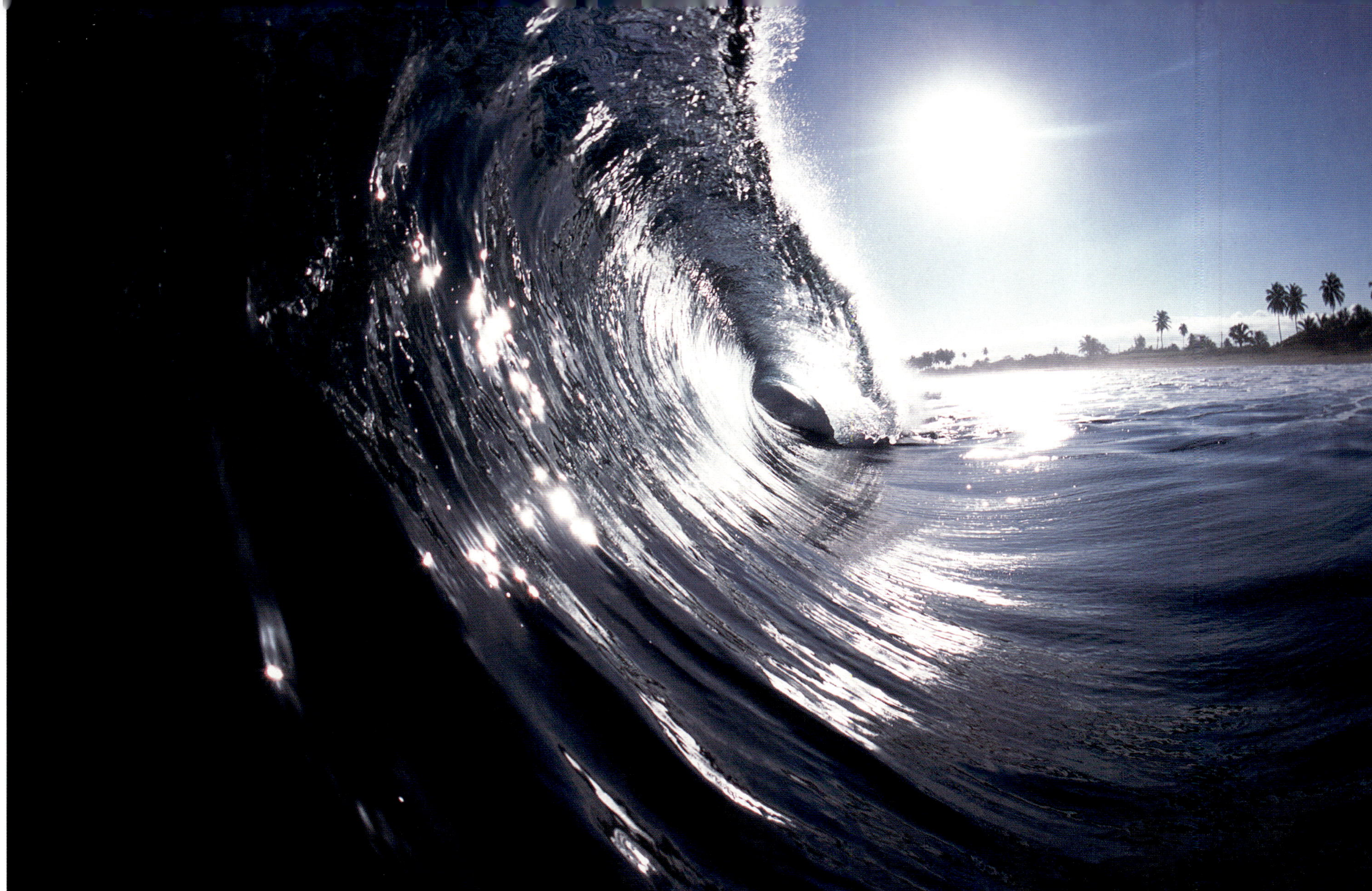

Rocky Point, Piñones, April, 1998: Piñones is home to two of Puerto Rico's finest surf breaks. Aviones is very likely the island's most consistent wave, and Chatarra, right next door to the west, is considered among the best waves in the entire Caribbean. Unbeknownst to many, however, is Rocky Point, a wave on the east side of the Aviones channel that turns into a beastly tube on only the correct and very specific conditions. It's the kind of wave that rarely shows its face at all, and is such a shallow-water, intimidating kind of situation that few people will even have a go at it when it is in perfect form. But days like this are the ones that make it worth watching when any semblance of the right conditions coincide.

Rocky Point, Piñones, abril de 1998: Piñones alberga dos de los mejores puntos de surfing en Puerto Rico. Aviones es probablemente la ola más constante de la Isla y Chatarra, justo a su lado hacia el Oeste, es considerada una de las mejores olas de todo el Caribe. Sin embargo, muy pocos conocen Rocky Point, una ola en el lado Este del canal de Aviones que se convierte en un tubo bestial solo con las condiciones correctas y muy específicas. Es el tipo de ola que rara vez muestra su cara y está en aguas tan poco profundas que crea una situación intimidante que pocas personas se atreven a probar, aún cuando se dan las condiciones perfectas. Pero días como este son los que la hacen digna de mirar cuando coinciden todas las condiciones correctas.

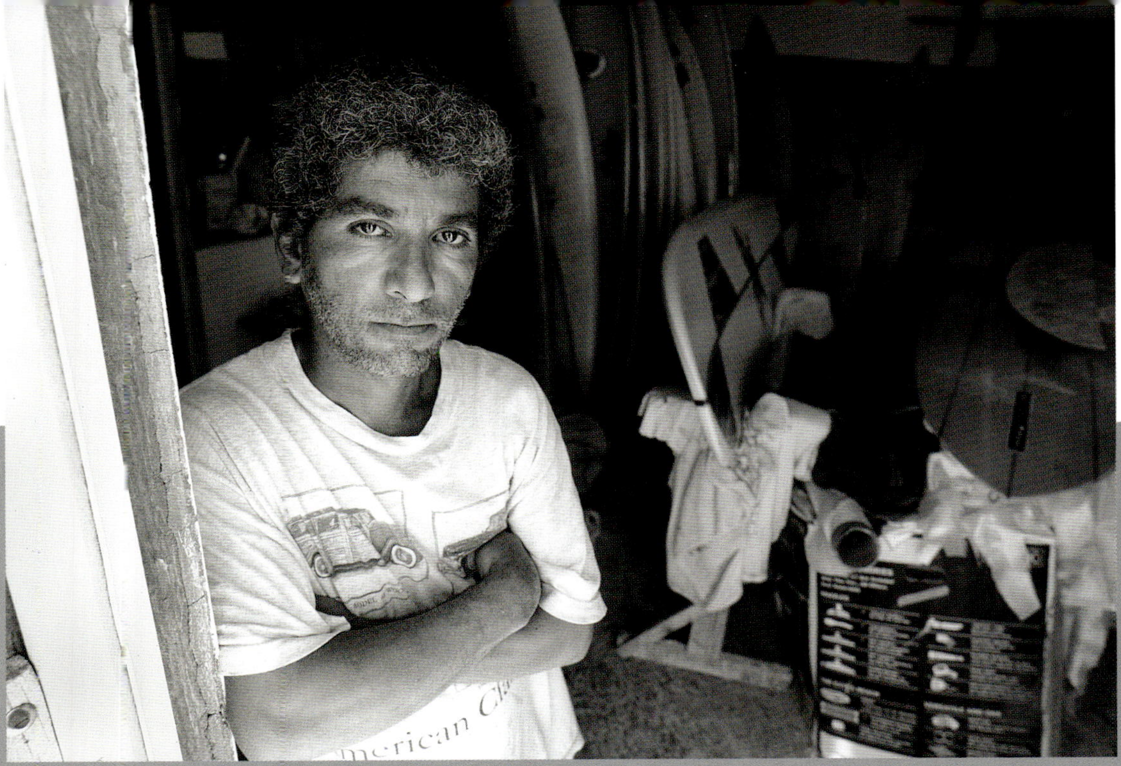

Andy Martínez, Nuclear Vista, Rincón, February 28, 2005: You can't get a whole lot more local than Andy Martínez. Born and raised in Rincón, Andy was a top-flight skateboarder through the 70s golden era of the sport, and naturally gravitated towards surfing as a lifelong resident of the sport's Caribbean hub. He has been shaping surfboards under his Surfboards Puerto Rico label for the better part of three decades, and is the go-to guy for ding repair around Punta Higuera for locals and visitors alike.

Andy Martínez, Nuclear Vista, Rincón, 28 de febrero de 2005: Es difícil encontrar a alguien más local que Andy Martínez. Andy nació y se crió en Rincón, y fue uno de los mejores skateboarders en la era dorada del deporte en la década de 1970. Naturalmente, también practicaba el surfing, ya que había vivido toda su vida en la base caribeña del deporte. Lleva casi tres décadas construyendo tablas de surfing bajo su marca Surfboards Puerto Rico, y es la persona a donde hay que acudir si necesitas hacer reparaciones cerca del área de Punta Higuera, tanto para locales como para visitantes.

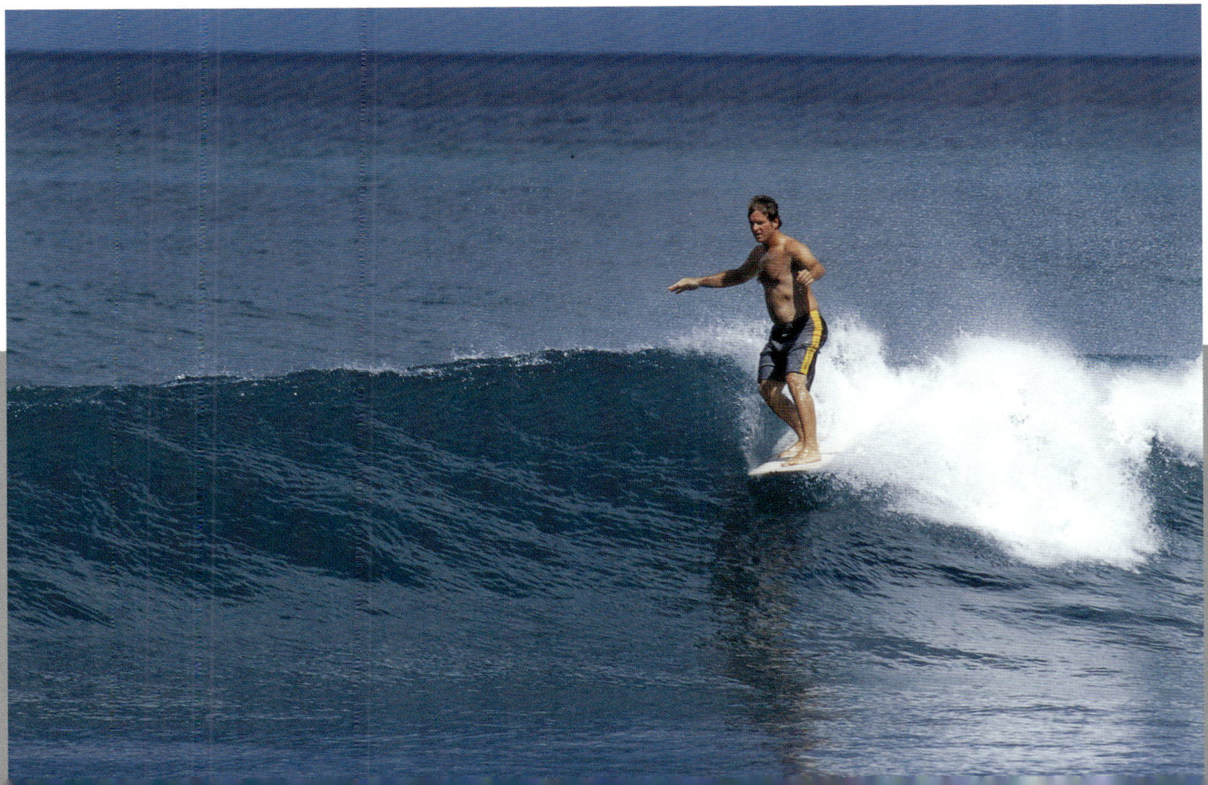

Tony Yordan, Parking Lots, Sandy Beach, Rincón, December 10, 2000: Tony pioneered the local surf industry when he launched his Playero surf shop and clothing brand in 1977. Today, the Playero tradition continues with three shop locations in Condado, the Plaza las Americas mall, and Rincón, where discriminating surfers can find some of the best contemporary and alternative surfboards available anywhere in the Caribbean.

Tony Yordan, Parking Lots, Sandy Beach, Rincón, 10 de diciembre de 2000: Tony fue el pionero en la industria de las tiendas de surfing cuando abrió su tienda Playero y su marca de ropa en el 1977. Hoy día, la tradición de Playero continúa con tres locales de la tienda en Condado, Plaza las Américas y Rincón, donde los surfers pueden encontrar de las mejores tablas contemporáneas y alternativas de todo el Caribe.

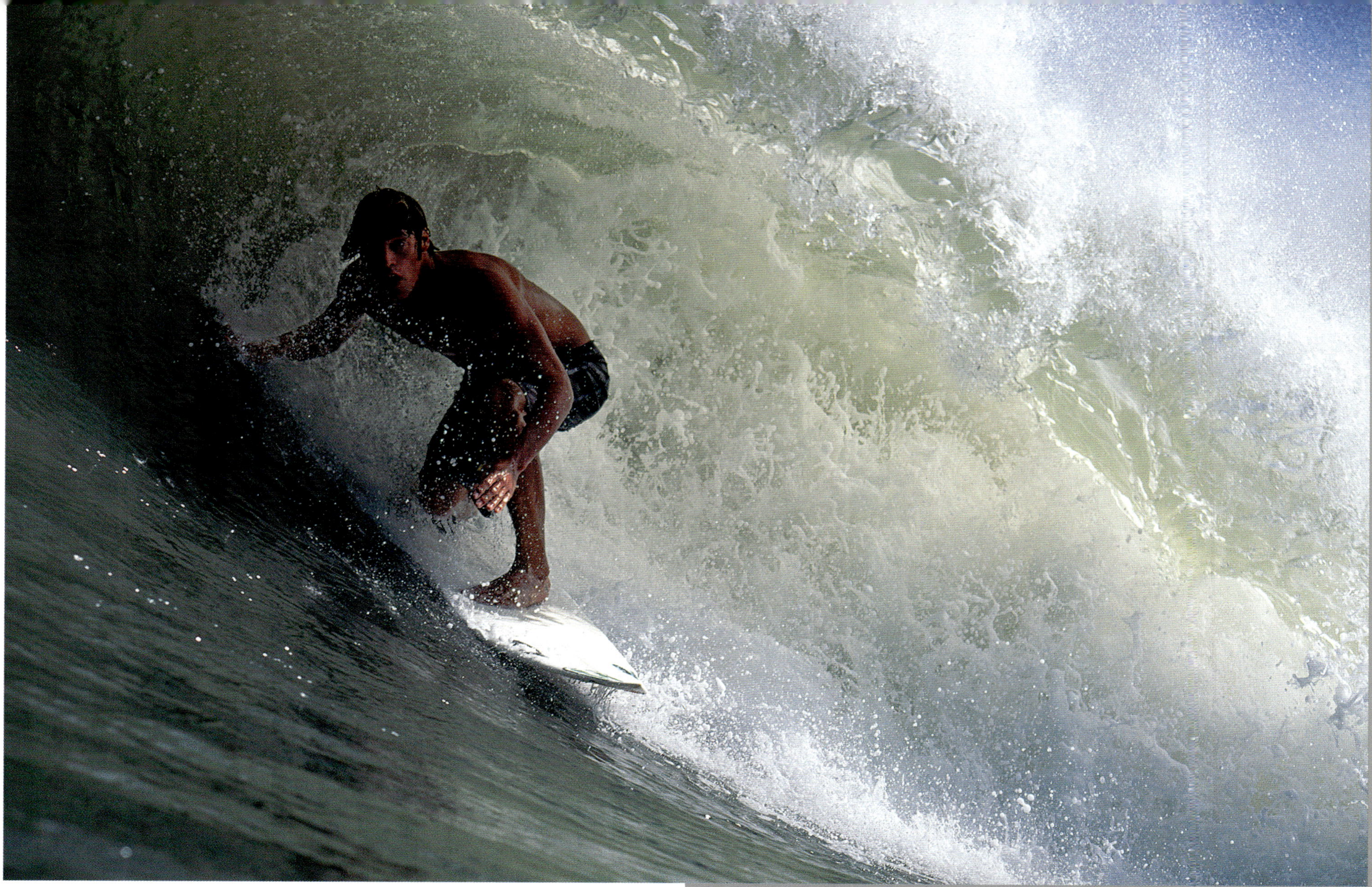

Dave Rastovich, Table Rock, Aguada, February 2002: En route out of the Caribbean after a *SURFER* magazine trip to St. Barts with photographer Tom Servais, Dave Rastovich and Joel Parkinson stopped in Puerto Rico to check in with then Billabong sales rep, Tony Yordan, and catch some more significant waves before leaving the region. We were lucky to have some solid swell reach the island during the few days they were around, and to see the talent of a surfer like Dave at a place like Table Rock was one of the highlights of that winter for me.

Dave Rastovich, Table Rock, Aguada, febrero de 2002: En su camino de regreso del Caribe luego de un viaje con SURFER Magazine a St. Barts con el fotógrafo Tom Servais, Dave Rastovich y Joel Parkinson pararon en Puerto Rico para visitar al entonces representante de ventas de Billabong, Tony Yordan, y coger algunas olas buenas más antes de irse de la región. Afortunadamente, tuvimos unas marejadas sólidas en la Isla durante los días que estuvieron aquí y ver el talento de un surfer como Dave en un lugar como Table Rock fue uno de los puntos culminantes de ese invierno para mí.

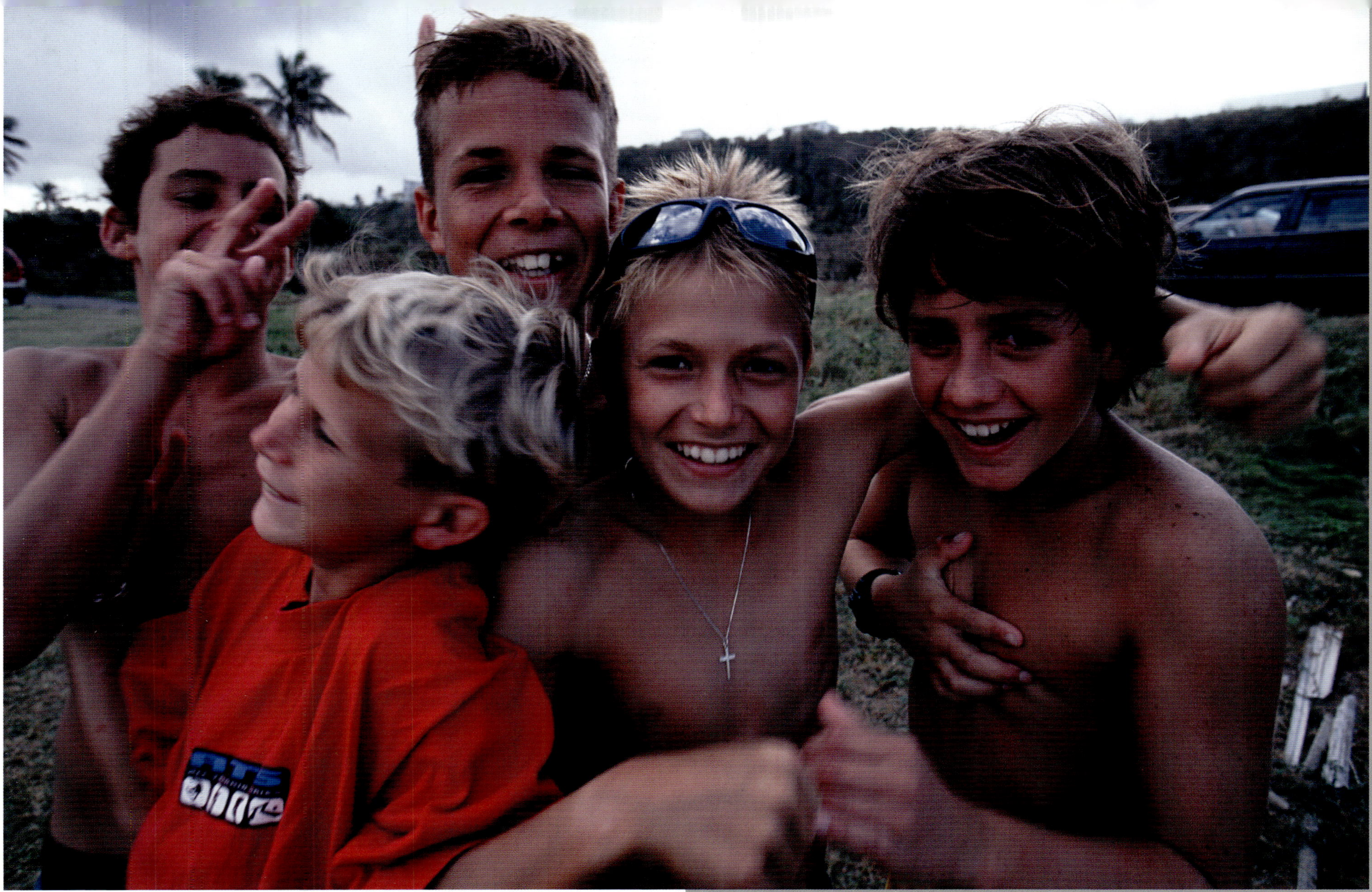

Leslie Bursian, Wesley Toth, Brian Toth, Dylan Graves, and Tommy Bursian, Shore Island, Isabela, October 2001: Although it was a good bet when this image was captured that these five youngsters would become a large part of the core of Puerto Rico's new school of surf talent, one could never be sure if any of them would lose interest, find a new calling, or simply move in any new direction that might take them away from pursuing surfing seriously. But as the years passed all five would become mainstays of the local surf culture as well as have an impact on the global surf scene, a fact that makes this image all the more revealing of their friendship and camaraderie.

Leslie Bursian, Wesley Toth, Brian Toth, Dylan Graves y Tommy Bursian, Shore Island, Isabela, octubre de 2001: Aunque al momento en que se capturó esta imagen ya se podía ver que estos cinco jóvenes serían una parte importante del núcleo de la nueva escuela de talento del surfing en Puerto Rico, siempre existía la posibilidad de que alguno perdiera el interés, encontrara una vocación diferente, o que sucediera algo que les impidiera dedicarse al surfing con seriedad. Pero pasaron los años y los cinco se convirtieron en pilares de la cultura local del surfing, además de tener un impacto en la escena global del surfing, lo que hace a esta imagen aún más reveladora de su amistad y camaradería.

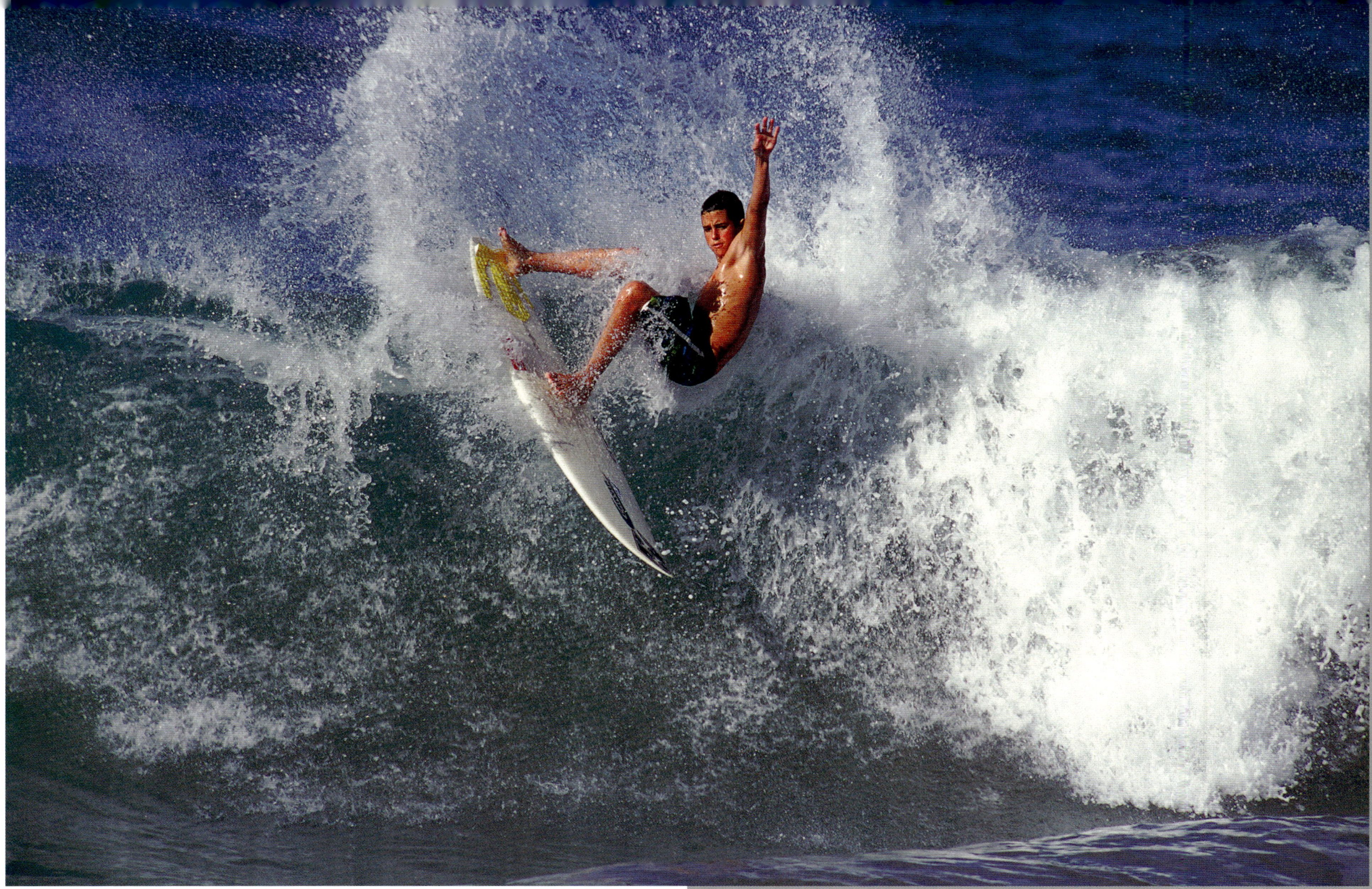

Leslie Bursian, La Bomba, Condado, January 2002: La Bomba is a shifting, dumping beach break in the heart of Condado more suited to body surfing than anything else. You won't find too many 14 year-old kids that can standup surf the place with this kind of style. But having been raised overlooking this peak, Leslie, and his younger brother Tommy, were two kids that could always make the most of the wave "out front." Cutting their teeth on this kind of surf probably had a lot to do with the way they were able to graduate into the island's premiere surfing venues with ease.

Leslie Bursian, La Bomba, Condado, enero de 2002: La Bomba es una playa de picos fuertes y erráticos en el corazón de Condado que es más apropiada para el "body surfing" que para cualquier otra cosa. No hay muchos niños de 14 años que pueden surfear de pie esta playa con este tipo de estilo, pero Leslie y su hermano menor Tommy, que se criaron frente a este pico, eran dos niños que siempre podían sacarle el máximo a la ola "de al frente". Aprender a surfear en este tipo de olas probablemente tuvo mucho que ver con la facilidad con la que pasaron a las mejores playas de surfing de la Isla.

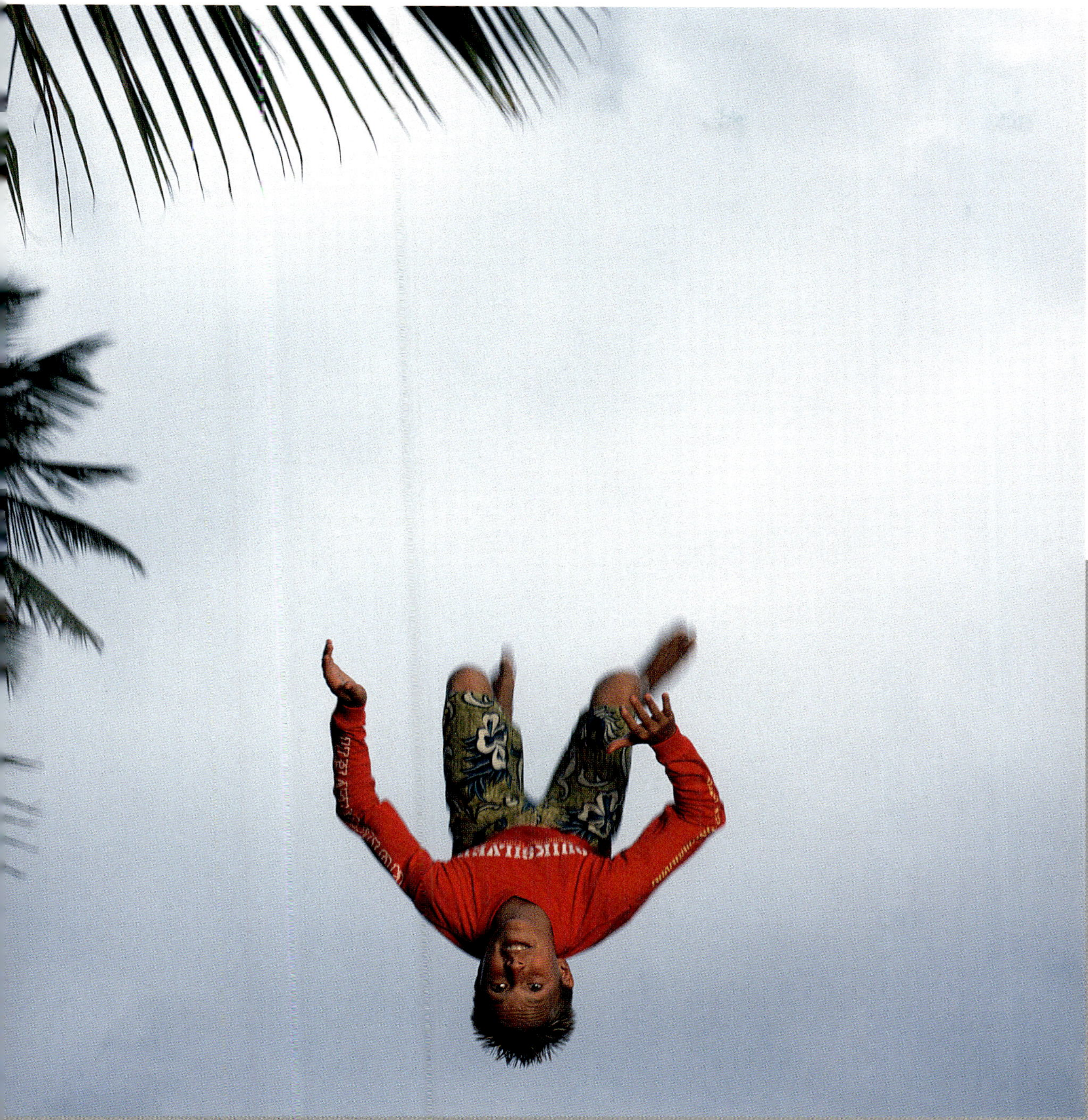

Dylan Graves, Isabela, May 2001: When this assignment was afforded me by then *SURFER* Magazine Photo Editor Jason Murray, I knew it had to be good. The magazine was doing a photo feature on surfers of different age groups for their annual "BIG Issue," and Dylan had been chosen to represent the typical teenage surfer. Knowing that my image would likely be published alongside those of the industry's top lensmen, and larger than usual, I employed a medium format camera, broke out my rickety old strobes, and trucked out to meet Dylan at his house. After studying the situation a bit, I noticed a trampoline behind the house and asked Dylan what he could do on it. "Whatever you want me to do," he replied. The overcast lighting was perfect for mixing ambient light and strobe, so I set up my softbox, enlisted the help of Dylan's friend Jacob Cruz to keep the wind from blowing it over, and told Dylan to start jumping. He did a variety of interesting airborne poses, but it was the back flips that looked the most dynamic.

Dylan Graves, Isabela, mayo de 2001: Cuando Jason Murray, quien era entonces el Editor de Fotografía de SURFER Magazine, me asignó esta tarea, sabía que tendría que ser buena. La revista estaba haciendo un reportaje fotográfico sobre surfers de diferentes edades para su edición anual conocida como el "BIG Issue", y Dylan había sido seleccionado para representar al típico surfer adolescente. Sabiendo que mi imagen posiblemente sería publicada junto a las de los mejores fotógrafos en la industria, y en un tamaño más grande de lo usual, usé una cámara de formato mediano, desempolvé mis viejos equipos de luz y fui a encontrarme con Dylan en su casa. Luego de estudiar un poco la situación, encontré un trampolín detrás de la casa y le pregunté Dylan qué podía hacer en él. "Lo que tú quieras que haga", me contestó. El cielo nublado era perfecto para mezclar la luz natural con la artificial, así que monté mi difusor, le pedí a un amigo de Dylan, Jacob Cruz, que lo sujetara para que el viento no lo tumbara, y le dije a Dylan que comenzara a brincar. Hizo una variedad de poses aéreas interesantes, pero las vueltas hacia atrás fueron las que lucieron más dinámicas.

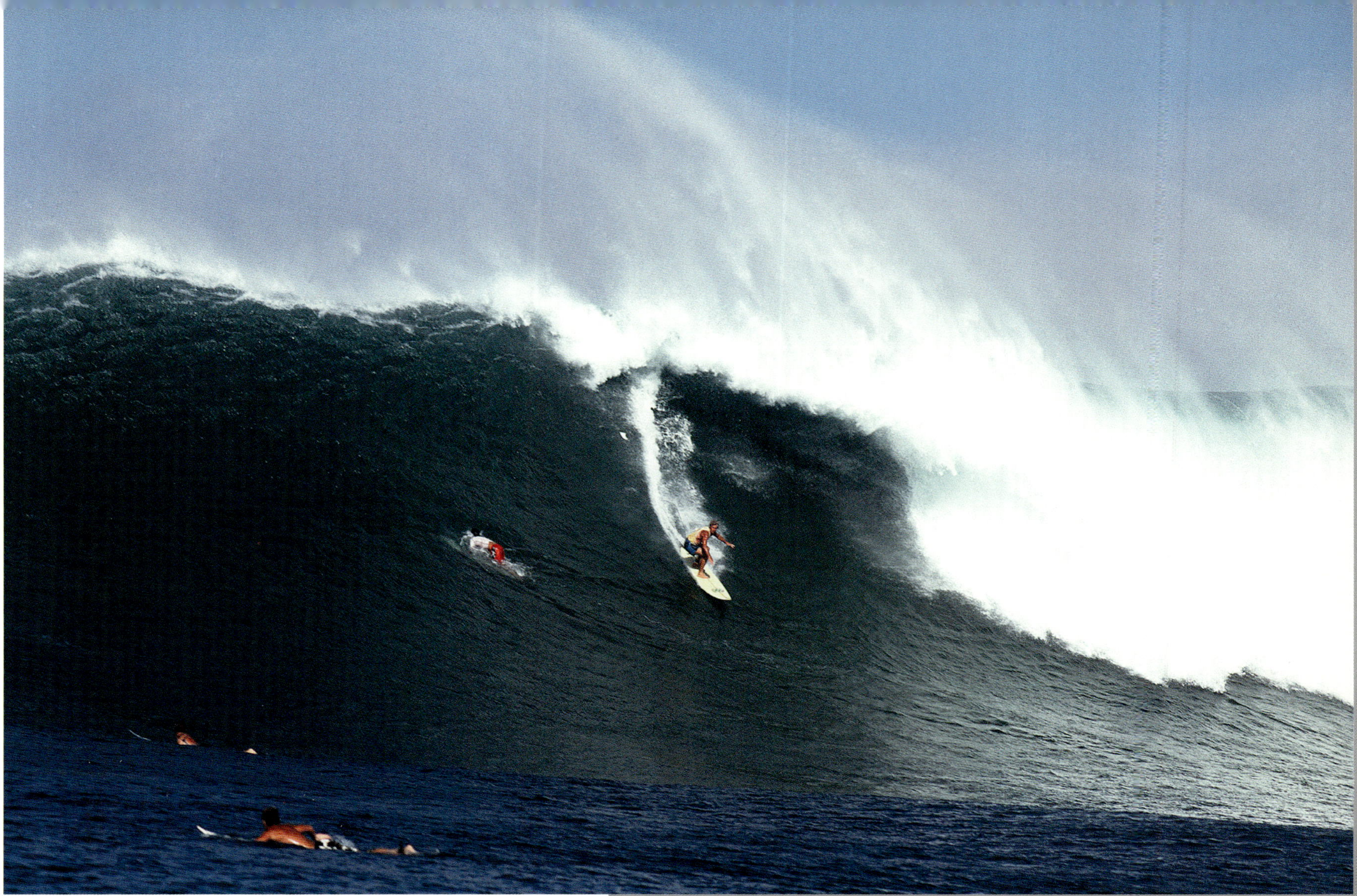

Mike Trahan, Tres Palmas, Rincón, February 2, 1999: "Big Tuesday," as this day became known, was a day of surf for which few people had enough surfboard to get into these large waves—in an era before tow-ins had become the norm. Mike, who had been renovating a guesthouse on Nuclear Vista after a decade on Oahu and another 10 years in Puerto Escondido, employed this 10-foot rhino chaser and a lot of gumption to muscle into more big waves than anyone on this day. Upon entering the water at Steps, a surge pushed Mike back on top of some flotsam and his center fin was dislodged unbeknownst to him. When he took off on this wave, his first, the pressure of the drop caused that loose fin to be ripped off, and it floated to the surface for a second to be captured by my camera before sinking to the bottom forever. At the time, it became one of the biggest waves to ever be photographed being ridden in the entire Atlantic, and I was in some disbelief when I realized that I captured that fin just to the left of the track Mike's board made at the top of the wave. But a larger dose of awe hit me when, a year later, Mike decided to go to Thailand for a sex change operation. Now Michelle, she owns and operates a small hotel on Bali with her partner.

Mike Trahan, Tres Palmas, Rincón, 2 de febrero de 1999: "Big Tuesday," como se le llamó a este día, fue un día de surfing para el cual pocas personas tenían tabla suficiente para meterse en olas tan grandes en una época en que todavía no eran usuales los "tow-in". Mike, que estaba renovando un hotelito en Nuclear Vista luego de una década en Oahu y otra en Puerto Escondido, sacó este tablón de 10 pies y muchas agallas para remarle a más olas grandes que nadie ese día. Cuando entró al agua en Steps, la corriente lo empujó encima de unos escombros y su quilla central se aflojó sin él notarlo. Cuando se tiró en esta ola, la primera del día, la presión de la bajada arrancó la quilla y ésta flotó a la superficie por un segundo para ser capturada por mi cámara antes de sumergirse para siempre. En aquél momento, se convirtió en una de las olas fotografiadas más grandes que se habían corrido en todo el Atlántico, y yo no lo podía creer cuando me di cuenta de que había capturado esa quilla justo a la izquierda de la estela que dejó Mike en el tope de la ola. Pero menos lo podía creer un año después cuando Mike decidió ir a Tailandia para hacerse una operación de cambio de sexo. Ahora se llama Michelle, y es la dueña y administradora de un pequeño hotel en Bali junto con su compañero.

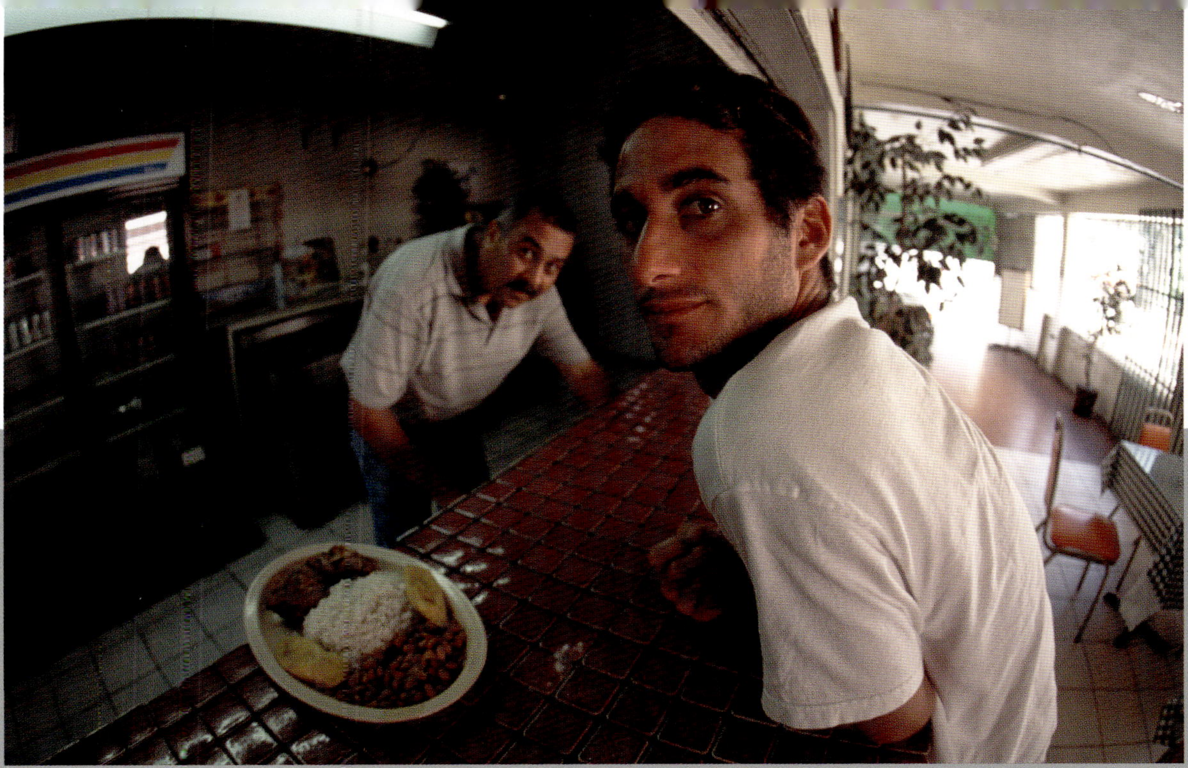

Carlos Cabrero, Barceloneta, November 11, 2002: On one of the trips to Hollows that Carlos and I made during the fall of this year, we stopped at a traditional cafeteria in Barceloneta on our way back to San Juan for a typical Puerto Rican lunch of fried chicken, rice and beans, and fried plantains. After a long morning of surfing and shooting on Borinquen, nothing else quite hits the spot and manages the hunger like this customary local fare.

Carlos Cabrero, Barceloneta, 11 de noviembre de 2002: En uno de los muchos viajes a Hollows que hicimos Carlos y yo durante el otoño de este año, paramos en una cafetería tradicional en Barceloneta en el camino de vuelta a San Juan para un almuerzo típico puertorriqueño de pollo frito, arroz y habichuelas y amarillos fritos. Después de un día largo de surfing en Borinquen, no hay nada que caiga tan bien y satisfaga el apetito como este plato local.

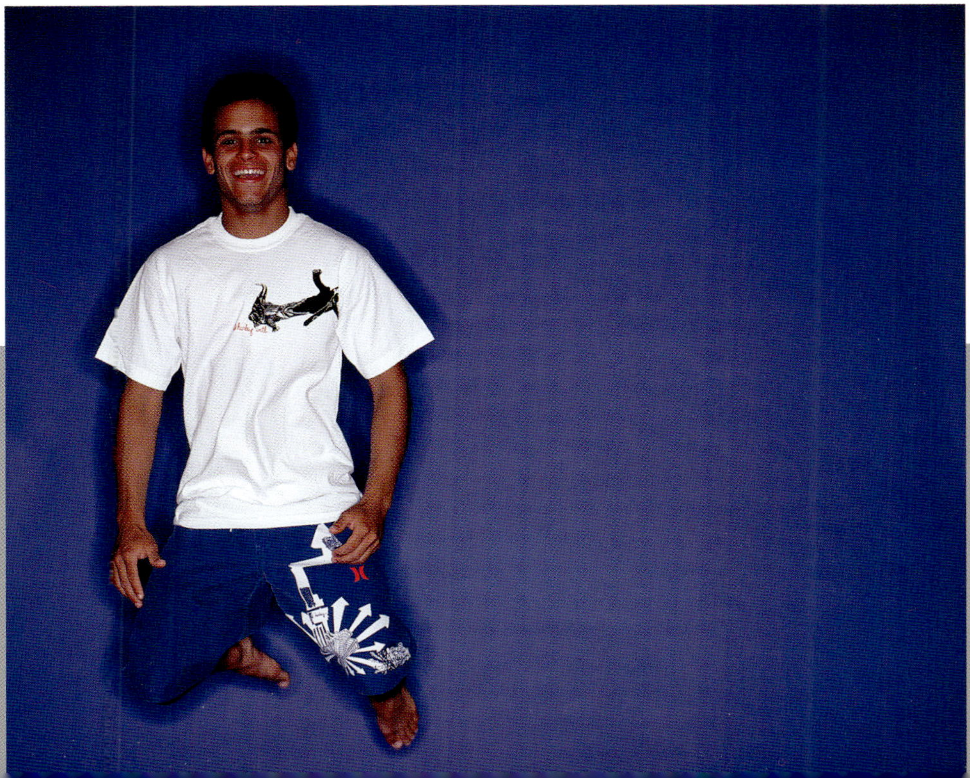

Alejandro Moreda, Isla Bonita Studios, San Juan, August 12, 2003: This portrait was taken at a time when Ale was just emerging as one of Puerto Rico's top surfing talents. As members of the new age of chargers, comprised of several pairs of brothers including the Toths, Bursians, Escuderos, and Graves, Ale and his brother Nico were part and parcel of the young Puerto Rican surfers who were pushing the envelope on themselves, each other, and every other surfer on the island. Ale would soon go on to compete on the WQS, make regular sojourns to Oahu's North Shore, and even bag one of the winter's top waves in Hawaii during the spring of 2008.

Alejandro Moreda, Estudio Isla Bonita, San Juan, 12 de agosto de 2003: Este retrato fue tomado en un momento en que Ale comenzaba a emerger como uno de los principales talentos del surfing en Puerto Rico. Como parte de la nueva era de surfers compuesta por parejas de hermanos como los Toth, los Bursian, los Escudero y los Graves, Ale y su hermano Nico eran parte esencial del grupo de surfers puertorriqueños que estaba continuamente superándose individualmente, entre ellos y frente a todos los demás surfers de la Isla. Poco después, Ale pasó a competir en el WQS, a pasar temporadas en la Costa Norte de Oahu, y hasta a coger una de las mejores olas del invierno en Hawaii durante la primavera de 2008.

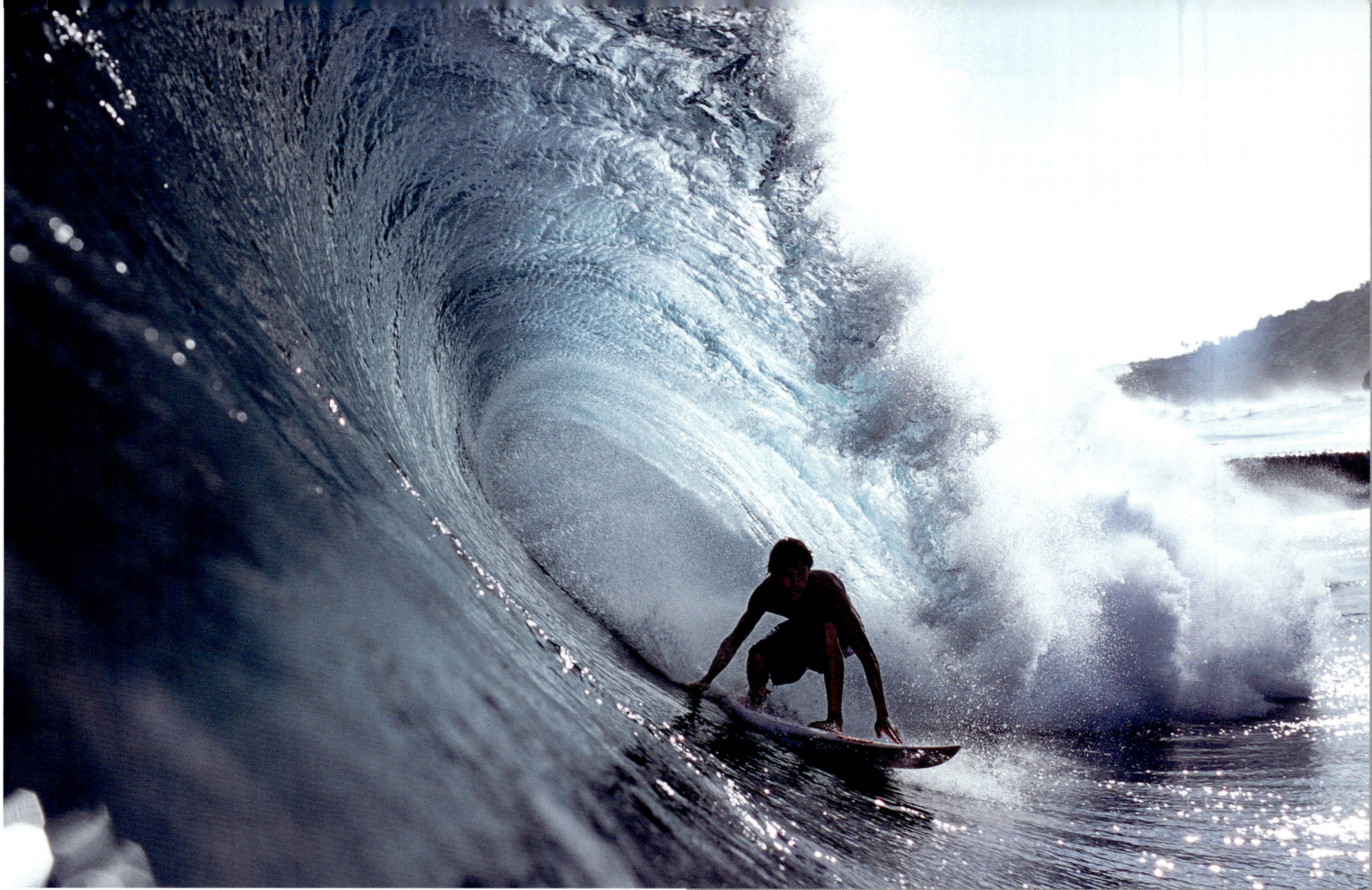

Dylan Graves, Backdoor, Aguadilla, October 28, 2004: Not many people were riding this spot when Dylan and his older brother Josie began to have a go right around the middle of the decade. It's hard to say who knows the wave better or gets deeper, but on this day Dylan pulled into several barrels the likes of which we don't see terribly often in Puerto Rico. I was beginning to work with a 35mm lens around this time, one not typically used by many watershooters, and this was one of the better results I had with it.

Dylan Graves, Backdoor, Aguadilla, 28 de octubre de 2004: No mucha gente estaba corriendo este pico cuando Dylan, junto a su hermano mayor, Josie, empezó a correrlo a mediados de esta década. Sería difícil tener que decir quién conoce la ola mejor o quién se mete más profundo, pero este día Dylan se colocó en varios tubos de una calidad que rara vez se ve aquí en Puerto Rico. Para ese tiempo, yo comenzaba a trabajar con un lente de 35mm, uno no muy utilizado por los fotógrafos que tiran desde el agua, y esta fue una de las mejores imágenes que logré con él.

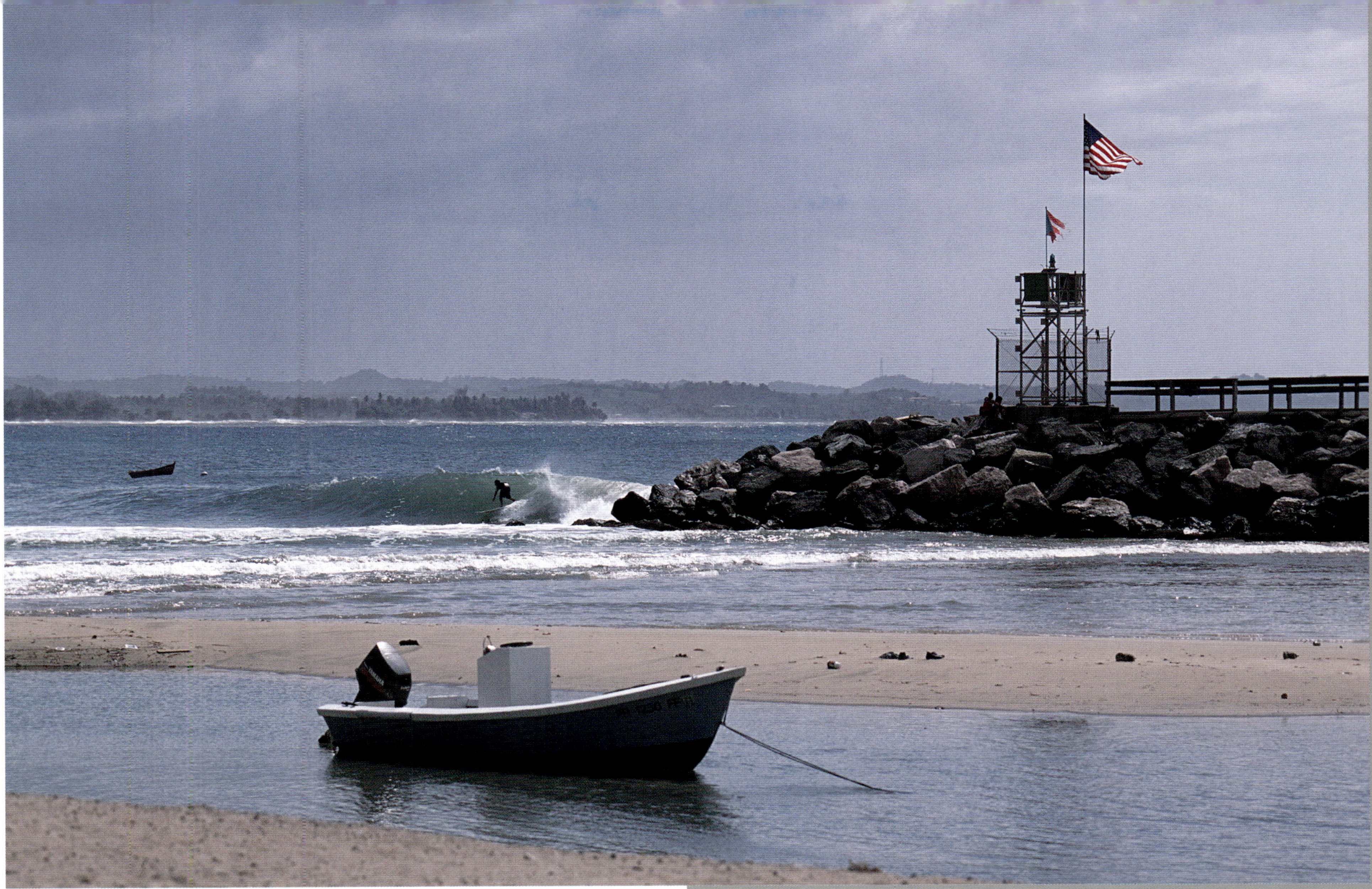

Gustavo Betancourt, El Espuelón, Aguadilla, April 5, 2003: While not a terribly memorable day of surf for Aguadilla Bay, I was stopped in my tracks while approaching El Espuelón this day after parking in an alternate location. Not only is this angle one of the more dynamic and compositionally pleasing views of this break, but it also does a good job hiding the crowd behind the jetty, giving the impression that Gustavo's out there all by his lonesome. A day like this serves as a good learning experience in terms of always trying to look at any photographic situation from a different perspective. From your angle of view to your choice of lens to your choice of film, it all has a bearing on how unique your image ends up being. And as surf photographers, as much as we are inspired by the work of our peers and colleagues, the last thing we want to do is capture images that look just like everyone else's.

Gustavo Betancourt, El Espuelón, Aguadilla, 5 de abril de 2003: Aunque este no fue un día de surfing particularmente memorable en la Bahía de Aguadilla, me tuve que detener a mirar mientras me acercaba a El Espuelón luego de estacionarme en otro lugar. Este ángulo no solo es una de las vistas más dinámicas y agradables en términos de composición de este lugar, pero además esconde al grupo de surfers detrás del rompeolas haciendo parecer que Gustavo está allí solo. Un día como este sirve de lección en el sentido de que siempre se debe tratar de mirar una situación fotográfica desde una perspectiva diferente. Desde el ángulo desde donde se mira, a la selección de lentes, y la selección de película, todo esto influye en cuán única resultará la imagen. Y como fotógrafos de surfing, aunque el trabajo de nuestros pares y nuestros colegas nos inspira, lo menos que deseamos es capturar imágenes que se vean iguales a las de los demás.

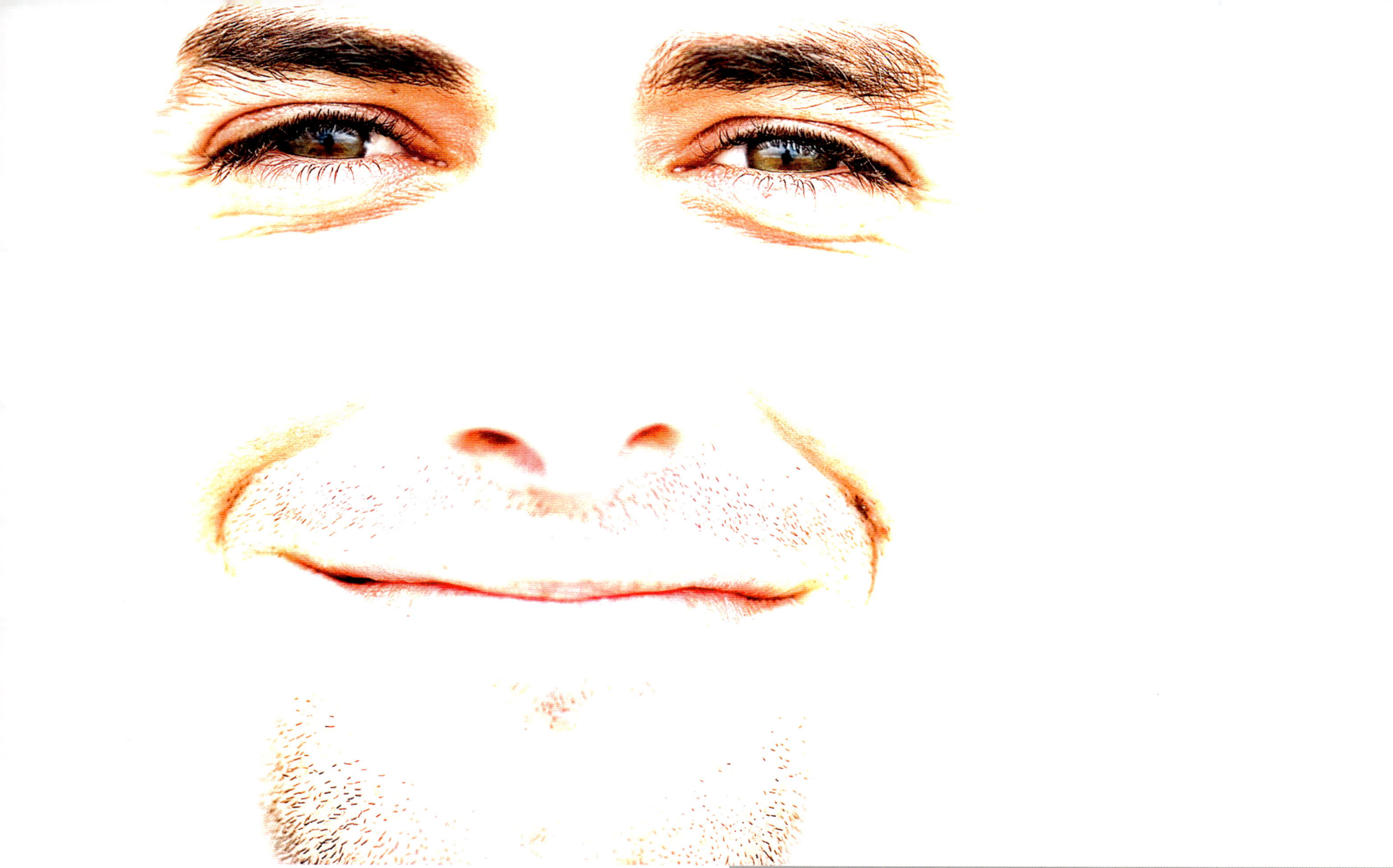

Gaby Escudero, La Punta, Condado, May 18, 2009, 5:03 P.M.: Portraits are an element of photography at which I have always wanted to excel. Before anyone is a surfer, an athlete, a musician, or a politician, they are, first and foremost, and beyond all else, human beings. The challenge of portraiture, then, becomes showcasing the humanity of any person in front of the lens. There are myriad ways to do this, and each subject allows the photographer a unique opportunity to accomplish the goal. On this occasion, an overcast day with lackluster surf and a freshly painted white wall offered me everything I needed to pull Gaby aside and bottle some of his youthful enthusiastic humanity. A little Photoshop in the postproduction image processing added the final touch necessary to create a less-than-average portrait.

Gaby Escudero, La Punta, Condado, 18 de mayo de 2009, 5:03 P.M.: Los retratos son un elemento de la fotografía en los que siempre me he querido destacar. Antes de ser un surfer, un atleta, un músico, o un político, cada persona es, antes que nada, y más allá de todo lo demás, un ser humano. El reto del retrato, pues, viene a ser demostrar la humanidad de cualquier persona frente al lente. Hay miles de maneras de hacerlo, y cada sujeto le ofrece al fotógrafo una oportunidad única de lograr ese objetivo. En esta ocasión, el día nublado, las olas mediocres y una pared blanca recién pintada me ofrecieron todo lo que necesitaba para sacar a un lado a Gaby y embotellar un poco de su joven y entusiasta humanidad. Un poco de Photoshop en el procesamiento post-producción de la imagen le dio el toque final para crear un retrato poco común.

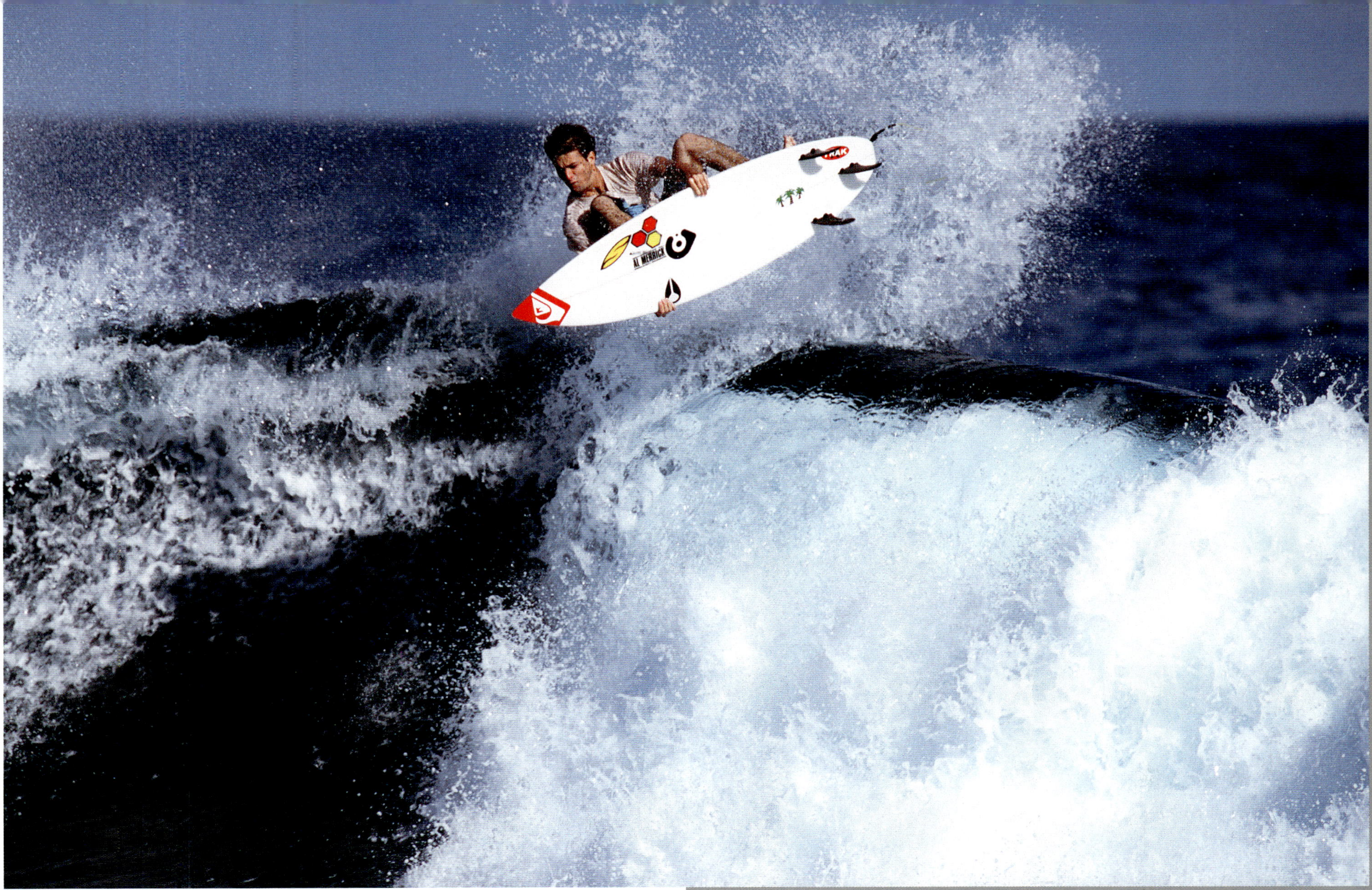

Gaby Escudero, Middles, December 1, 2004: The short left at Middles is about as good a land-based surf shooting opportunity as exists in Puerto Rico. The way the beach is set up you can be high and dry looking directly into the left with the early morning sun right behind your head. Add in a medium sized northerly swell with a hint of west, and a surfer like Gaby who likes to bust big moves like this, and you've got a good recipe for progressive surf imagery production.

Gaby Escudero, Middles, 1 de diciembre de 2004: La corta izquierda de Middles es seguramente una de las mejores oportunidades para fotografiar una ola desde la tierra que existe en Puerto Rico. Por la forma que tiene la playa, puedes estar en un punto alto y seco mirando directamente dentro de la izquierda mientras el sol de la mañana te alumbra por la espalda. Añadimos una marejada mediana del norte con un poco de dirección del oeste y un surfer como Gaby, a quien le gusta hacer maniobras grandes como esta, y tienes una buena receta para producir imágenes de surfing progresivo.

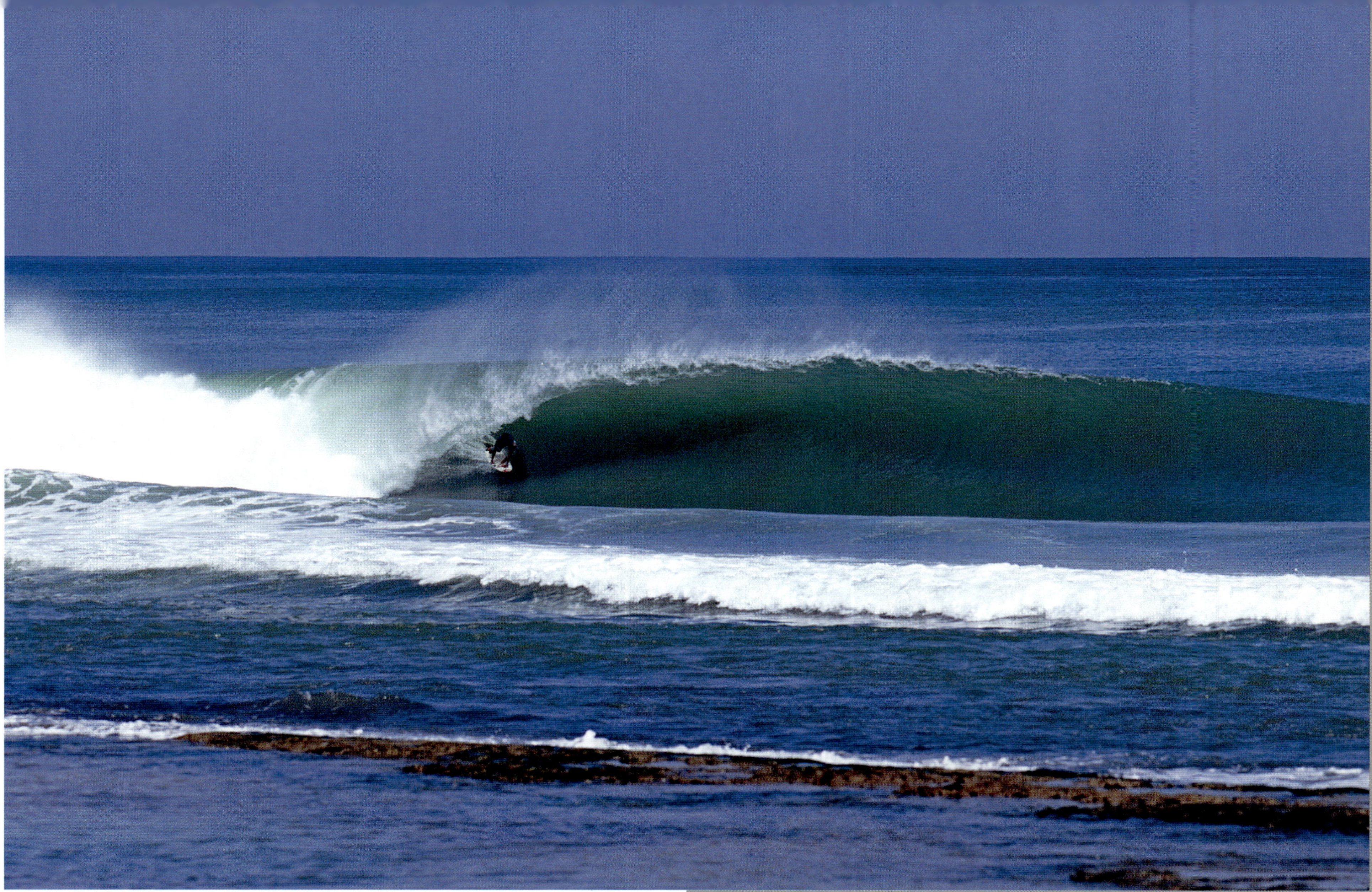

Magnum Martínez, Chatarra, Piñones, September 22, 2004: This was one of the best days I've ever seen at Chatarra, thanks to Hurricane Jeanne. She had passed over the island as a tropical storm about a week earlier before turning into a hurricane over the Bahamas and destroying them. Spinning up the east coast of Florida next, Jeanne then made a very uncharacteristic right hand turn about Jacksonville, moving back into the southeast directly into our window as a Category 3 and then Category 2 storm, and bringing us one of the strongest and most westerly swells we had seen in years, accompanied by several days of south winds. So good was this swell that when Magnum saw it coming he flew in from California despite the island being without electricity. I postponed a trip to Ireland to be around long enough to catch the first two days.

Magnum Martínez, Chatarra, Piñones, 22 de septiembre de 2004: Este fue uno de los mejores días que he visto en Chatarra, gracias al Huracán Jeanne. Jeanne había pasado por la Isla como tormenta tropical la semana antes de convertirse en huracán en su paso por las Bahamas. Luego de destruir las Bahamas, subió por la costa atlántica de la Florida e hizo un extraño giro hacía la derecha cerca de Jacksonville dirigiéndose hacía el sureste como un huracán de categoría 3 y luego categoría 2. Nos trajo una de las marejadas más fuertes y del oeste que habíamos visto en años acompañada de varios días de vientos del sur. Tan sólida fue esta marejada que al verla en los pronósticos, Magnum viajó desde California a pesar de que la Isla estaba sin electricidad, y yo pospuse un viaje a Irlanda para poder aprovechar los primeros dos días de oleaje.

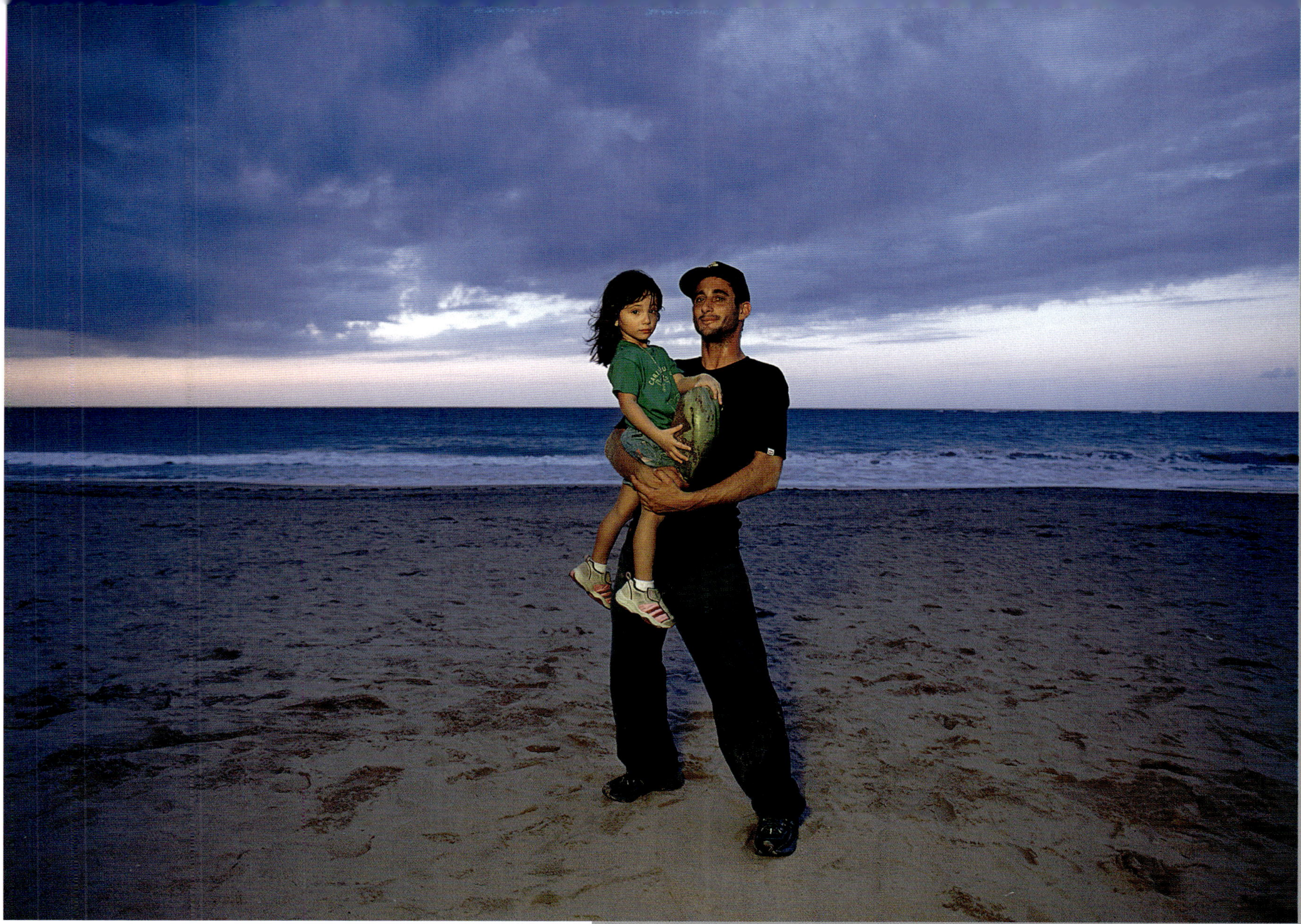

Habanna and Carlos Cabrero, La Bomba, Ocean Park, March 30, 2003: This portrait of Carlos and Habanna occurred out of simple serendipity. I was on the beach shooting a similar portrait of someone else for a magazine spread when Carlos happened to come by on an afternoon walk with Habanna. I sensed a good opportunity for something of a time capsule portrait, and asked Carlos if he wanted to stand in for a couple frames. In the fading light, I think I shot one Polaroid to confirm my exposure balance of ambient light and strobe, and then captured two frames on film. Now, only a few years later, this image is representative of a point in both their lives that is now only a memory. As the years continue to pass, its sentimental value will continue to grow—one of the best fringe benefits of good environmental portraiture.

Habanna y Carlos Cabrero, La Bomba, Ocean Park, 30 de marzo de 2003: Este retrato de Carlos y Habanna ocurrió por pura casualidad. Estaba en la playa tirando un retrato similar de otra persona para un artículo de una revista cuando Carlos llegó por casualidad mientras daba un paseo de tarde con Habanna. Presentí que podría ser una buena oportunidad para un retrato tipo cápsula del tiempo y le pregunté a Carlos si quería posar para algunas tomas. En la luz que se desvanecía, creo que tomé una foto Polaroid para confirmar el balance de la luz ambiental y la artificial en mi exposición y capturé dos imágenes en película. Ahora, solo unos años después, esta imagen representa un punto en sus vidas que es solo un recuerdo. Con el pasar de los años su valor sentimental seguirá creciendo, uno de los mejores beneficios marginales de los buenos retratos ambientales.

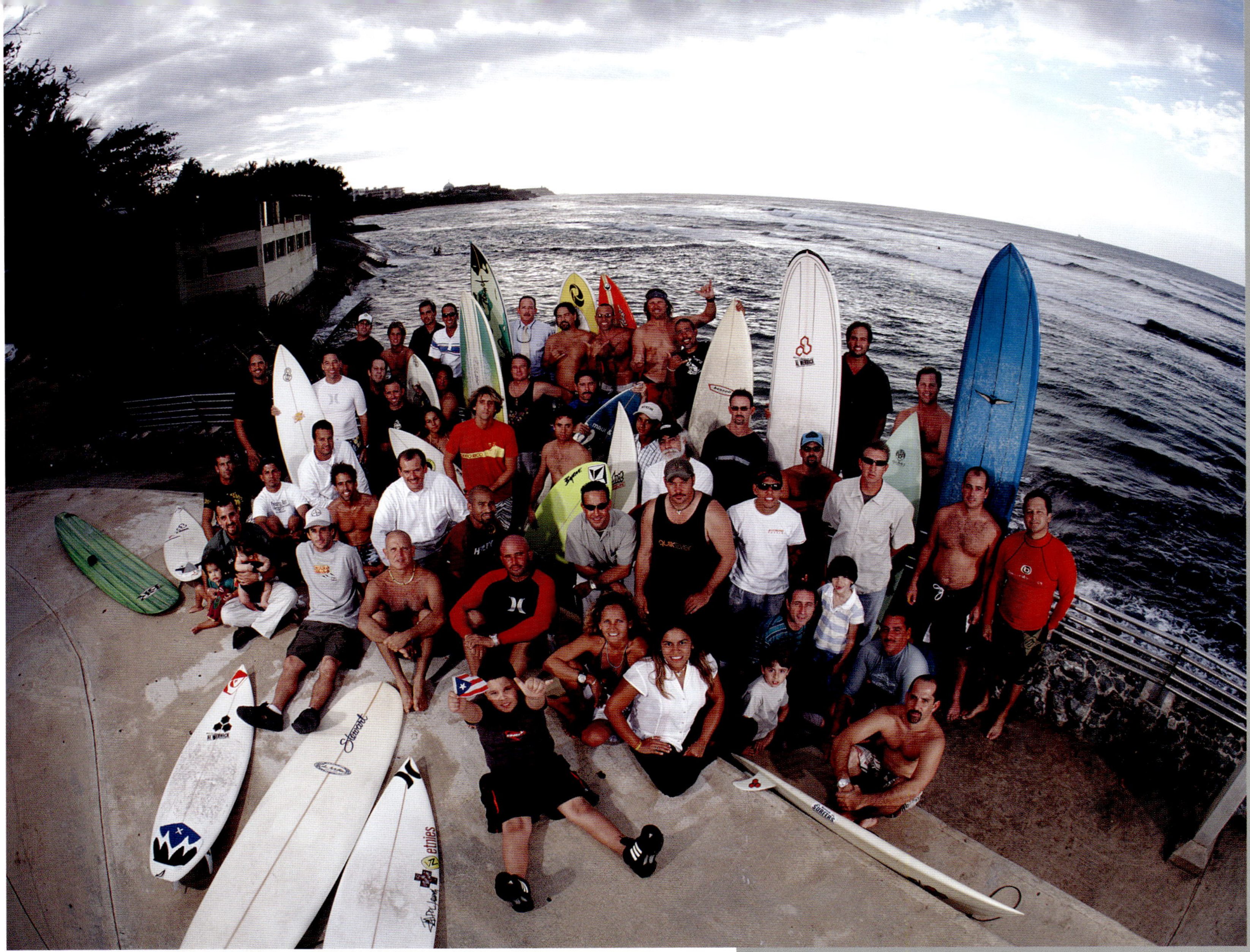

Local Crew, La Ocho, El Escambrón, San Juan, April 5, 2004: I was honored when *SURFER* magazine gave me an assignment to make a group portrait of Puerto Rican locals for their annual "BIG Issue." Little did I know that the technical aspect of making the image would be the easy part, and that getting everyone on the location accounted for and identified would be much more challenging. I ended up doing one group portrait in San Juan, and a second in Rincón. *SURFER* ended up using the Rincón image, but I always thought that this San Juan group was more genuinely Puerto Rican.

Corillo Local, La Ocho, El Escambrón, San Juan, 5 de abril del 2004: Me sentí muy orgulloso cuando la revista SURFER me asignó hacer un retrato de grupo de los locales de Puerto Rico, pero no tenía idea de que el aspecto técnico de capturar este imagen sería la parte fácil y que hacer llegar a todo el mundo e identificarlos a todos sería un reto mucho más complicado. Terminé haciendo un grupo en San Juan y otro en Rincón. SURFER publicó la imagen de Rincón pero siempre consideré que esta imagen del grupo de San Juan era más genuinamente Puertorriqueña.

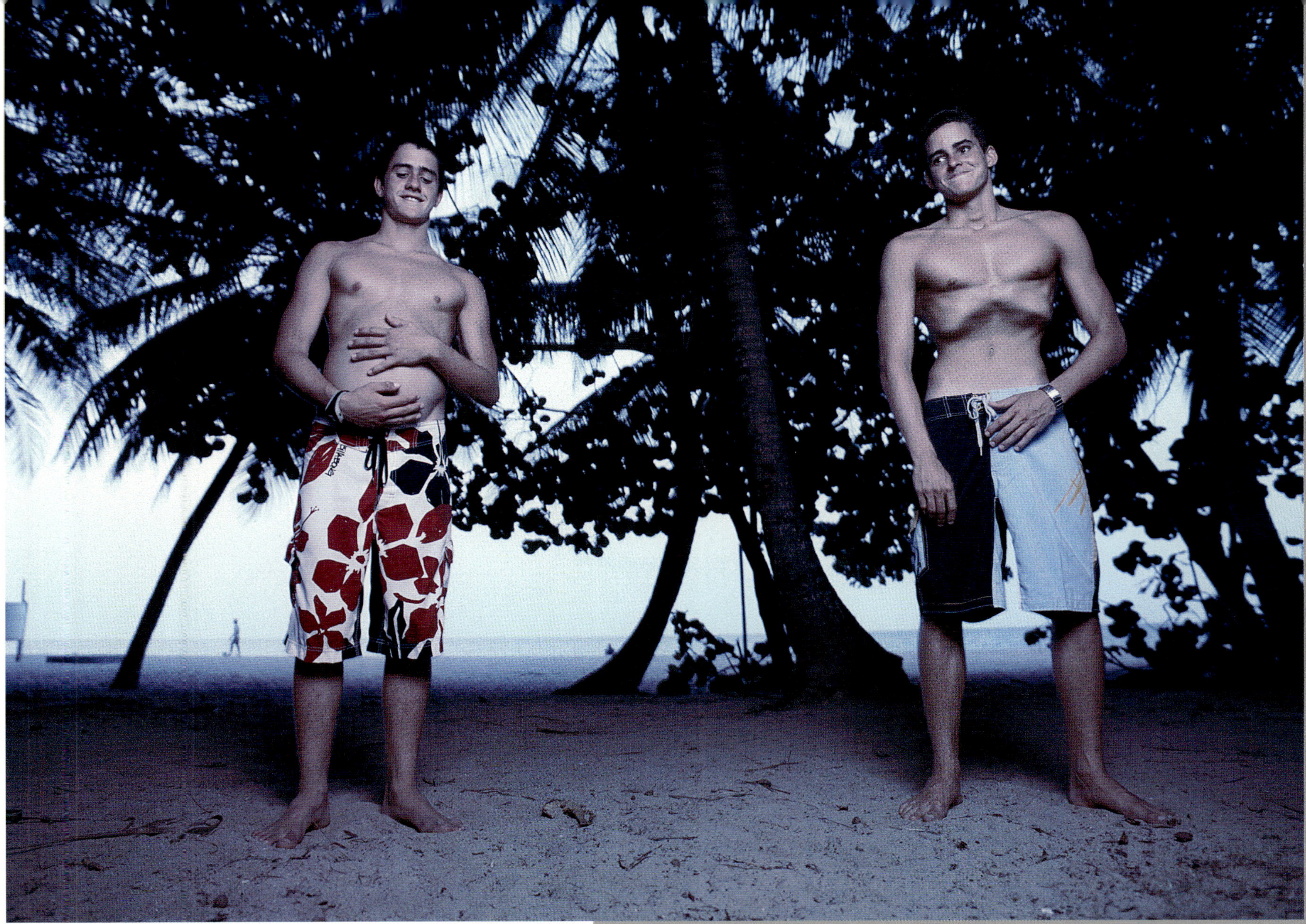

Tommy and Leslie Bursian, Condominium Playa Grande, Condado, June 25, 2003: As one of several new-school Puerto Rican dynamic duos of surfing brothers, Tommy and Leslie helped to set the bar of progressive surfing performance among the youth surfing culture of the late 1990s and the turn of the millennium. Although Tommy, who takes after his mother, Jackie, is more the court jester, while Leslie, who takes after his father, Leslie Sr., is the more quiet and unassuming kind of personality, they both became animated during the shoot, demonstrating their unmistakable brotherly bond during this portrait session which I set up on the beach in front of the building where they have lived their entire lives.

Tommy y Leslie Bursian, Condominio Playa Grande, Condado, 25 de junio de 2003: Uno de varios dúos dinámicos de hermanos de la nueva escuela del surfing en Puerto Rico, Tommy y Leslie ayudaron a establecer las pautas del surfing progresivo en la cultura joven del surfing para finales de los 90 y principios del milenio. Aunque Tommy, que se parece más a su madre, Jackie, es el más extrovertido de la familia y Leslie, que se parece más a su padre, Leslie, es más introvertido, los dos estuvieron muy animados este día mostrando cuán unidos son como hermanos durante esta sesión de fotos que hicimos en la playa frente al edificio donde siempre han vivido.

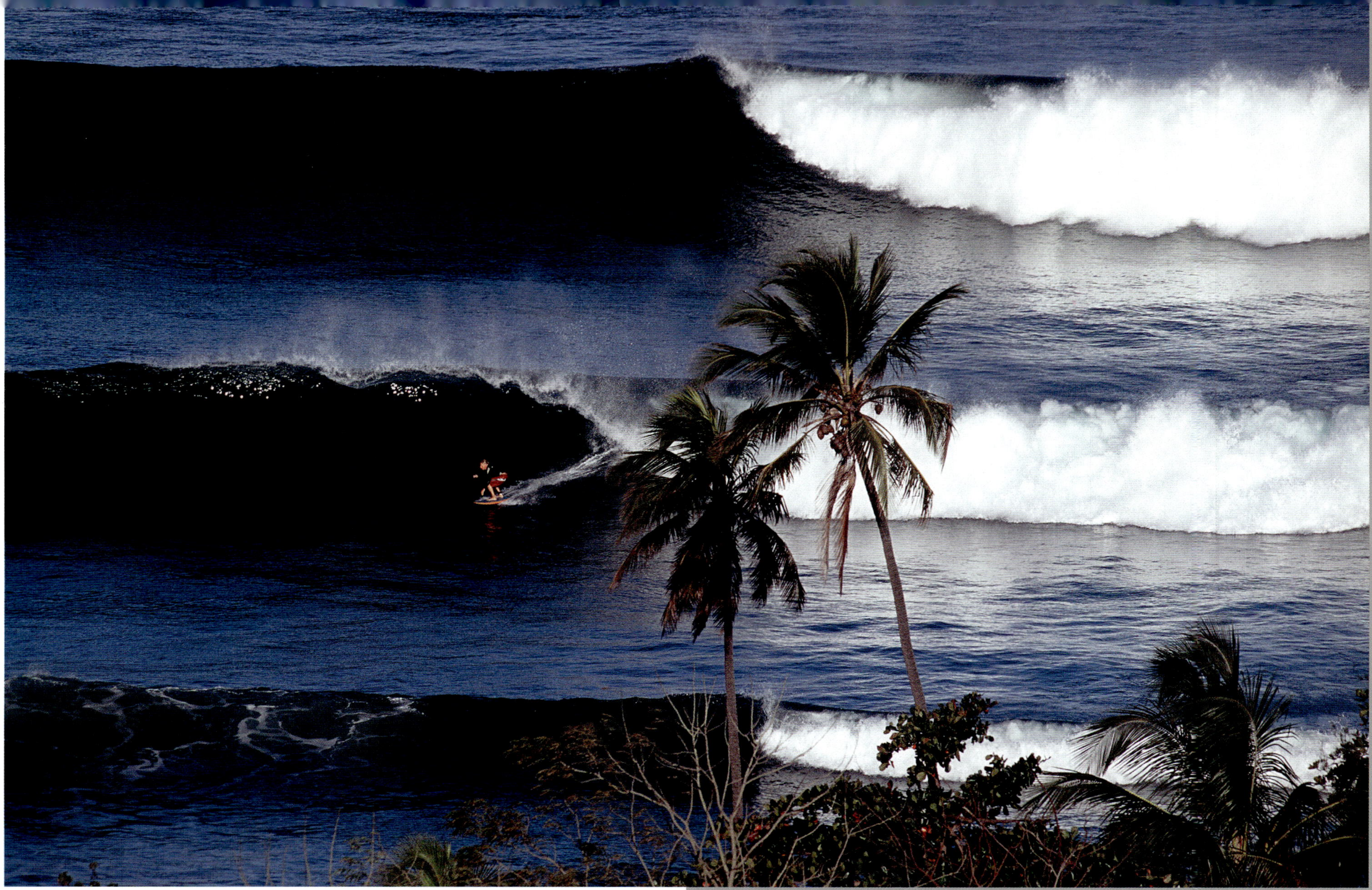

Greg Engstrom, Indicators, Rincón, February 10, 2005: The Engstroms are Montauk, New York, snow birds who winter in Rincón. Greg is the patriarch of an entire family that surfs. A true waterman, when Greg isn't charging the surf, he's out at sea on his boat fishing, and his son Leif and twin daughters Ariel and Alexis are some of the best young surfers in Rincón. We can't leave out the family matriarch, Kathy, who also surfs, and can usually be found at Domes or Maria's whenever conditions warrant.

Greg Engstrom, Indicators, Rincón, 10 de febrero de 2005: Los Engstrom son de Montauk, New York, pero en el invierno migran a Rincón, y Greg es el patriarca de toda una familia de surfers. Greg es un verdadero nauta y cuando no está abordando las olas, está mar afuera pescando en su bote. Su hijo, Leif, y sus hijas gemelas, Ariel y Alexis, son de los mejores surfers jóvenes en Rincón. Y no podemos olvidarnos de la matriarca de la familia, Kathy, que también surfea y la podemos encontrar usualmente en Domes o Maria's cuando las condiciones lo ameritan.

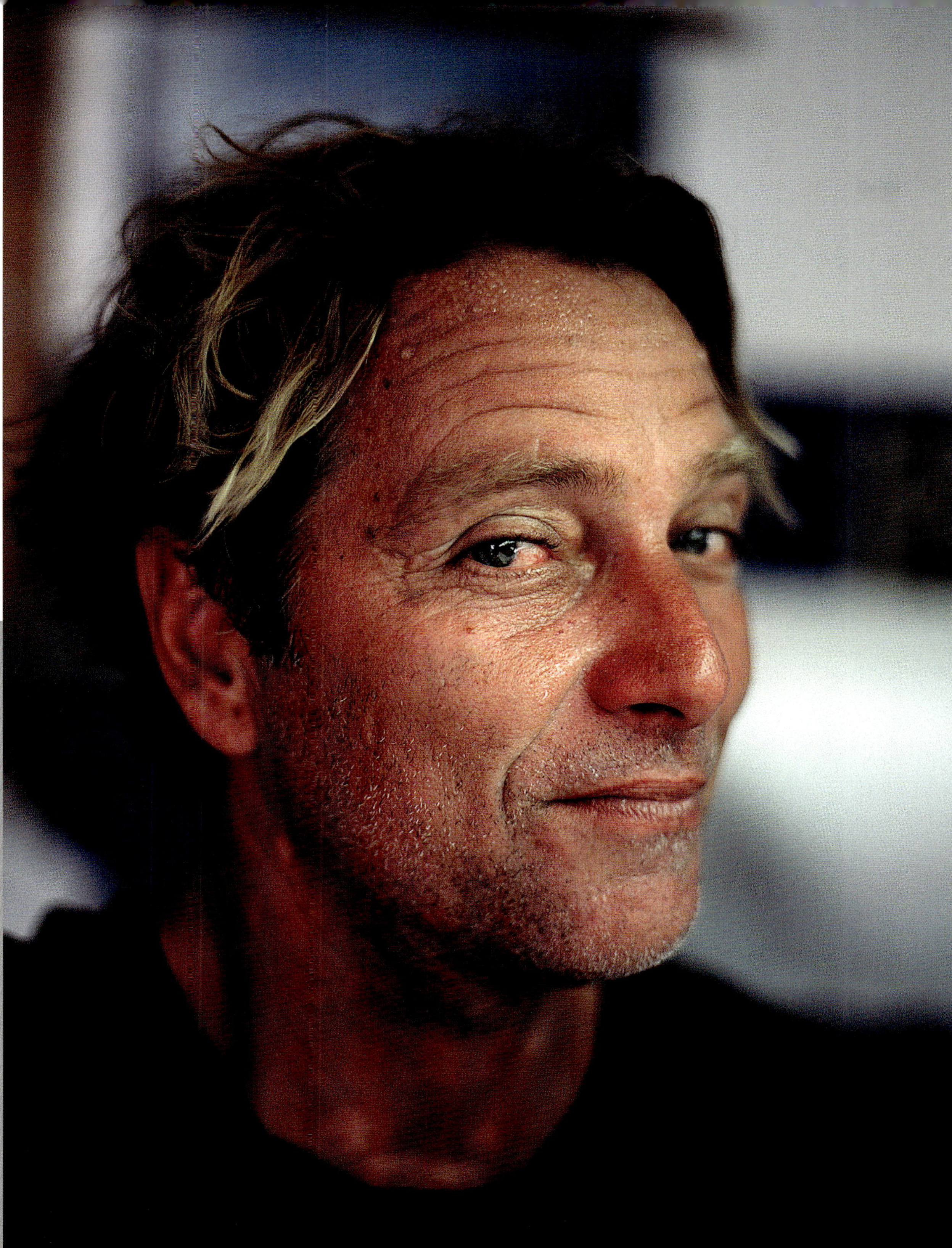

Dennis Ritch, Rincón, February 5, 2005: Not many American transplants have become as integral a part of Rincón's culture as has Dennis Ritch. In addition to being the owner and operator of the Pool's Beach Cabanas and The Pool Bar with his wife, Carol, and daughter, Nicole, the Ritch family has been a full-time institution in Rincón since 1989. Furthermore, Dennis is not only a mainstay at Dogman's and Tres Palmas, especially on the big days, but he is also a shaper who produces a limited number of surfboards under his Derelict Junction label.

Dennis Ritch, Rincón, February 5, 2005: No muchos emigrantes americanos se han convertido en parte tan integral de la cultura de Rincón como Dennis Ritch. Además de ser el dueño y administrador de Pool's Beach Cabanas y The Pool Bar junto con su esposa, Carol y su hija Nicole, la familia Ritch ha sido una institución a tiempo completo en Rincón desde 1989. Dennis no solo es local de Dogman's y Tres Palmas, especialmente en los días grandes, sino que también es un escultor de tablas que produce una cantidad limitada de tablas de surfing bajo su logo de Derelict Junction.

Esteban "Charlie" Miranda, Maria's, Rincón, February 27, 2005: Charlie has been one of the island's top longboarders for decades. Clear afternoon light in Rincón is a less than perfect shooting situation from land, so on this afternoon I had set up my battery powered strobes and medium format camera system and asked anyone passing by if they wanted to stand in for a portrait. When Charlie happened by after emerging from another marathon surf session, I knew I had a timeless portrait of one of Puerto Rico's most unique surf culture characters.

Esteban "Charlie" Miranda, Maria's, Rincón, 27 de febrero de 2005: Charlie ha sido durante décadas uno de los mejores corredores de tabla larga de Puerto Rico. La luz clara de la tarde en Rincón brinda una situación mucho menos que ideal para fotografiar desde la tierra, así es que esta tarde había montado mi sistema de luces y cámara de formato mediano y le preguntaba a todo el que pasaba si quería posar para un retrato. Cuando Charlie pasó luego de salir de otra sesión maratónica de surfing, sabía que tendría un retrato clásico de uno de los más singulares personajes de la cultura del surfing en Puerto Rico.

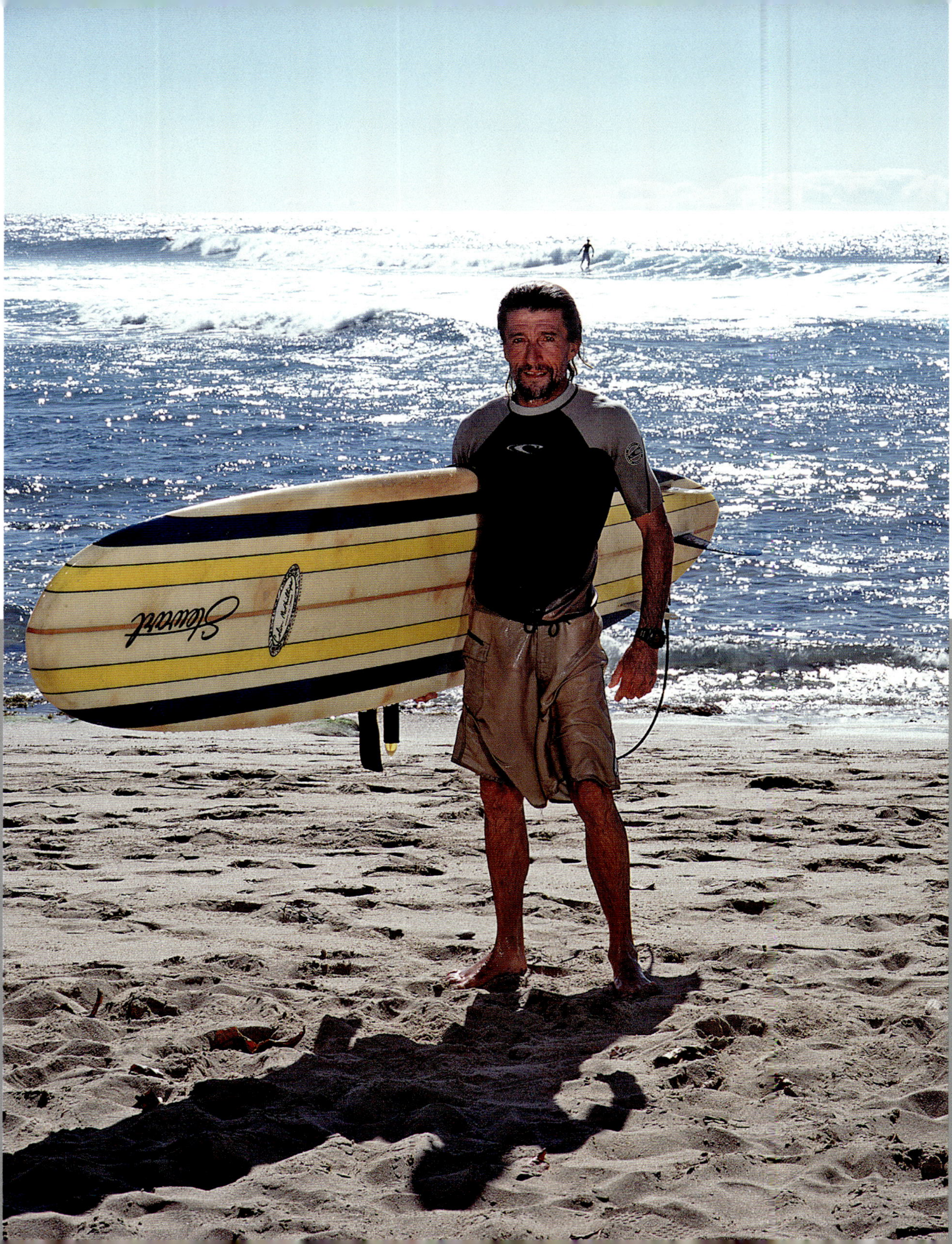

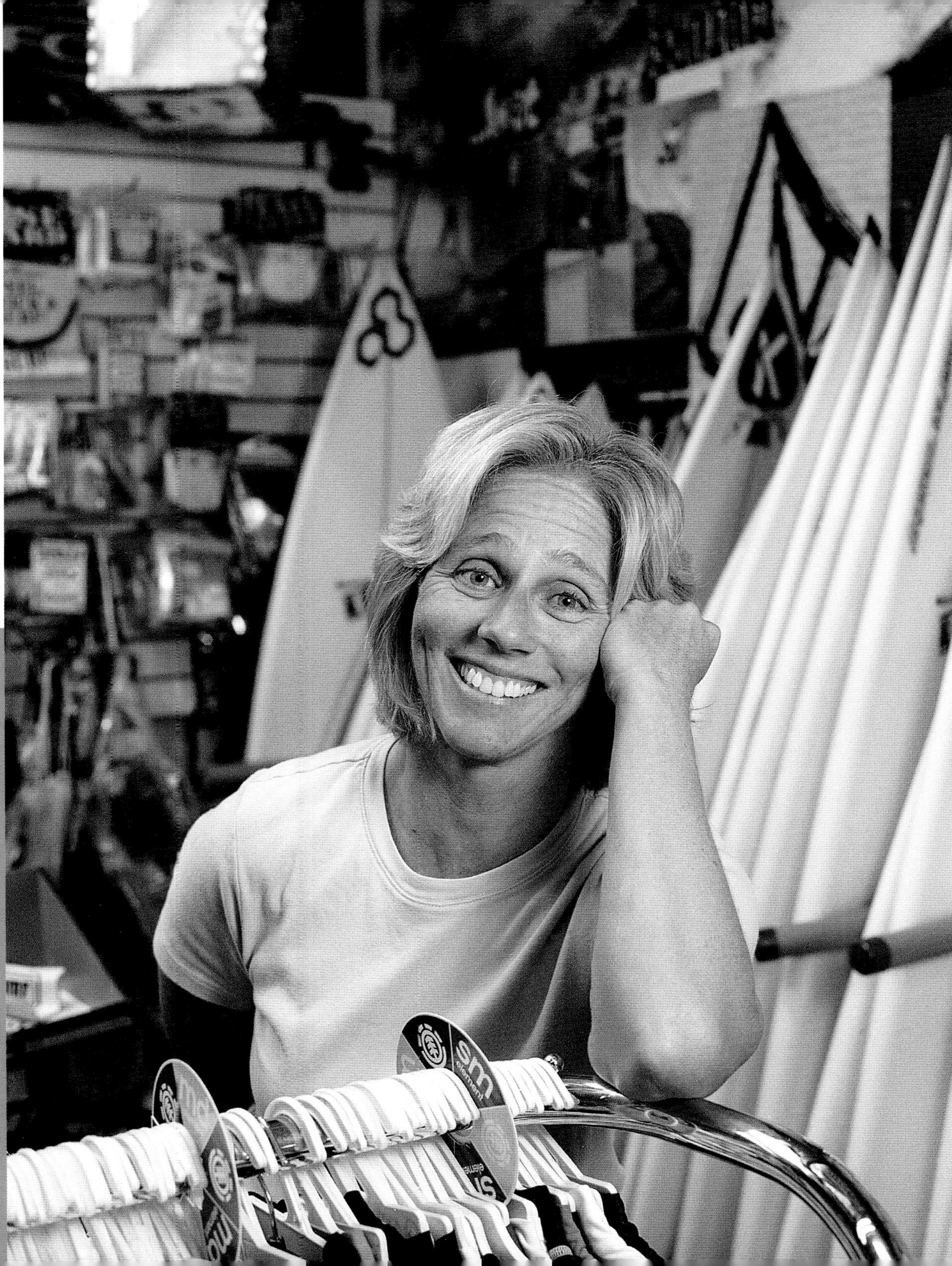

Becky Taylor, Surf Zone, Ramey, Aguadilla, June 24, 2004: As the owner and operator of the Surf Zone Surf Shop, Becky has been a permanent resident of Aguadilla for more than three decades. She is a fixture at Surfer's Beach and mother to both Aron Gieger, one of the island's best new age surf talents, and Tara Gieger, world class motor cross rider and X-Games gold medalist.

Becky Taylor, Surf Zone, Ramey, Aguadilla, 24 de junio de 2004: Como propietaria y administradora del Surf Zone Surf Shop, Becky ha sido residente permanente de Aguadilla durante más de tres décadas. Es local de Surfer's Beach y la madre de Aron Gieger, uno de los mejores talentos de la nueva era del surfing en la Isla, y Tara Gieger, corredora de motocross a nivel mundial y ganadora de medalla de oro en los X-Games.

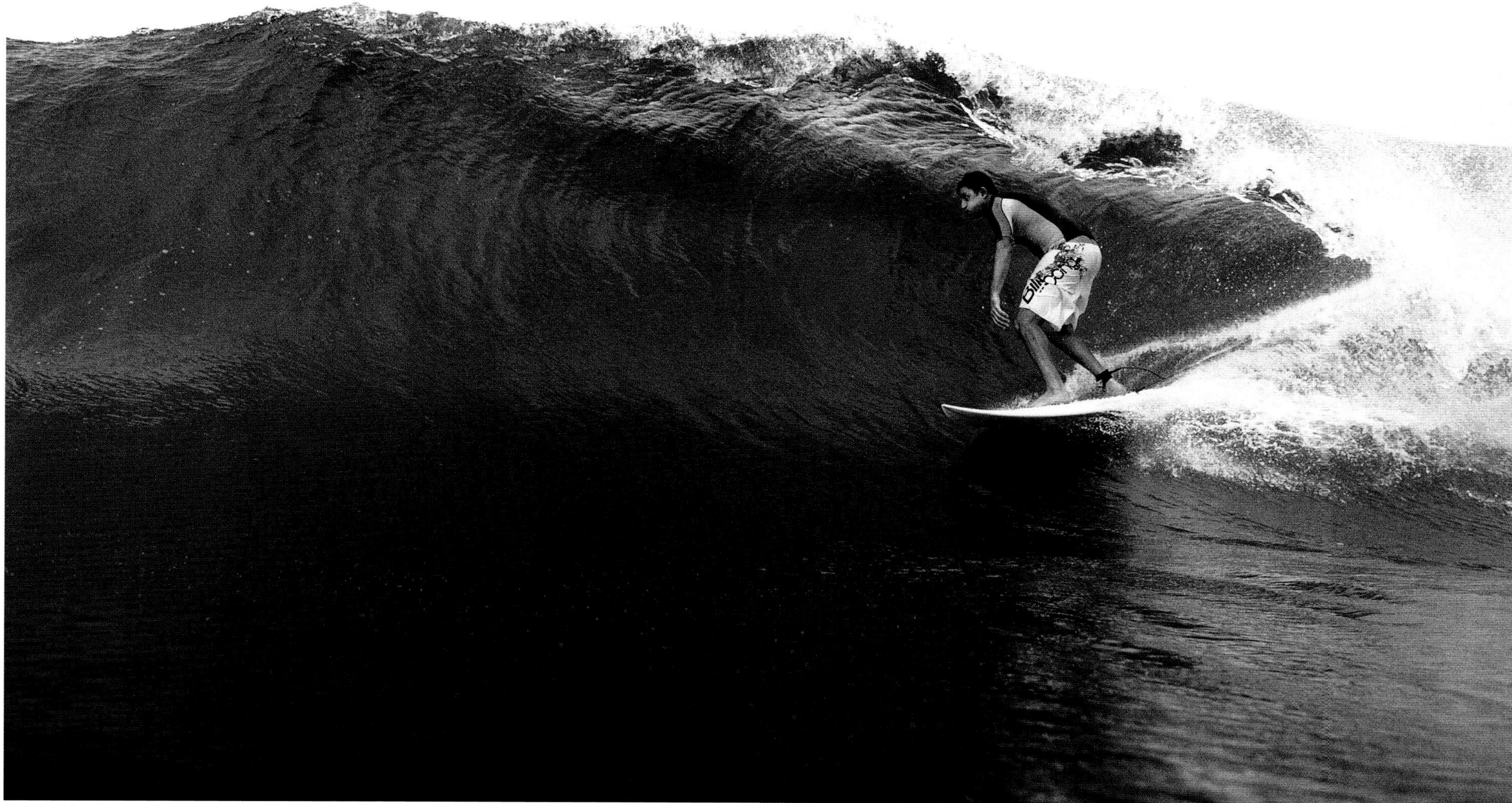

Alberto Licha, Middles, Isabela, November 30, 2004: Alberto has been a long time devotee of Middles, and not many local surfers assume a position on the peak the way he does. This was the first day of a very typically clean, early winter, three-day north swell that had Middles firing the entire time. Overcast conditions on this day forced me to shoot Scala black-and-white transparency film, but with guys like Alberto putting the brakes on through the bowl section all day long it was well worth the sacrifice of color.

Alberto Licha, Middles, Isabela, 30 de noviembre de 2004: Alberto siempre ha sido un fanático de Middles, y no muchos surfers locales se hacen sentir allí como lo sabe hacer él. Este fue el primer día de una marejada del norte de tres días con condiciones limpias, como es típico de esta época, que tuvo a Middles disparando continuamente. Los cielos nublados este día me obligaron a tirar con película de transparencia Scala en blanco y negro, pero con un tipo como Alberto, que está todo el día metiendo el freno en la sección del "bowl", valió la pena sacrificar el color.

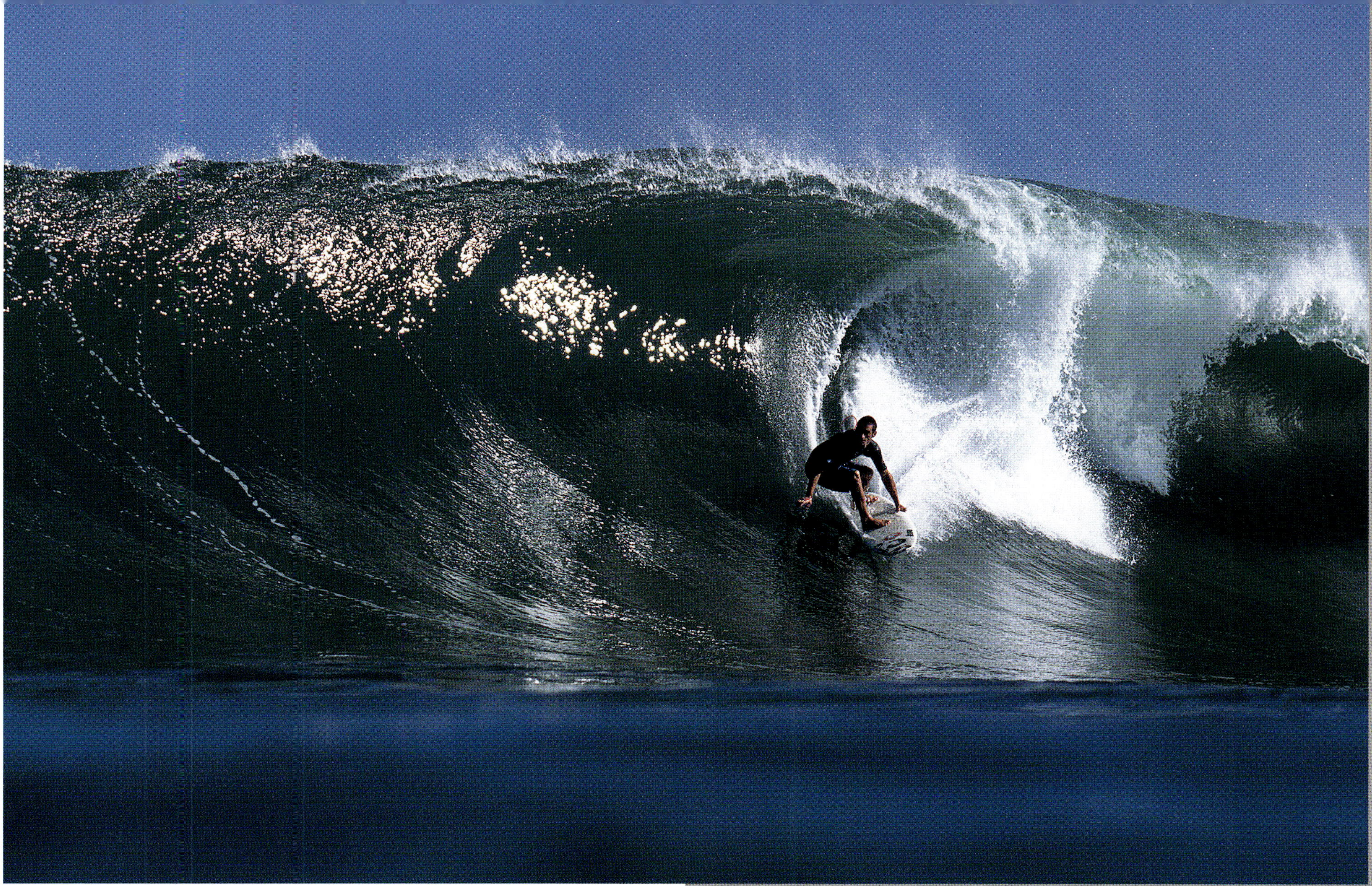

Carlos Cabrero, Margara, Arecibo, April 4, 2006: Margara is one of Puerto Rico's heaviest waves. It is also highly localized. This was the first time I had ever swum there, and while the right offers less current than the left, it also has a narrower channel. I hung in the impact zone for about an hour, and with each successive set that I had to dodge I felt the thump getting closer and closer to my feet. Not long after capturing this image the next set cleaned me up, spat me on to the inside reef, and just cut my losses and called it a day.

Carlos Cabrero, Margara, Arecibo, 4 de abril de 2006: Margara es una de las olas más fuertes de Puerto Rico. También es sumamente localizada. Esta era la primera vez que nadaba allí y, aunque la derecha tiene menos corriente que la izquierda, también tiene un canal más estrecho. Me mantuve en la zona de impacto durante aproximadamente una hora y, con cada set de olas que tenía que esquivar sentía el golpe que se acercaba cada vez más a mis pies. Poco después de capturar esta imagen, el próximo set me arrastró y me escupió hacia el arrecife interior, así que decidí asumir mis pérdidas y terminar mi día de trabajo.

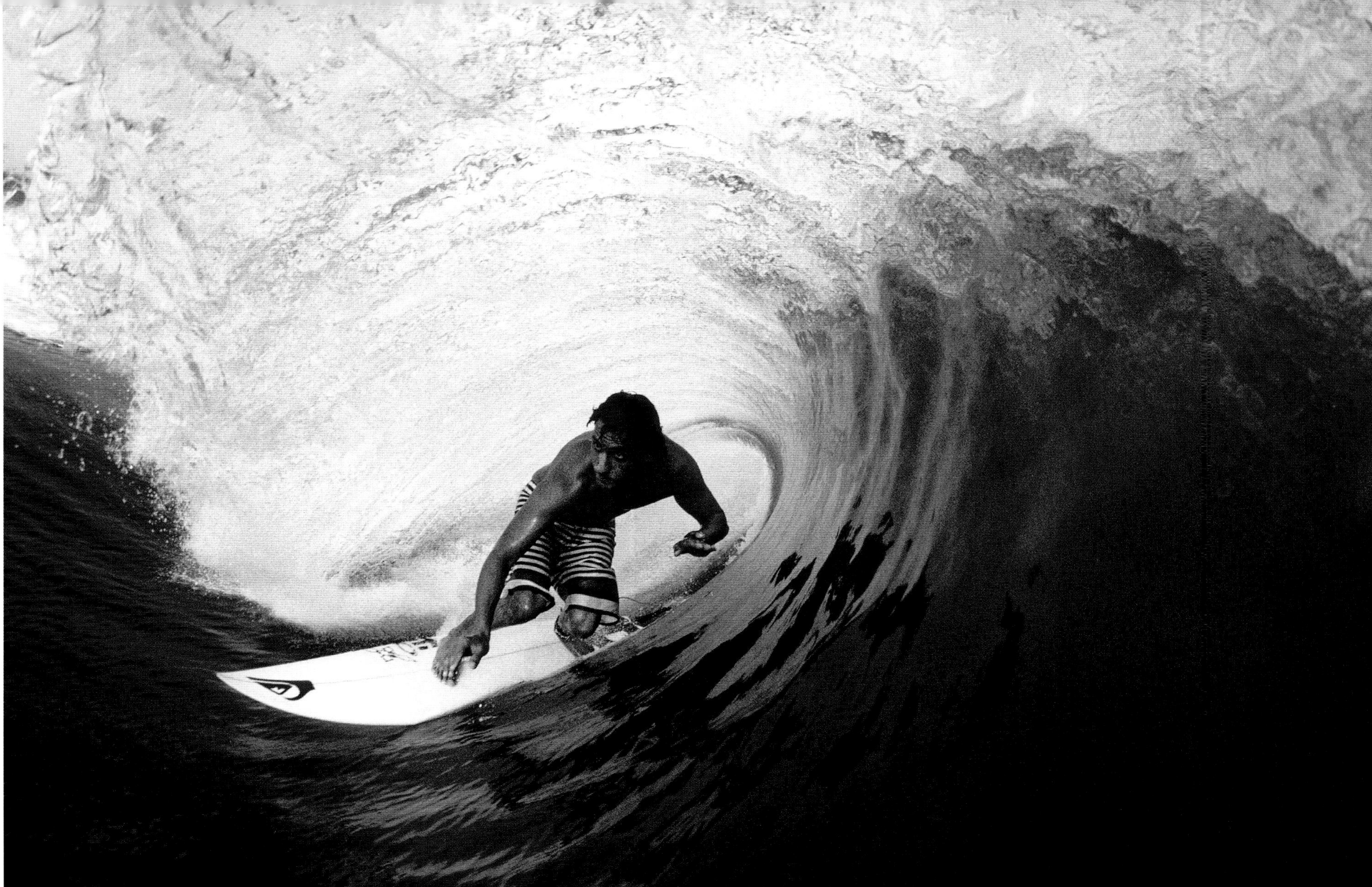

Otto Flores, Chatarra, Piñones, October 1, 2001: Otto is another local surfer whose name has become synonymous with Chatarra. It's a wave that helped prepare Otto for what he would encounter at places like Pipeline and Teahupoo through the peak of his professional career, and not many island locals have as wide a berth in the lineup there as he does. This was a perfect fall morning, with an extremely westerly swell and offshore winds, but high cloud cover creating overcast conditions. Before digital technology took over photography, a day like this meant going for a surf or employing black-and-white film to make the most of the meager light, and I opted for the latter to capture an epic day of surf.

Otto Flores, Chatarra, Piñones, 1 de octubre de 2001: Otto es otro surfer local cuyo nombre se ha convertido en sinónimo de Chatarra. Es una ola que ayudó a preparar a Otto para lo que enfrentaría en lugares como Pipeline y Teahupoo en el pico de su carrera profesional, y no muchos locales ocupan un lugar tan prominente allí como él. Esto fue una mañana de otoño perfecta, con una marejada bien del oeste y vientos de la tierra, pero con una cubierta de nubes altas que produjeron condiciones nubladas. Antes de que la tecnología digital acaparara el campo de la fotografía, un día como este habría significado tener que irme a surfear o usar película en blanco y negro para sacarle el máximo a la poca luz. Yo opté por la segunda para aprovechar al máximo un día de surfing épico.

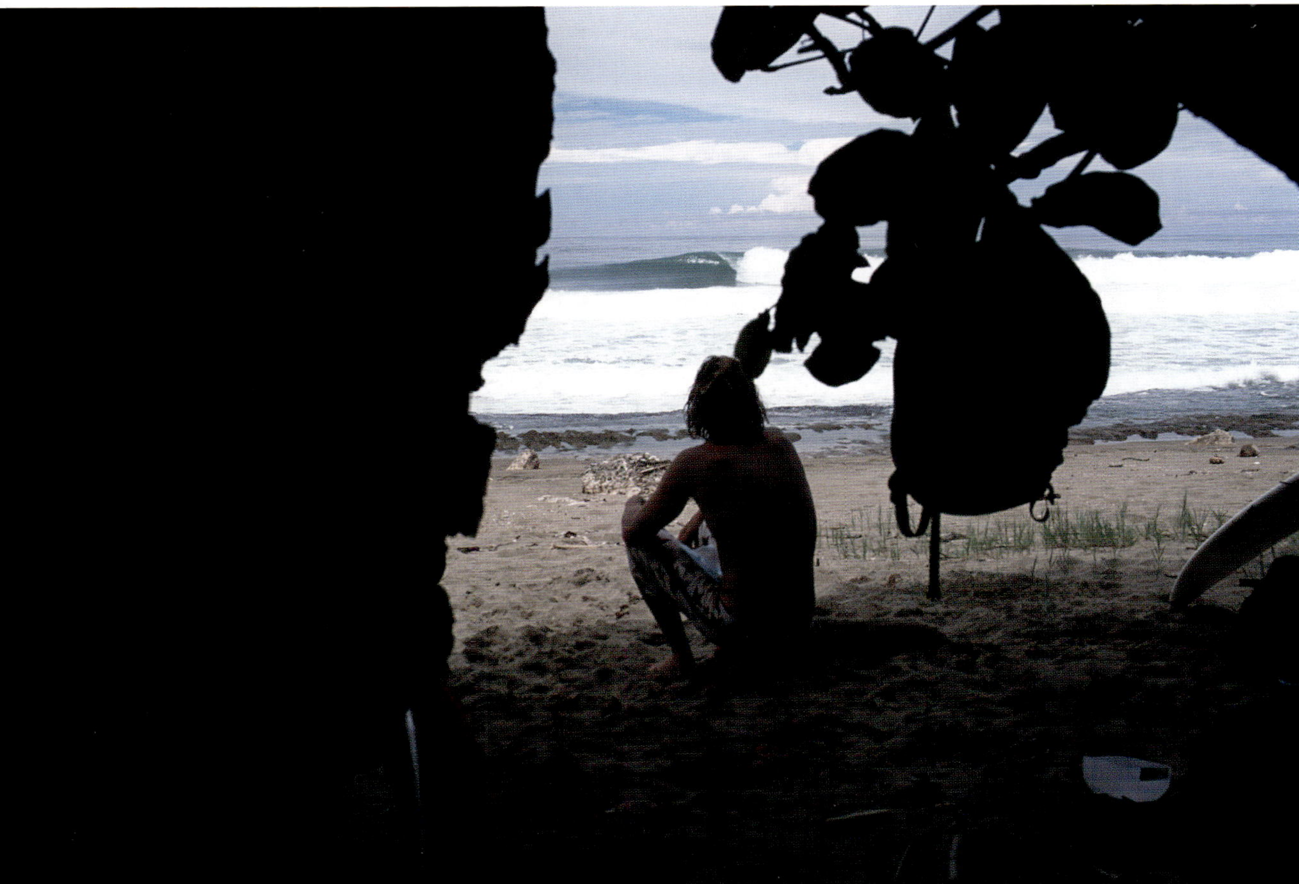

Otto Flores, Peña Negra, The Lost Coast, November 1, 2003: On the day after Halloween, a fresh new north swell was due to arrive, and I had a hunch it was going to be right for a solitary spot I'd been watching for the previous two or three seasons. Otto had Venezuelan Magnum Martinez and European Kalle Carranza visiting, and when I came by to pick them up in the pre-dawn hours, they'd barely slept after a costume party. When we arrived at this spot they became quite perky upon laying eyes on a beach and wave none of them had seen previously. This beach is quite remote, and not expecting an all-day affair of offshore winds, we'd trekked in with little or no sustenance or hydration. Just as we were about to expire in the middle of the day from lack of nourishment, and contemplating leaving perfect surf, Magnum miraculously found some cell phone signal and contacted a gal pal of his whom, even more miraculously, he was able to guide into this beach. She saved the day with a smorgasbord of food that gave us new life and made the afternoon session possible.

Otto Flores, Peña Negra, La Costa Perdida, 1 de noviembre de 2003: En el día después de Halloween, una nueva marejada del norte venía llegando a la Isla y yo sospechaba que iba a ser perfecta para un lugar solitario que había estado velando por dos o tres temporadas anteriores. Otto tenía al venezolano Magnum Martínez y el europeo Kalle Carranza de visita, y cuando aparecí para recogerlos en la madrugada, apenas habían dormido después de una fiesta de disfraces. Cuando llegamos a esta playa se pusieron muy atentos al ver una ola que ninguno de los tres había visto jamás. Esta playa es bastante remota y, como no esperábamos un día completo de vientos de la tierra, entramos sin haber comido ni bebido nada. Al momento del mediodía nos encontramos al punto de desmayarnos por falta de nutrición y contemplábamos irnos de una playa con olas perfectas. Magnum milagrosamente encontró señal para su celular y se comunicó con una amiga quien, más milagrosamente aún, Magnum pudo dirigir a encontrar la playa y quien nos trajo una comida exquisita que nos dio nueva vida e hizo posible la sesión de la tarde.

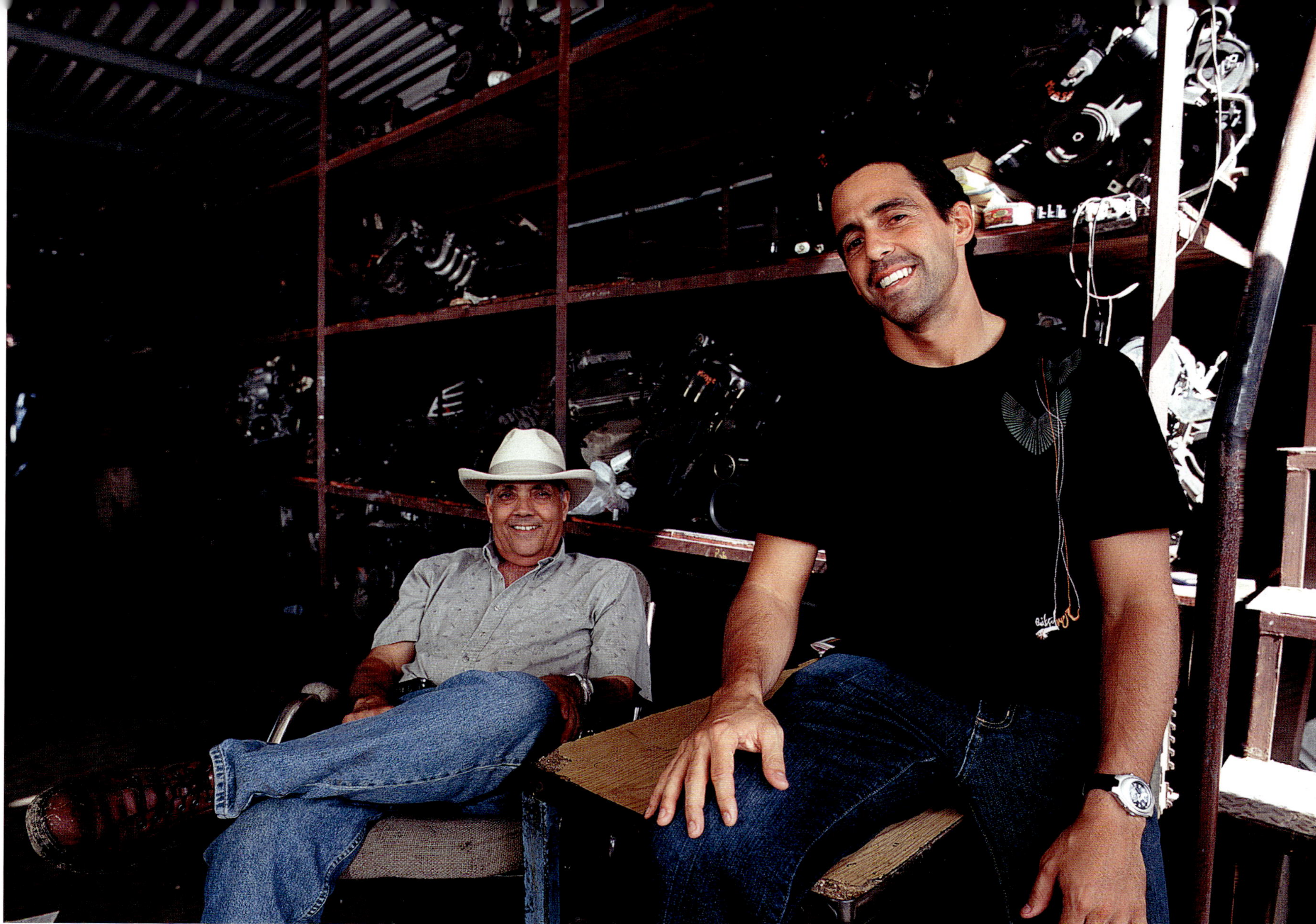

Pablo Díaz Sr. and Pablo Díaz Jr., Junker Díaz, Caguas, February 6, 2005: Caguas is a long way from the ocean, but that's where Pablo "Pache" Diaz's father, Pablo Sr., forged out a business as a junkyard operator with which to support the surfing endeavors of his son. Having escaped Castro's regime, his ingenuity and work ethic were main components in giving Pache the resources and freedom to pursue surfing as a career. Now the Quiksilver accessories rep after an illustrious amateur career, Pache accomplished his mission.

Pablo Díaz, padre, y Pablo Díaz, hijo, Junker Díaz, Caguas, 6 de febrero de 2005: Caguas está lejos del mar, pero es allí donde el padre de Pablo "Pache" Díaz, Pablo, padre, estableció su negocio de chatarra con el que pudo mantener los esfuerzos de su hijo en el campo del surfing. Luego de escapar del régimen de Castro, su ingenio y ética de trabajo fueron los componentes principales para poder darle a Pache los recursos y la libertad necesarios para dedicarse al surfing de lleno. Hoy día, luego de una ilustre carrera en el surfing aficionado, es el representante de ventas de accesorios de Quiksilver. Pache logró su misión.

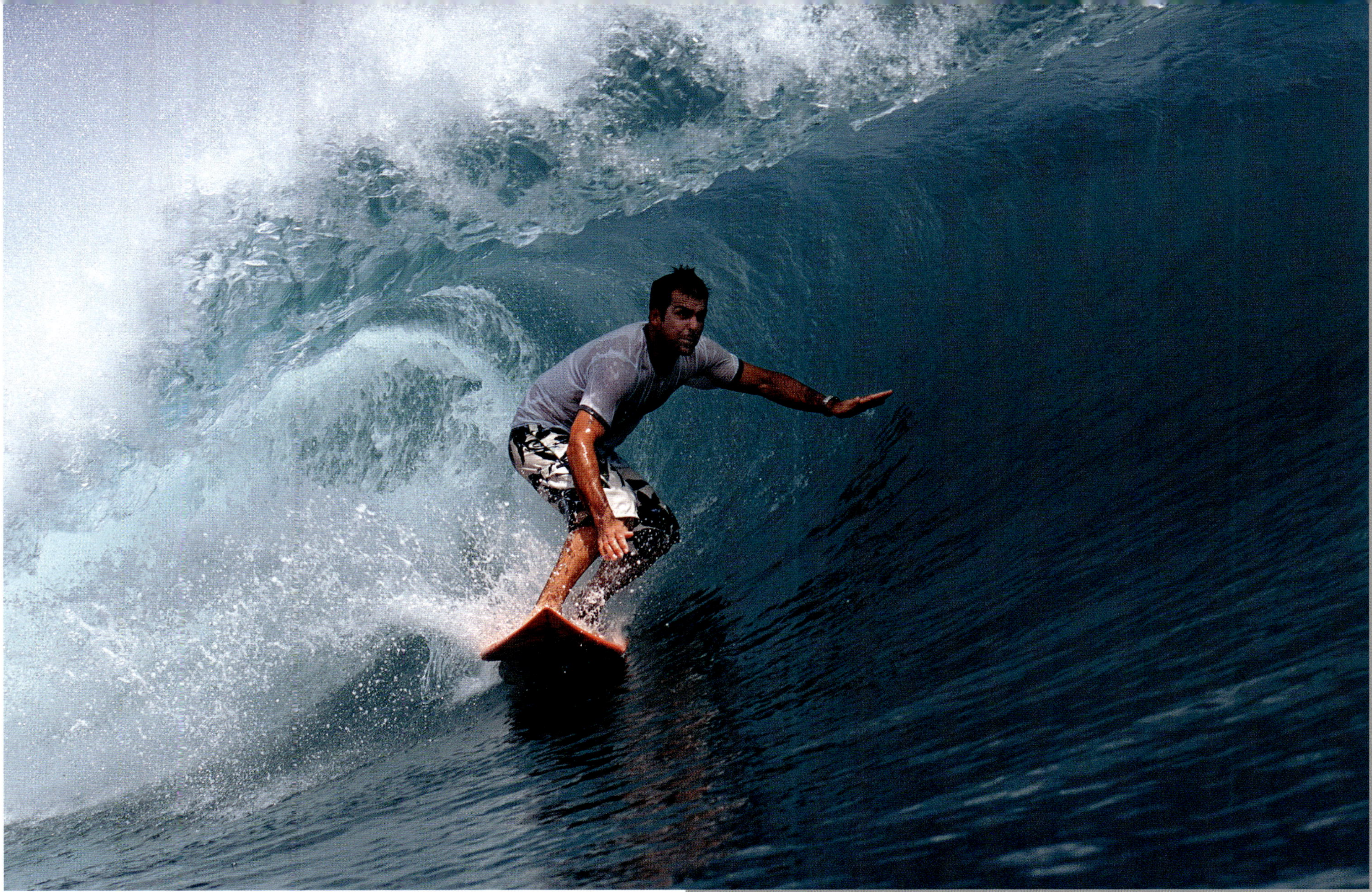

Ricardo Villanueva, Outer Island, September 23, 2004: This was the second day of the Hurricane Jeanne swell, and I was lucky to be able to accompany Ricardo and Fernando Alvarez on an outer island mission. With a solid westerly swell running and stiff south winds, the recipe was prime for any number of offshore islands and reefs. With Ricardo's vast knowledge of the region and keen sense for sussing out perfect surf, we ended up at a reef not unlike Chatarra, except for the fact that we were the only people around for miles. We spent the entire morning by ourselves before heading back to the main island to hear about how good Chatarra had been. Needless to say, we were not bothered by that fact at all.

Ricardo Villanueva, Outer Island, 23 de septiembre de 2004: Este fue el segundo día de la marejada del Huracán Jeanne y tuve la suerte de poder acompañar a Ricardo y a Fernando Álvarez en una misión a las afueras de Puerto Rico. Con una marejada del oeste sólida en todo su apogeo y vientos fuertes del sur, la receta era perfecta para una variedad de islas y arrecifes a las afueras de Puerto Rico. Con el vasto conocimiento de Ricardo de la región y su agudo sentido para detectar las condiciones perfectas para el surfing, terminamos en un arrecife bastante parecido a Chatarra excepto por el hecho de que éramos las únicas personas en un radio de varias millas. Pasamos toda la mañana allí solos antes de regresar a la isla grande para escuchar lo bueno que había estado Chatarra. Demás está decir que eso no nos molestó en lo absoluto.

Villanueva Family, Ocean Park, December 11, 2008, 5:42 P.M.: Ricardo and Doris asked me to execute a family portrait of them with their two sons, Lucas and Marcos, for their Christmas card that year. We chose a simple location, and the day offered beautifully overcast skies perfectly suited for location portraiture. As perhaps one of the first families of Puerto Rican surfing, this is another time capsule portrait that will become more cherished as the years pass.

Familia Villanueva, Ocean Park, 11 de diciembre de 2008, 5:42 P.M.: Ricardo y Doris me pidieron que hiciera un retrato familiar de ellos con sus dos hijos, Lucas y Marcos, para su tarjeta de Navidad ese año. Escogimos un lugar sencillo y el día nos brindó cielos nublados perfectos para hacer un retrato. Como lo que pudiera ser una de las primeras familias del surfing puertorriqueño, este es otro retrato de cápsula del tiempo que será apreciado cada vez más con el paso del tiempo.

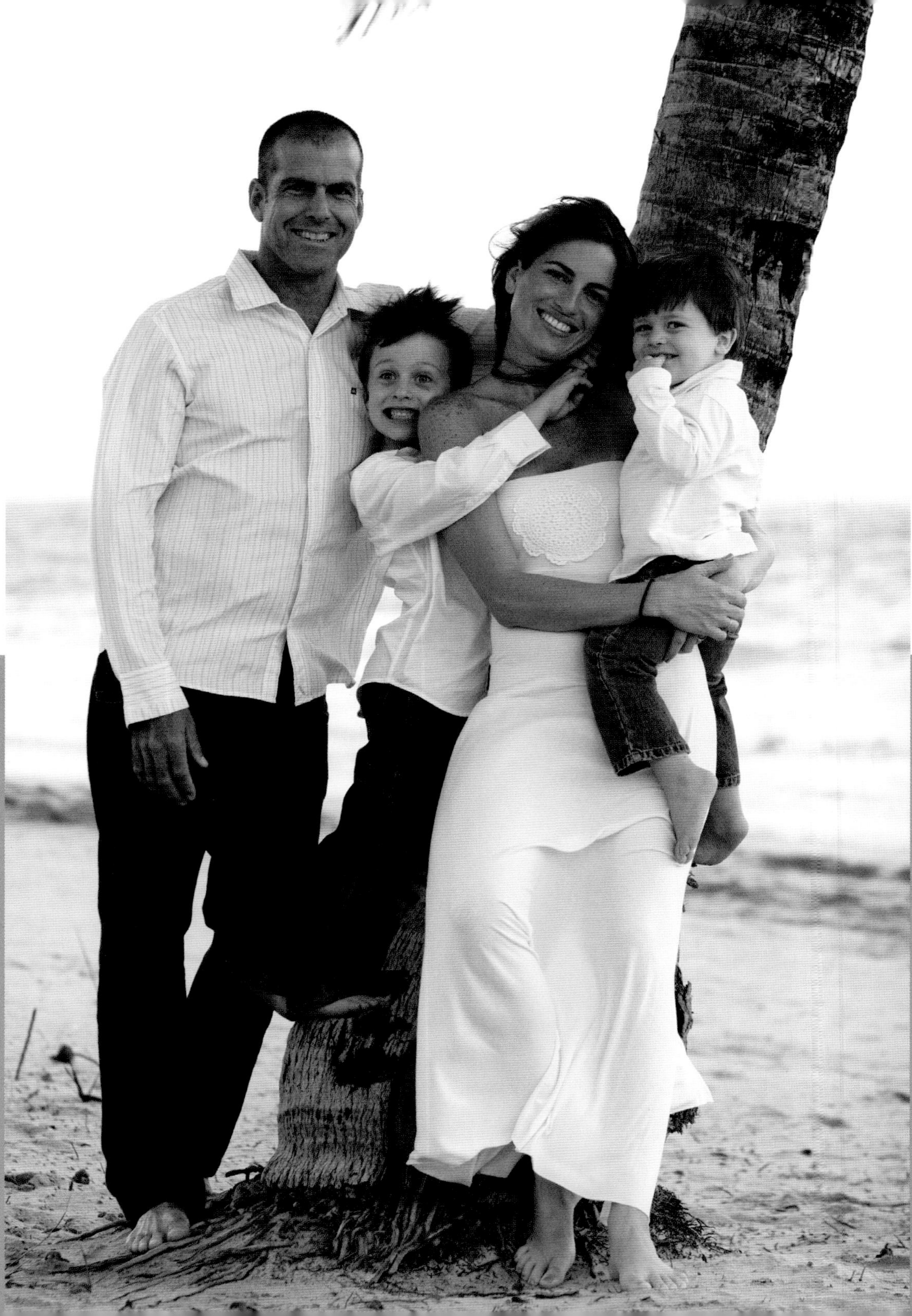

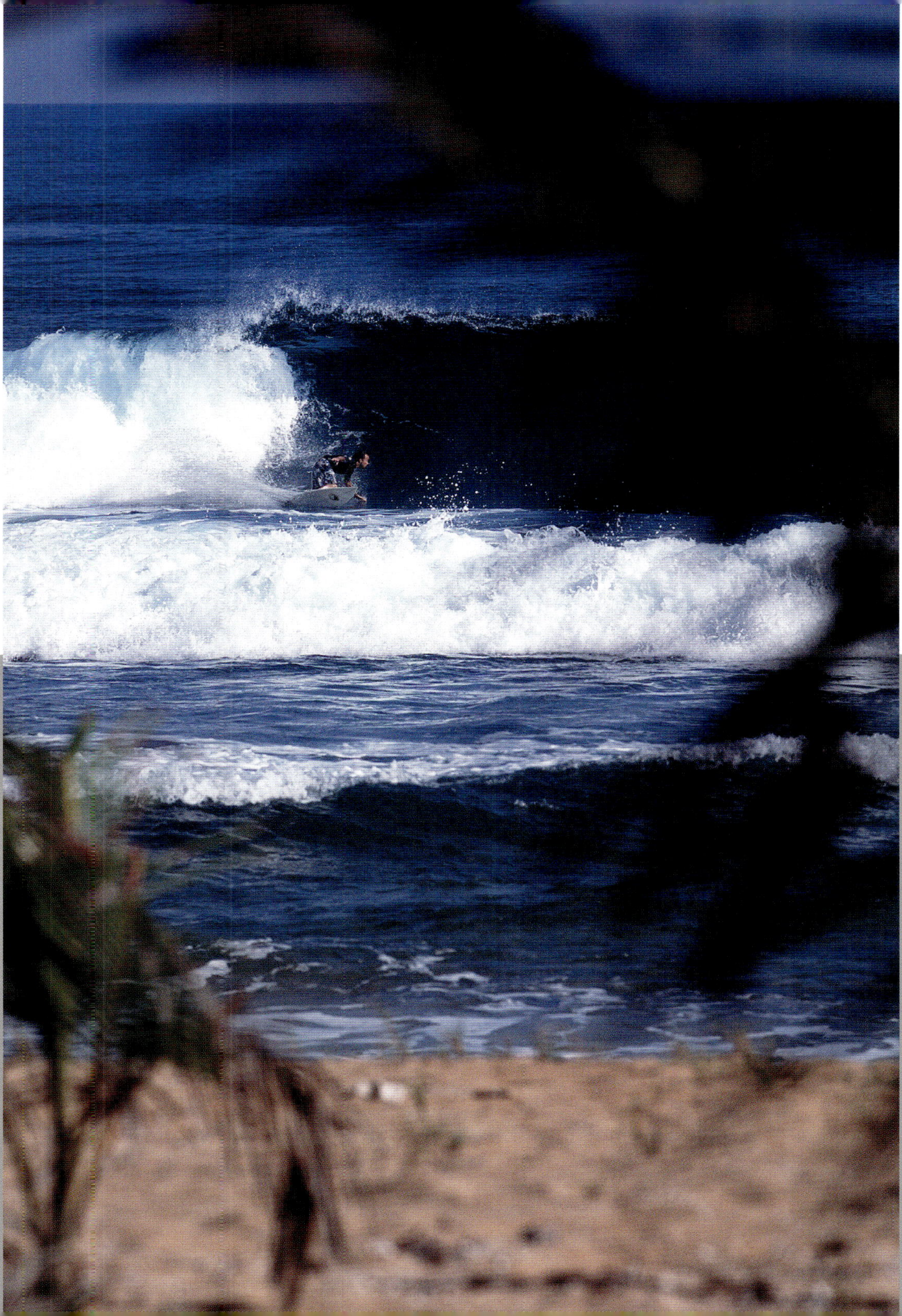

Rolando Carbia, Aviones, Piñones, March 6, 2005: This morning was one of the cleanest, most perfect days I've ever seen at Aviones. Not that I've been there all that often in the grand scheme of things, and a lot less than guys like Rolando and others that are true locals there, but this day was one to remember. Rolando was on it early, before work, and no doubt had this bottom turn on his mind for the rest of the day.

Rolando Carbia, Aviones, Piñones, March 6, 2005: Esta mañana fue uno de los días más limpios y perfectos que he visto en Aviones. No es que yo sea de las personas que más ha estado allí, definitivamente he estado mucho menos tiempo que personas como Rolando y otros que son verdaderos locales allí, pero este fue un día memorable. Rolando estaba allí temprano, antes del trabajo, y sin duda tuvo este "bottom turn" en su mente el resto del día.

Moonrise over Icacos, Fajardo, February 1994: I've always loved chasing the moon. Images like this are achievable only in a very small window of opportunity and are often made impossible by atmospheric conditions that don't allow for the moon to be seen when it's this low on the horizon. On this day I was lucky that everything came together correctly and a friendly person in Las Croabas let me into her house and onto her back porch to capture this stunning scene.

Salida de la luna sobre Icacos, febrero de 1994: Siempre me ha fascinado perseguir la luna. Imágenes como esta solo se pueden conseguir en una estrecha ventana de oportunidad y a menudo se hace imposible debido a las condiciones atmosféricas que no permiten que se vea la luna cuando está tan baja en el horizonte. Ese día tuve la suerte de que todas las circunstancias se dieron y una persona amigable en Las Croabas me permitió entrar a su casa y capturar esta escena espectacular desde su balcón.

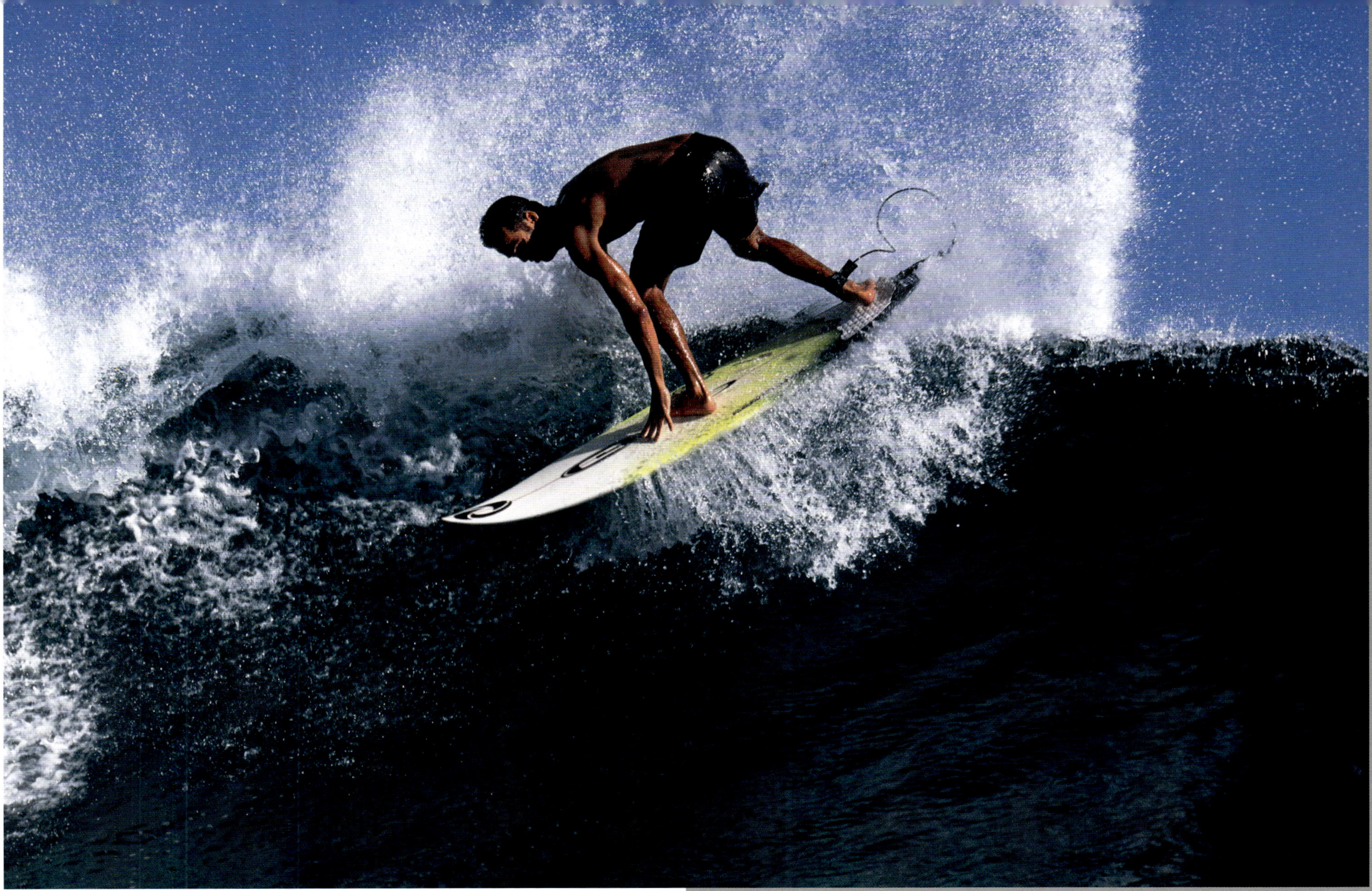

Gamalier Jorge, El Puerto, Levittown, November 1995: I was lucky to meet Gamma only a couple years after moving to San Juan, and he opened my eyes to some great waves just outside the metro area that were excellent, uncrowded options to the usual city spots and a lot closer than the other well-known alternatives further afield. We spent several years consistently shooting this rivermouth wave—despite local fishermen claiming that the biggest sharks they'd ever seen had been right there in the lineup—until Gamma moved to Costa Rica right about the turn of the millennium. He returned to Puerto Rico late in 2010 to start his own business.

Gamalier Jorge, El Puerto, Levittown, noviembre de 1995: Tuve la suerte de conocer a Gamma a los pocos años de haberme mudado a San Juan, y él me enseñó algunas playas buenísimas cerca del área metro que eran excelentes alternativas a las playas concurridas de la ciudad, y mucho más cerca que las demás opciones conocidas que quedan más lejos. Pasamos varios años fotografiando constantemente en esta ola en la desembocadura de un río, a pesar de que los pescadores decían que los tiburones más grandes que jamás habían visto los habían visto en esa playa. Luego Gamma se mudó a Costa Rica alrededor del año 2000, y regresó a Puerto Rico a finales del 2010 para comenzar su propio negocio.

Benjamin Jorge, El Puerto, Levittown, November 1997: When I met Benji, Gamma's father, it was easy to understand why Gamma is such an accomplished surfer. Benji is today, and was probably then, the oldest active surfer in Puerto Rico. At 62 years of age at the time this image was captured, he had been surfing for the better part of four decades. Although this wave breaks very near where Benji lives, I later learned that he never really cared much for it, something I found interesting given his ultimately casual style on this wave.

Benjamin Jorge, El Puerto, Levittown, noviembre de 1997: Cuando conocí a Benji, el padre de Gamma, fue fácil entender cómo Gamma se había convertido en tan buen surfer. Benji es, y probablemente en ese momento era, el surfer activo de mayor edad en Puerto Rico. A los 62 años de edad al momento en que se capturó esta imagen, llevaba surfeando más de cuatro décadas. A pesar de que esta ola rompe muy cerca de donde vive Benji, después me enteré de que a él realmente nunca le gustó mucho, algo que me pareció curioso al ver su estilo tan relajado en esta ola.

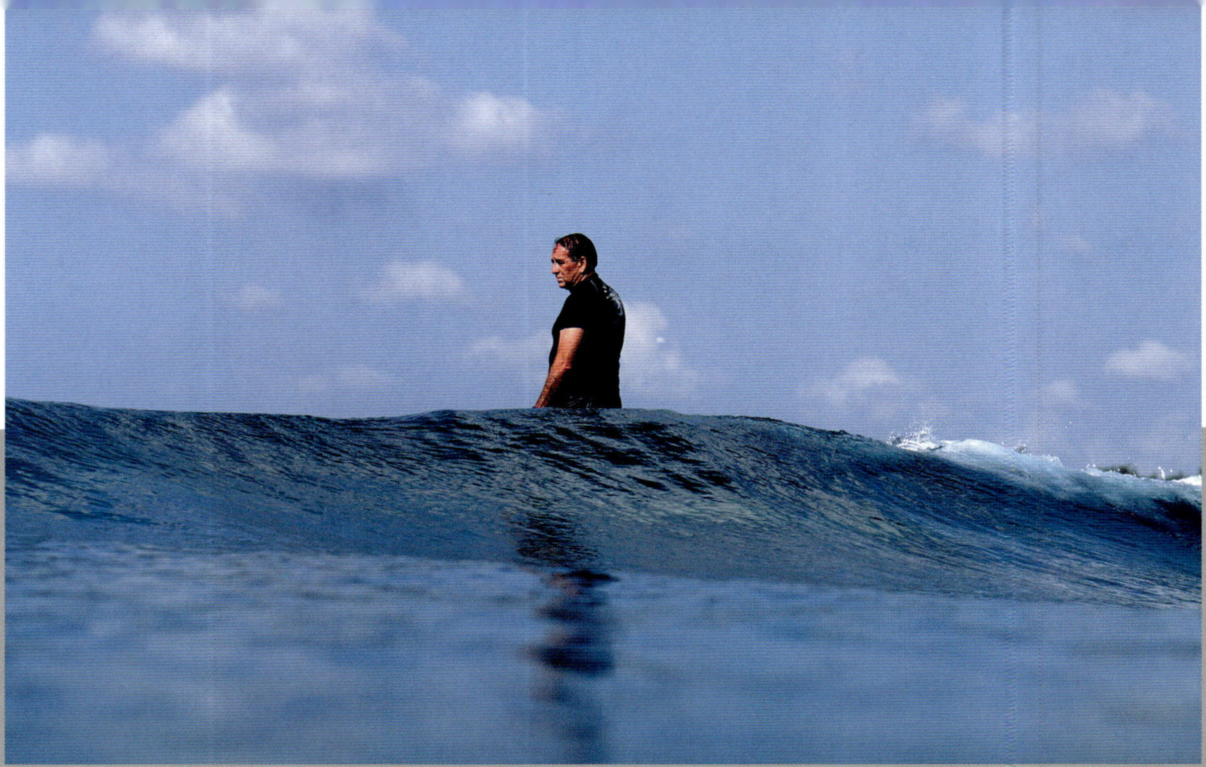

Benjamin Jorge, Levittown, March 11, 2009, 5:00 P.M.: For a long time I'd wanted to do a feature article on Benji. It just seemed to me that the local and international community needed to know his story as one of Puerto Rico's original watermen. Sadly, none of the US magazines were interested. But a few months after I launched my online surf e-zine at www.surfcaribe.com I had a platform on which to do so. I spent an afternoon hearing his story, and this portrait accompanied some new action images I'd shot a couple weeks earlier. Because whether or not you believe it or accept it, this face belongs to Puerto Rico's most hardcore surfer.

Benjamin Jorge, Levittown, 11 de marzo de 2009, 5:00 P.M.: Hacía tiempo que quería hacer un artículo sobre Benji. Me parecía que la comunidad local e internacional necesitaban saber su historia como uno de los nautas originales de Puerto Rico. Desgraciadamente, a ninguna de las revistas de EE.UU. le interesaba. Pero unos meses después de lanzar mi revista de surfing en línea, www.surfcaribe.com, tuve la plataforma para hacerlo. Estuve toda una tarde escuchando su historia, y este retrato acompañó a varias imágenes de acción que había capturado unas semanas antes. Porque, créanlo o no, esta es la cara del surfer más genuino de Puerto Rico.

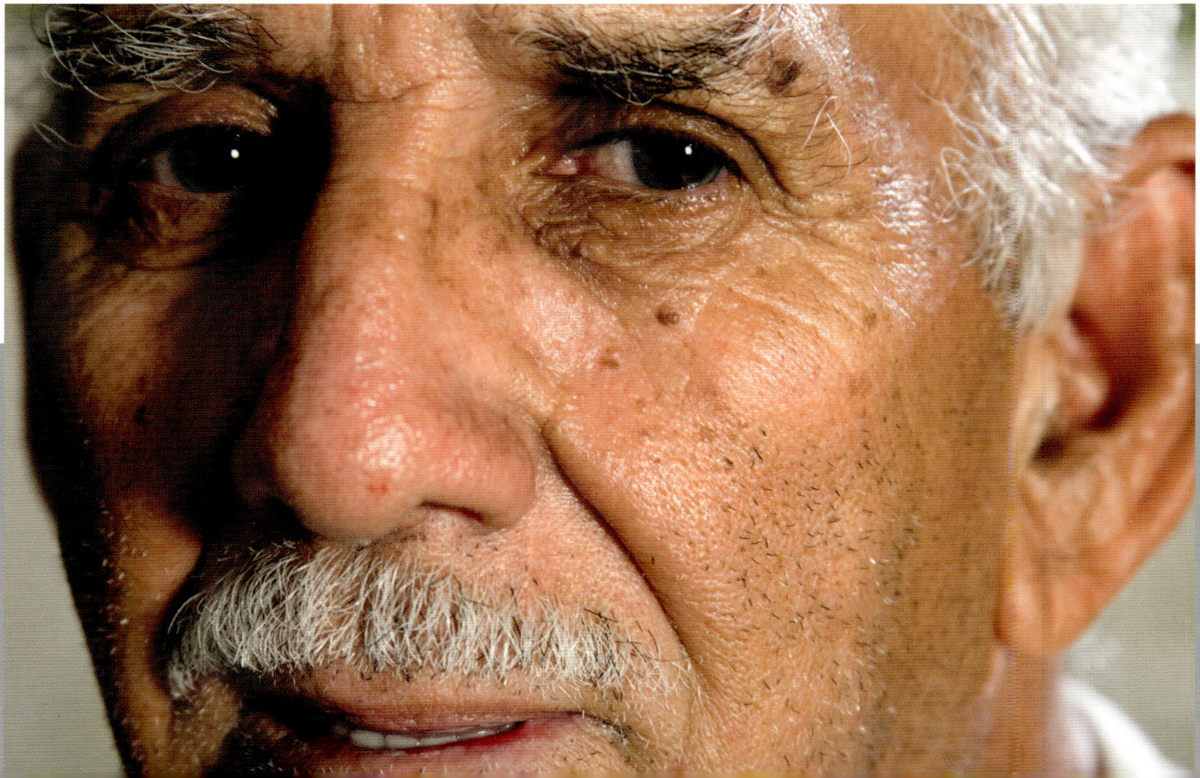

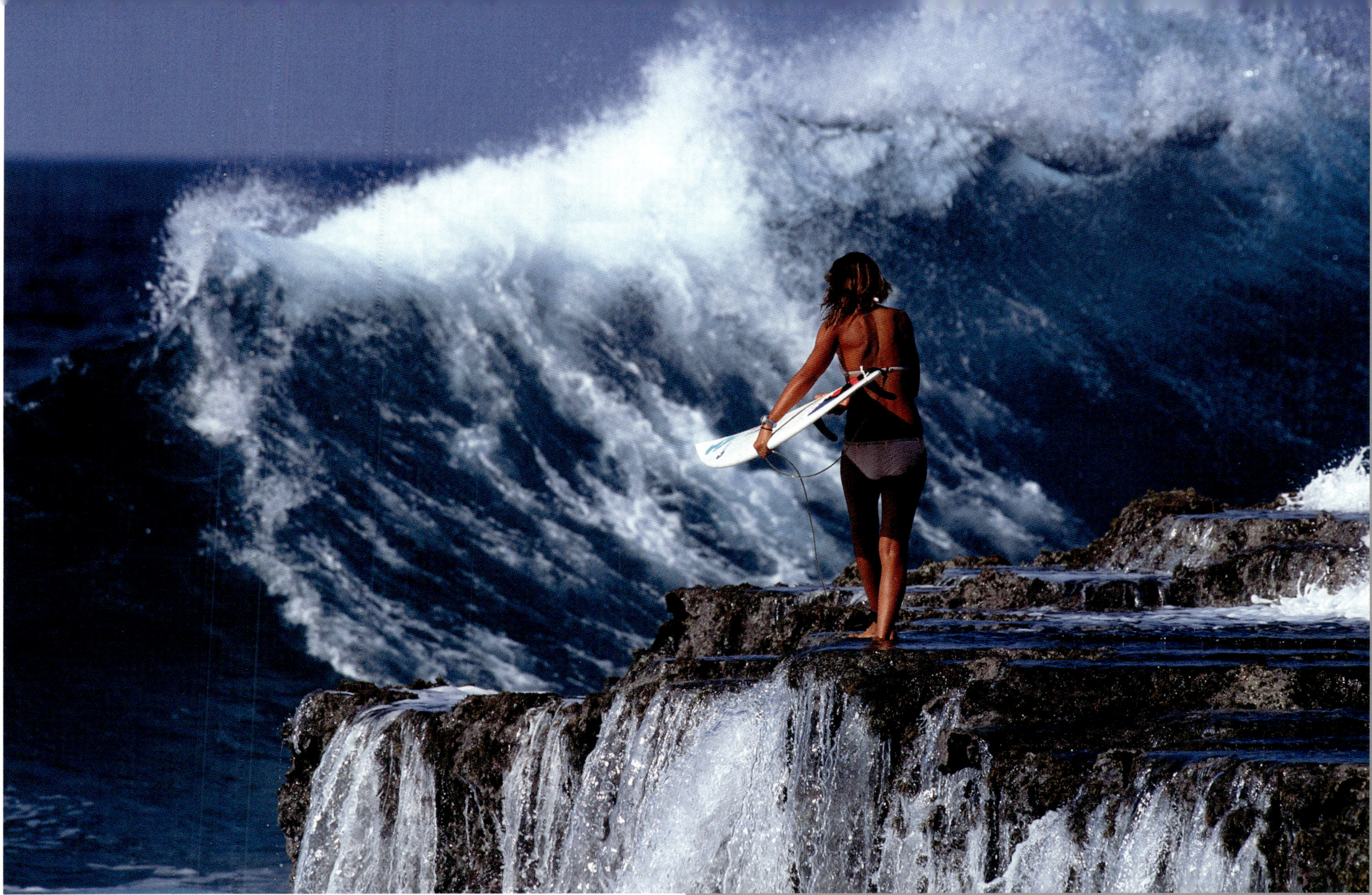

Julie González, Secret Spot, Isabela, April 11, 2004 Julie was one of the island's first professional female surfers. On this day I was shooting for *Surfing Magazine* and Secret Spot was in classic form. While the backwash in this image looks menacing, Julie is actually in no peril, and in perfect position to leap from the rock ledge and right into the lineup.

Julie González, Secret Spot, Isabela, 11 de abril de 2004: Julie fue una de las primeras mujeres en la Isla en convertirse en una surfer profesional. Este día, estaba fotografiando para Surfing Magazine y las condiciones en Secret Spot eran clásicas. Aunque la contra ola se ve amenazante en esta foto, Julie no corre peligro alguno y está en la posición perfecta para saltar del borde de la roca y caer justo en el pico.

Barbie Graves, Isabela, July 27, 2003: Barbie has been involved in the surf industry for decades, and that has helped both Josie and Dylan immeasurably in achieving their great success as professional surfers. As a long time sales rep for Sex Wax, a portrait of Barbie in a sea of wax bars was an obvious scenario for illustrating her committed nature to the culture of surfing.

Barbie Graves, Isabela, 27 de julio de 2003: Barbie ha estado involucrada con la industria del surfing por décadas y esto ha ayudado muchísimo, tanto a Josie como a Dylan, a lograr su éxito como surfers profesionales. Barbie ha sido por mucho tiempo representante de ventas de Sex Wax, por lo que un retrato de Barbie en un mar de barras de cera era el escenario perfecto para ilustrar su compromiso con la cultura del surfing.

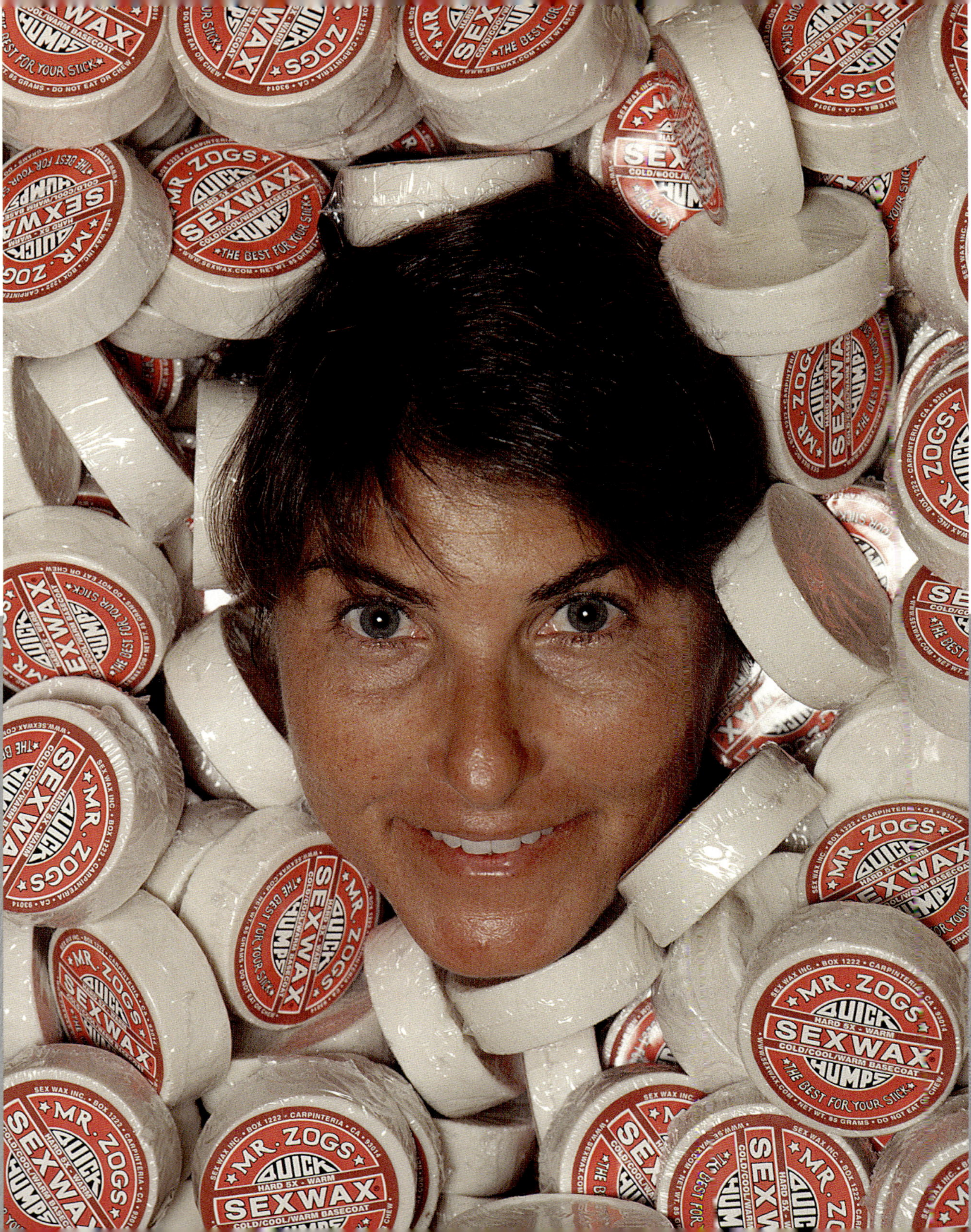

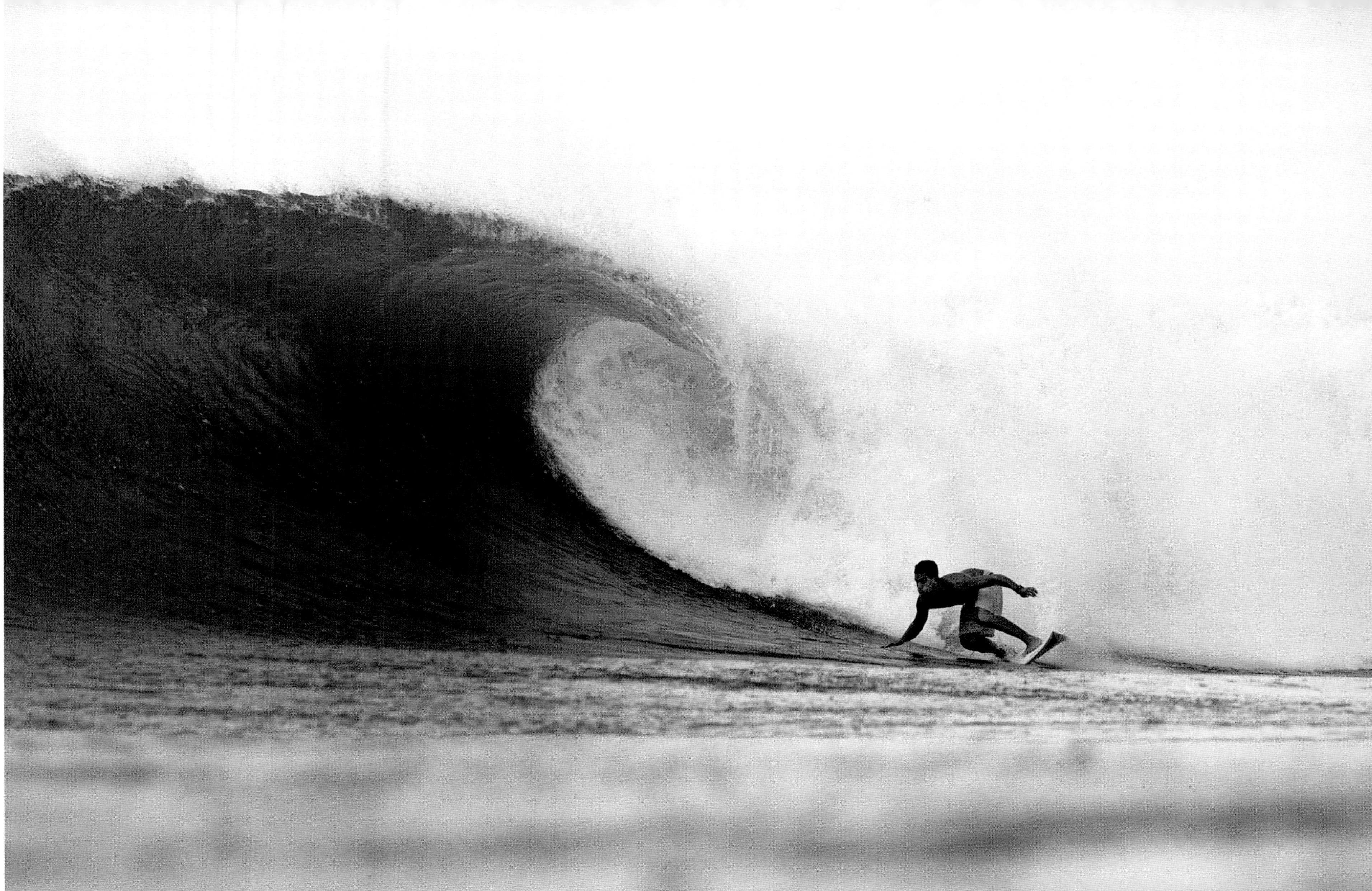

Pablo Díaz, María's, Rincón, March 10, 2005: I recall this afternoon being perfectly sunshiny when I swam out behind Pache, only to see a thick bank of clouds obscure the sun for the rest of the session. But perfect surf and great talent demand documentation, and despite less than optimal conditions for photography, this image is very representative of what brought the 1968 Amateur World Championships to Rincón and what has made it the Mecca of Caribbean surfing.

Pablo Díaz, María's, Rincón, 10 de marzo de 2005: Recuerdo que aunque esa tarde estaba perfectamente soleada cuando nadé detrás de Pache, casi enseguida entró una amplia banda de nubes que oscureció el sol por el resto de la sesión. Pero las olas perfectas y el buen talento exigen documentación y, a pesar de que las condiciones eran menos que óptimas para la fotografía, esta imagen representa lo que atrajo al Campeonato Mundial de Surfing Aficionado de 1968 a Rincón y lo ha hecho la meca del surfing en el Caribe.

Wilito Carrasco, Ramey, January 7, 2004: Wilito is one of Puerto Rico's more colorful characters. The absolute kingpin Piñones local, Wilito didn't even start surfing until his late teens. But he caught on quickly, dedicating his efforts to making a name for himself and creating a marketable personality. He now enjoys the life of a professional surfer.

Wilito Carrasco, Ramey, 7 de enero de 2004: Wilito es uno de los personajes más interesantes de la cultura del surfing de Puerto Rico. El local #1 de Piñones, Wilito empezó a surfear después de los 15 años. Aprendió rápido y con mucho esfuerzo se dio a conocer y creó una personalidad fácil de mercadear. Hoy día disfruta la vida de un surfer profesional.

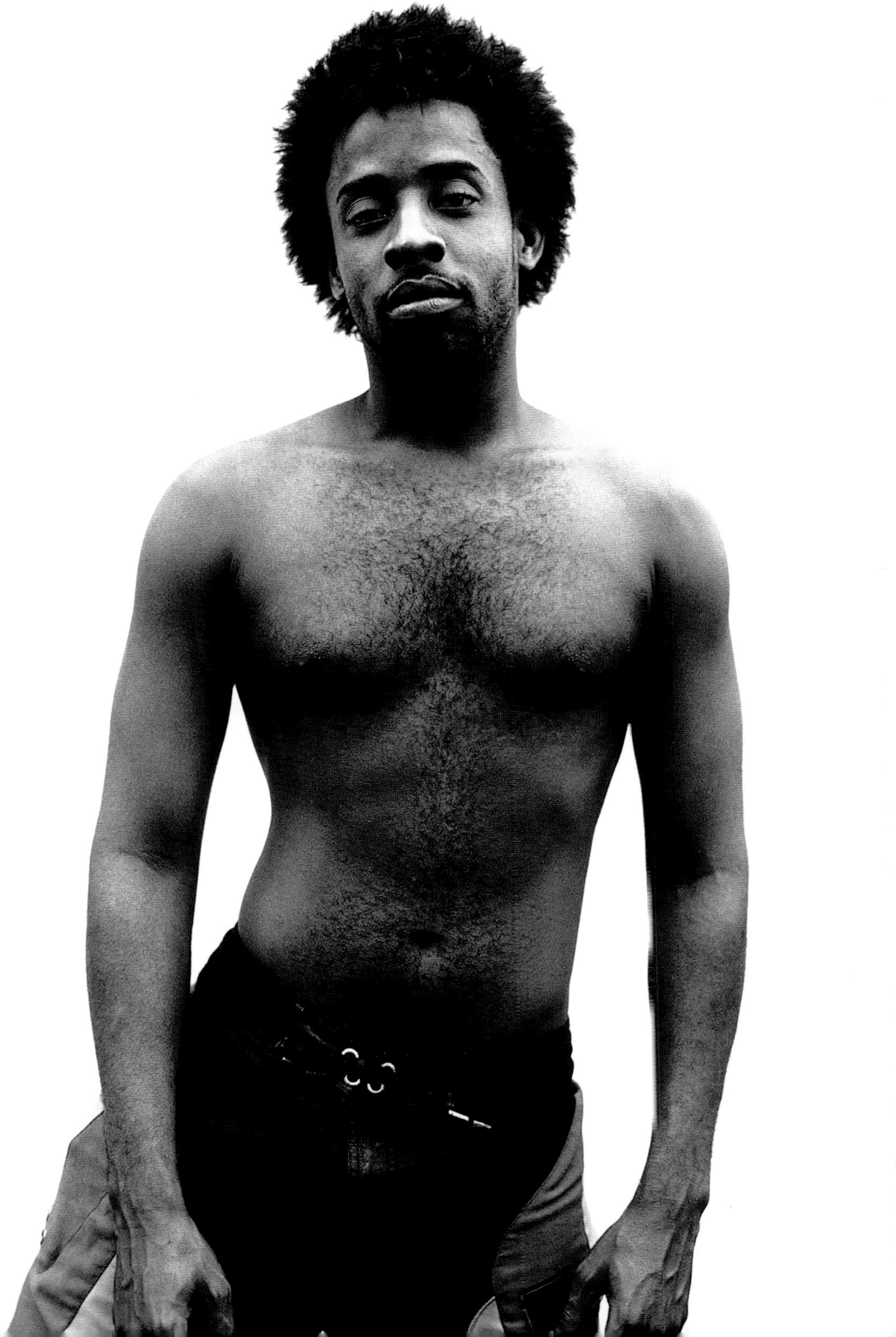

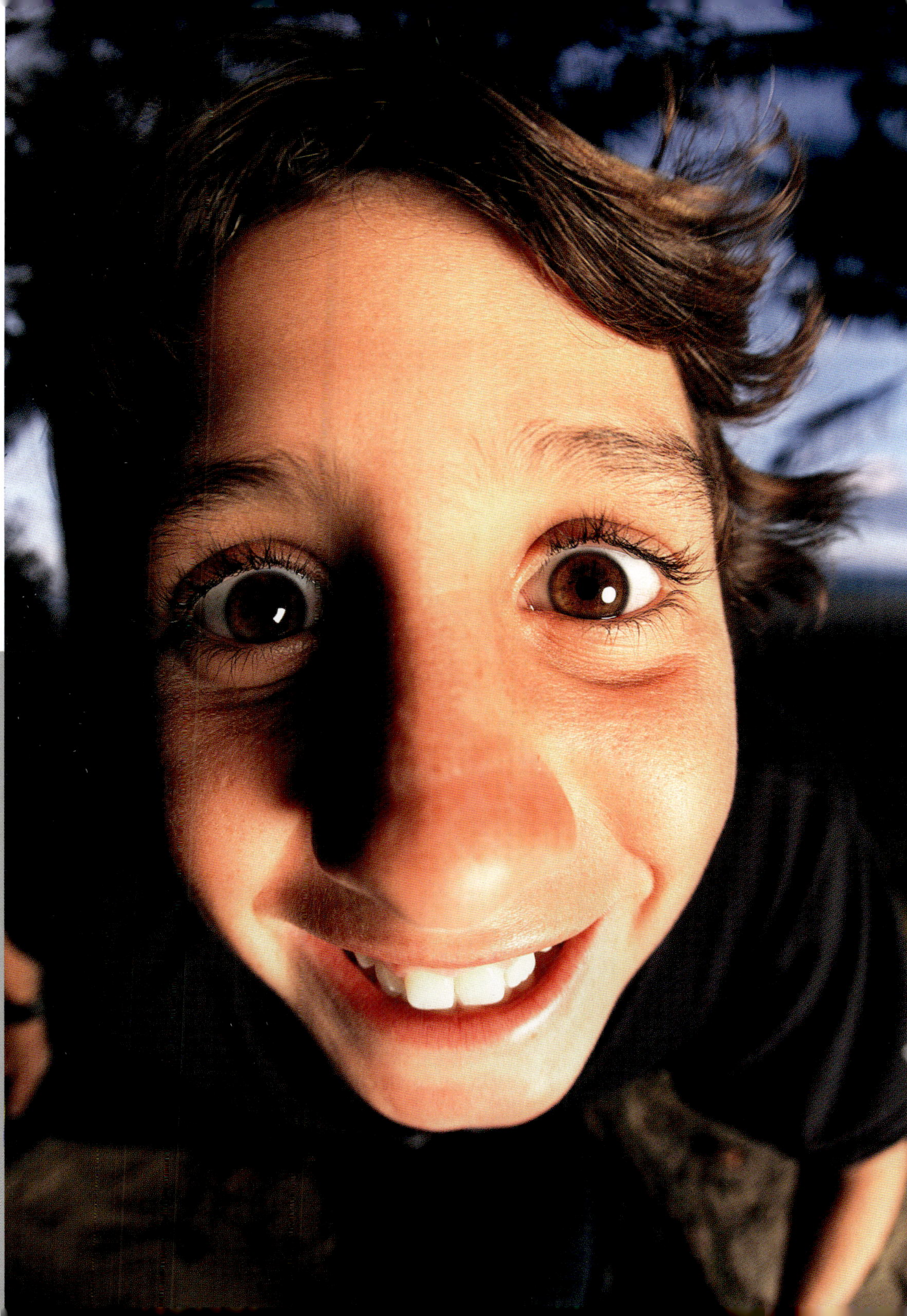

Tommy Bursian, Condominium Playa Grande, Condado, December 29, 1999: This portrait was done shortly after Tommy had won the Puerto Rico Surfing Federation's Menehune title for 1999 against his arch rival and close friend, Wesley Toth. He was quite obviously in a happy place, and there's nothing like a fisheye lens to make an amusing little kid look completely hilarious.

Tommy Bursian, Condominio Playa Grande, Condado, 29 de diciembre de 1999: Este retrato fue tomado poco después de que Tommy ganara el título Menehune de la Federación de Surfing de Puerto Rico en 1999 contra su rival y buen amigo, Wesley Toth. Estaba claramente muy contento, y nada como un lente ojo de pez para hacer que un niño divertido se vea súper cómico.

Wesley Toth & Otto Flores, Sal Si Puedes, Isabela, September 2001: This was one of those moody afternoons during hurricane season that saw a magic black cloud bring offshore winds. Without the kind of light that warrants swimming with a camera I keyed on the dramatic sky as Wesley, Otto, and my dog Sandy approached the water's edge.

Wesley Toth y Otto Flores, Sal Si Puedes, Isabela, septiembre de 2001: Esta fue una de esas tardes de la época de huracanes en que una mágica nube negra trae vientos de la tierra. Como la luz no era buena para nadar con la cámara, aproveché el dramatismo del cielo mientras Wesley, Otto y mi perra, Sandy, se acercaban a la orilla.

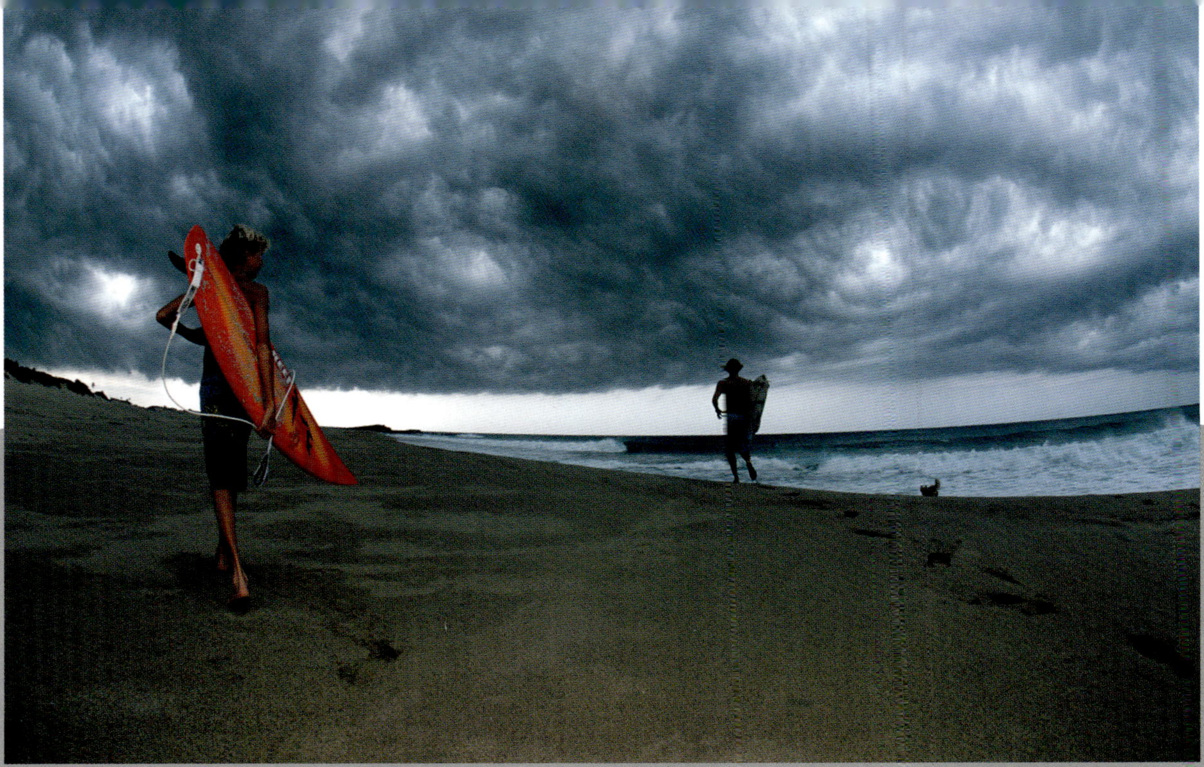

Otto Flores, Margara, Arecibo, January 29, 2000: I honestly don't remember much about this day except that when I saw the message written on this boat, which had been placed in the park across the street as a memorial to a local fisherman that had been lost at sea, I knew I had to work it into a lineup capture.

Otto Flores, Margara, Arecibo, 29 de enero de 2000: Sinceramente, no recuerdo mucho de este día, excepto que cuando vi el mensaje escrito en este bote, en memoria de un pescador local que había perecido en el mar, supe que lo tenía que incluir en una de las fotos de la ola.

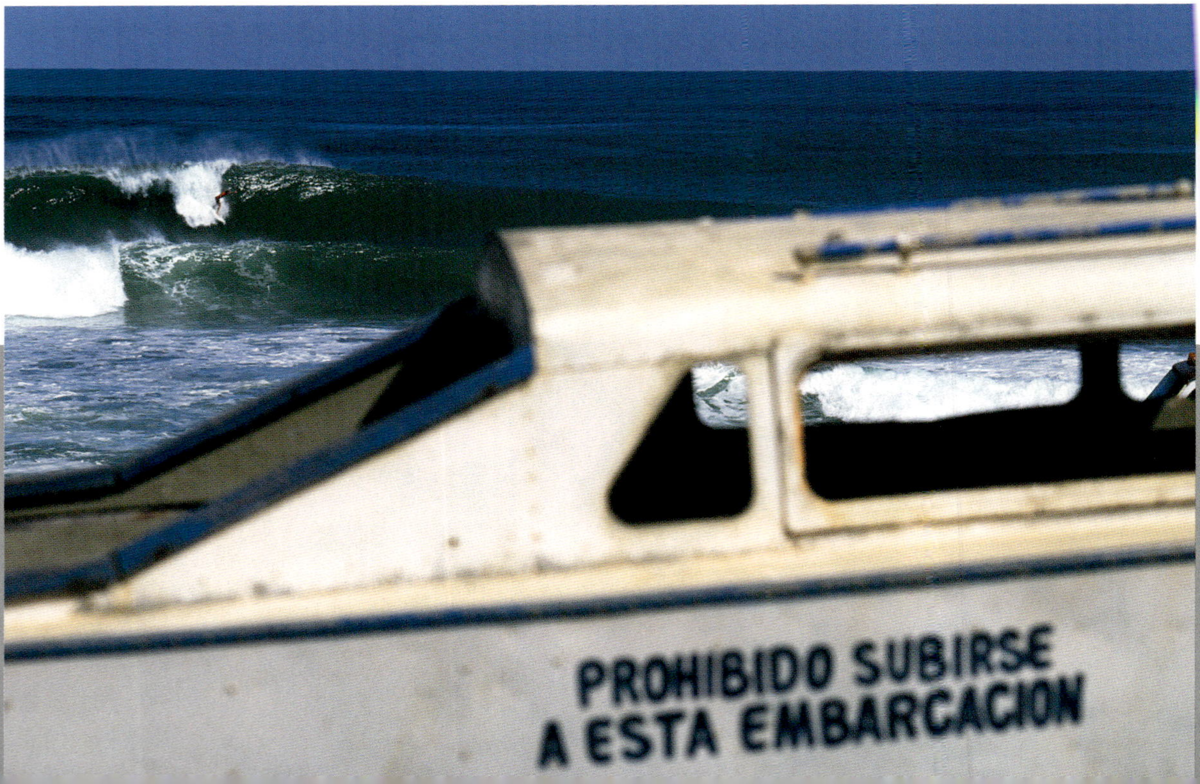

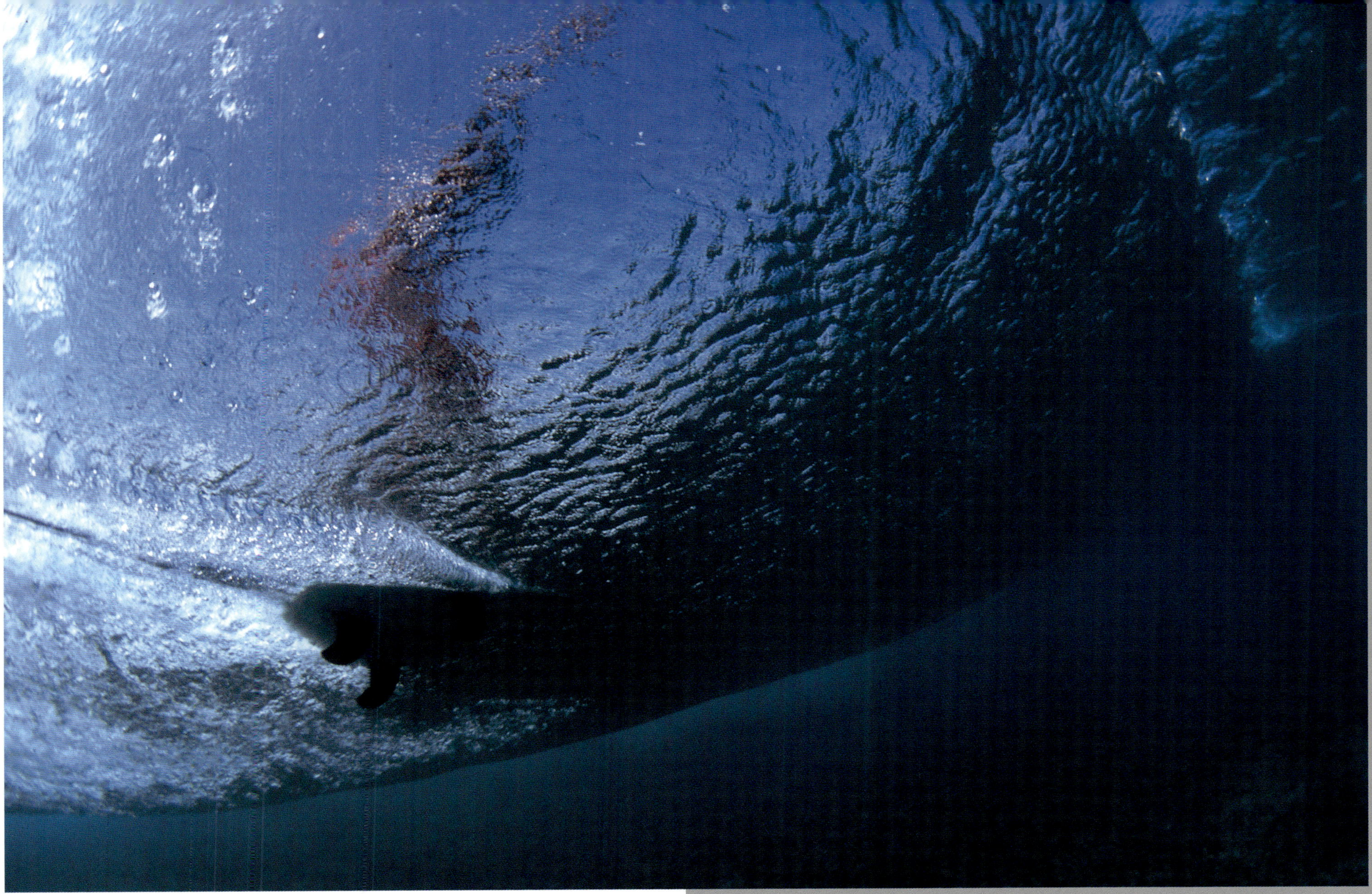

Gammalier Jorge, Hollows, Barceloneta, April 19, 1999: Shooting underwater is always a challenge. The best approach is to have a diving mask or swim goggles, and I never seem to be prepared in that department. So when I do encounter water with this kind of clarity I just try to follow the blurry images I see with instinct, and on this occasion it worked out quite well.

Gammalier Jorge, Hollows, Barceloneta, 19 de abril de 1999: Fotografiar debajo del agua siempre es un reto. Lo mejor es tener una máscara de buceo o gafas de natación, y nunca estoy preparado en ese departamento. Cuando el agua está así de clara, trato de seguir las imágenes borrosas por instinto y, en esta ocasión, funcionó bastante bien.

Tommy Bursian, Las Dunas, Isabela, April 12, 2004: From the same *Surfing Magazine* shoot as the previous image of Julie González, this photo of Tommy evokes a lot of what most surfers seek: sun, surf, and solitude.

Tommy Bursian, Las Dunas, Isabela, 12 de abril de 2004: Esta foto es de la misma sesión de fotos para Surfing Magazine que la imagen anterior de Julie González. Esta foto de Tommy evoca mucho de lo que la mayoría de los surfers buscan: sol, olas y paz.

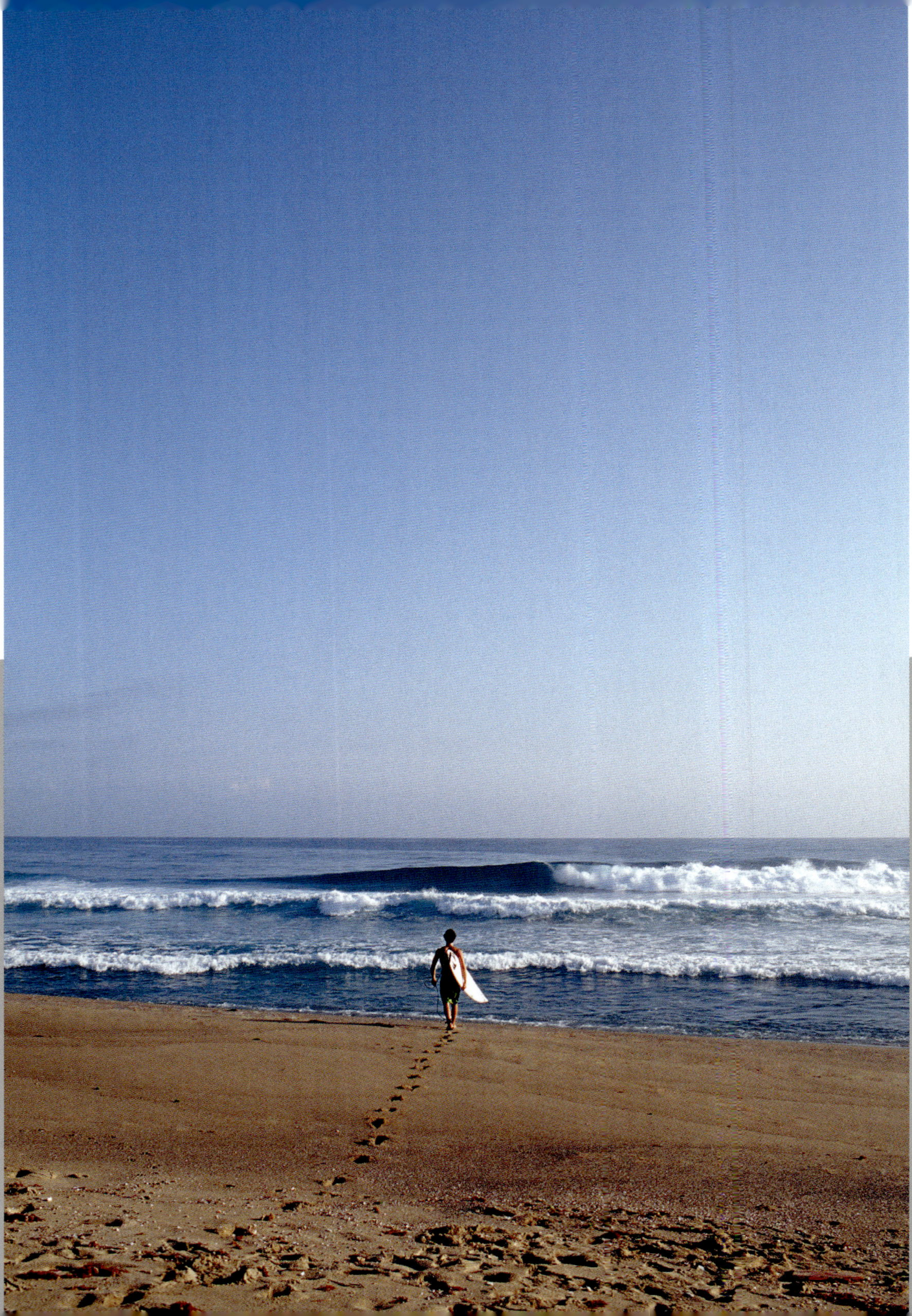

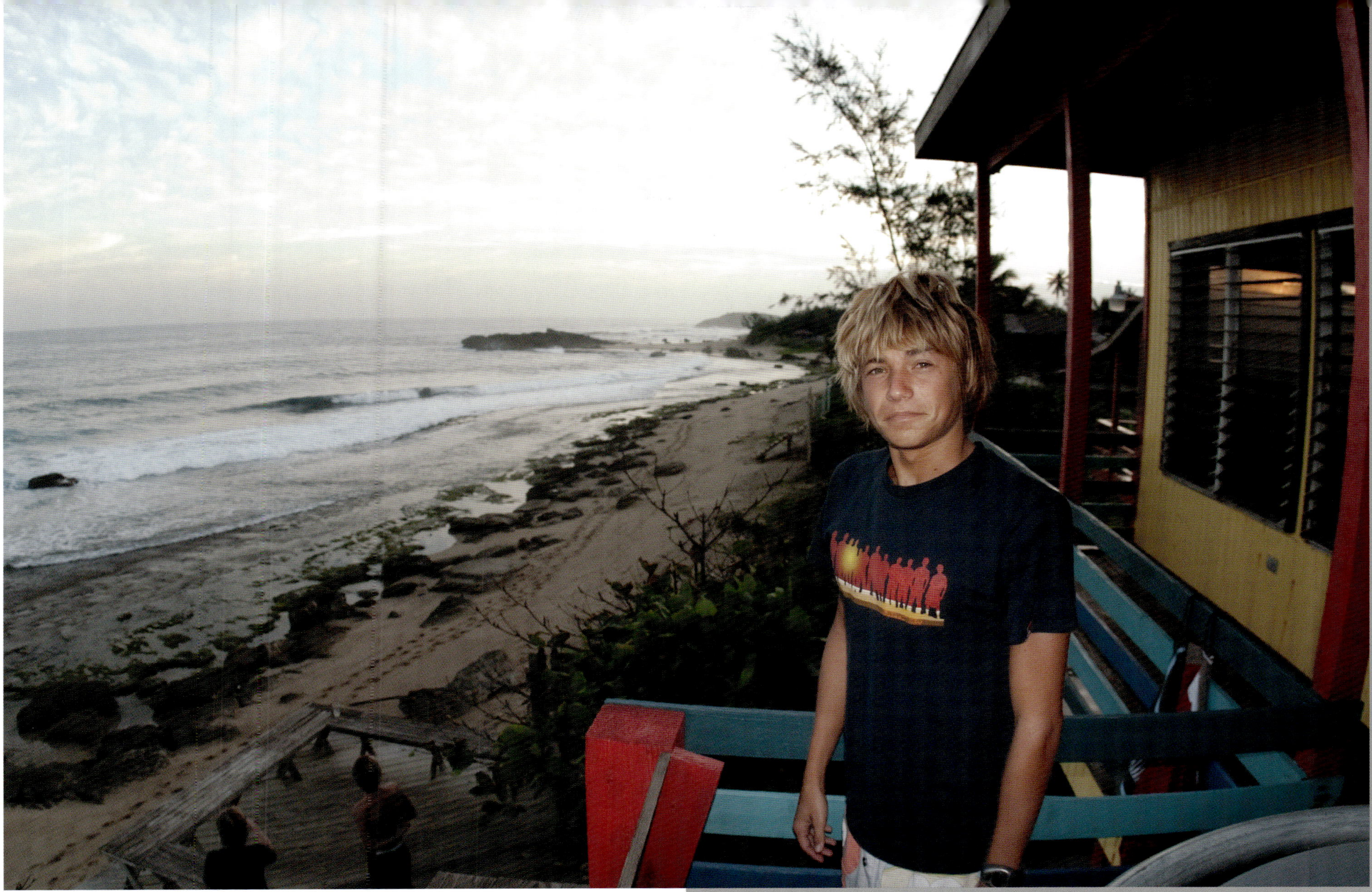

Dylan Graves, Isabela, December 12, 2003, 7:00 A.M.: This is Dylan waking up at the start of day four of competition in a Red Bull contest event held in Isabela and Aguadilla. There's a lot going on in this image. You can see the sun popping up over the clouds through a window behind Dylan, he is sporting awesome bed head, and has a quizzical look on his face. There's a perfect little righthander breaking on the beach, and two other competitors are checking it from the downstairs deck. This kind of moment can often be the most revealing and telling about our wonderful lifestyle as surfers.

Dylan Graves, Isabela, 12 de diciembre de 2003, 7:00 A.M.: Este es Dylan, acabado de levantar en el cuarto día de competencia de un evento de Red Bull celebrado en Isabela y Aguadilla. Están pasando muchas cosas en esta imagen. Se ve el sol saliendo detrás de las nubes a través de la ventana detrás de Dylan, su pelo acabado de levantar es fenomenal, y su mirada es de confusión. Hay una olita derecha perfecta rompiendo en la playa y otros dos competidores la están mirando desde el piso de abajo. Estos momentos pueden ser los más reveladores sobre nuestro maravilloso estilo de vida de surfers.

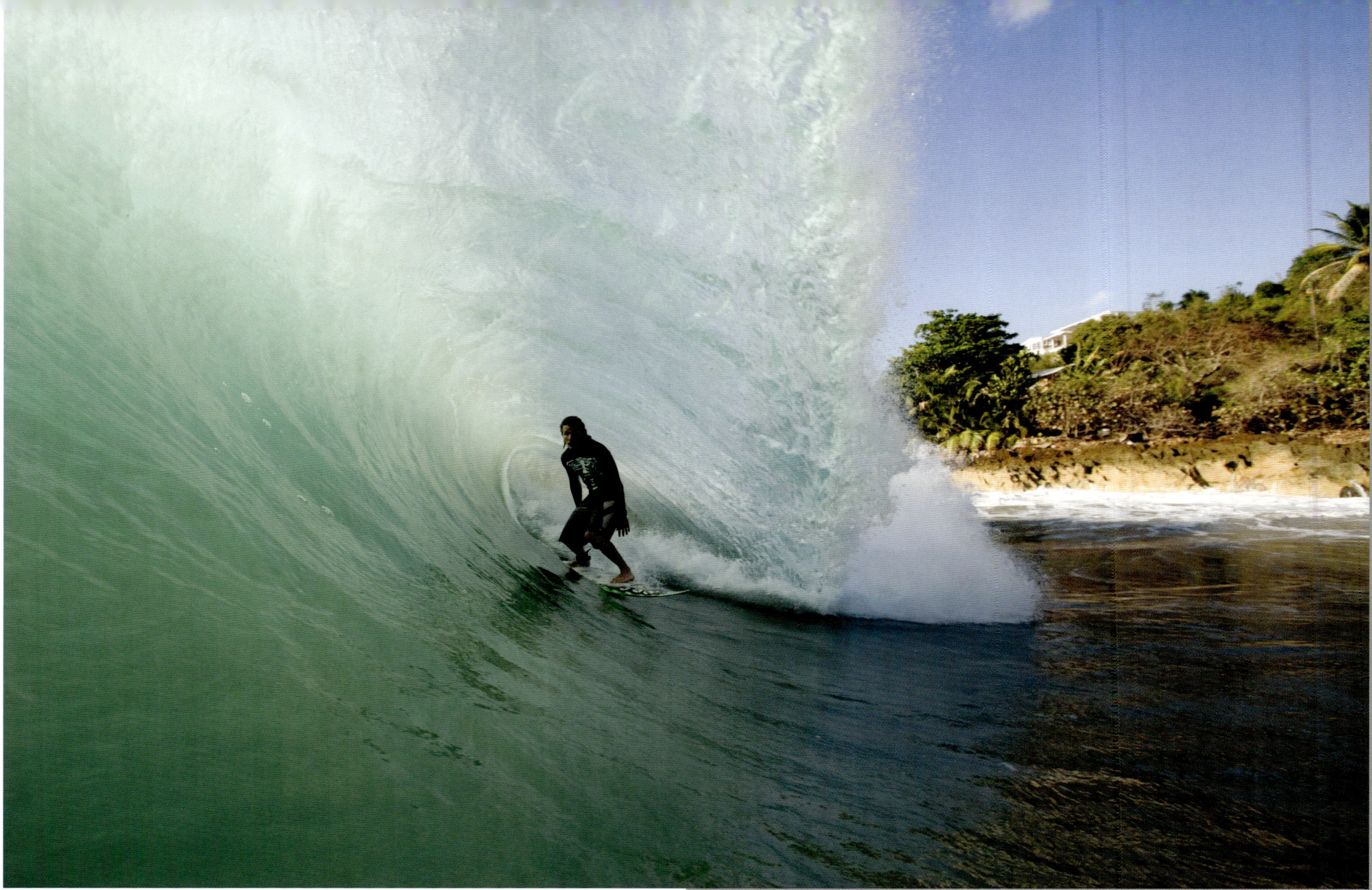

Aron Geiger, Gas Chambers, Aguadilla, March 9, 2006, 5:27 P.M.: Gas Chambers has been a tough nut to crack for me, particularly from the water. Not only is it fickle, but when it does get good it's also ridiculously crowded due to the easy access it has right off the sand. Throw in the fact that I often move away from the masses and you have a good recipe for never scoring the place in all its glory. That all ended on this day and with this wave when Aron stroked into the quintessential Gas Chambers peak and pulled in to a gaping barrel right in front of me.

Aron Geiger, Gas Chambers, Aguadilla, 9 de marzo de 2006, 5:27 P.M.: Gas Chambers siempre ha sido un gran reto para mi, especialmente desde el agua. Además de ser impredecible, cuando las condiciones son buenas, se llena por lo fácil que es entrar desde la misma arena. Si a eso le sumamos que yo usualmente me alejo de las masas, tenemos la receta para nunca lograr captar el lugar en toda su gloria. Todo eso terminó este día y con esta ola cuando Aron le llegó a un pico clásico de Gas Chambers y se colocó en un barril enorme justo en frente de mí.

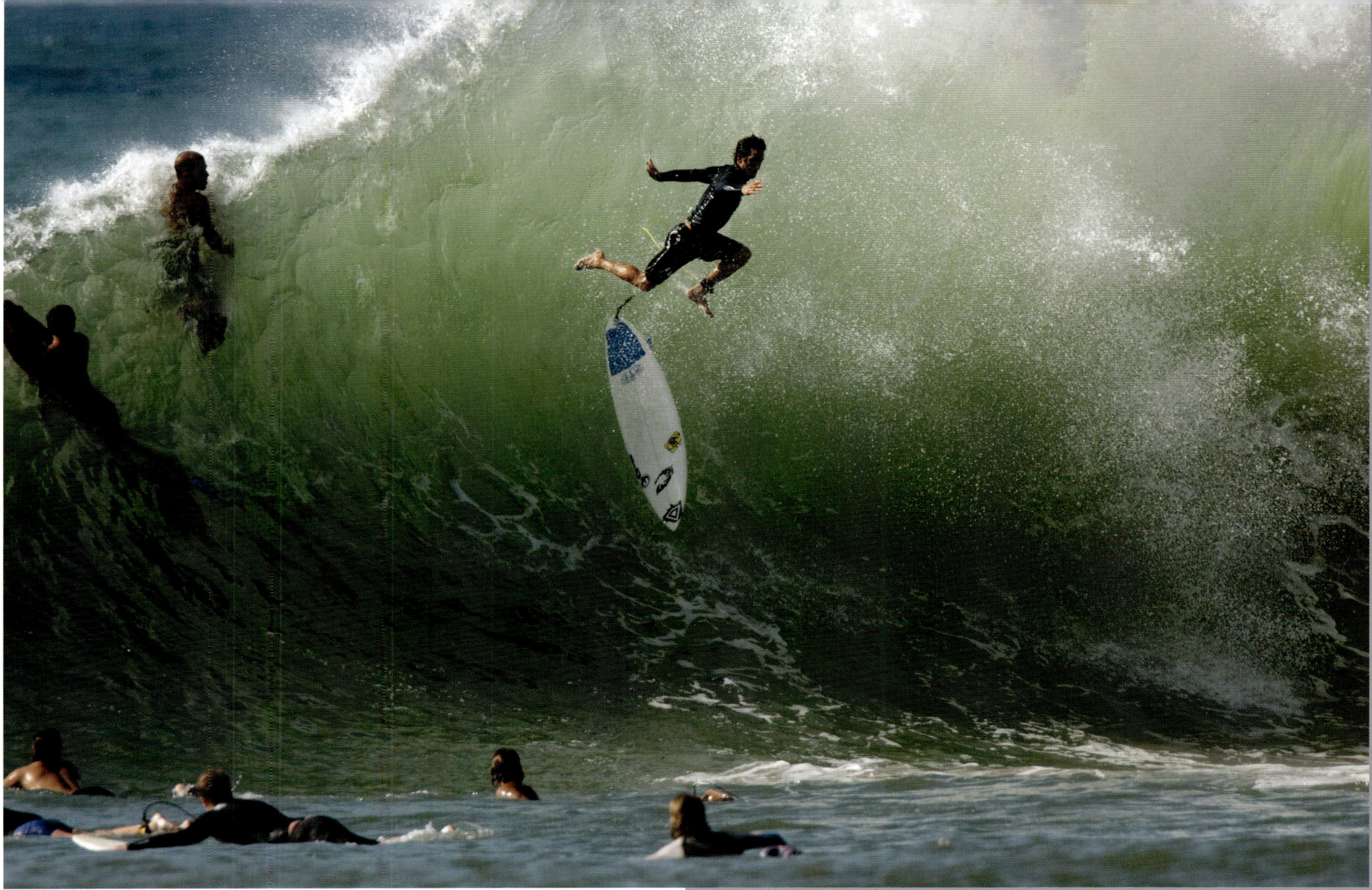

Carlos Cabrero, El Espuelón, Aguadilla, January 16, 2006, 3:30 P.M.: El Espuelón is another spot that has no shortage of takers on any decent day. But on a day like this when it's about as good as anyone has seen it, the crowd can get downright crazy. I'd been swimming elsewhere early in the morning so I just parked my van, rolled down the window, propped my long lens on the glass, and waited for something interesting to happen. Being one of Puerto Rico's hardest charging surfers, Carlos tempted fate with the first section of the wave and paid the price of a nasty backwash.

Carlos Cabrero, El Espuelón, Aguadilla, 16 de enero de 2006, 3:30 P.M.: El Espuelón es otro punto donde no faltan los voluntarios en cualquier día con buenas condiciones. Pero en días como este, que está como mejor se ha visto, el gentío puede ser una locura. Yo había estado nadando en otro lugar temprano esa mañana, así que simplemente estacioné mi van, bajé la ventana, apoyé mi lente grande en el cristal, y esperé a que pasara algo interesante. Uno de los surfers más arriesgados de Puerto Rico, Carlos tentó al destino con la primera sección de la ola y pagó el precio de una desagradable contra ola.

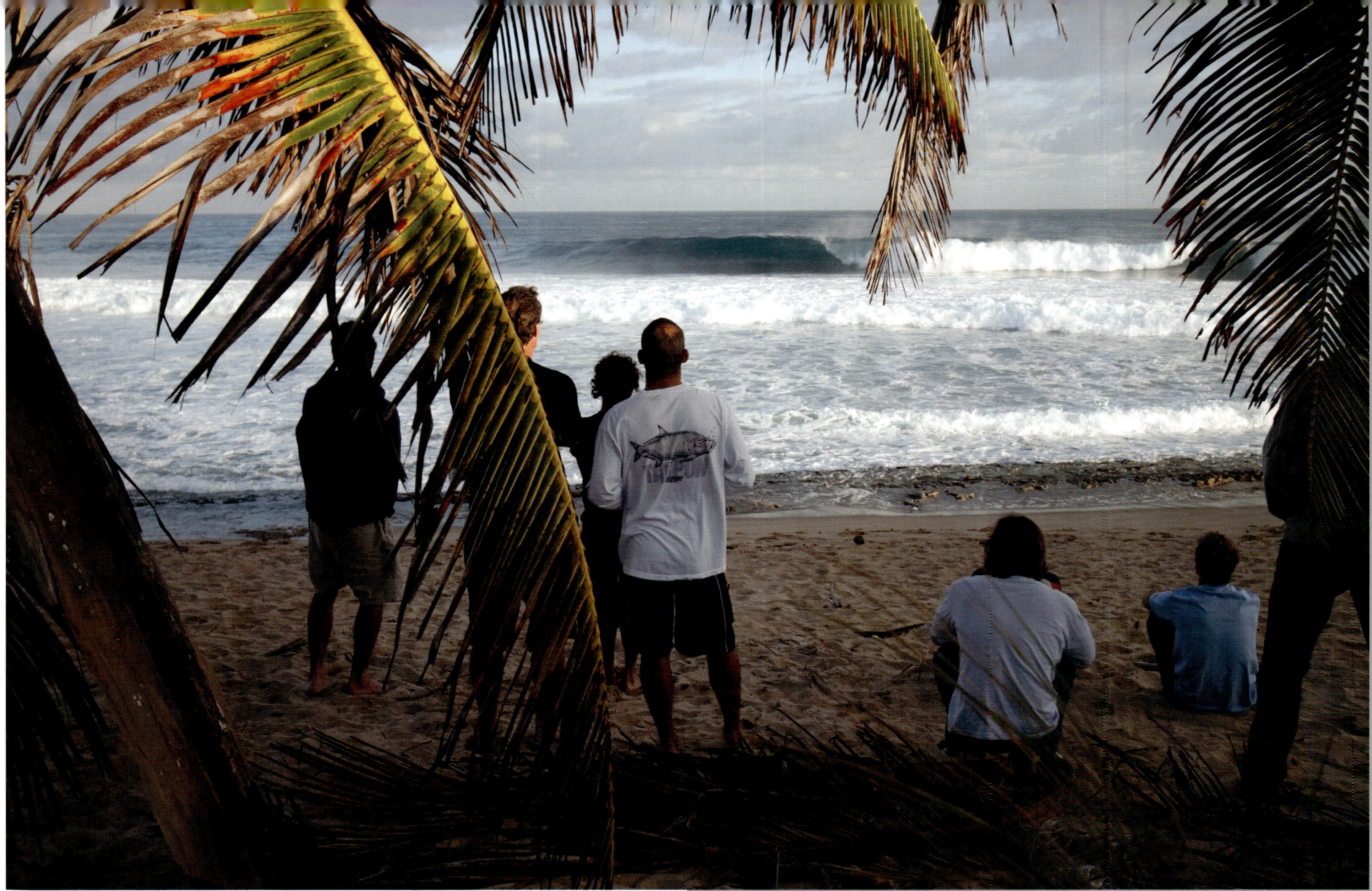

Middles, Isabela, December 2, 2005, 7:14 A.M.: Any better-than-average day at Middles is an excellent photo opportunity. While there isn't an overabundance of angles from which to capture the lineup, the proximity of the wave to the shore makes it easy to spotlight even with a shorter lens. This was my first season shooting 100% digital, and a day like this lent itself well to on-the-fly image review and moving on to the next angle only after knowing that the previous angle was in the bag.

Middles, Isabela, 2 de diciembre de 2005, 7:14 A.M.: Cualquier día en Middles con condiciones medianamente buenas es una excelente oportunidad para fotografiar. Aunque no hay muchísimas opciones en cuanto a los ángulos desde los cuales se puede capturar, la proximidad de la ola a la costa la hace fácil de destacar, aún con un lente más pequeño. Esto fue durante mi primera temporada en que fotografié 100% en digital, y un día como este se prestaba para revisar rápidamente las imágenes para luego de asegurar un ángulo, pasar al próximo.

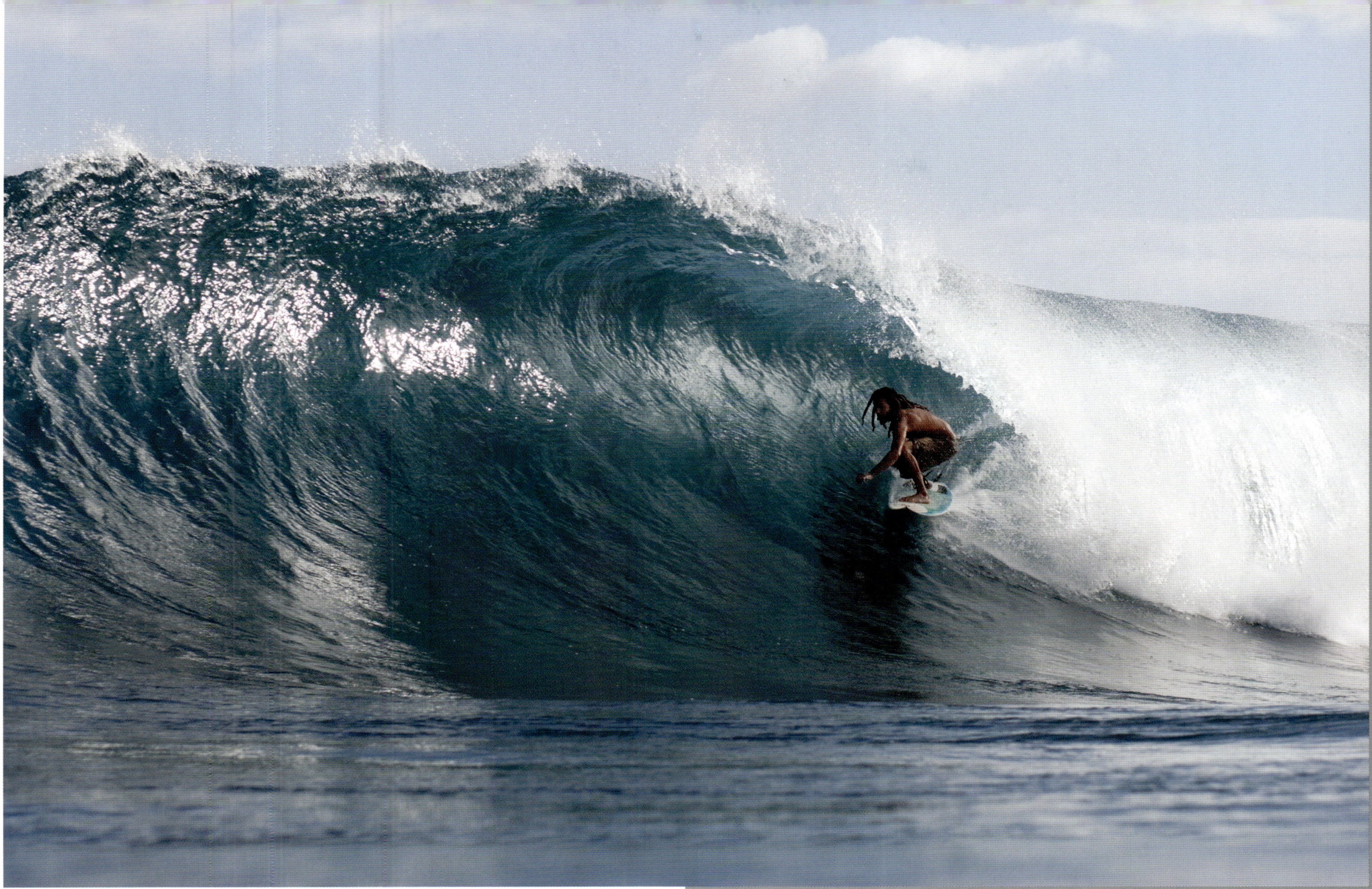

Nano Feliciano, Middles, December 2, 2005, 9:23 A.M.: A couple hours after the previous lineup image, I saw Nano drive through one of the best barrels I've seen from the water at Middles.

Nano Feliciano, Middles, 2 de diciembre de 2005, 9:23 A.M.: Un par de horas después de la foto anterior, vi a Nano deslizarse en uno de los mejores tubos que he visto desde el agua en Middles.

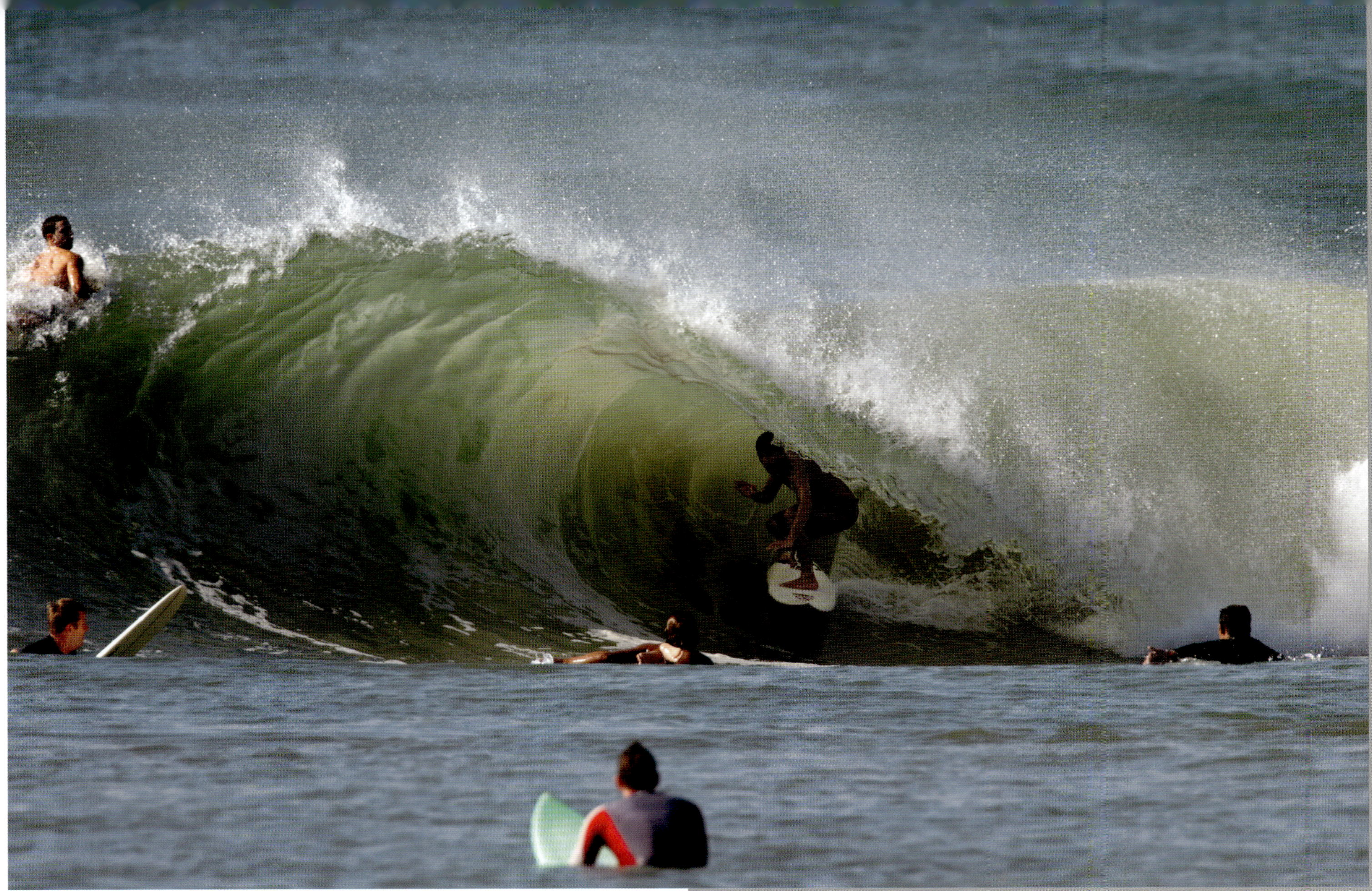

Chessy Montalvo, El Espuelón, Aguadilla, January 16, 2006, 3:30 P.M.: Where once broke a wave called Hole in the Wall, the Army Corps of Engineers decided to install a jetty to create a flat-water haven in which the local fisherman could launch their skiffs. Little did anyone know that a perfect sand bar would soon form around the tip of the break wall producing a better and more potent wave than it's predecessor. Locals like Chessy, who is without doubt one of the island's best tube riders, were quick to take advantage of El Espuelón when conditions coincided for big barrels. This day in particular was one of the best I have seen there.

Chessy Montalvo, El Espuelón, Aguadilla, 16 de enero de 2006, 3:30 P.M.: Donde una vez rompía una ola conocida como Hole In The Wall, el Cuerpo de Ingenieros del Ejército de los Estados Unidos decidió instalar un rompeolas para crear un paraíso de agua plana donde los pescadores locales pudieran echar al agua sus botes. Nadie se hubiera imaginado que poco después se formaría un banco de arena perfecto alrededor de la punta del rompeolas que formaría una ola aún mejor y más poderosa que la anterior. Locales como Chessy, que es sin duda uno de los mejores corredores de tubo de la Isla, no tardaron en aprovechar El Espuelón cuando se dieron las condiciones para crear grandes tubos, y este día en particular fue uno de los mejores que he visto allí.

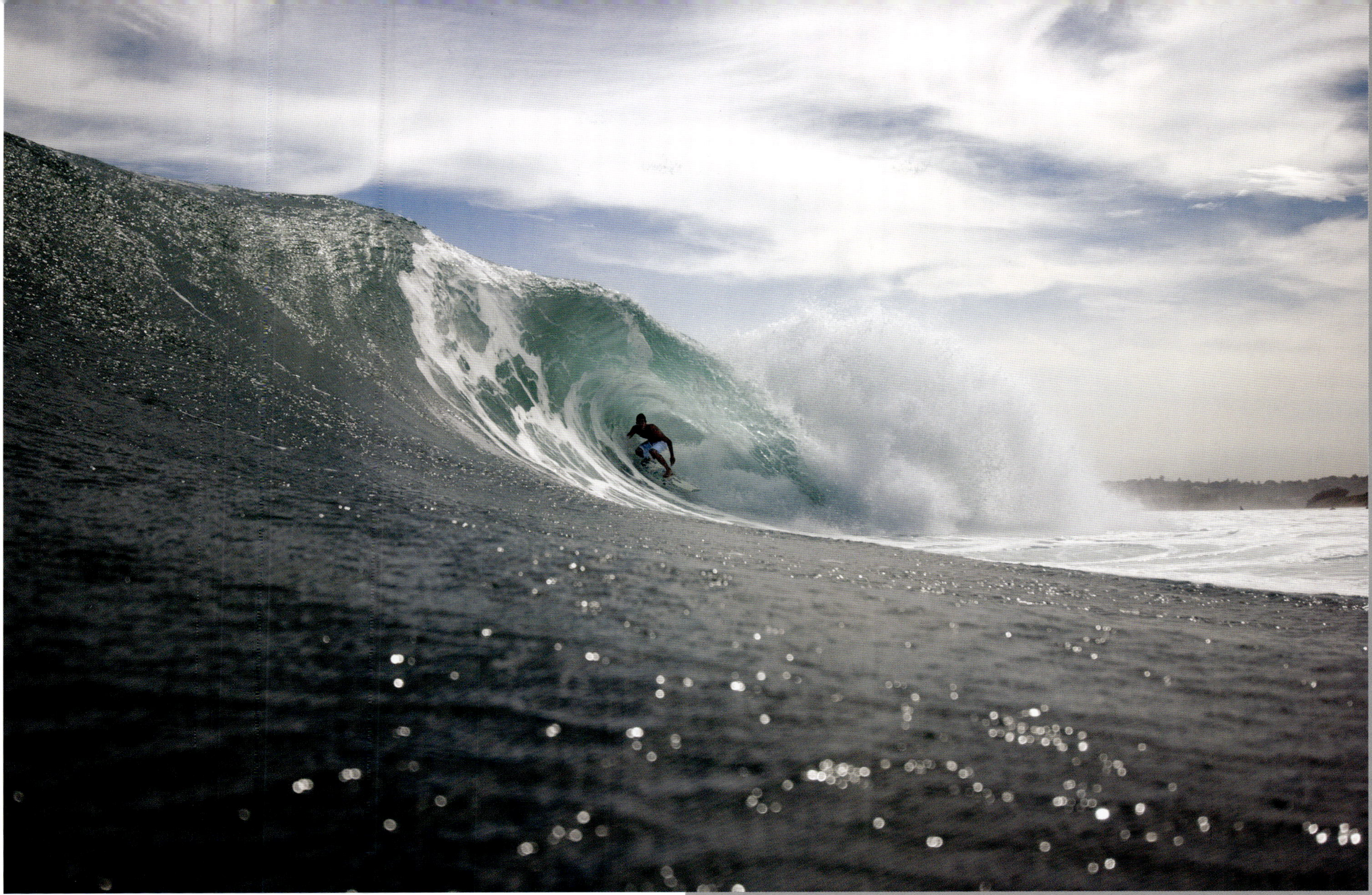

Leslie Bursian, Middles, Isabela, October 16, 2005, 10:09 A.M.: On the second day of an epic northeast swell, Leslie and I decided to go for a sure thing and charge Middles. It was my first season of shooting digitally from the water and I had been adjusting to using different lenses than those to which I'd become accustomed through all the film years. This lens in particular is a long wide angle that provides a very normal "paddler's perspective" quite different from what most people shoot, and I couldn't have had a better subject than Leslie to be pulling into the big barrels with confidence. Although this image does not have in-your-face action, I really like the pulled back composition allowing the viewer to appreciate not only the entire wave, but also the sky and the wispy clouds so often associated with cold-front swells.

Leslie Bursian, Middles, Isabela, 16 de octubre de 2005, 10:09 A.M.: El segundo día de una marejada épica del noreste, Leslie y yo decidimos ir a la segura y surfiar Middles. Era la primera temporada en que tiraba digitalmente desde el agua y me estaba ajustando a usar lentes distintos a los que me había acostumbrado a usar durante tantos años de haber usado película. Este lente en particular es un gran angular largo y ofrece una perspectiva muy normal del sujeto, parecido a lo que vería uno que va remando, muy distinta a la que la mayoría de las personas retratan, y no pude haber tenido un mejor sujeto que Leslie metiéndose con seguridad en los tubos grandes. Aunque esta imagen no tiene la acción en primer plano, me gusta mucho la composición retirada que le permite al espectador apreciar no solo la ola completa, sino también el cielo y las nubes tenues que a menudo se asocian con las marejadas de los frentes fríos.

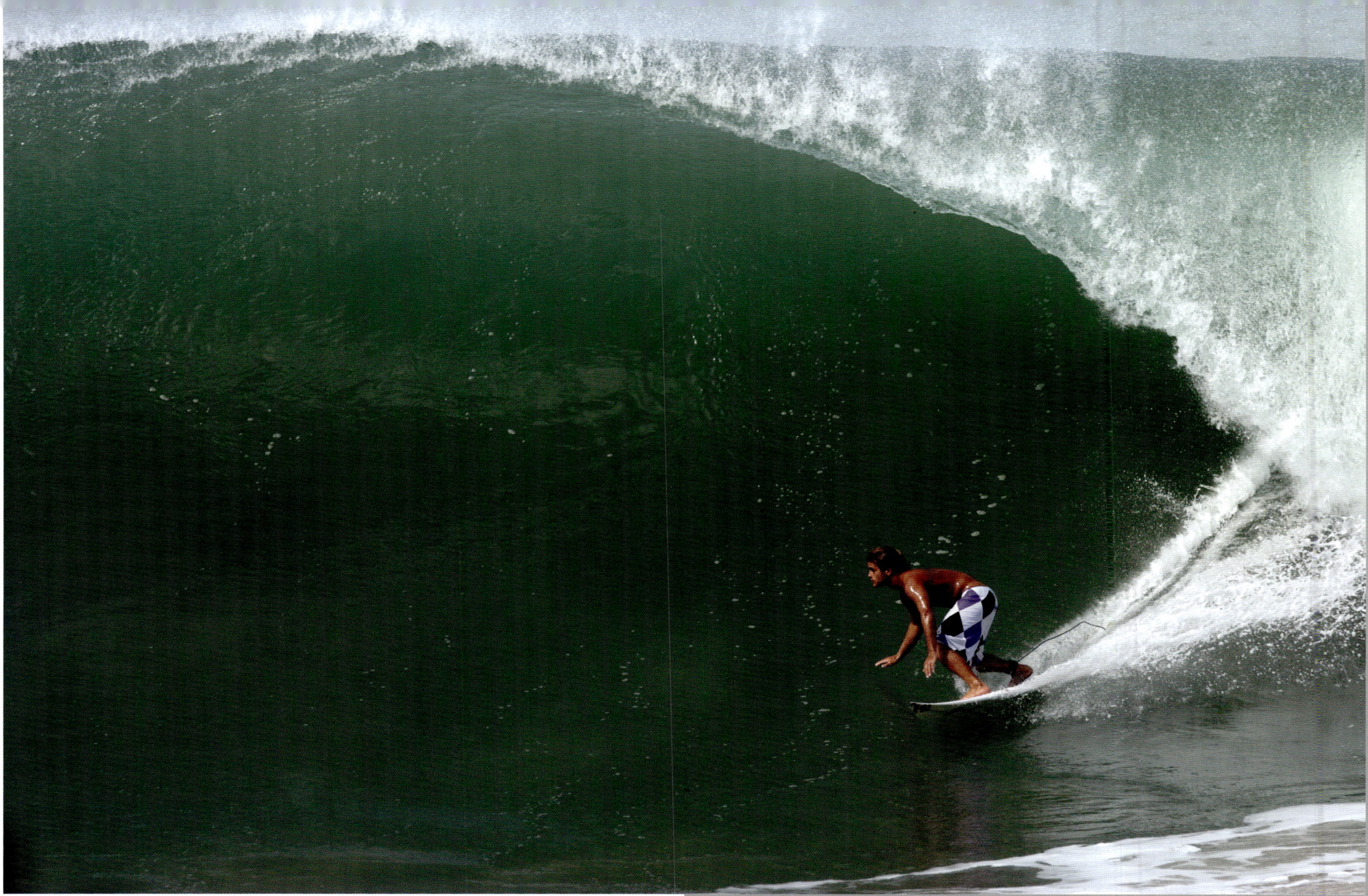

Alejandro Moreda, Manglito, Aguadilla, January 16, 2006, 10:54 A.M.: Another surfer who made this extraordinary Aguadilla swell look even better than ever was local wonderkid Alejandro Moreda. No one that I have seen dominates the treacherous end section at Manglito more than Alejandro, who has used his vast experience at places like Backdoor on Oahu to make breaks like Manglito seem tame. Ale does it all with style and aplomb, and never backs down from a serious surf challenge.

Alejandro Moreda, Manglito, Aguadilla, 16 de enero de 2006, 10:54 A.M.: Otro surfer que hizo que esta extraordinaria marejada de Aguadilla se viera mejor que nunca fue el chico maravilla local, Alejandro Moreda. No he visto a nadie dominar la traicionera sección final de Manglito mejor que Alejandro, quien ha utilizado su vasta experiencia en lugares como Backdoor en Oahu para hacer que lugares como Manglito parezcan inofensivos. Ale lo hace con estilo y aplomo, y nunca rechaza un reto serio cuando de surfing se trata.

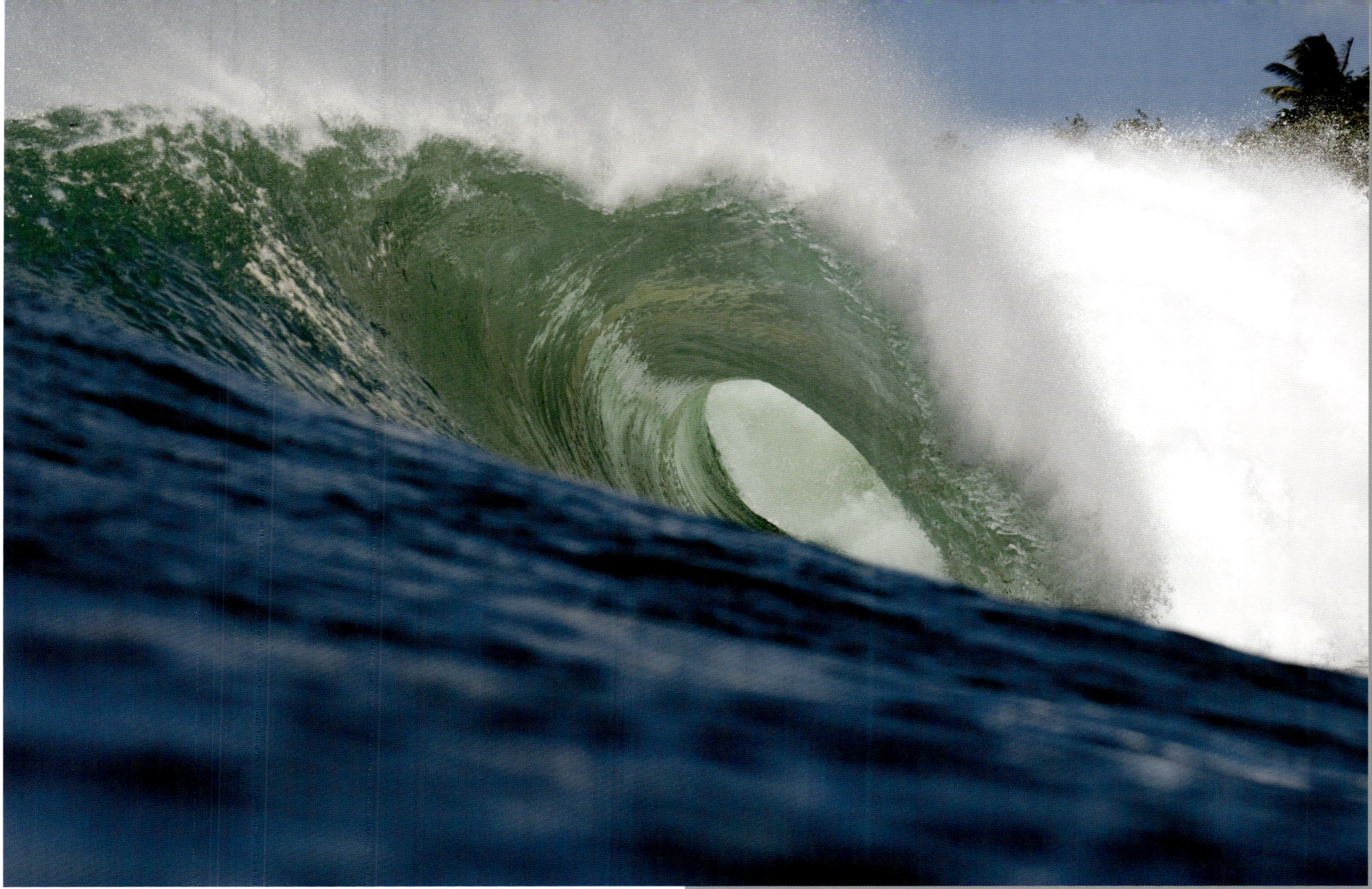

Manglito, Aguadilla, January 16, 2006, 12:49 P.M.: Few things are as beautiful as a perfectly breaking oceanic wave. Fleeting moments like these are often the ones that make the pursuit of surf photography worthwhile. No coordination with talent, no egos, no crowded peaks, and no drop ins. Just you, the ocean, and a camera.

Manglito, Aguadilla, 16 de enero de 2006, 12:49 P.M.: Pocas cosas son tan hermosas como una ola que rompe perfectamente en el océano. Momentos fugaces como este a menudo son los que hacen que valga la pena dedicarse a la fotografía del surfing. Sin tener que coordinar con el talento, sin egos, sin picos llenos de gente, y sin gente que se tira al frente. Solo tú, el océano y la cámara.

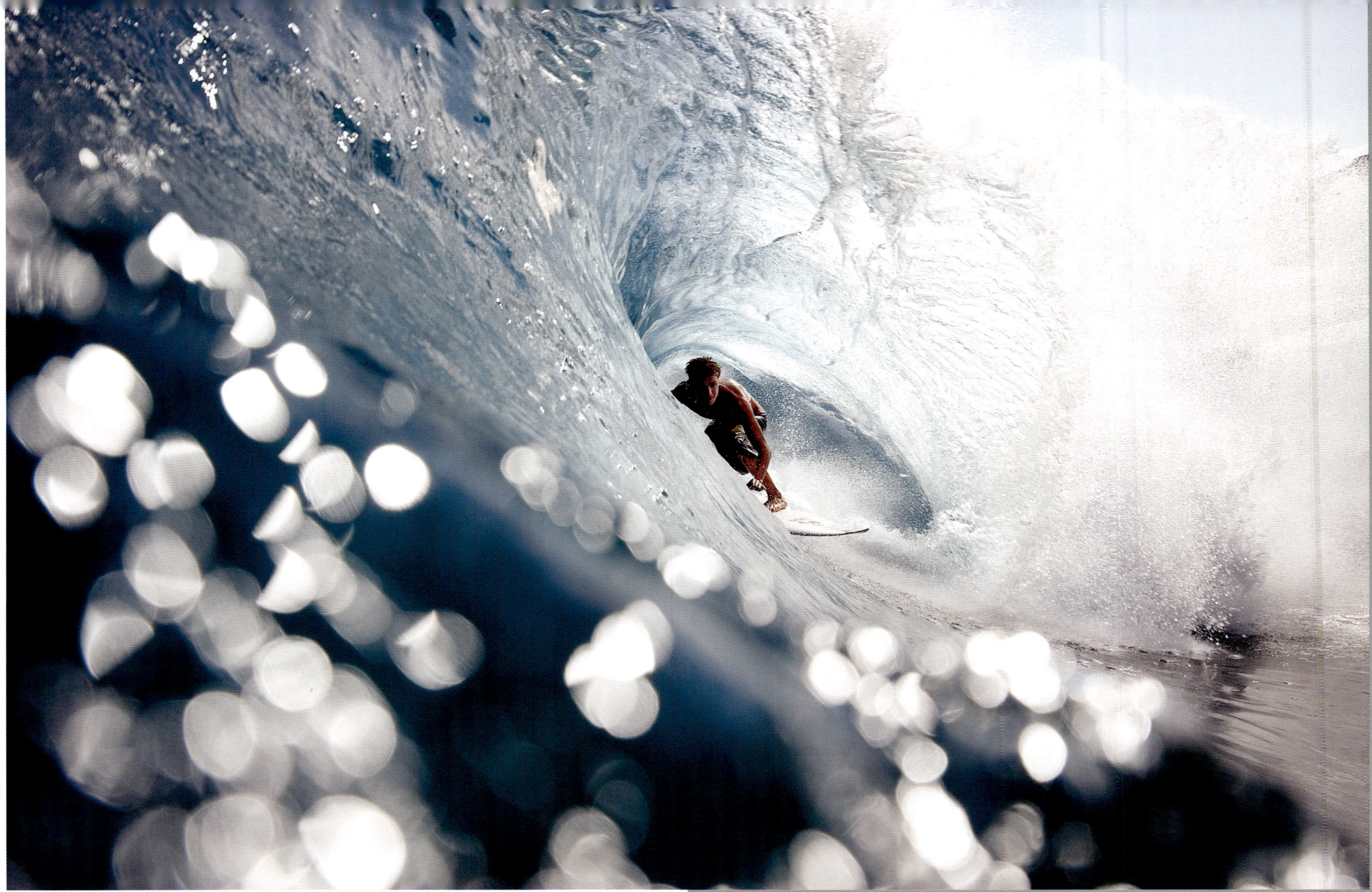

Dylan Graves, Backdoor, Aguadilla, February 27, 2006, 9:33 A.M.: By this time a lot of sessions had gone down at Backdoor for Dylan, and he was completely in tune with the wave. From my end, besides having a few solid swims here under my belt, I'd also had a chance to get the new digital technology fairly wired, and I was using the equivalent of that 35mm lens I'd grown to love so much at the end of my film era. Those two factors led to a nice hookup for a memorable watershot.

Dylan Graves, Backdoor, Aguadilla, 27 de febrero de 2006, 9:33 A.M.: Para este tiempo, ya Dylan había tenido muchas sesiones en Backdoor y estaba completamente sincronizado con la ola. En cuanto a mí, además de haber nadado allí varias veces, también me había acoplado bastante bien a la nueva tecnología digital y estaba usando el equivalente del lente de 35mm que me gustaba tanto a finales de mi época de usar película. Esos dos factores fueron una buena combinación para crear esta memorable imagen acuática.

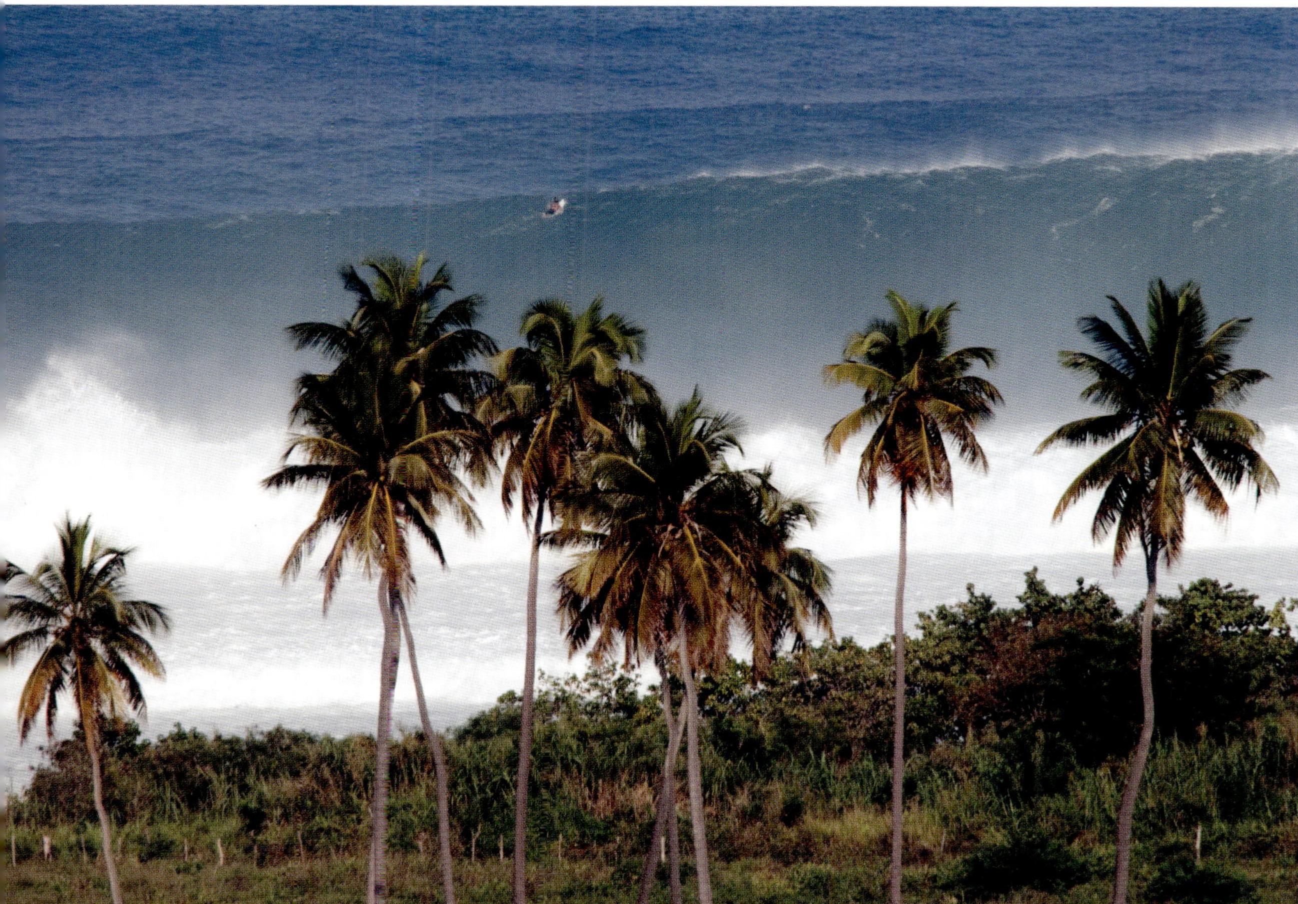

Alejandro Moreda, Wilderness, Aguadilla, December 29, 2009, 7:46 A.M.: This was another historic day in the annals of Puerto Rican surf history, and Alejandro was the first person to catch a wave this morning. A massive north-northeast swell entered the island's swell window under very favorable east-southeast winds setting up ideal conditions for one of the Caribbean's premiere and most frequented breaks. Nonetheless, Wilderness is also one of the least photogenic spots, especially when it gets big. So, instead of having my view stymied by massive walls of white water while being scorched by the sun, I resorted to an angle that I had scouted previously waiting for just such a day, and sat in the shade with my long lens on a tripod waiting for the sets while fielding calls on my cell phone from curious friends wondering where the place to be was. A different image of Alejandro from this day ended up on the cover of *Eastern Surf Magazine,* Vol. 19 Issue 143, but this image features more accurately the massive size of the waves that day.

Alejandro Moreda, Wilderness, Aguadilla, 29 de diciembre de 2009, 7:46 A.M.: Este fue otro día que pasará a la historia del surfing puertorriqueño y Alejandro fue el primero en coger una ola ese día. Una marejada masiva del norte noreste entró en la ventana de marejadas de la Isla bajo vientos muy favorables del este sureste para crear las condiciones ideales para uno de los mejores y más visitados puntos de surfing en el Caribe. Sin embargo, Wilderness es también uno de los lugares menos fotogénicos, especialmente con marejadas grandes. Así que en vez de tener mi vista obstaculizada por paredes masivas de agua blanca mientras me achicharraba bajo el sol, opté por un ángulo que ya había estudiado antes en espera de un día como este, y me senté en la sombra con mi lente largo sobre un trípode a esperar los sets mientras contestaba llamadas a mi celular de mis amigos que se preguntaban a dónde había que ir ese día. Otra foto de Alejandro de este día acabó en la portada de Eastern Surf Magazine Vol. 19 No. 143 pero este imagen demuestra mejor el tamaño gigantesco de las olas ese día.

Carlos Cabrero, Gas Chambers, Aguadilla, January 17, 2006, 2:30 P.M.: After having scouted this location from which to shoot a couple years earlier, I sat here for several hours hoping I'd capture something worthwhile. When Carlos pulled into this section and got swallowed by this wave I was pretty sure I'd finally scored a keeper of this spot. The next wave pinned Carlos to the bottom when he attempted a duck dive and separated his shoulder, putting him out of action for several months. The image ended up gracing the cover of The Surfer's Journal in which I had an 18-page portfolio feature (Vol. 17 No. 4). So Carlos and I both capitalized on our efforts.

Carlos Cabrero, Gas Chambers, Aguadilla, 17 de enero de 2006, 2:30 P.M.: Este día me planté a esperar para capturar algo bueno desde este ángulo, que desde hacía dos años había ubicado. Cuando Carlos agarró esta ola y se colocó en el tubo, me sentí seguro de haber capturado algo bueno de este lugar. La próxima ola pilló a Carlos contra el fondo cuando trató de pasarle por debajo y se lastimó un hombro, por lo que estuvo varios meses fuera del agua. La imagen terminó en la portada de The Surfer's Journal, donde me publicaron un reportaje de 18 páginas (Vol. 17 Núm. 4); de manera que tanto Carlos como yo fuimos compensados por nuestros esfuerzos.

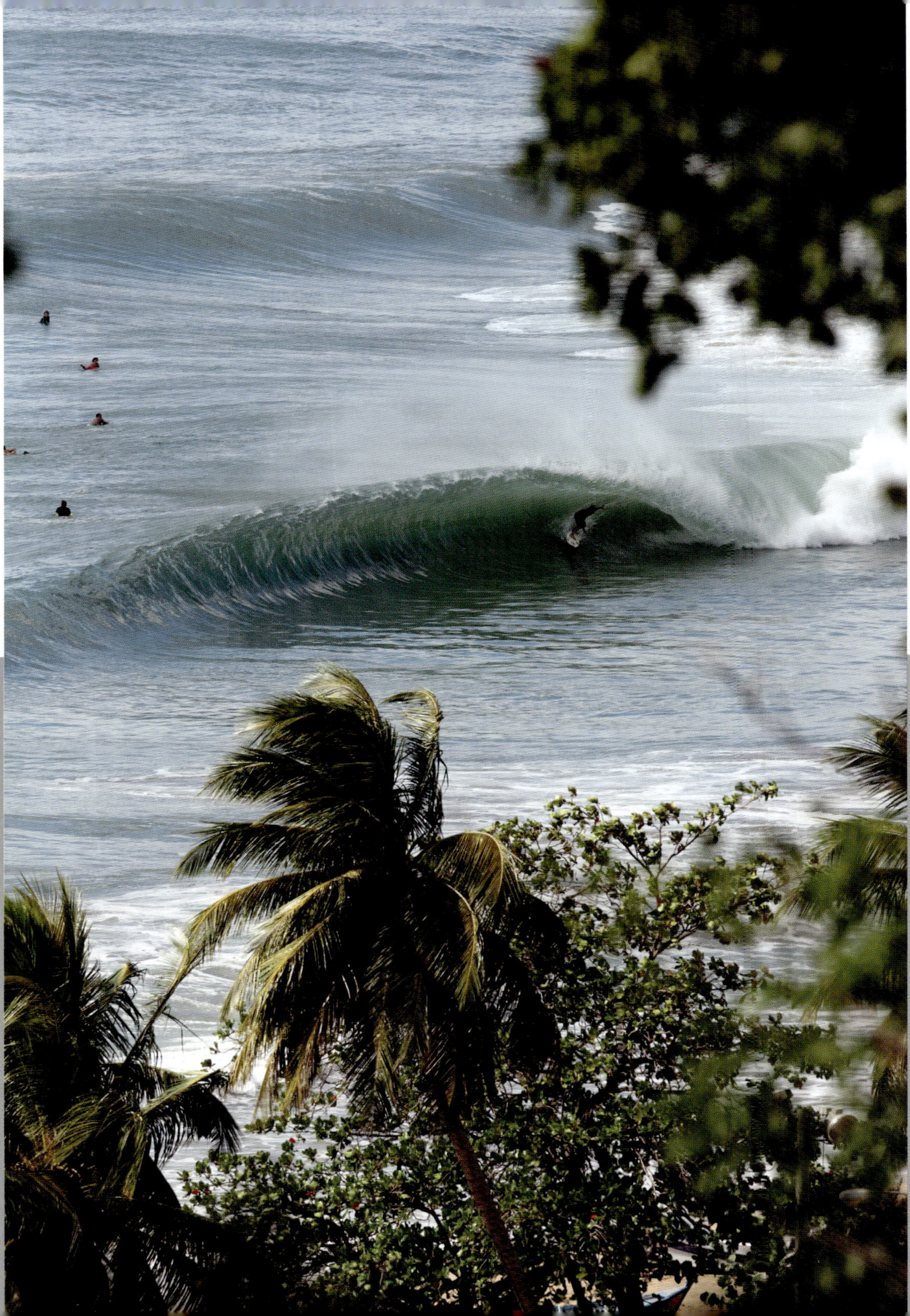

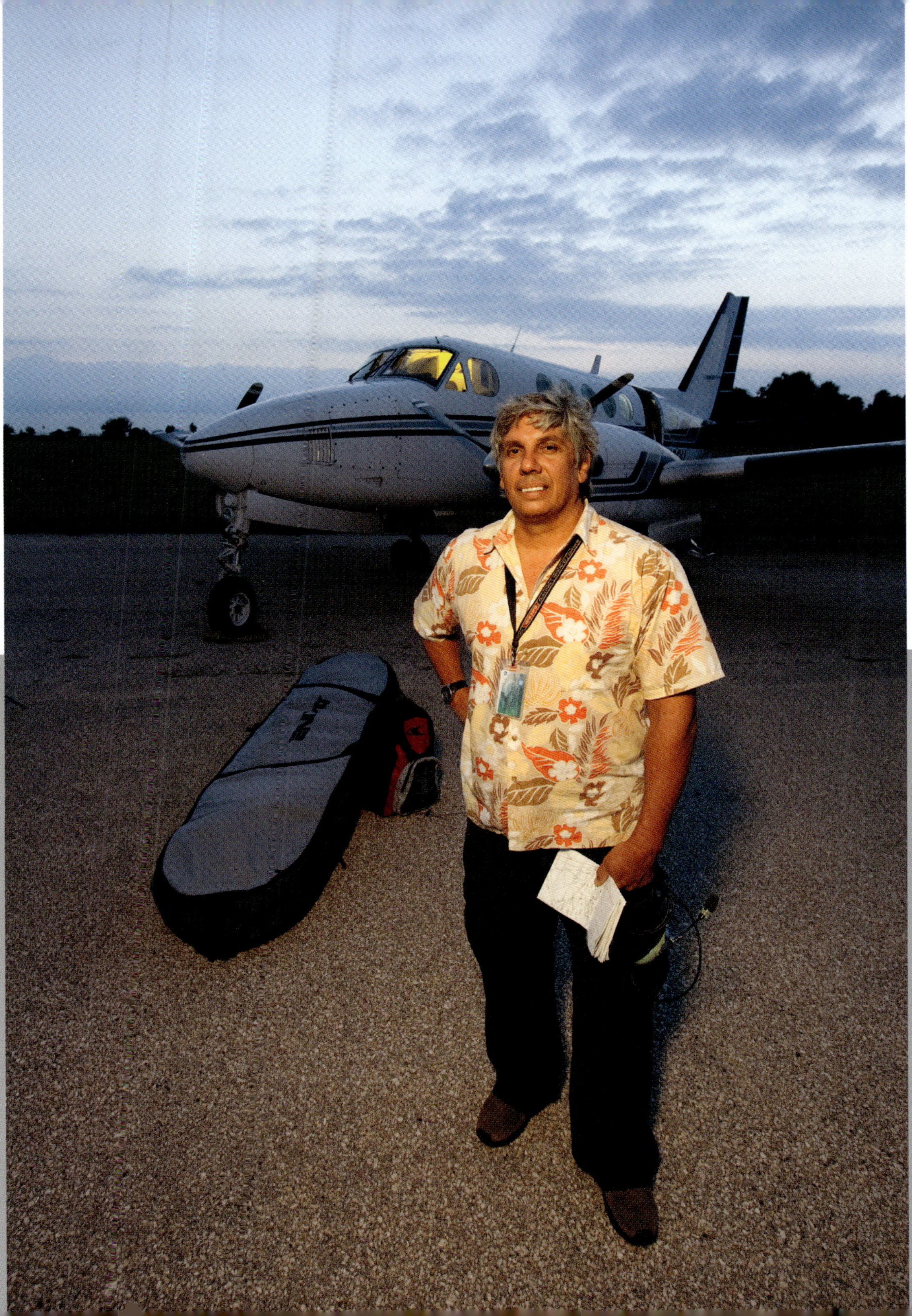

Edwin Santos, Borinquen Airport, Ramey, Aguadilla, April 12, 2007, 6:56 P.M.: As the island's first true professional surfer, Edwin Santos is a legend of Puerto Rican surf culture. When *Surfing Magazine* did a photo feature entitled "The World's Most Committed Surfers," I was assigned the opportunity to create a dynamic portrait of Edwin to illustrate his transition from a touring pro surfer to a commercial pilot whose oyster of surf is the entire Caribbean. With the mobility of air travel at his fingertips, Edwin continually scouts the entire region for potential and regularly surfs untapped and unnamed reefs with just his friends in the lineup.

Edwin Santos, Aeropuerto Borinquen, Ramey, Aguadilla, 12 de abril de 2007, 6:56 P.M.: Edwin Santos, el primer verdadero surfer profesional de la Isla, es una leyenda en la cultura del surfing en Puerto Rico. Cuando Surfing Magazine hizo un artículo fotográfico titulado "Los Surfers Más Dedicados del Mundo" me asignaron la oportunidad de crear un retrato dinámico de Edwin para ilustrar su transición de un surfer que viajaba profesionalmente a un piloto comercial que surfea por todo el Caribe. Con la ventaja de poder viajar por aire a su antojo, Edwin continuamente escudriña la región y surfea arrecifes desconocidos solo con sus amigos.

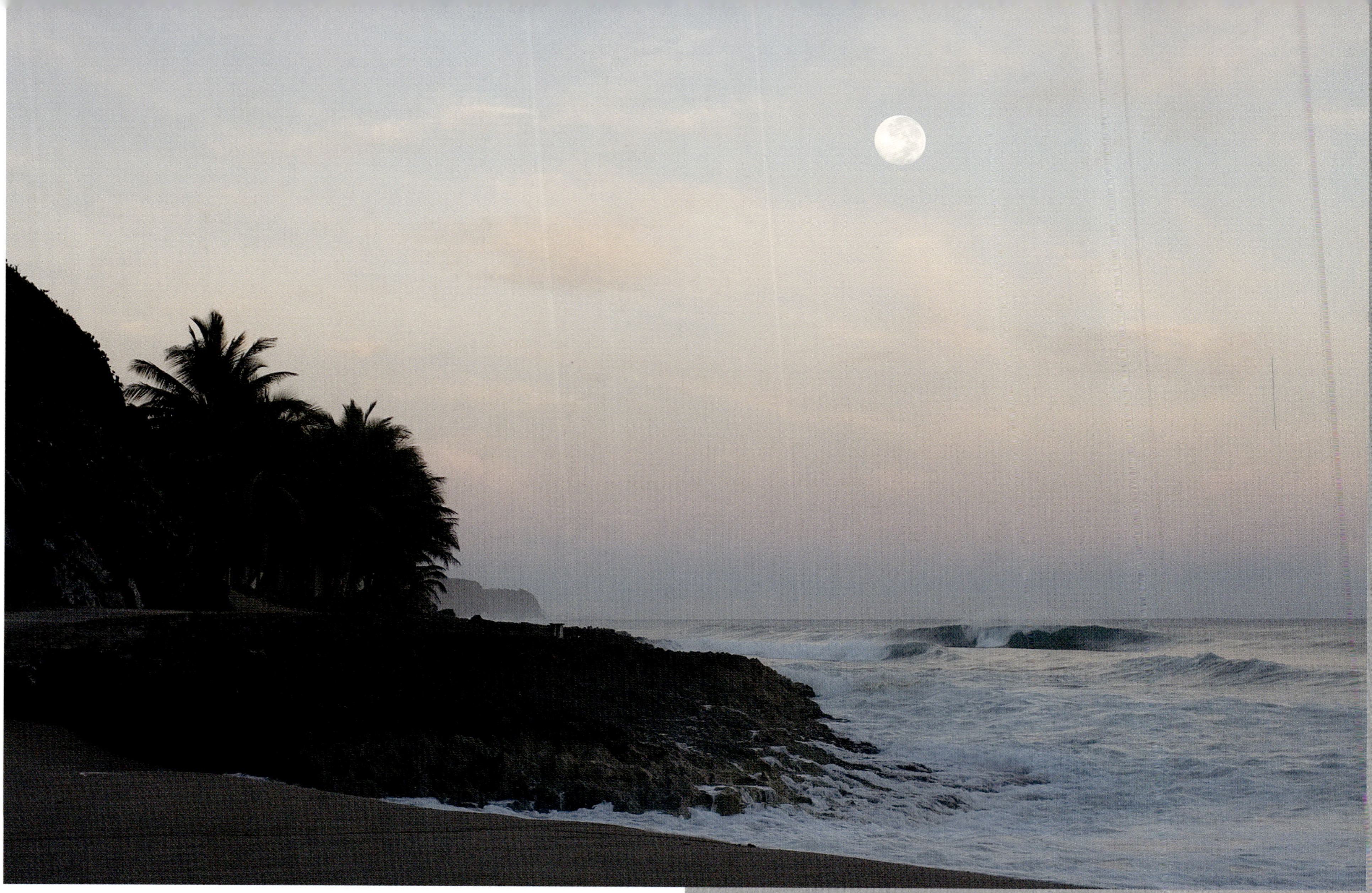

Moonset, The Lost Coast, November 6, 2006, 6:32 A.M.: This image was captured shortly after I began scouring this stretch of the island's coast for quality waves. I remember driving into the darkness of the morning with the sinking moon acting as a kind of stopwatch, wondering if I would make it anywhere that had a decent wave in time to record a stimulating lineup image. The waves here this morning were less than epic, and I ended up going elsewhere, but it was definitely worth stopping for—this marked the official beginning of my intimate relationship with this beach.

Puesta de la Luna, La Costa Perdida, 6 de noviembre de 2006, 6:32 A.M.– Esta imagen fue capturada poco después de que comencé a explorar este pedazo de costa de la Isla buscando olas de calidad. Recuerdo que manejaba en la oscuridad esa mañana y que la luna que iba bajando era como un cronómetro para mí, y me preguntaba si llegaría a algún lugar que tuviera una ola decente a tiempo para poder capturar una buena imagen. Las olas aquí esa mañana no eran épicas y terminé yendo a otro lugar, pero definitivamente valió la pena parar aquí ya que fue el comienzo oficial de mi íntima relación con esta playa.

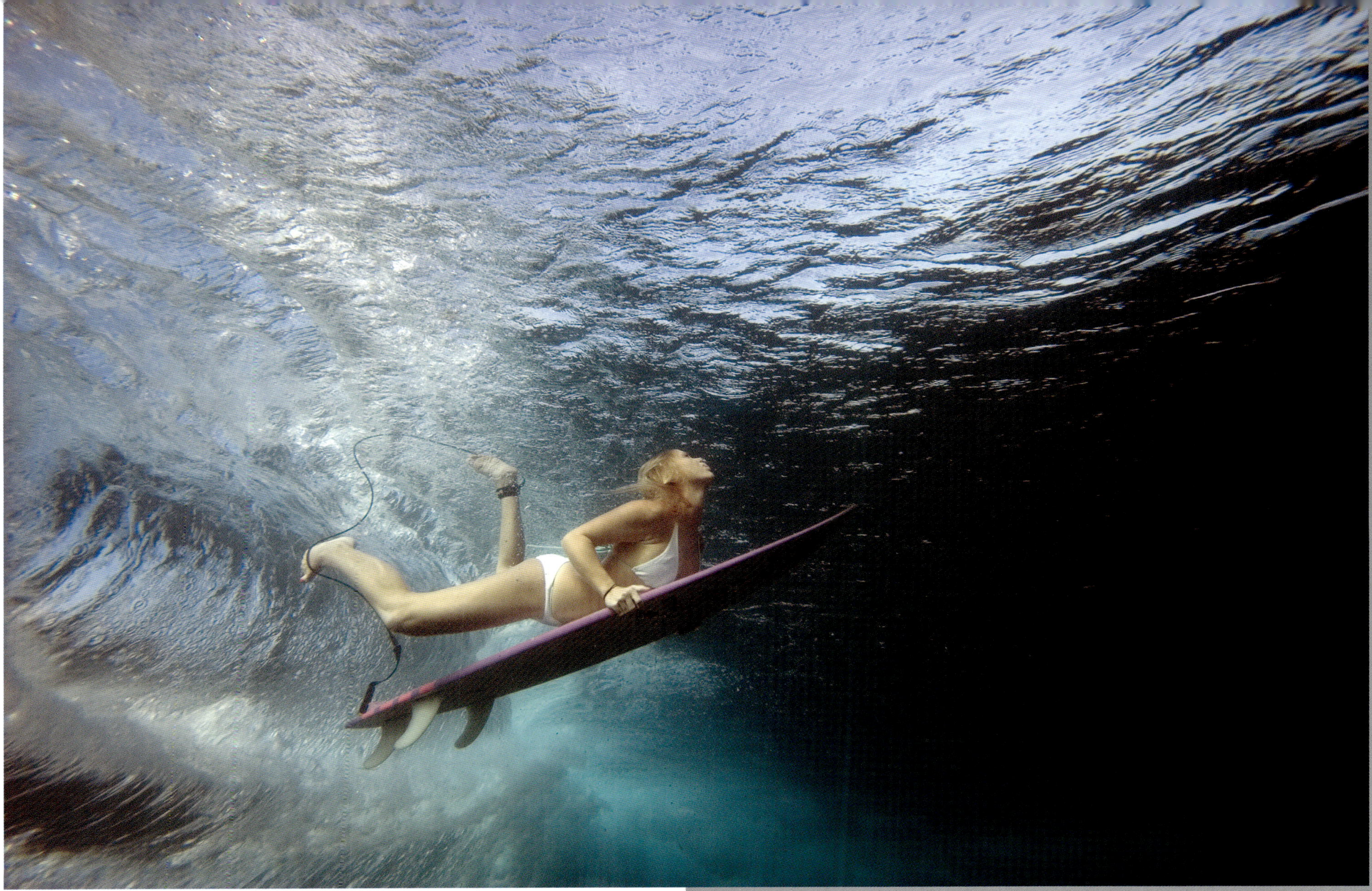

Ashley Bobb, Las Dunas, Isabela, February 7, 2007, 8:53 A.M.: Surfline sent a group of girls down on an editorial mission and contracted me to document their escapades. It was a real pleasure to work with an entire group of girls for a change, and this image of Ashley was a pleasant surprise when I saw it on my laptop screen. She'd told me that she wanted a duck diving image, so when I saw this wave coming after she'd caught one and was paddling back, I called for her to make it look good. She did.

Ashley Bobb, Las Dunas, Isabela, 7 de febrero de 2007, 8:53 A.M.: Surfline envió un grupo de chicas a Puerto Rico en una misión editorial y me contrataron para documentar sus aventuras. Fue un verdadero placer trabajar con mujeres, para variar, y esta imagen de Ashley fue una sorpresa cuando la pude ver en la pantalla de mi computadora portátil. Ashley me había comentado que quería una foto haciendo un "duck dive", así que cuando vi esta ola que venía mientras ella remaba de vuelta al pico luego de coger una ola, le grité para que hiciera que se viera bien. Así lo hizo.

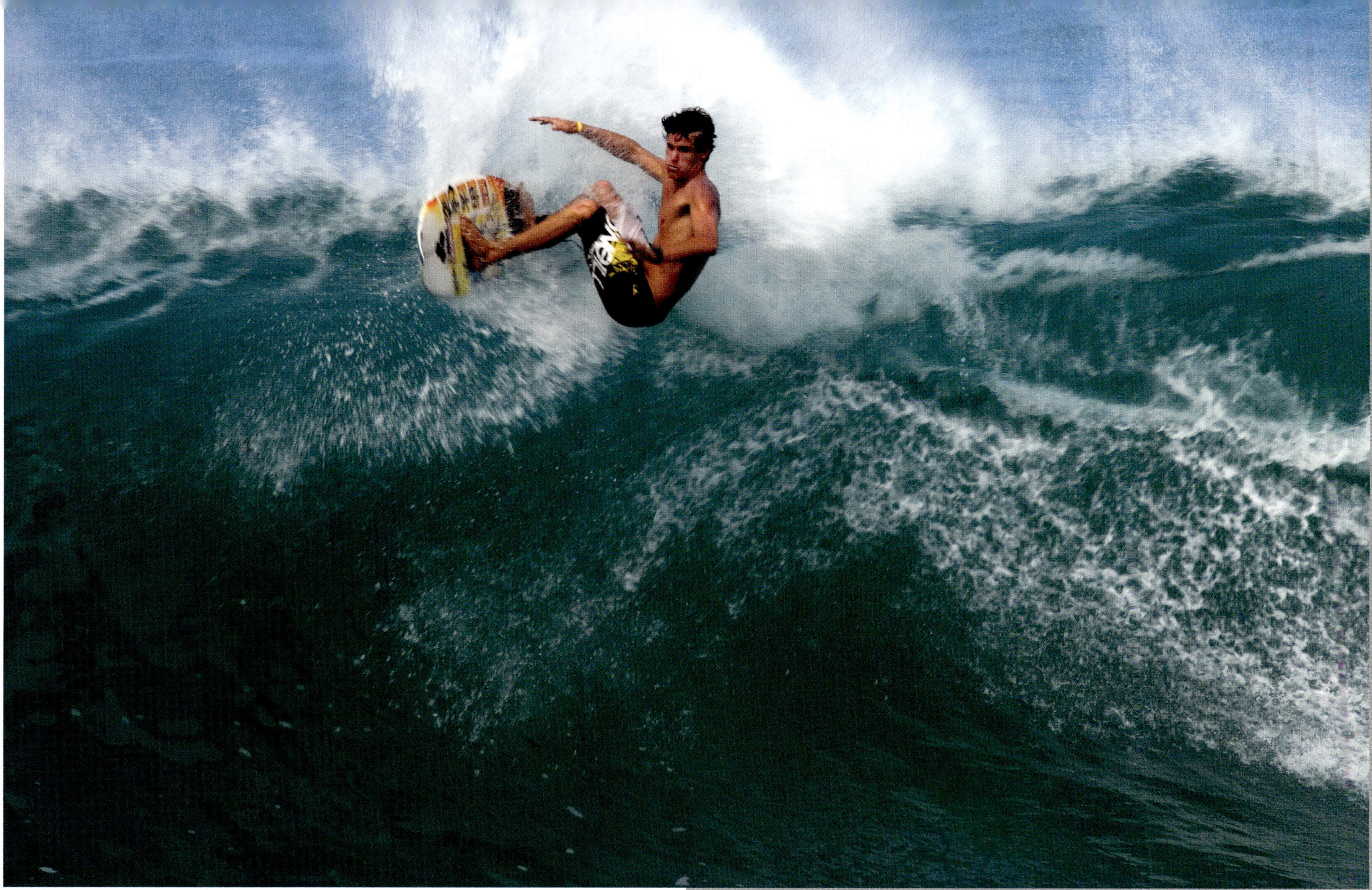

Patrick Gudauskus, Wishing Well, Aguadilla, January 17, 2006, 11:39 A.M.: At the time Patrick was a WQS journeyman working hard to make the CT Dream Tour. On the second day of a macking northwest swell, Aguadilla was still the place to be and Patrick, on the island after the January Surf Expo trade show in Orlando, was right where he needed to be. Often bored with the default approach to long lens beach shooting, I employed a speed blur technique that yields a much lower percentage of keepers, but much more interesting results when you nail one.

Patrick Gudauskas, Wishing Well, Aguadilla, 17 de enero de 2006, 11:39 A.M.: Para este tiempo, Patrick estaba en el WQS esforzándose para cualificar para la gira del CT. Durante el segundo día de una marejada grandísima del Noroeste, Aguadilla todavía era el lugar donde ir y Patrick, que había llegado del "Surf Expo" de enero en Orlando, estaba exactamente donde tenía que estar. Como a menudo me aburren las tomas acostumbradas de la playa con un lente largo, usé un método de velocidad borrosa que produce un por ciento más bajo de fotos buenas, pero los resultados son mucho más interesantes cuando una foto funciona.

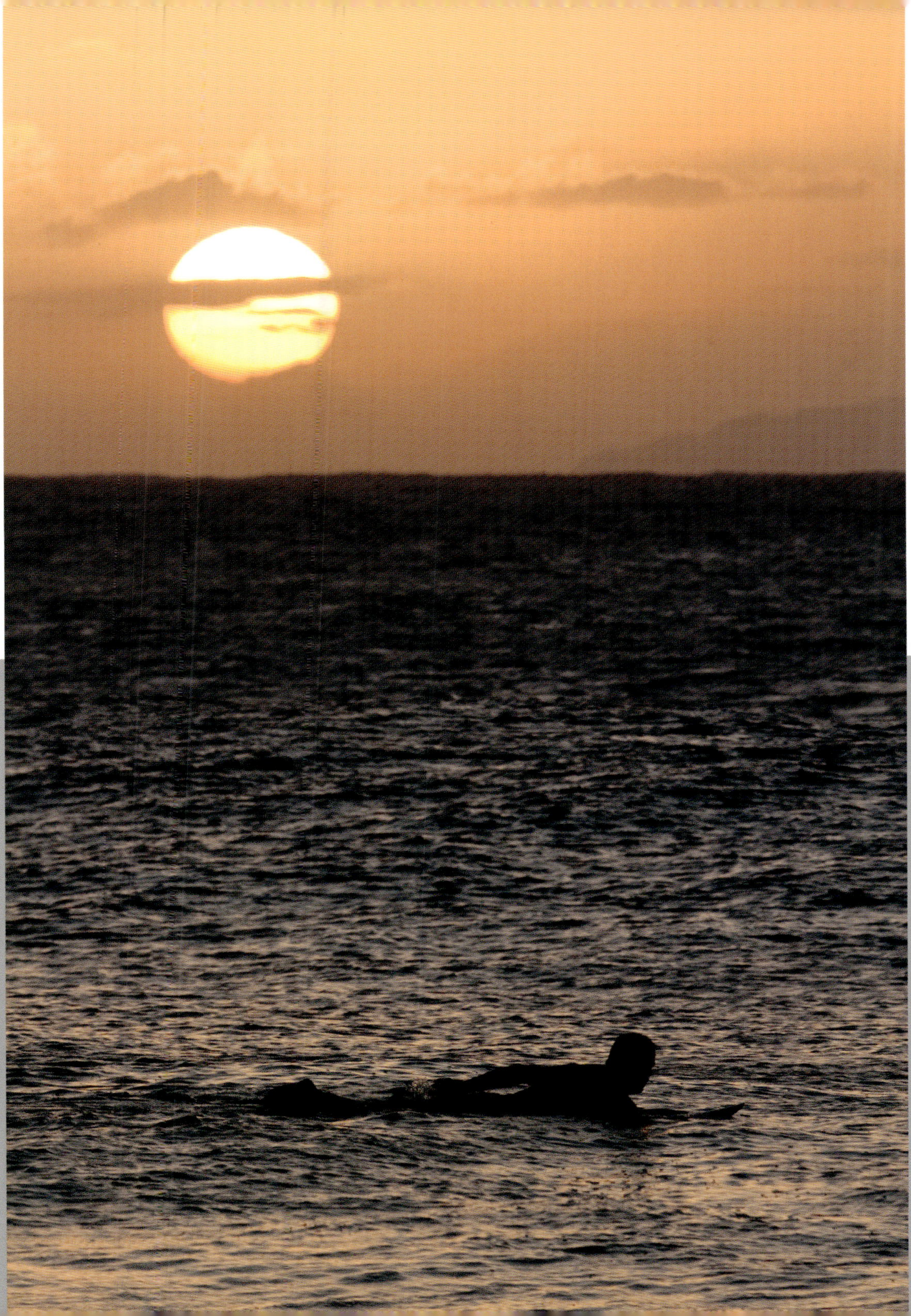

Paddler, Aguadilla Bay, January 29, 2006, 6:16 P.M.: Sunset images have a tendency to get very cliché, even on a tropical island like Puerto Rico. What can help overcome that is to introduce other elements of interest into the composition like this lone surfer in the foreground, paddling back after a long wave, and Desecheo Island in the background, which the sun will set close to only during select months of the year.

Persona remando, Bahía de Aguadilla, 29 de enero de 2006, 6:16 P.M.– Las imágenes de los atardeceres tienden a volverse muy trilladas, incluso en una isla tropical como Puerto Rico. Esto se puede sobrellevar introduciendo otros elementos de interés en la composición como este surfer solitario en el primer plano, remando de vuelta luego de una larga ola, y la Isla Desecheo al fondo, pues el sol se pone cerca de la Isla solo durante algunos meses del año.

Chris Dennis, Dogman's, Rincón, September 14, 2006, 6:21 P.M.: Chris is a Trinidad & Tobago local who is among the most affable surfers with whom I've had the pleasure to work. He had been in Puerto Rico for several months at this point, having enjoyed the end of a winter season while living with the Graves family in Isabela and working in a local bread factory. Chris had grown curious about the local surf outside of Punta Borinquen, so I invited him to spend a couple weeks with me during an incredible week-long run of surf from Hurricane Frances. This was the sixth day of swell, and when we ran up the hill to check the surf in Rincón to see the entire point devoid of surfers we wasted no time getting out there to make the most of it.

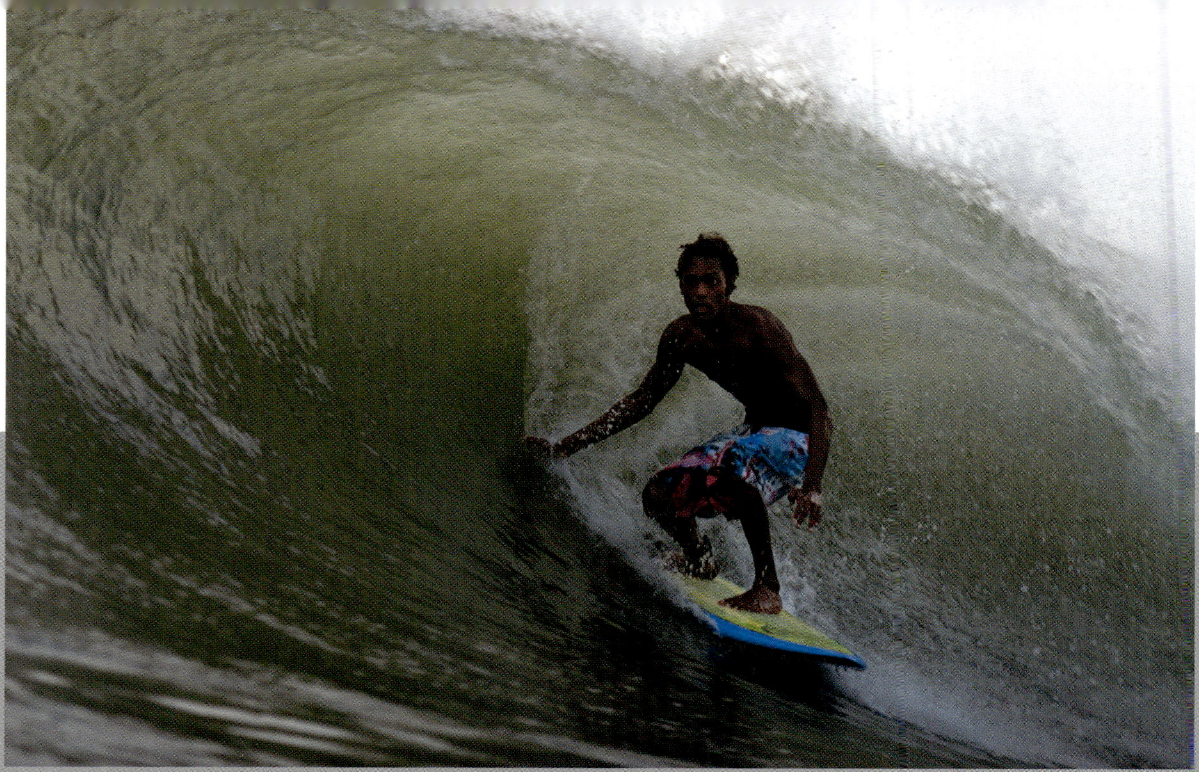

Chris Dennis, Dogman's, Rincón, 14 de septiembre de 2006, 6:21 P.M.: Chris es un local de Trinidad & Tobago y es de los surfers más agradables con quienes he tenido el gusto de trabajar. Para este tiempo, llevaba varios meses en Puerto Rico, y había disfrutado el fin de una temporada de invierno mientras vivía en casa de la familia Graves en Isabela y trabajaba en una fábrica local de pan. Chris tenía curiosidad sobre el surfing local fuera de Punta Borinquen, así que lo invité a pasar unas semanas conmigo durante una marejada increíble del Huracán Frances que duró una semana. Esto fue en el sexto día de surfing y cuando subimos corriendo la cuesta para ver las olas en Rincón y vimos que no había ni una persona en el agua, no perdimos tiempo en meternos y aprovecharlo al máximo.

Chris Dennis, Ocean Park, September 12, 2006, 6:26 P.M.: This was the first portrait I tried with my Lensbaby, a funky little lens with an accordion bellows that allows the user to create a very selected and shallow plane of focus. While a challenge to work with, the Lensbaby yields some interesting results when employed correctly with a cooperative subject willing to tolerate a lot of near misses to find that one keeper.

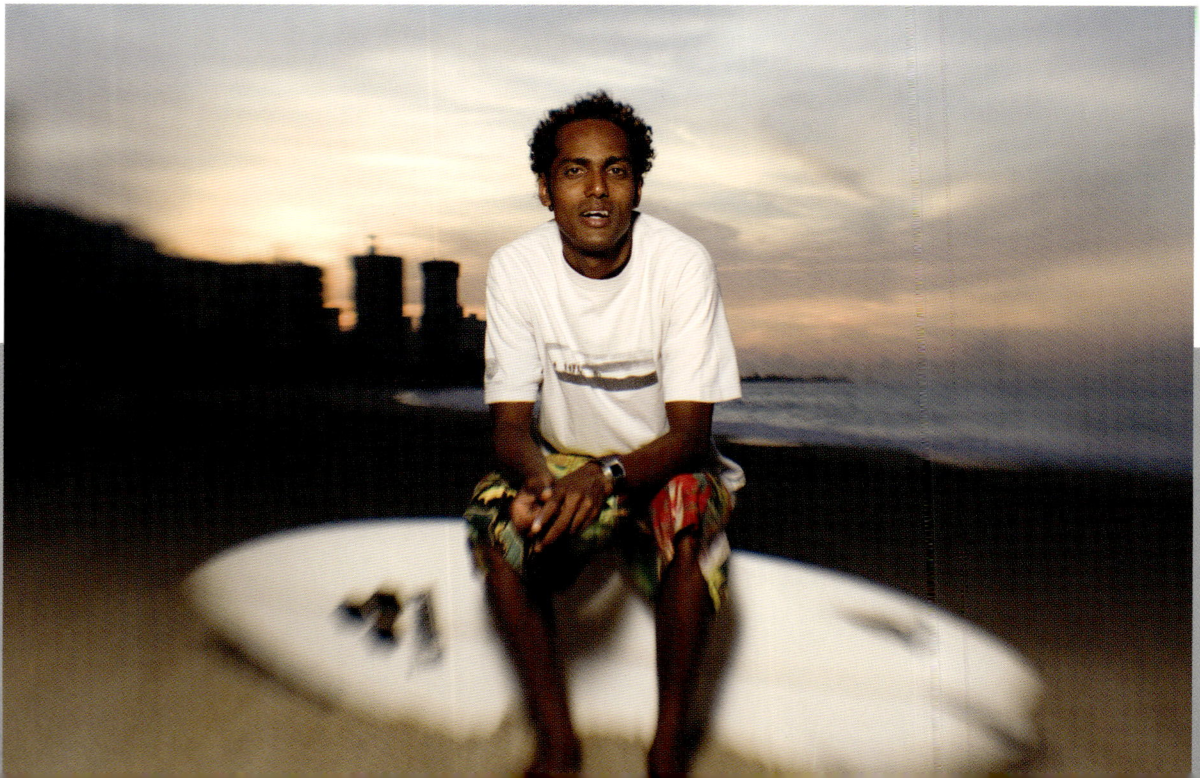

Chris Dennis, Ocean Park, 12 de septiembre de 2006, 6:26 P.M.: Este fue el primer retrato que intenté hacer con mi Lensbaby, un curioso lentecito con un fuelle de acordeón que le permite al usuario crear un plano de foco muy selecto y poco profundo. Aunque trabajar con el Lensbaby es un reto, produce unos resultados interesantes cuando se utiliza correctamente con un sujeto cooperador dispuesto a tolerar muchos intentos hasta acertar.

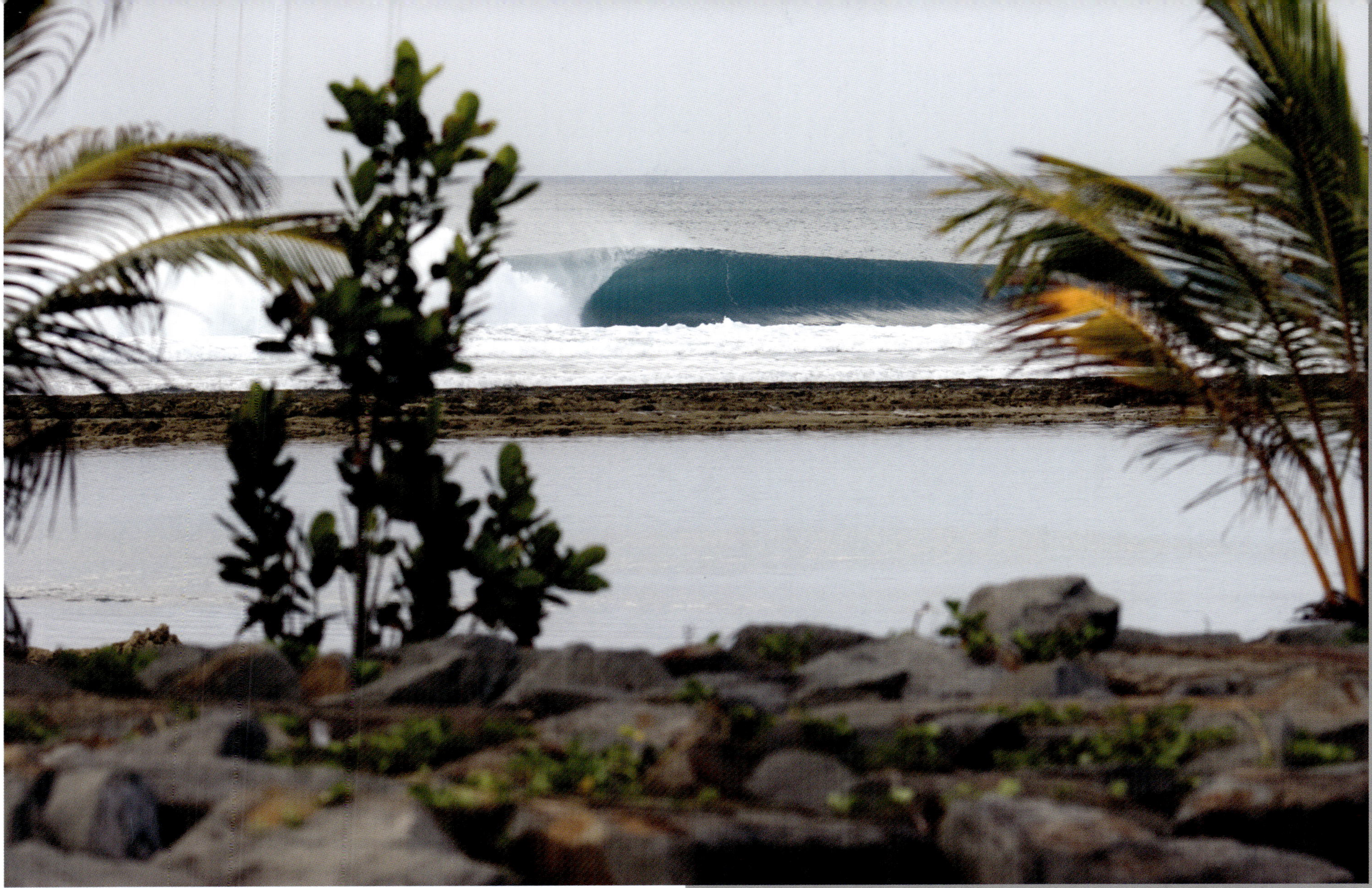

Chatarra, Piñones, April 19, 2007, 3:58 P.M.: One of those rare offshore afternoons along Puerto Rico's North Coast combining with a very westerly swell to provide perfect conditions for one of the island's true wave machines.

Chatarra, Piñones, 19 de abril de 2007, 3:58 P.M.: Una rara tarde con vientos de la tierra en la costa norte de Puerto Rico y con una marejada marcadamente del oeste, creando las condiciones perfectas para esta playa, que es una verdadera máquina de olas.

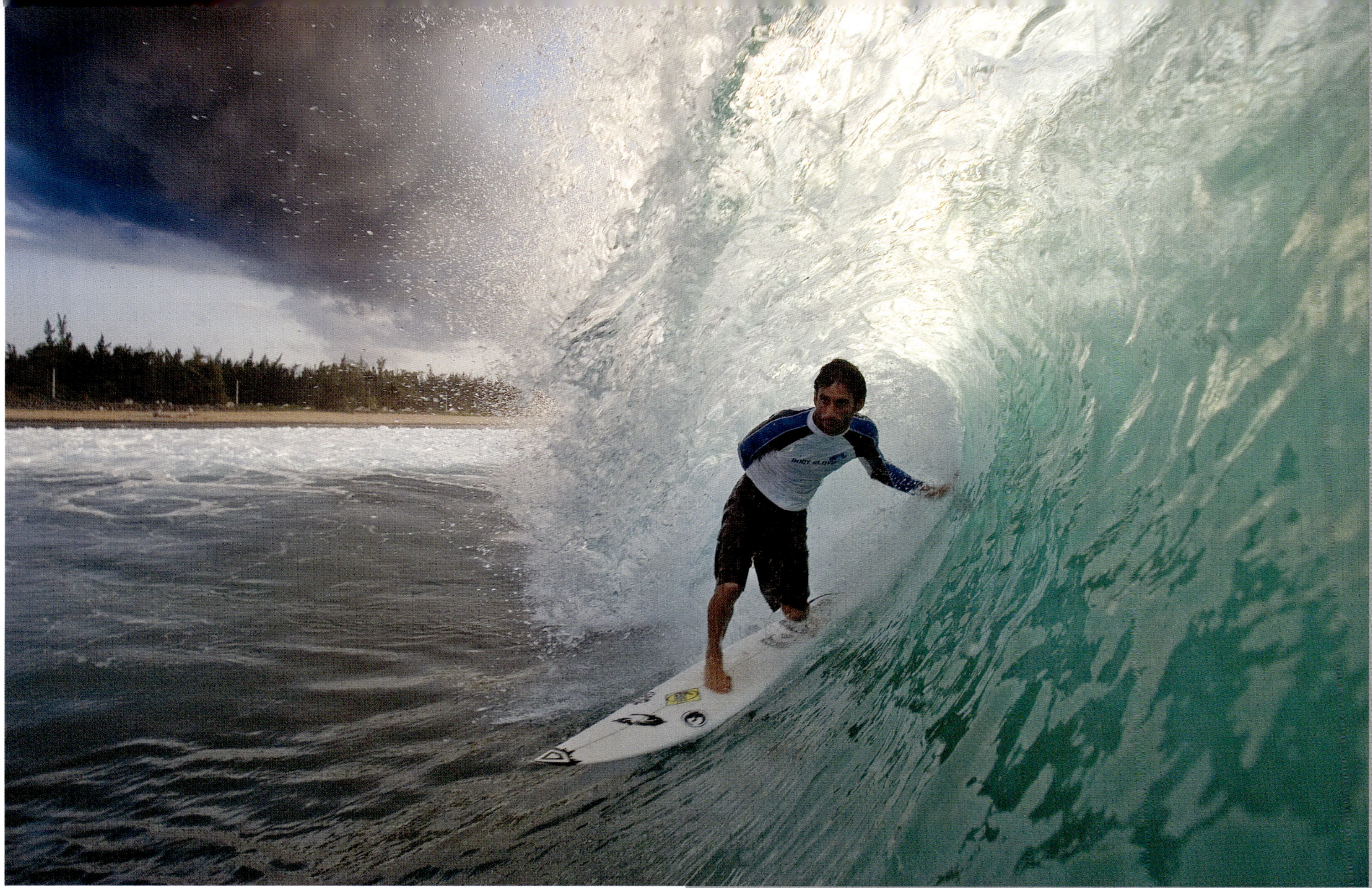

Carlos Cabrero, Chatarra, Piñones, April 19, 2007, 5:57 P.M.: This afternoon saw one of the lowest tides I have ever seen at Chatarra. I swam out at around 4:30 with the tide just about to bottom out, and had to negotiate a dry section of very live reef to reach the peak. Wanting to let the tide rise as much as possible before heading in, I asked Carlos to stay out as long as he could. With the sun getting low in the western sky, and a big black storm cloud looming over the airport, I recall shouting Carlos into this last wave of the session hoping it would open up and he would be able to pull in to an attractive section. Patience paid off for both of us on this occasion, although the image was never used in print.

Carlos Cabrero, Chatarra, Piñones, 19 de abril de 2007, 5:57 P.M.: Esta tarde hubo una de las mareas más bajas que he visto en Chatarra. Me metí al agua como a las 4:30 cuando la marea estaba a punto de secarse y tuve que pasar por una sección seca de arrecife vivo para llegar al pico. Como quería esperar a que la marea subiera lo más posible antes de salir, le pedía a Carlos que se quedara lo más que pudiera. Con el sol bajando en el oeste y una gran nube negra sobre el aeropuerto, recuerdo que le grité a Carlos para que cogiera esta última ola de la sesión con la esperanza de que la ola abriera y él se pudiera colocar en una sección atractiva. La paciencia rindió frutos para los dos en esta ocasión aunque la imagen impresa nunca se usó.

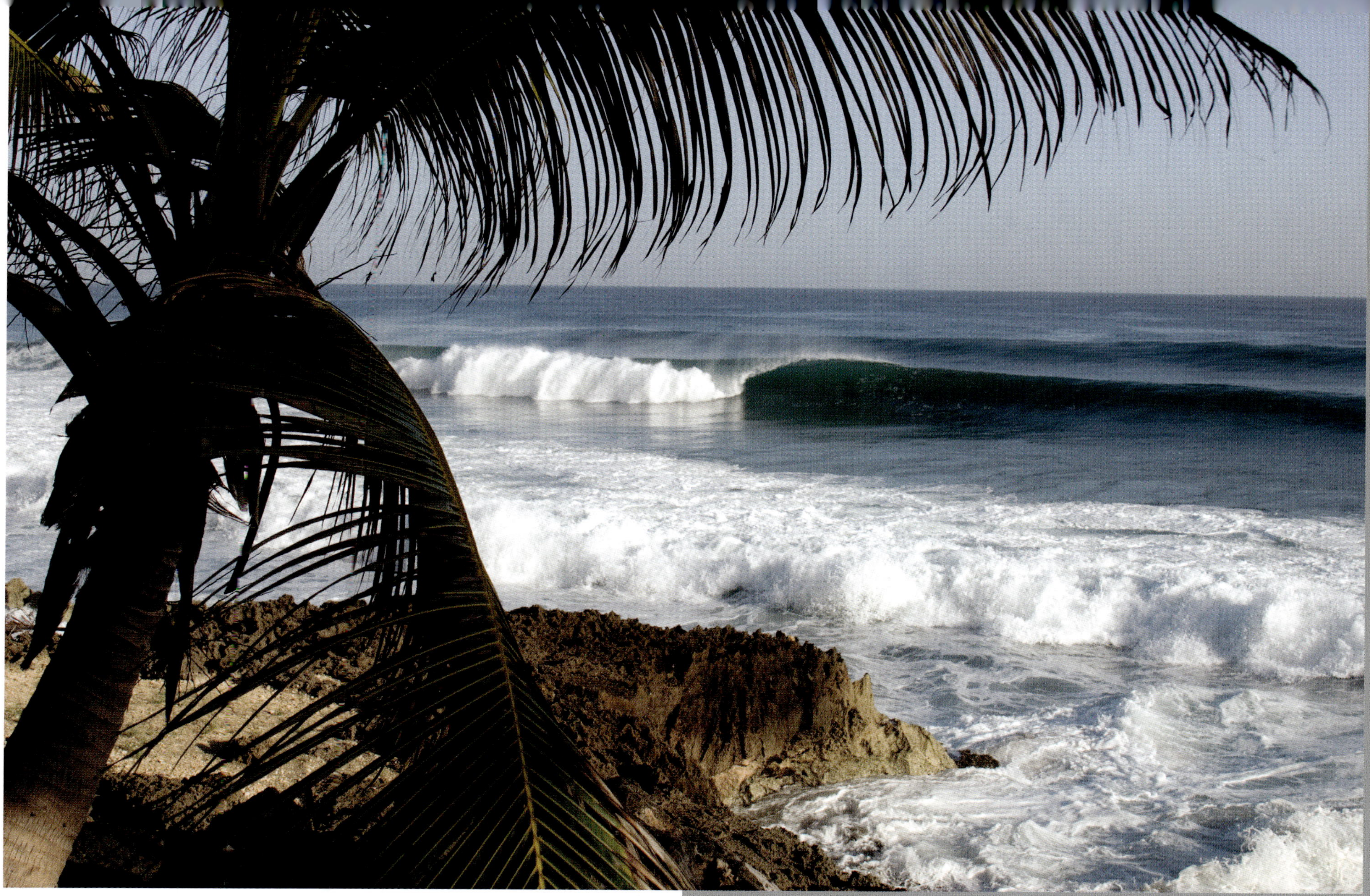

Secret Spot, The Lost Coast, September 29, 2009, 7:23 A.M.: I first found this beach on Google Earth in April of 2006, and when I made a reconnaissance trip that summer, I was blown away by the set up and the number of angles on this wave. Further investigation along this stretch of coast revealed a bevy of other high quality breaks that very few people besides the locals seemed to be surfing. In deference to those locals, who have very graciously opened their arms to me and my camera, I dubbed the entire region "The Lost Coast" due to its seemingly unrecognized status on the part of the vast majority of the island's surf community, despite many of the breaks being in plain sight.

Lugar Secreto, La Costa Perdida, 29 de septiembre de 2009, 7:23 A.M.: Encontré esta playa usando Google Earth en abril de 2006, y cuando hice un viaje de reconocimiento ese verano quedé impresionado con la forma y la cantidad de ángulos que tiene esta ola. Al seguir investigando este pedazo de costa encontré muchos puntos de surfing de muy buena calidad que al parecer pocas personas surfeaban excepto los locales. En deferencia a esos locales, quienes generosamente me recibieron a mí y a mi cámara, le llamé a toda la región "La Costa Perdida" debido a su aparente estado de anonimato entre la gran mayoría de la comunidad surfer, a pesar de que muchos de los puntos están a plena vista.

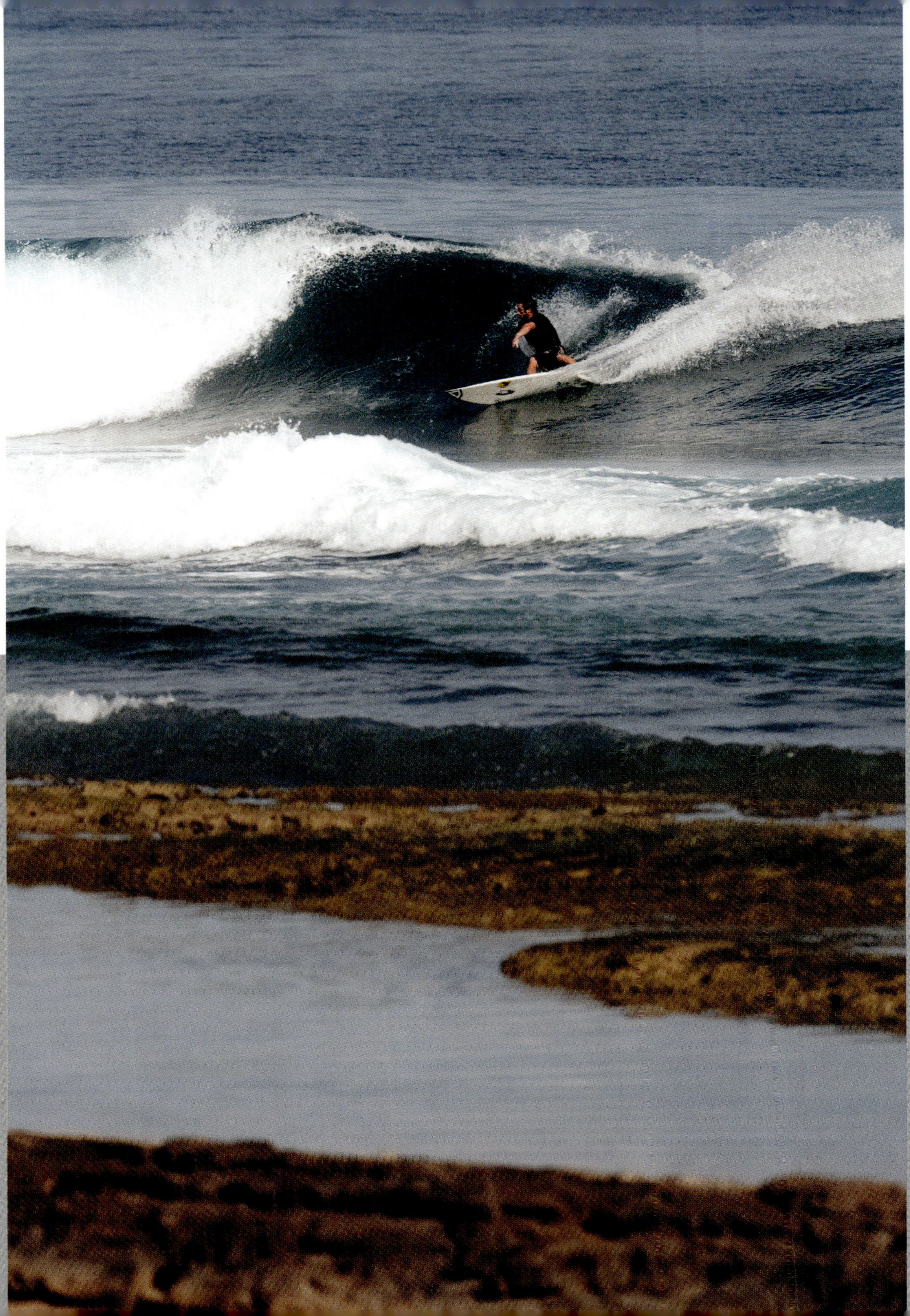

Carlos Cabrero, Chatarra, Piñones, January 6, 2006, 9:29 A.M.: On another low tide morning at San Juan's premiere high performance wave, local legend Carlos Cabrero finds room to make a rare cutback on the open face of the end section of the wave.

Carlos Cabrero, Chatarra, Piñones, 6 de enero de 2006, 9:29 A.M.: En otra mañana de marea baja en la ola más desafiante del área metropolitana, Carlos Cabrero, leyenda local, se abre paso para hacer un raro "cutback" en la cara abierta de la sección final de la ola.

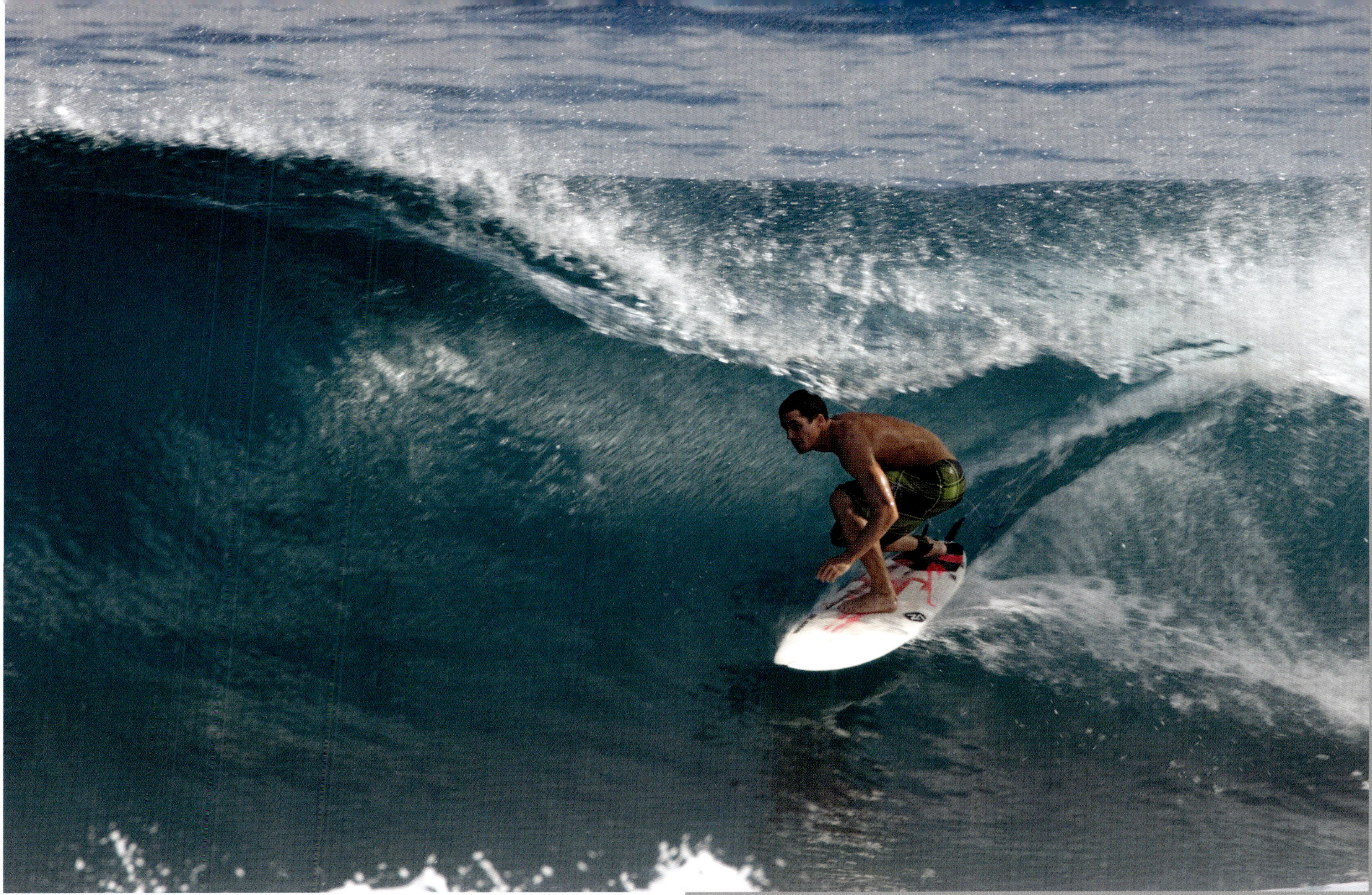

Leslie Bursian, Rocky Point, Piñones, November 29, 2008, 9:47 A.M.: Rocky Point is a seriously dicey venture any time it breaks. Relying on a very specific recipe of conditions to work, it is one of the shallowest reef waves anywhere on the island. Leslie had to choose his waves carefully and not dawdle once he got into the pocket, and this was one of the best waves he caught this morning before snapping his board.

Leslie Bursian, Rocky Point, Piñones, 29 de noviembre de 2008, 9:47 A.M.: Rocky Point es una misión sumamente arriesgada cada vez que rompe. Requiere una combinación muy específica de condiciones para que funcione, y es una ola que rompe sobre uno de los arrecifes más llanos en la Isla. Leslie tuvo que escoger sus olas con mucho cuidado y no dejar margen para errores una vez se colocaba en los tubos. Esta fue una de las mejores que corrió esa mañana antes de partir su tabla.

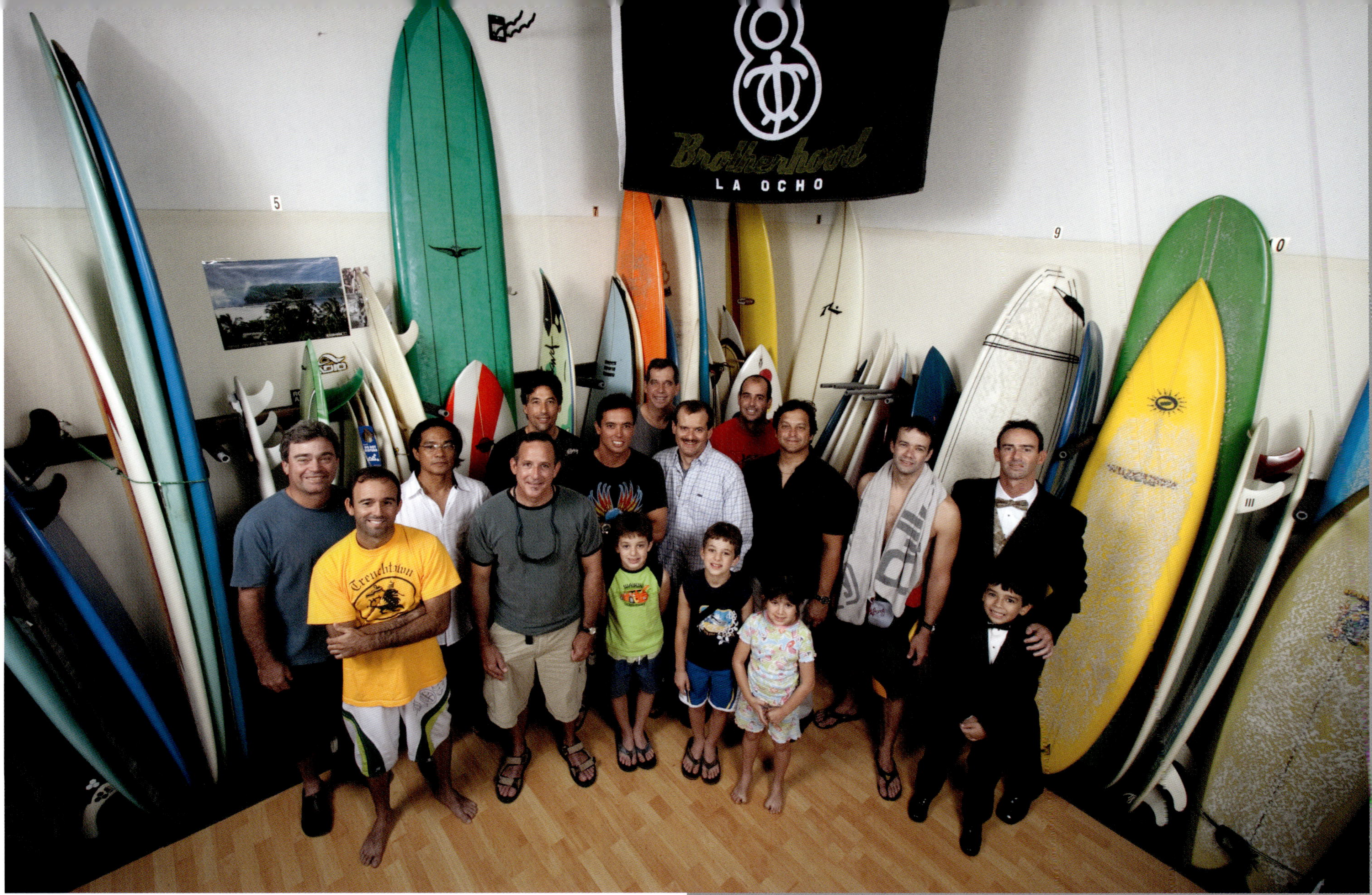

La Ocho Surf Club Members, San Juan, November 19, 2005, 1:41 P.M.: La Ocho is our Waikiki of sorts. For many years a group of locals had a club located at the old Naval Officers Club overlooking the break. But when Mayor Santini appropriated the grounds for an as yet undisclosed project, the members had to move the club to a space behind Peter Godfrey's La Ocho Surf Shop. And while the facilities in the new location, including the spacious boardroom documented here, are far superior to the old digs, they no longer have a view of the lineup or the grounds on which to hold outdoor events.

Miembros de La Ocho Surf Club, San Juan, 19 de noviembre de 2005, 1:41 P.M.: La Ocho es nuestro Waikiki. Durante muchos años un grupo de locales tenía un club en el antiguo Club de Oficiales de la Marina que queda frente a la playa. Pero cuando el Alcalde Santini se apropió de los terrenos para un proyecto que hasta el presente no se ha dado a conocer, los miembros del club tuvieron que moverlo a un espacio detrás de la tienda de Peter Godfrey, La Ocho Surf Shop. Y aunque el espacio en la nueva localización, como el amplio cuarto para las tablas que se muestra aquí, es mucho mejor que el antiguo espacio, ya no tienen la vista de la playa ni el espacio para realizar eventos al aire libre.

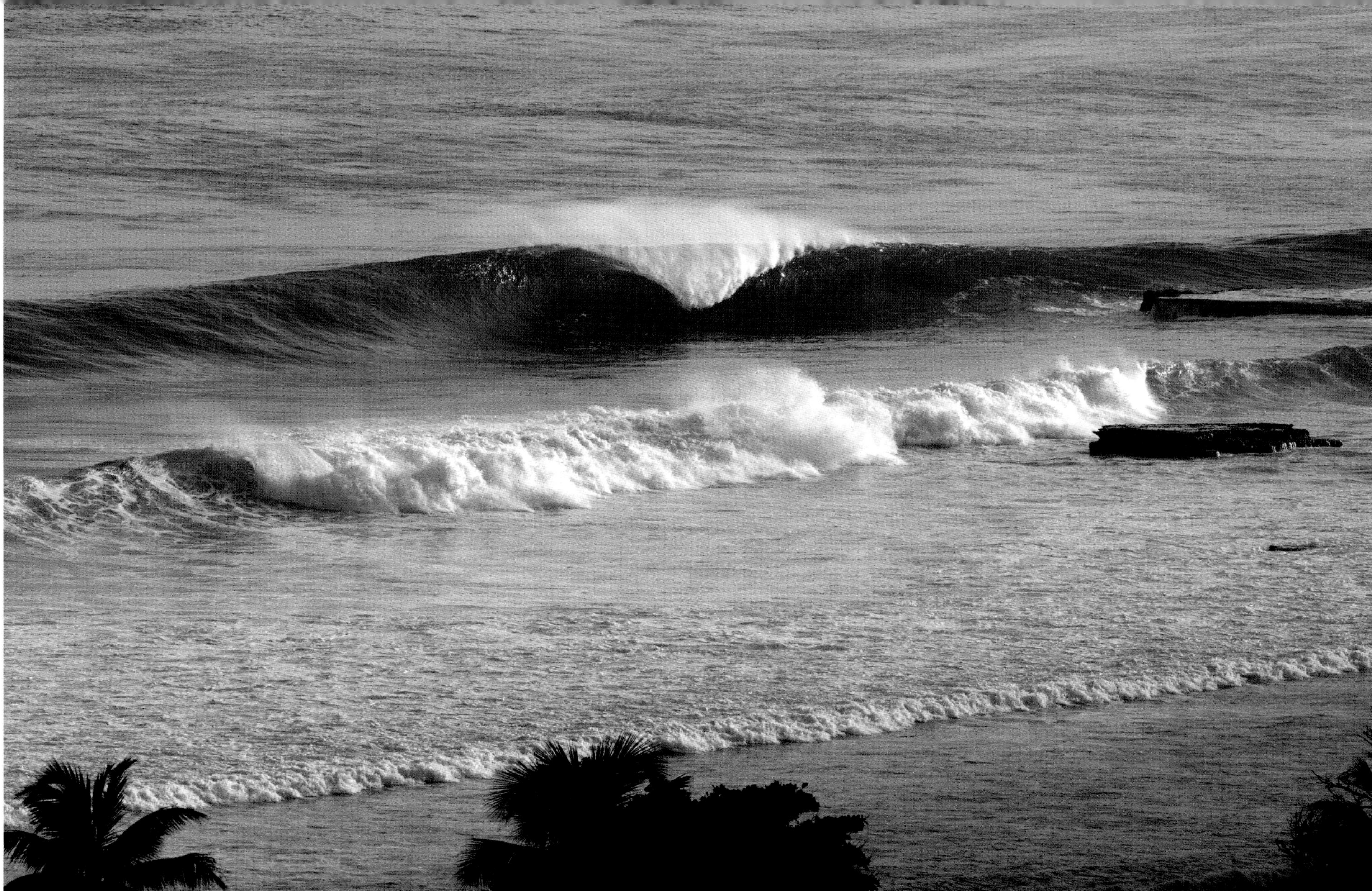

Backdoor, Aguadilla, September 14, 2006, 7:18 A.M.: Hurricane Florence provided one of the more consistent swells of a tropical nature that I can remember. In the midst of a week of overhead surf groomed by offshore winds, I encountered Backdoor in classic form and no one out. We made a quick move to get on it, and enjoyed a productive session of watershooting.

Backdoor, Aguadilla, 14 de septiembre de 2006, 7:18 A.M.: El Huracán Florence trajo una de las marejadas tropicales más sólidas que puedo recordar. En medio de una semana de olas por encima de la cabeza formadas por vientos de la tierra, encontré que Backdoor tenía condiciones clásicas y nadie lo estaba corriendo. Rápidamente nos movimos allí y disfrutamos de una productiva sesión de fotografía desde el agua.

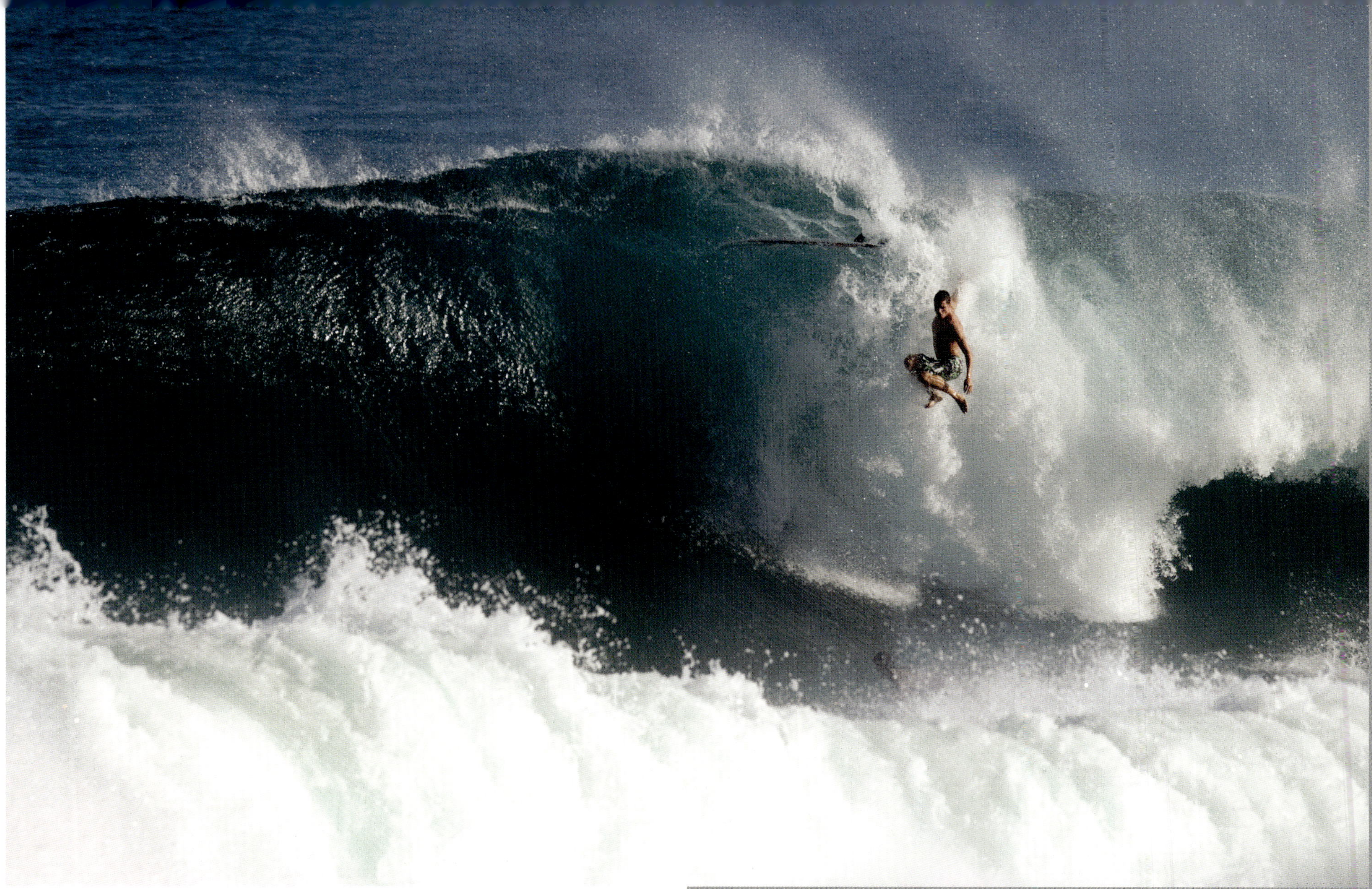

Leslie Bursian, Backdoor, Aguadilla, November 6, 2006, 8:29 A.M.: Leslie is never shy about taking on heavy waves. But anyone who does is going to have moments like this: freefalling into the trough with lots of thoughts running through your mind. Leslie, and his surfboard, emerged unscathed from this elevator drop, and both went on to ride some solid tubes before the session was over.

Leslie Bursian, Backdoor, Aguadilla, 6 de noviembre de 2006, 8:29 A.M.: Leslie nunca ha sido tímido con las olas grandes. Pero todo el que lo haga tendrá momentos como este: en caída libre hacia el abismo, muchas cosas pasan por la mente. Leslie salió ileso de esta caída desde lo alto y antes de que terminara la sesión logró correr varios tubos sólidos.

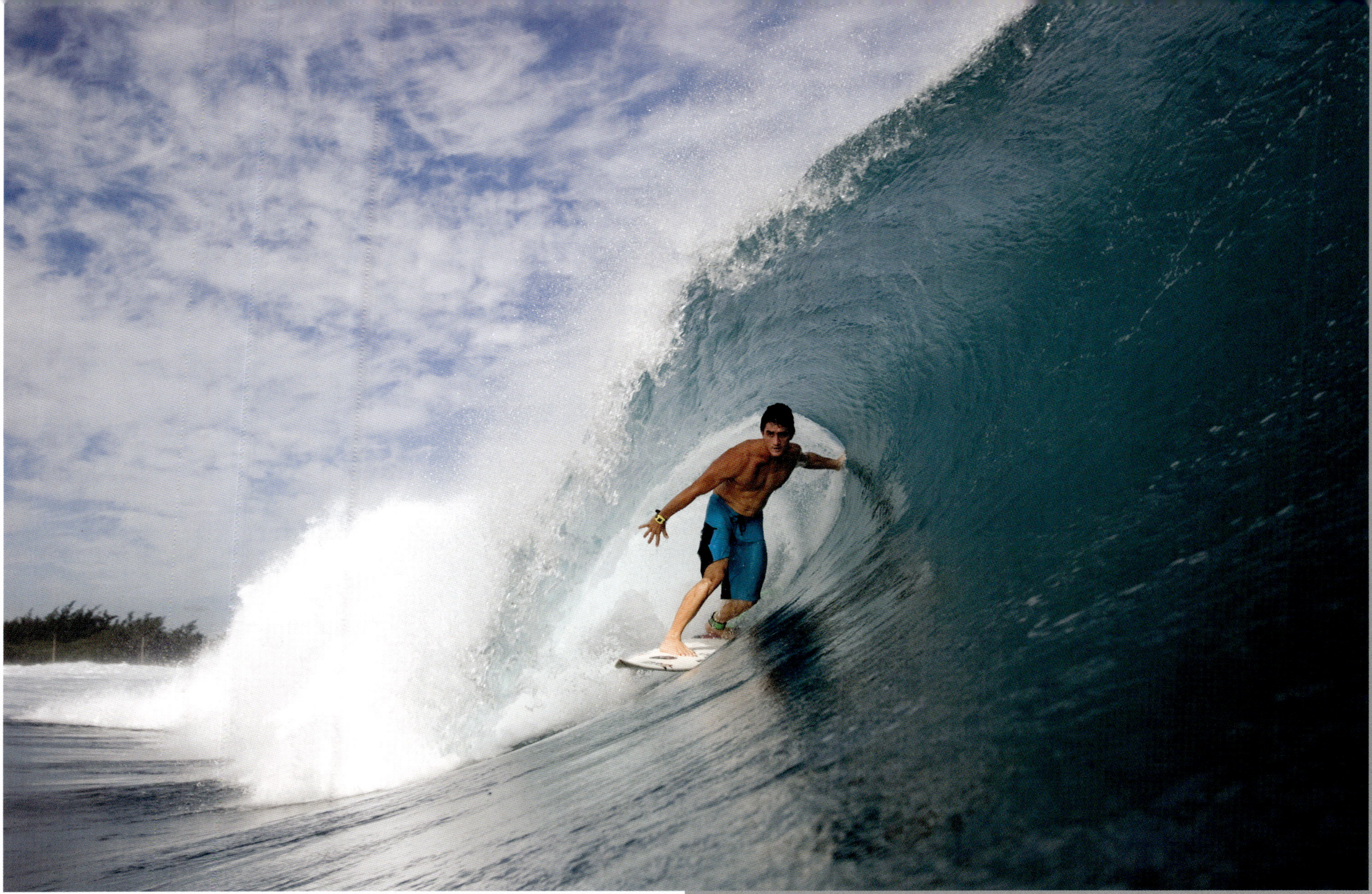

Tommy Bursian, Chatarra, Piñones, November 30, 2009, 9:25 A.M.: Even though the majority of the waves in Puerto Rico are rights, I think that goofy footers like Tommy get the longest and deepest barrels on offer here at places like Chatarra.

Tommy Bursian, Chatarra, Piñones, 30 de noviembre de 2009, 9:25 A.M.: Aunque en Puerto Rico la mayoría de las olas son derechas, la mayoría de los corredores de postura "goofy" como Tommy consiguen los tubos más largos y profundos en lugares como Chatarra.

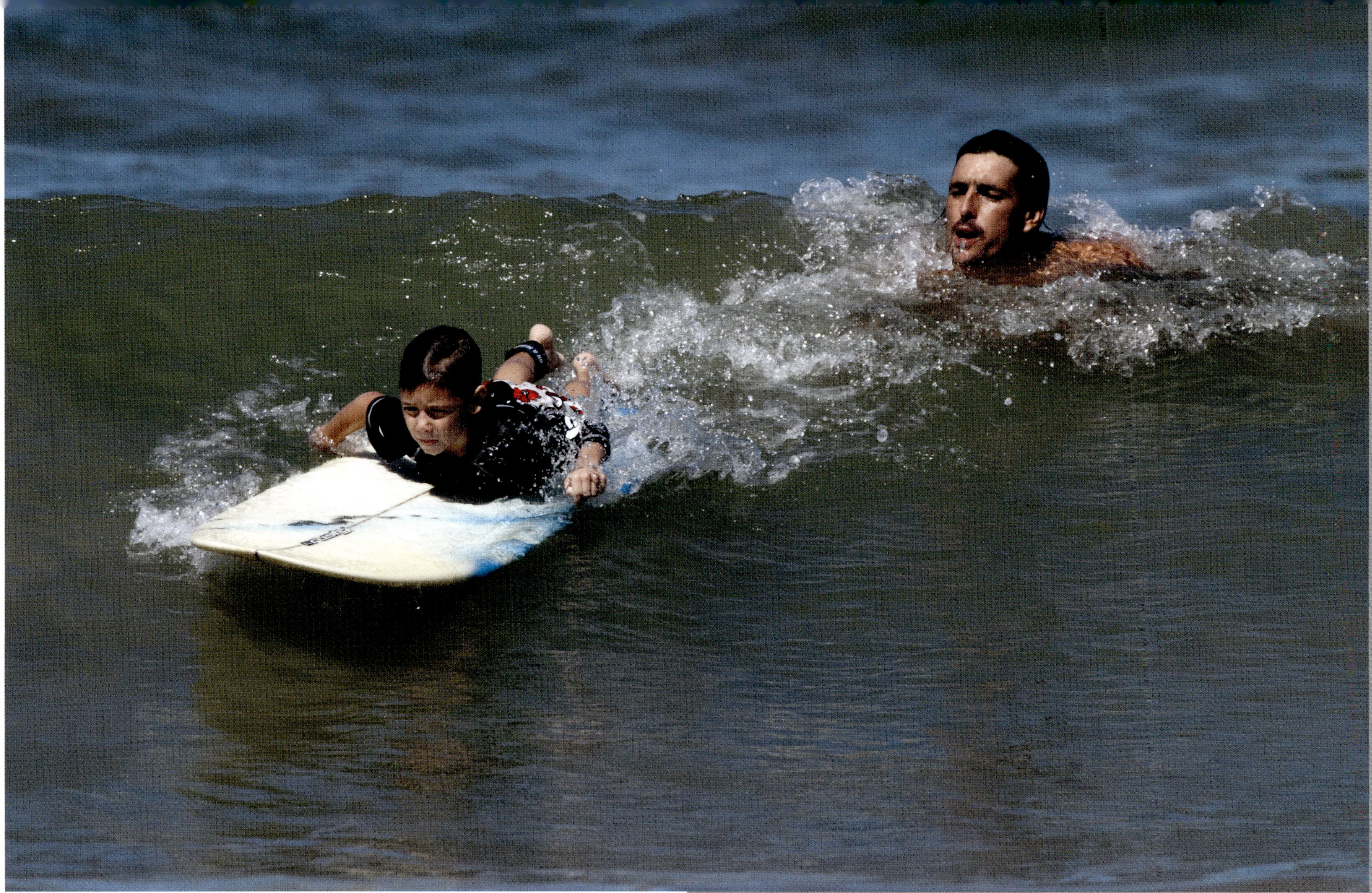

Kianni and Jorge Iglesias, Pine Grove, November 15, 2003, 1:10 P.M.: Pine Grove is the ideal place to learn to surf, regardless of your age. Fathers have a long history of pushing their sons into their first waves here, and youngsters like Kianni with experienced surfers for fathers often reap the rewards of fast track learning.

Kianni y Jorge Iglesias, Pine Grove, 15 de noviembre de 2003, 1:10 P.M.: Pine Grove es el lugar ideal para aprender a surfear, no importa la edad. Aquí es usual ver a los padres empujando a sus hijos en sus primaras olas, y niños como Kianni, que tiene de padre a un surfer de mucha experiencia, tienen la ventaja de aprender más rápido.

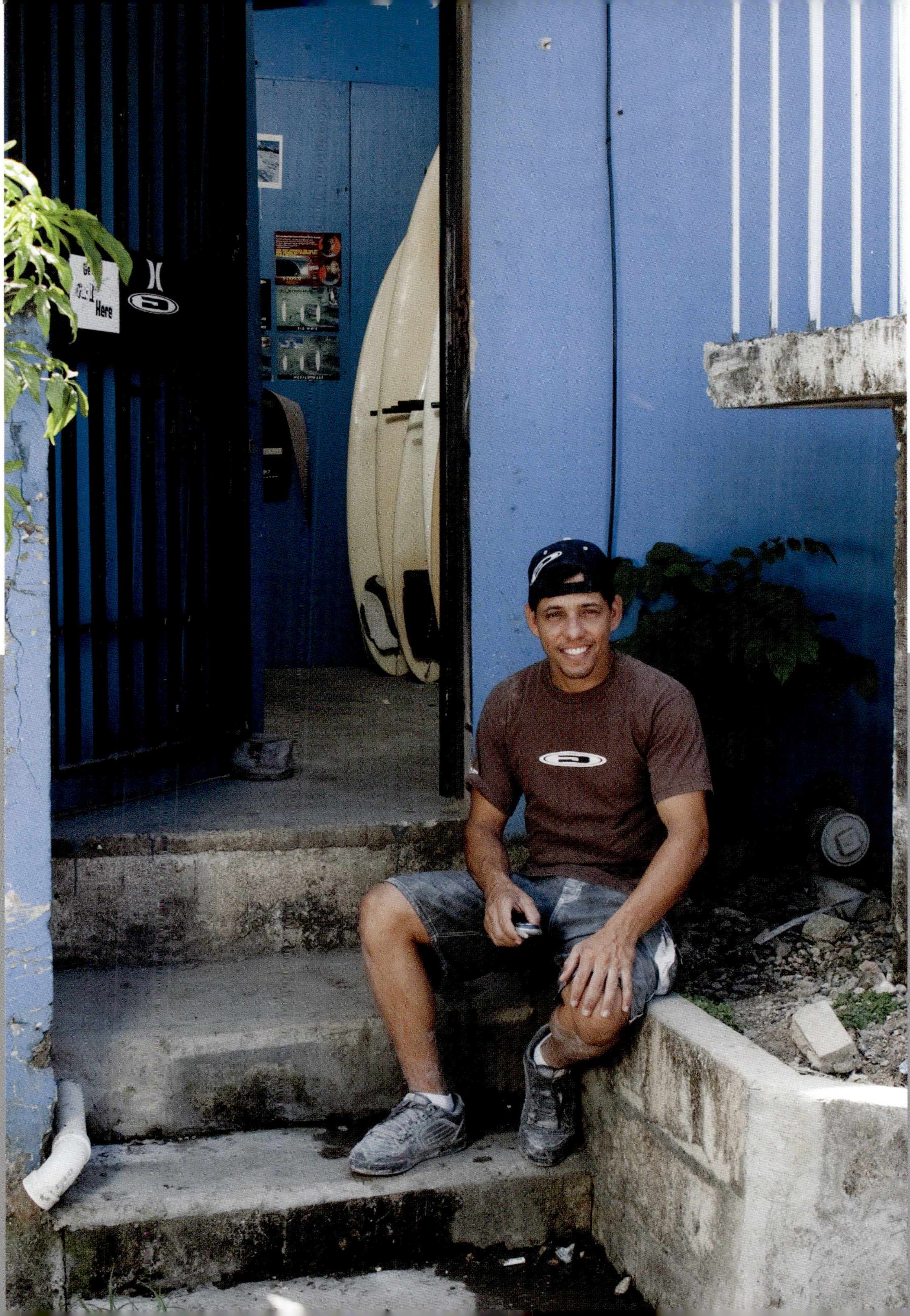

Raymond Rosado, Dimension Surfboards Factory, Cataño, March 31, 2005, 11:14 A.M.: I like to refer to Raymond as "Puerto Rico's Hardest Working Surfboard Shaper." Having grown up a stone's throw from the alley where his modest facility is located, Raymond is a guy who often works through the night to meet deadlines. He rarely, if ever, has a sour word to say about anyone, and genuinely cares about the people in his close-knit circle of friends. Completely self taught and self sufficient, he represents a dying breed of surfboard craftsman who executes every step of the process from rough foam cutting right through the finishing gloss polish.

Raymond Rosado, Fábrica de Tablas Dimension, Cataño, 31 de marzo de 2005, 11:14 A.M.: Yo digo que Raymond es el diseñador de tablas que más duro trabaja en Puerto Rico. Raymond creció cerquita del callejón donde tiene sus modestas instalaciones y es un tipo que a menudo trabaja toda la noche para cumplir con sus compromisos, casi nunca tiene algo negativo que decir, y se preocupa genuinamente por la gente en su pequeño círculo de amigos. Aprendió todo lo que sabe por sí mismo y trabaja solo, por lo que representa a una raza de constructores de tablas de surfing que está prácticamente en vías de extinción, pues ejecuta cada paso del proceso desde el corte del "foam" hasta el proceso final del glaseado.

Dimension Surfboards Promotional Image, Isla Bonita Studios, Santurce, April 8, 2005, 4:14 P.M.: This shoot was part of a job for Raymond to help illustrate his website. A Kodalith slide of his logo was placed in a focusing spotlight strobe to create the graphic on a shaped and unglassed blank, which was placed on a large black backdrop and lit from the side with a single strip bank.

Imagen Promocional de Dimension Surfboards, Estudios Isla Bonita, Santurce, 8 de abril de 2005, 4:14 P.M.: Esta sesión fotográfica fue parte de un trabajo para Raymond para ayudar a ilustrar su página web. Se puso una diapositiva Kodalith de su logo en un foco de luz estroboscópica para crear la gráfica en una pieza de "foam" cortada sin terminar que se colocó en un fondo negro y se iluminó lateralmente con un banco de luz sencillo.

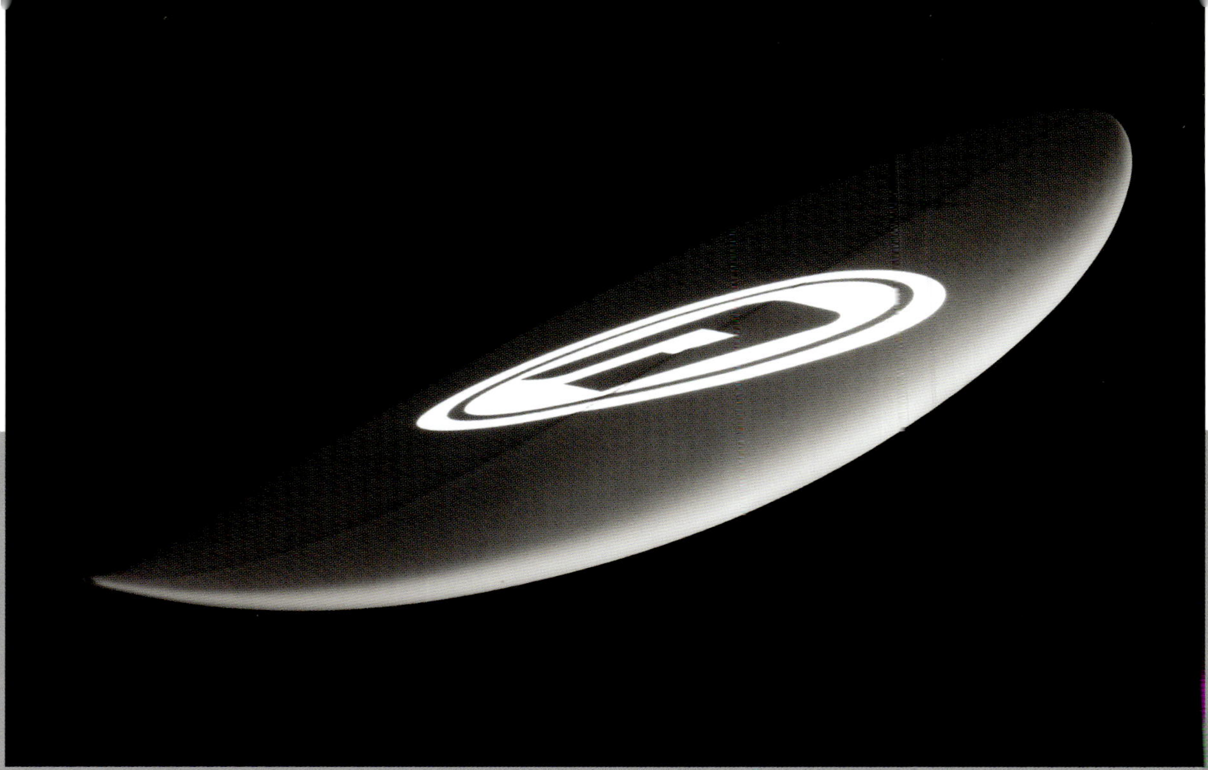

Raymond Rosado, Dimension Surfboards Factory, April 15, 2005, 11:10 A.M.: Another capture from the same website illustration project, I simply mimicked the shaping room lighting scheme with my strobes and documented Raymond as he shaped a board from start to finish.

Raymond Rosado, Fábrica de Tablas Dimension, Cataño, 15 de abril de 2005, 11:10 A.M.: Otra imagen del mismo proyecto de ilustración para la página web, simplemente copié el esquema de luces del cuarto de hacer tablas con mis luces y documenté como Raymond hacía una tabla de principio a fin.

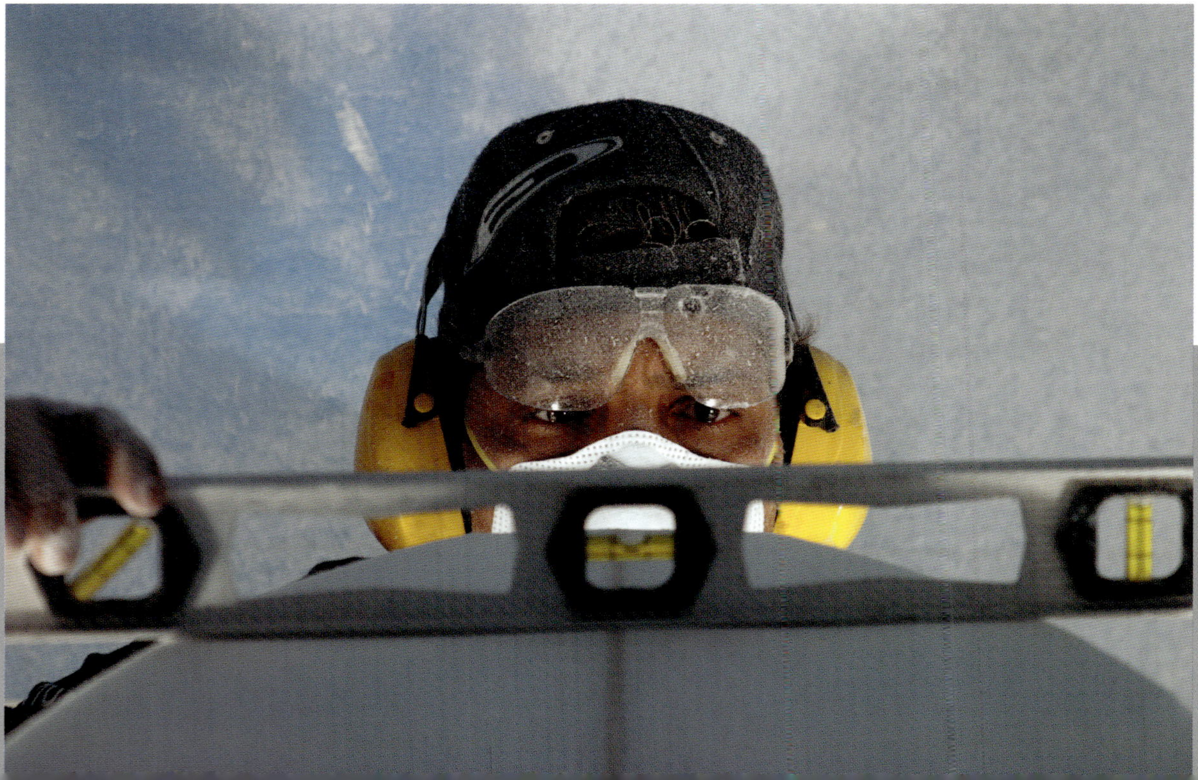

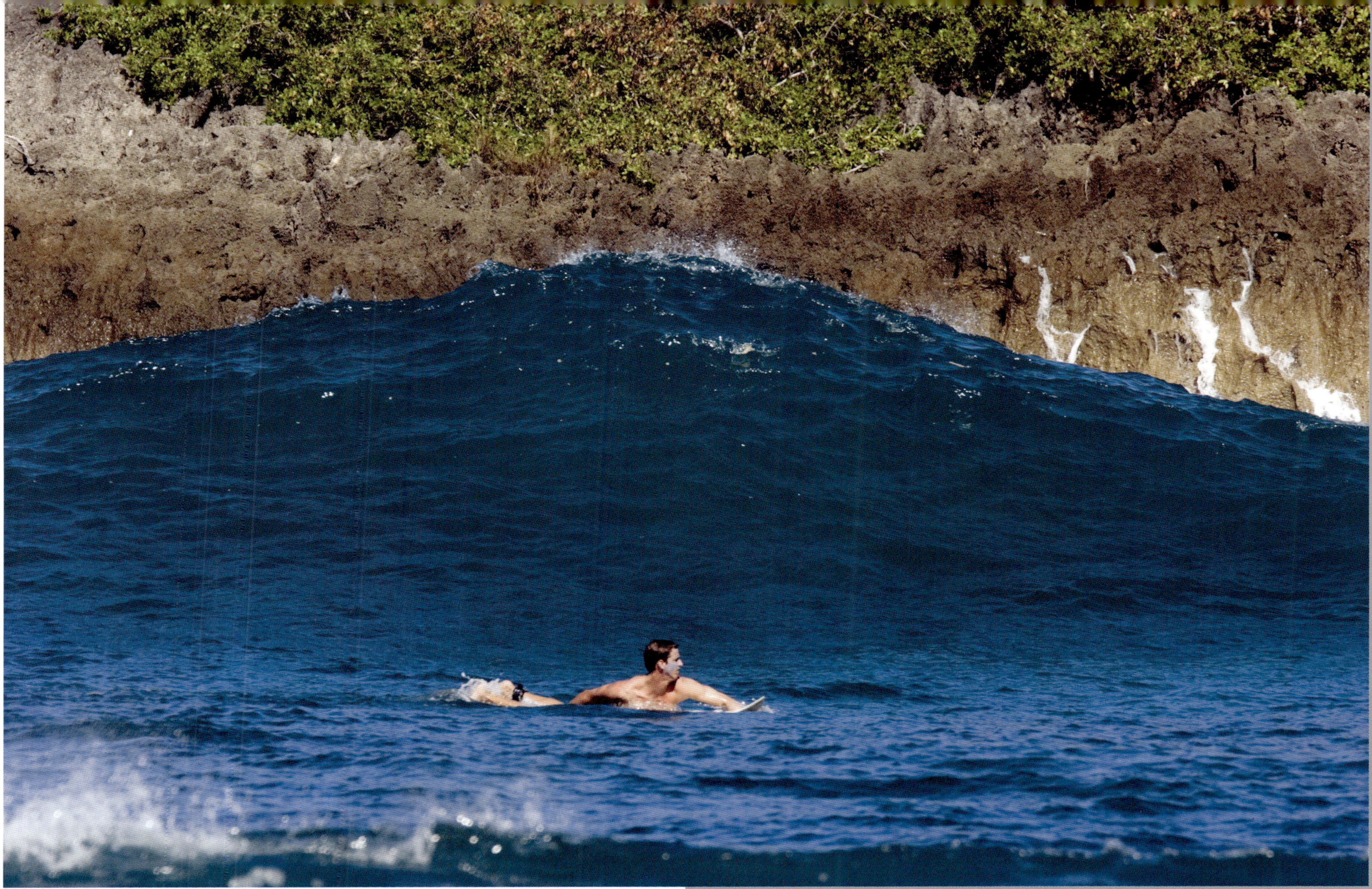

Jesus Padrón, Cueva del Indio, Barceloneta, December 5, 2006, 10:58 A.M.: Cueva del Indio is kind of like a natural amphitheater for surfing. The wave bends around a rock before coming together in this peak inside the rock and breaking in both directions towards the beach. It's strange to see a perfectly groomed blue water peak breaking in front of a rock like this, but that's the norm at this very unique Puerto Rican break.

Jesus Padrón, Cueva del Indio, Barceloneta, 5 de diciembre de 2006, 10:58 A.M.: La Cueva del Indio es un tipo de anfiteatro natural para el surfing. La ola circula una roca antes de convertirse en un pico dentro de la roca y luego rompe en ambas direcciones hacia la playa. Resulta extraño ver un pico de aguas azules romper perfectamente frente a una roca como esta, pero es lo normal en esta singular ola puertorriqueña.

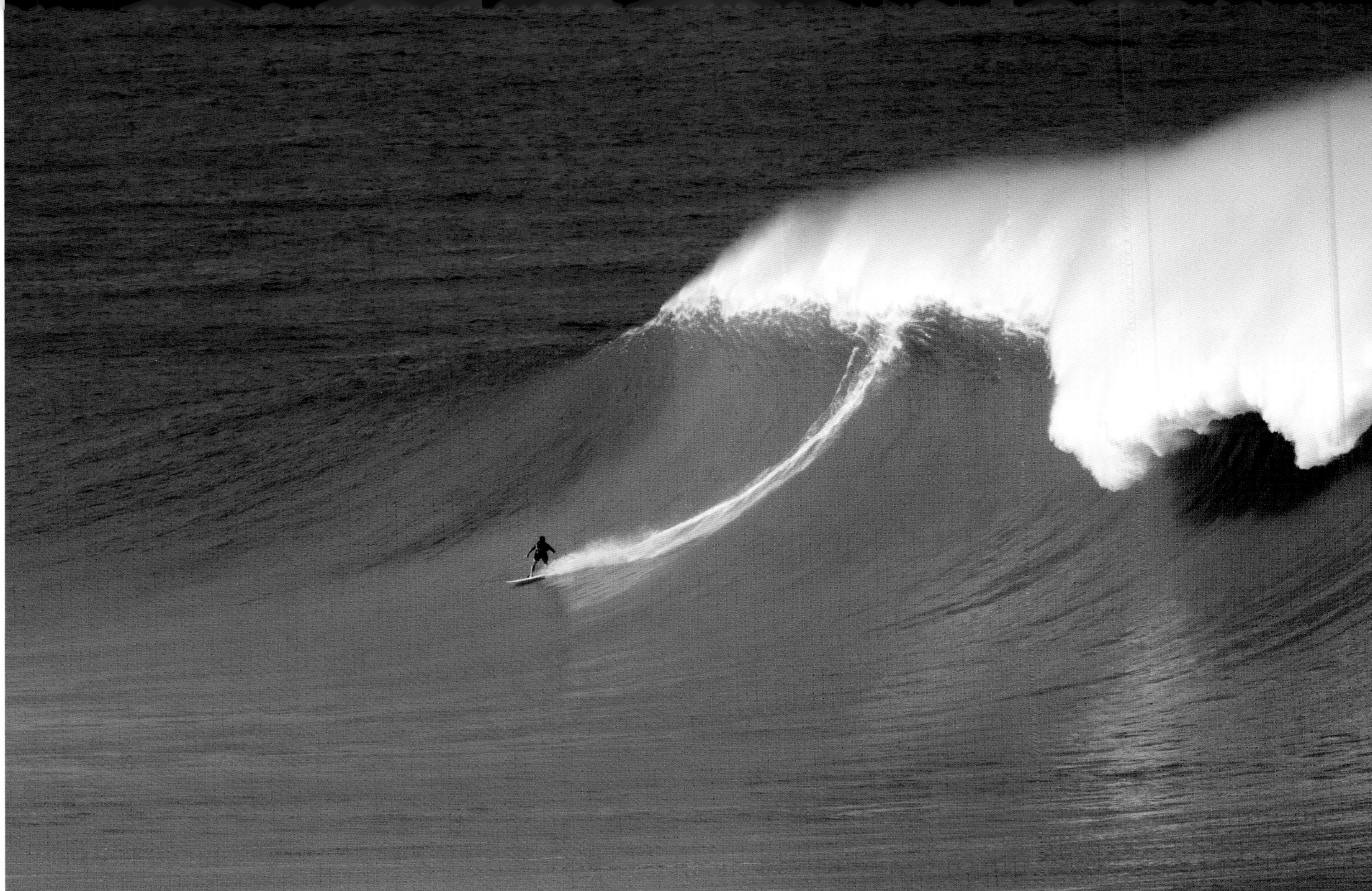

Dennis Ritch, Tres Palmas, Rincón, March 20, 2008, 8:40 A.M.: One of the first people to be catching waves on this historic day was Dennis Ritch, a transplant Rincón local. An experienced big-wave rider long before the tow-in era, Dennis was right in his element this morning and rode some of the biggest waves ever seen in Puerto Rico.

Dennis Ritch, Tres Palmas, Rincón, 20 de marzo de 2008, 8:40 A.M.: Uno de los primeros en coger olas en este día histórico fue Dennis Ritch, un local "transplantado" de Rincón. Dennis es un corredor de olas grandes con experiencia previa a la era de los tow-in, y esta mañana estaba cómodo en su elemento y corrió algunas de las olas más grandes que se han visto en Puerto Rico.

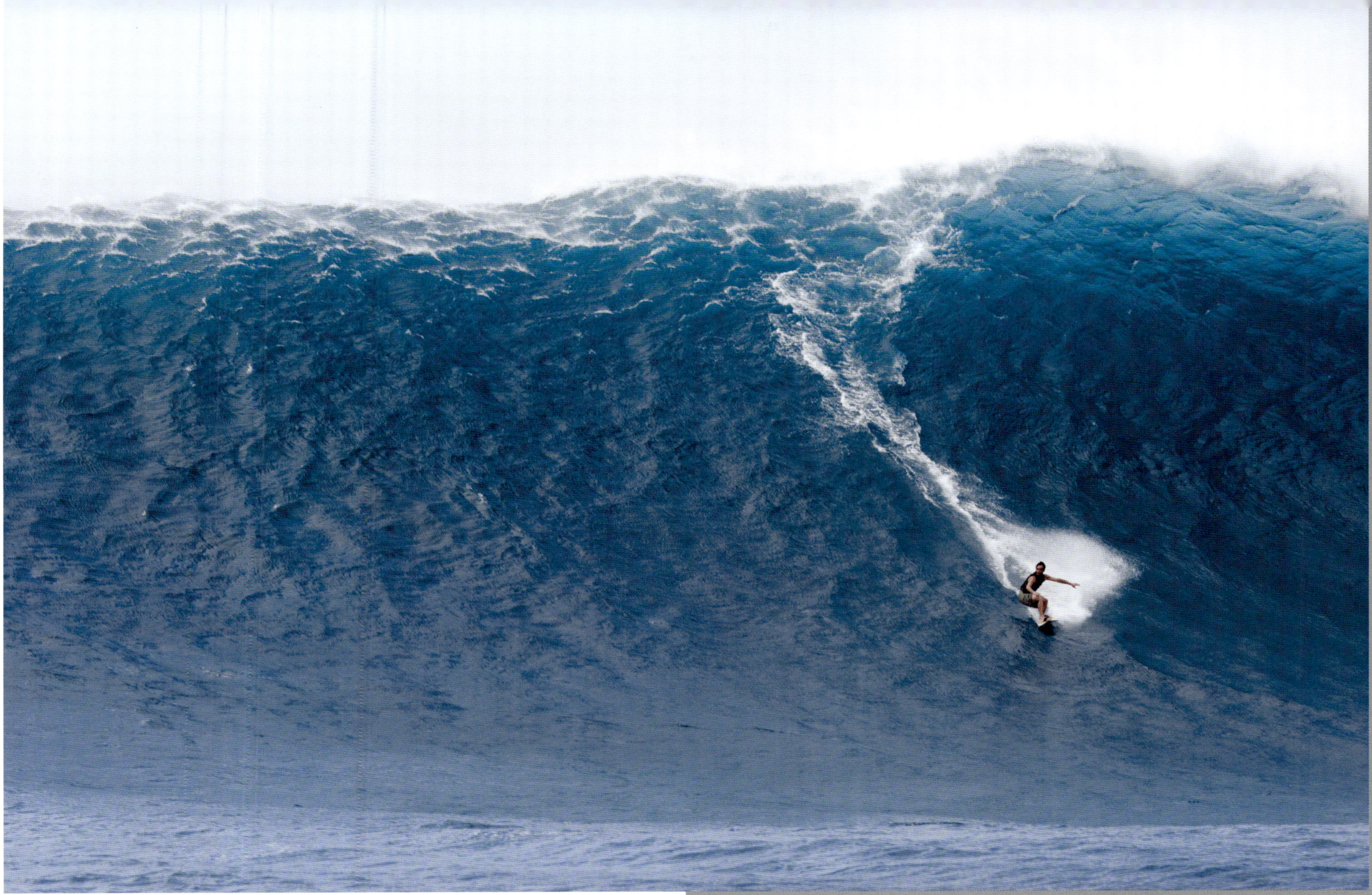

Carlos Cabrero, Tres Palmas, Rincón, March 20, 2008, 3:40 P.M.: "The Swell of the Century" was one for the ages, and the waves at Tres Palmas on this day were monstrous by local standards. Several tow teams were charging the outside section through the course of the day while Carlos paddled into whatever he could catch from the middle section though the bowl. When Carlos finally got the chance to be pulled into a few waves towards the end of the afternoon, it was somehow fitting that he would catch the biggest wave ever ridden in the history of Puerto Rican surfing.

Carlos Cabrero, Tres Palmas, Rincón, 20 de marzo de 2008, 3:40 P.M.: "La Marejada del Siglo" fue una para la historia, y las olas en Tres Palmas ese día eran monstruosas según los estándares locales. Varios equipos de remolque estaban corriendo la sección de afuera durante el día mientras Carlos le remaba a lo que pudiera agarrar desde la sección del medio a través del "bowl". Cuando finalmente Carlos tuvo la oportunidad de ser remolcado dentro de varias olas hacia el final de la tarde, hasta cierto punto era apropiado que fuera él quien cogiera la ola más grande jamás corrida en la historia del surfing puertorriqueño.

My Head, March 22, 2008, 10:58 A.M.: This is what my head looked like following the 35 stitches needed to close the wound I sustained after being run over by an irresponsibly operated jet ski—after surviving being caught inside by a set of 40-foot waves at Tres Palmas during "The Swell of the Century." I was out of the water for close to eight months, and continue to manage issues related to the traumatic brain injury I sustained.

Mi Cabeza, 22 de marzo de 2008, 10:58 A.M.: Así me veía después de los 35 puntos de sutura que se necesitaron para cerrar la herida que sufrí luego de que una motora acuática conducida irresponsablemente me atropellara luego de que sobreviví tras quedar atrapado por un set de olas de 40 pies en Tres Palmas durante La Marejada del Siglo. Estuve fuera del agua por casi ocho meses, y todavía estoy lidiando con asuntos relacionados al trauma cerebral que sufrí.

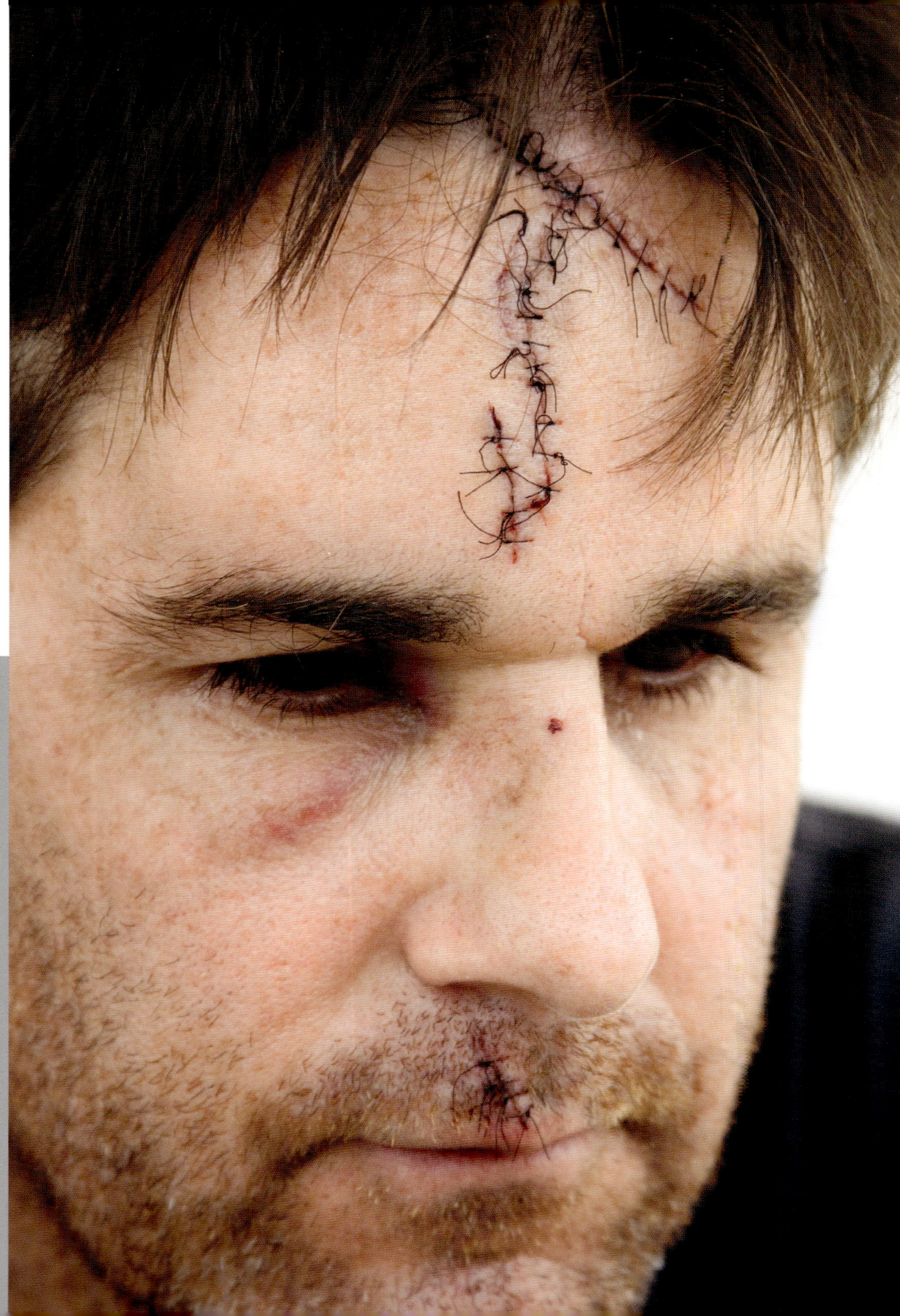

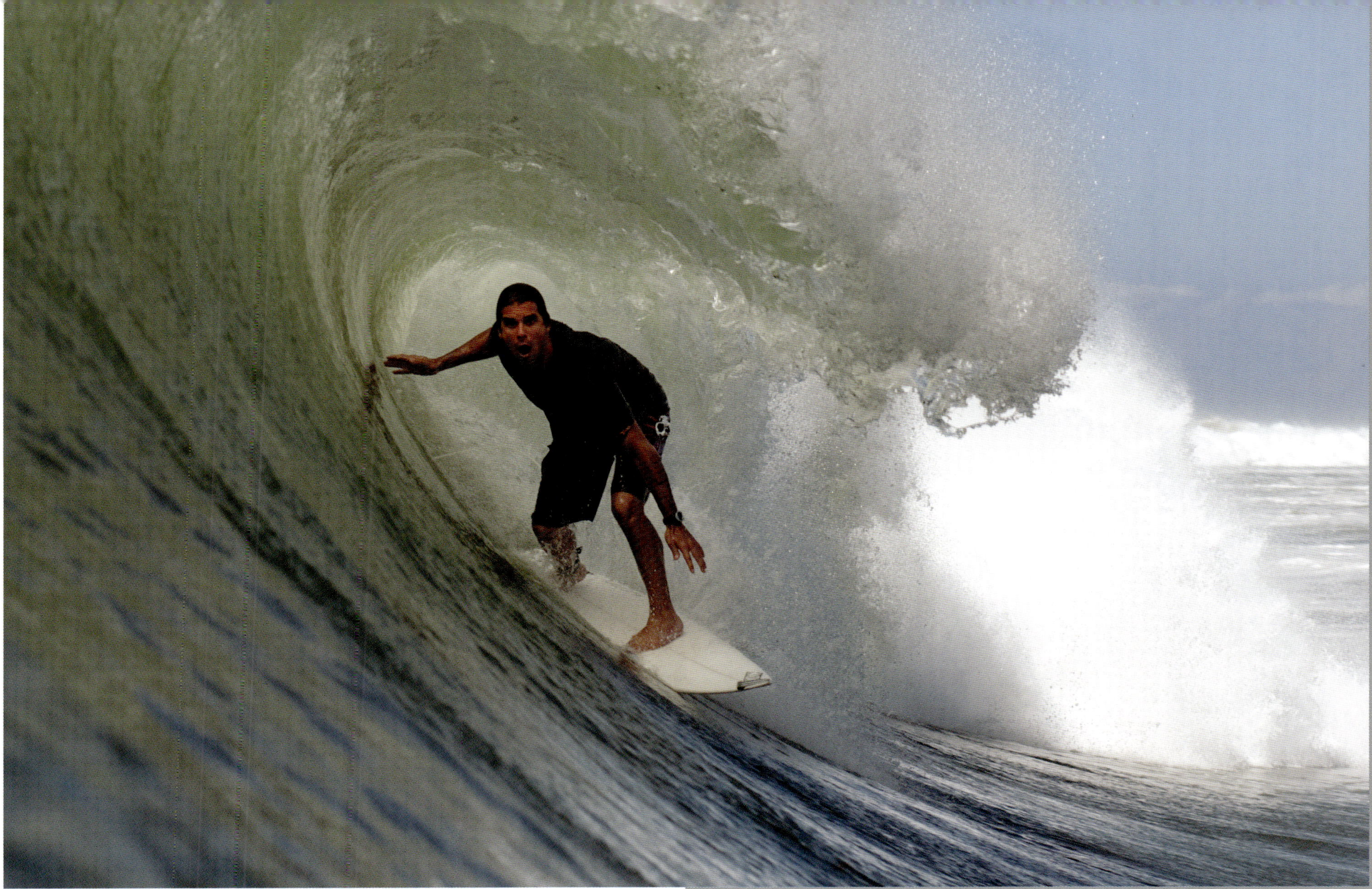

Gustavo Betancourt, Dogman's, Rincón, November 23, 2007, 1:15 P.M.: This was one of those days when there are small, mushy waves at Tres Palmas and the real waves are further up towards the lighthouse. After a bit of a heavy swim to get out, my camera malfunctioned and I had to swim back in to fix the problem. But it was on the second go out that Gus and I lined up this shot, so it was somewhat fortunate, as without that sequence of events we likely would not have hooked up on this wave.

Gustavo Betancourt, Dogman's, Rincón, 23 de noviembre de 2007, 1:15 P.M.: Este era uno de esos días en que las olas en Tres Palmas están pequeñas y sin fuerza y las olas de verdad están más hacia el faro. Luego de mucho nadar para salir, mi cámara tuvo un desperfecto y tuve que regresar para resolver el problema. Pero fue en mi segunda salida que Gus y yo alineamos este tiro, así que fue buena suerte pues sin esa secuencia de eventos probablemente no hubiéramos logrado capturar esta ola.

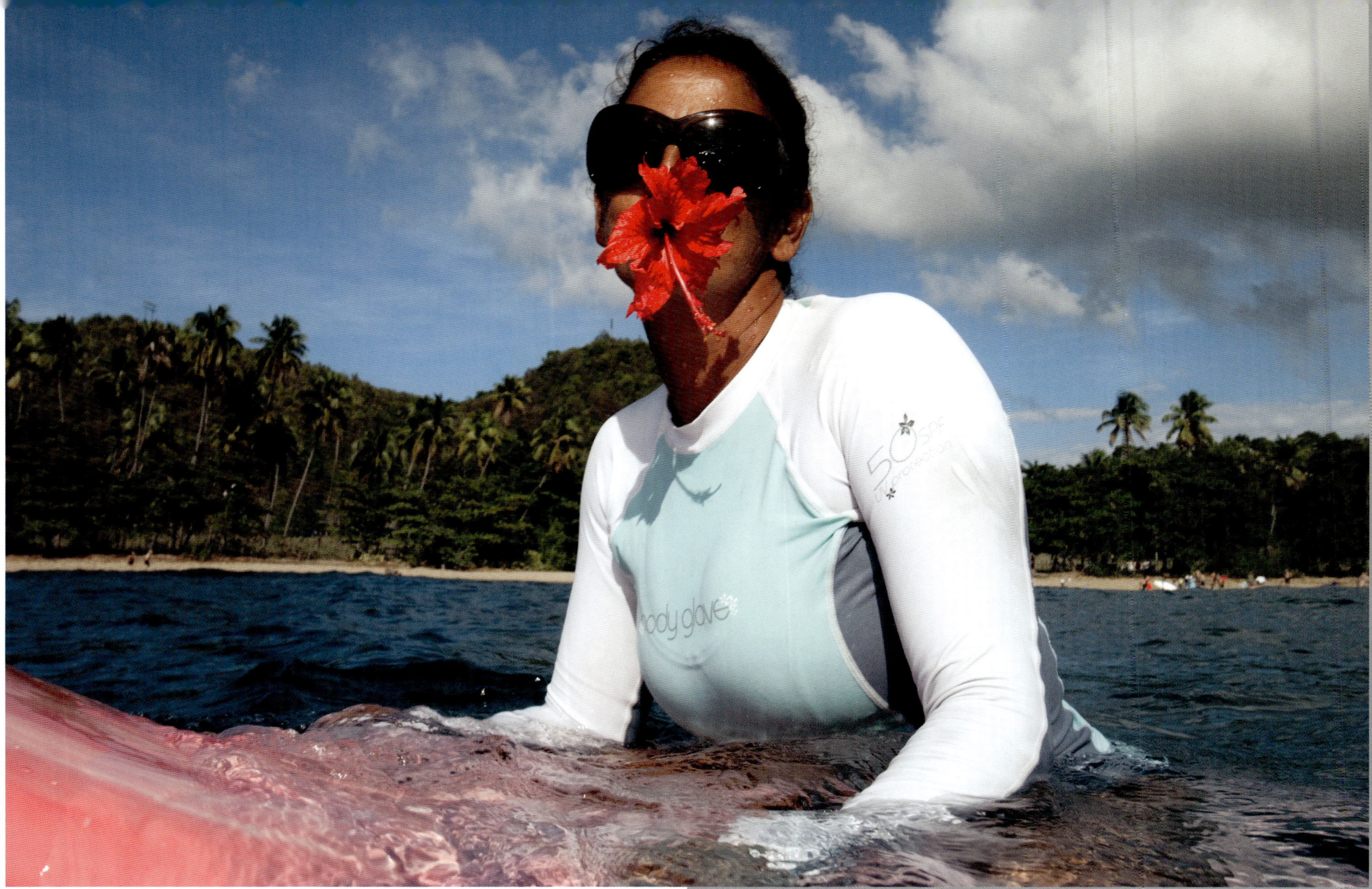

Luly Soto, Steps, Rincón, January 18, 2009, 3:24 P.M.: Luly is a born and bred Aguadilla local who has been surfing her local waters for decades. So, when legendary transplant local Duke Michael, known locally as "the first gringo who came and stayed," passed away in late December of 2008, Luly was one of the many locals who attended the memorial paddle out to pay their respects.

Luly Soto, Steps, Rincón, 18 de enero de 2009, 3:24 P.M.: Luly es una local nacida y criada en Aguadilla que lleva décadas surfiando sus aguas locales. Por eso, cuando el legendario local "transplantado" Duke Michael, conocido como "el primer gringo que vino para quedarse", falleció a finales de diciembre de 2008, Luly fue una de muchos locales que asistieron a la remada en su memoria.

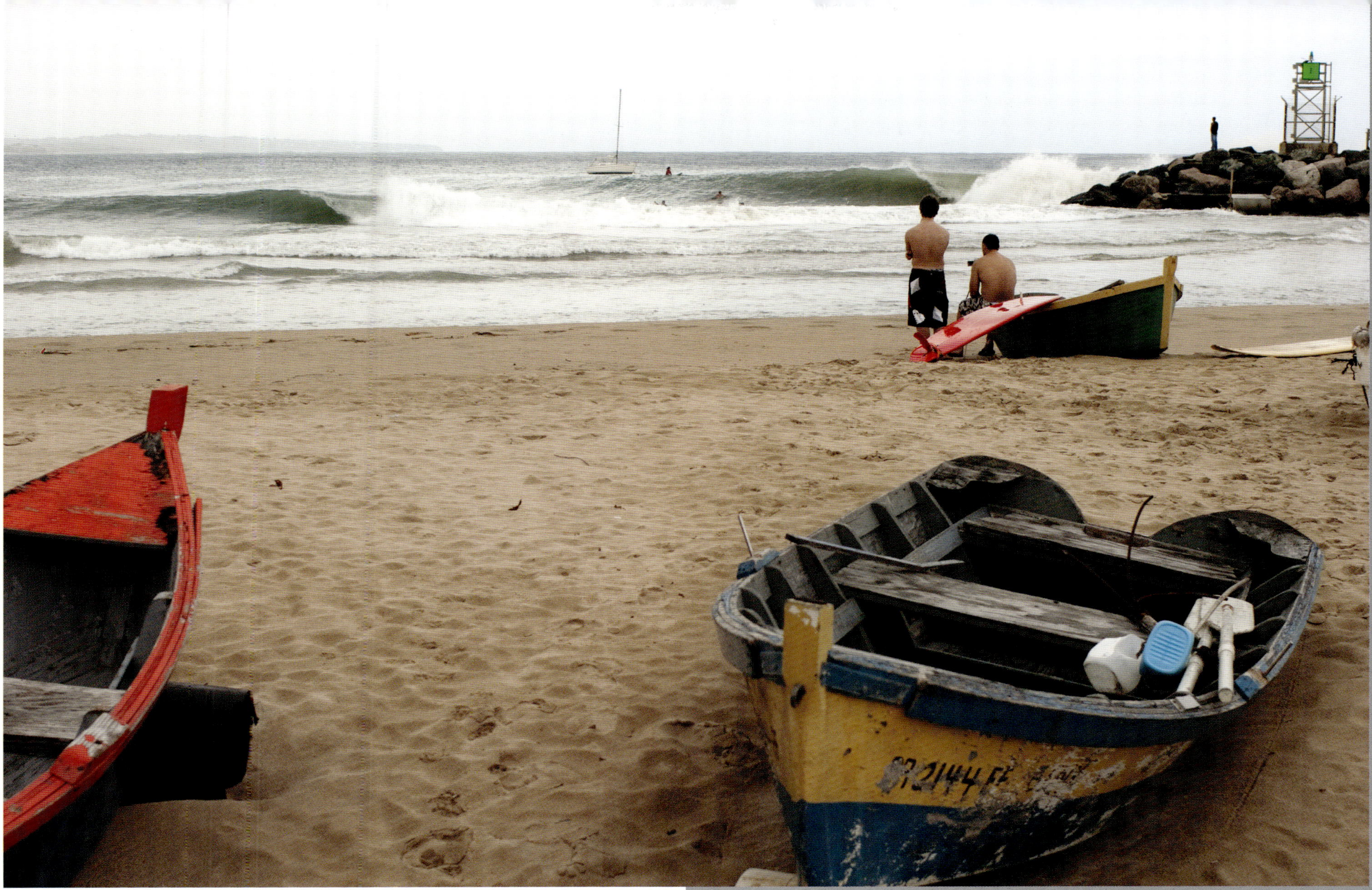

El Espuelón, Aguadilla, February 20, 2009, 9:58 A.M : Right in the heart of downtown Aguadilla, El Espuelón is a focal point for surf any time the large westerly swells are running. It also means that the crowds are often thick, but being that it's not an easy wave to surf from the peak, the end-to-end waves are reserved for the truly talented riders.

El Espuelón, Aguadilla, 20 de febrero de 2009, 9:58 A.M.: Justo en el corazón del pueblo de Aguadilla, El Espuelón es un punto neurálgico para el surfing siempre que entran marejadas grandes del Oeste. También significa que a menudo está muy concurrido, pero como no es una ola fácil de correr desde el pico, las olas de rabo a cabo están reservadas para los corredores realmente talentosos.

Eric Torres, Camuy, December 6, 2009, 3:30 P.M.: Eric is a young Hatillo local who combines his surfing and sponsorship with university studies in Mayagüez. His parents, Victor and Maru, are often involved as staff at the major contest events held on the island, and produce an annual municipal event in their hometown of Hatillo that has been very successful.

Eric Torres, Camuy, 6 de diciembre de 2009, 3:30 P.M.: Eric es un joven local de Hatillo que combina su surfing y auspicios con sus estudios universitarios en Mayagüez. Sus padres, Víctor y Maru, participan a menudo como oficiales en los eventos competitivos más importantes de la Isla, y producen un evento municipal anual en su pueblo de Hatillo que ha tenido mucho éxito.

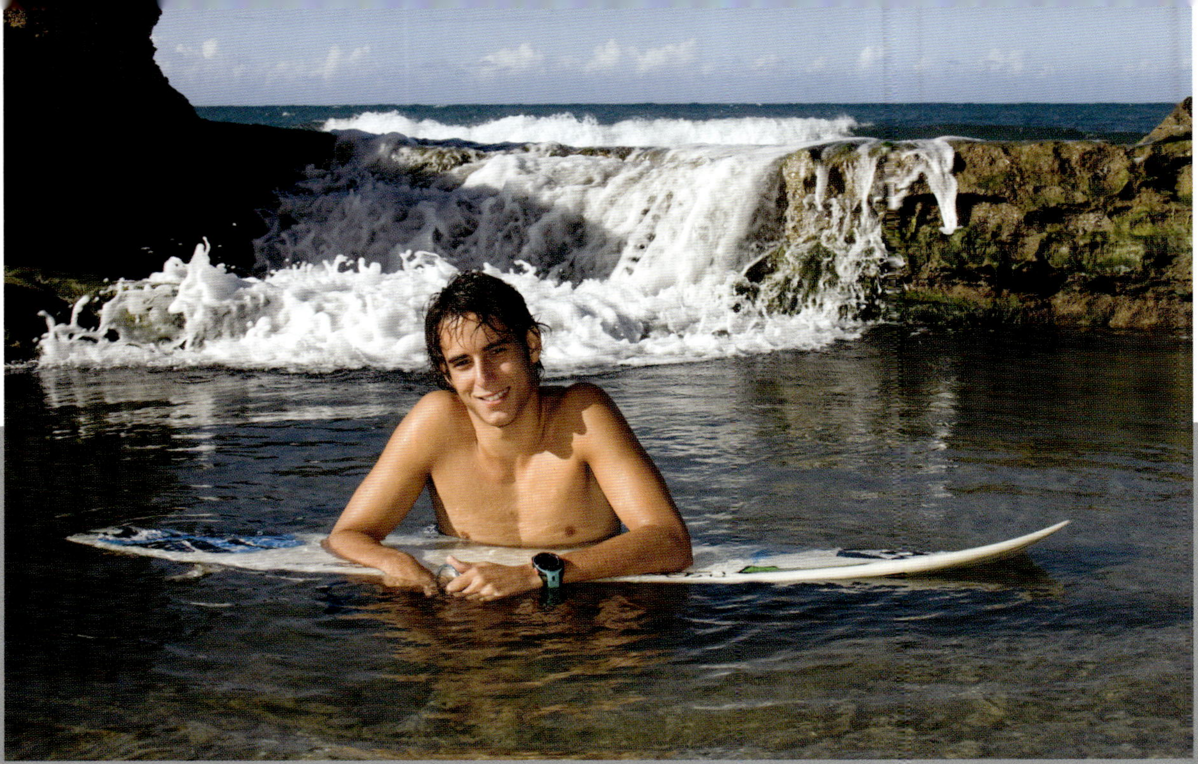

Brian Ramos, Las Croabas, Fajardo, February 28, 2010, 2:30 P.M.: The eastern end of Puerto Rico is home to a lot of untapped surf potential, and no one knows that better than Luquillo local, Brian Ramos. On this day we did a lot of walking and not a whole lot of surfing, but that's the way the search goes sometimes.

Brian Ramos, Las Croabas, Fajardo, 28 de febrero de 2010, 2:30 P.M.– La costa Este de Puerto Rico tiene mucho potencial de surfing por descubrir, y nadie lo sabe mejor que Brian Ramos, que es local de Luquillo. Este día caminamos más de lo que surfiamos, pero así es que funciona la búsqueda a veces.

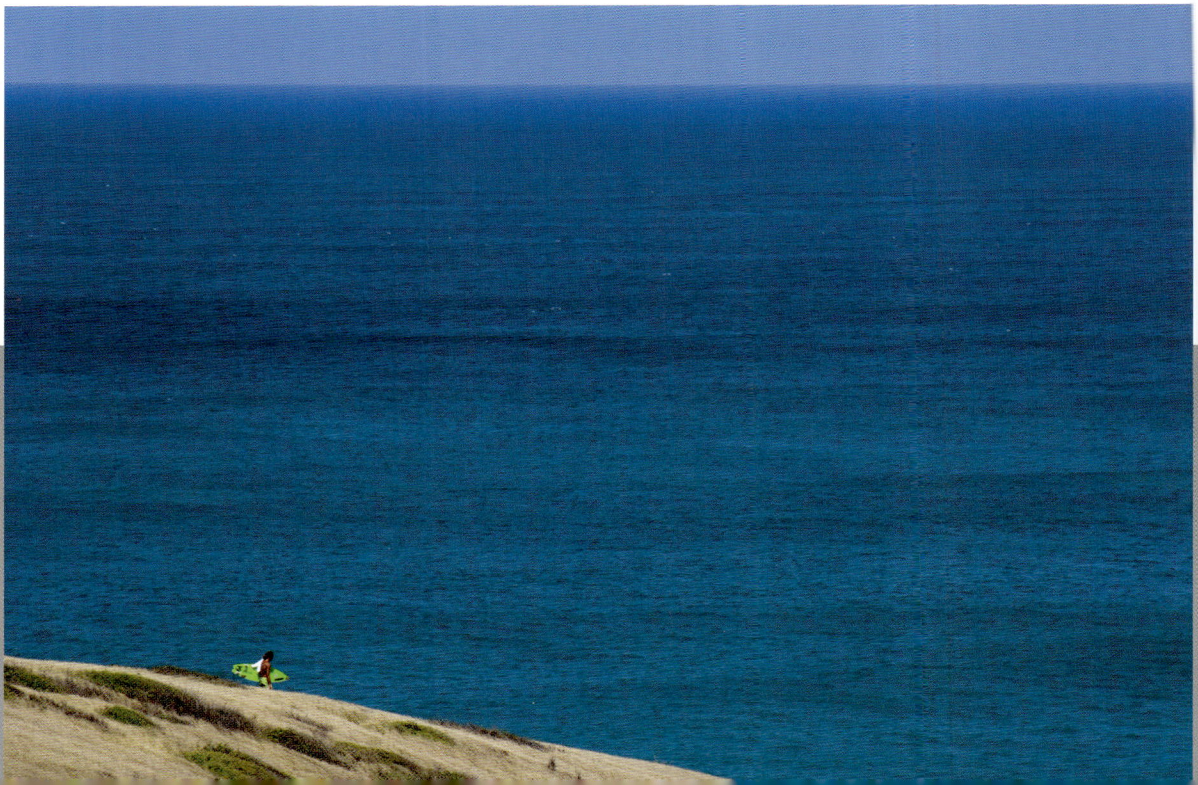

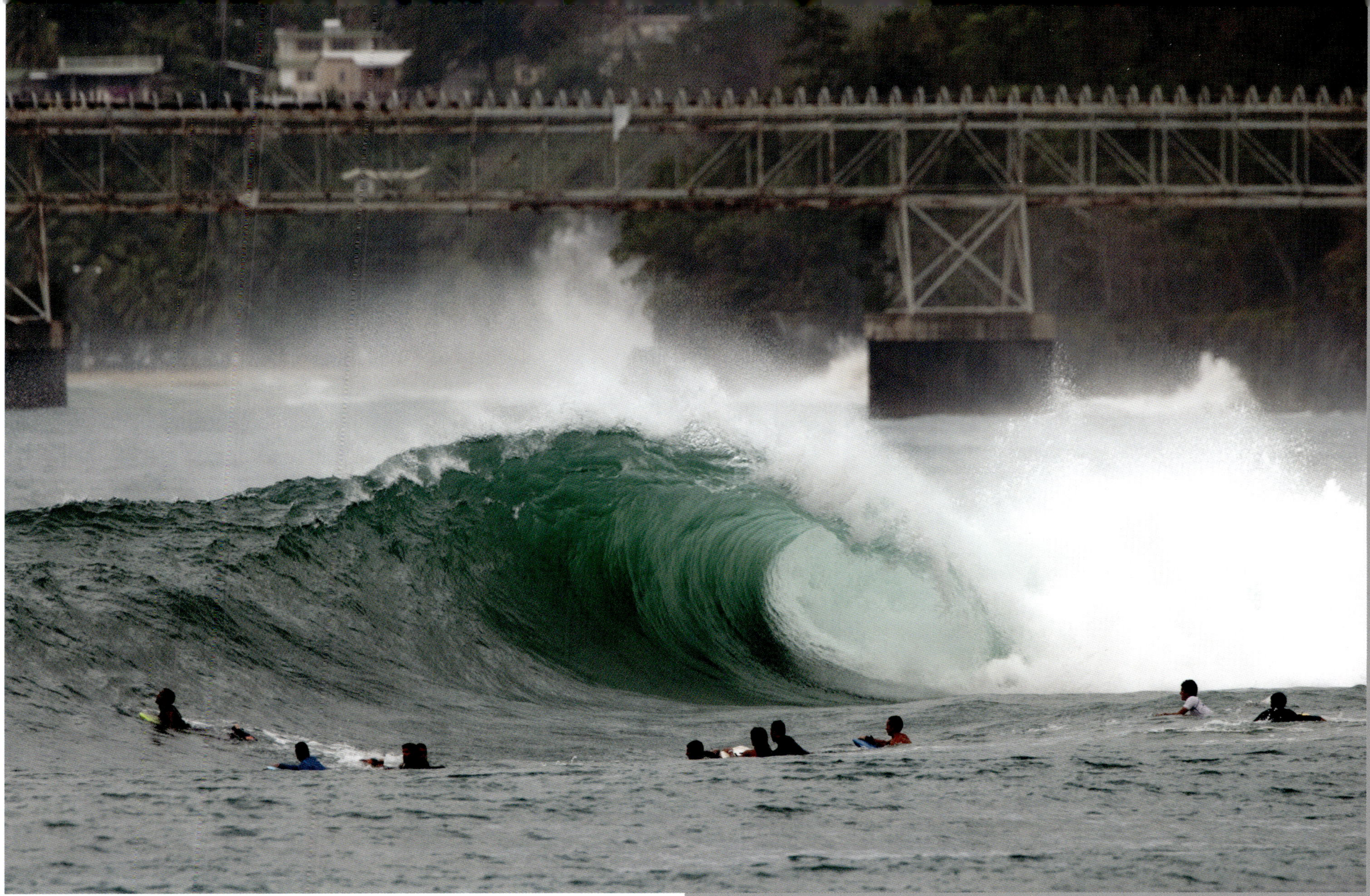

El Espuelón, Aguadilla, January 27, 2006, 10:07 A.M.: This day, typically cool and overcast for a day of northwest swell, was the first time I'd seen El Espuelón break this big, and I still haven't seen as good a day there since. I parked my van in the corner of a lot while a light rain fell, and captured this image from the driver's seat

El Espuelón, Aguadilla, 27 de enero de 2006, 10:07 A.M.: Este fue un día típico de marejada del noroeste, fresco y nublado. Fue la primera vez que vi El Espuelón romper así de grande y al día de hoy no lo he vuelto a ver así de bueno. Estacioné mi van en la esquina de un solar mientras caía una lluvia leve y tomé esta imagen desde al asiento del conductor.

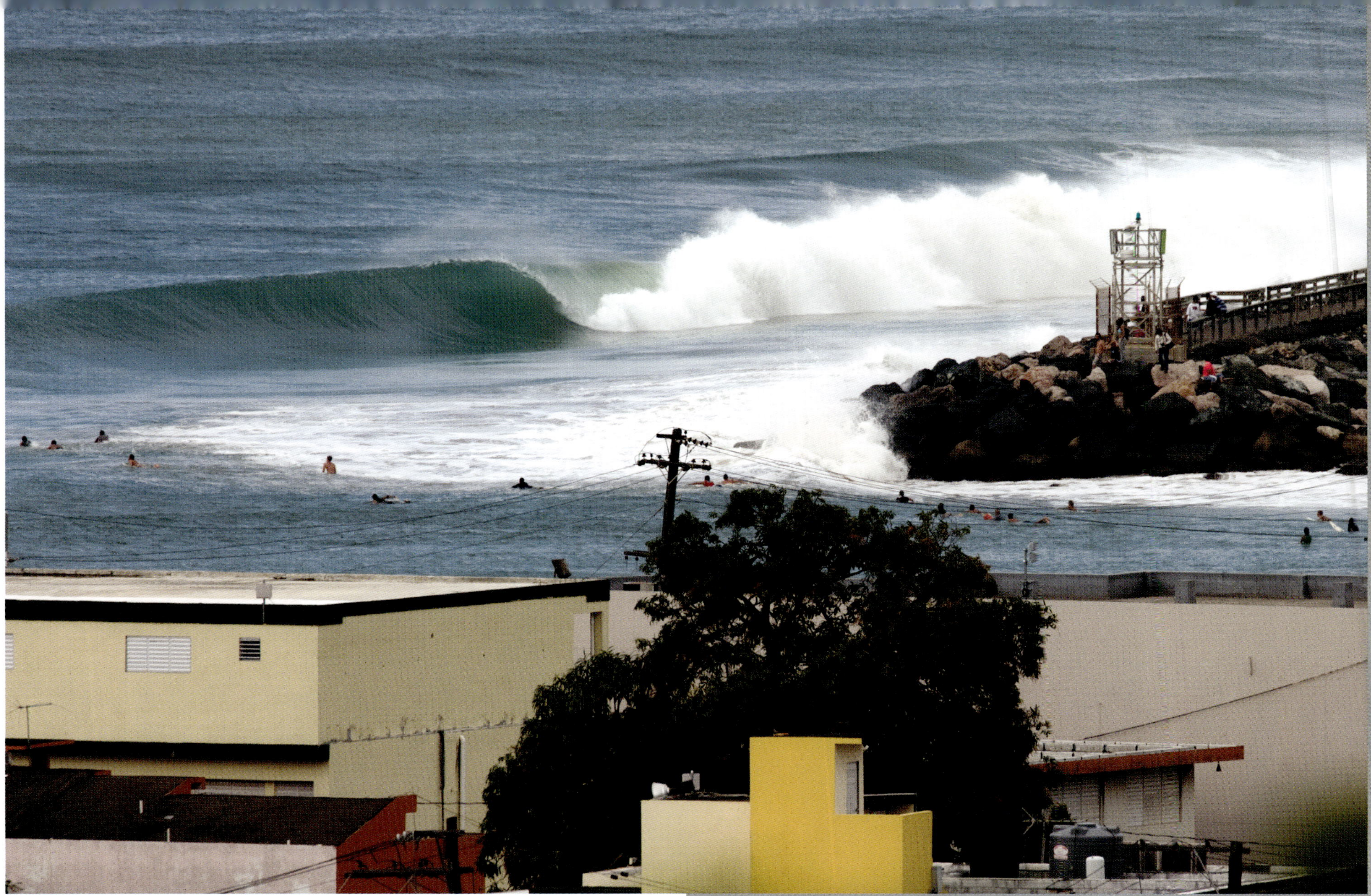

El Espuelón, Aguadilla, January 28, 2006, 2:28 P.M.: By the following day the weather had partially cleared and the wind had become more offshore. With a solid swell still running, El Espuelón was one of the places to be, but instead of shooting from anywhere near the break, I opted for a view from the hills above town to get a different angle.

El Espuelón, Aguadilla, 28 de enero de 2006, 2:28 P.M.: El próximo día el clima había mejorado un poco y el viento era más de la tierra. La marejada continuaba sólida y El Espuelón era uno de los mejores lugares para surfiar, pero en vez de fotografiar desde algún punto cercano a la ola, opté por una vista desde las montañas sobre el pueblo para obtener un ángulo diferente.

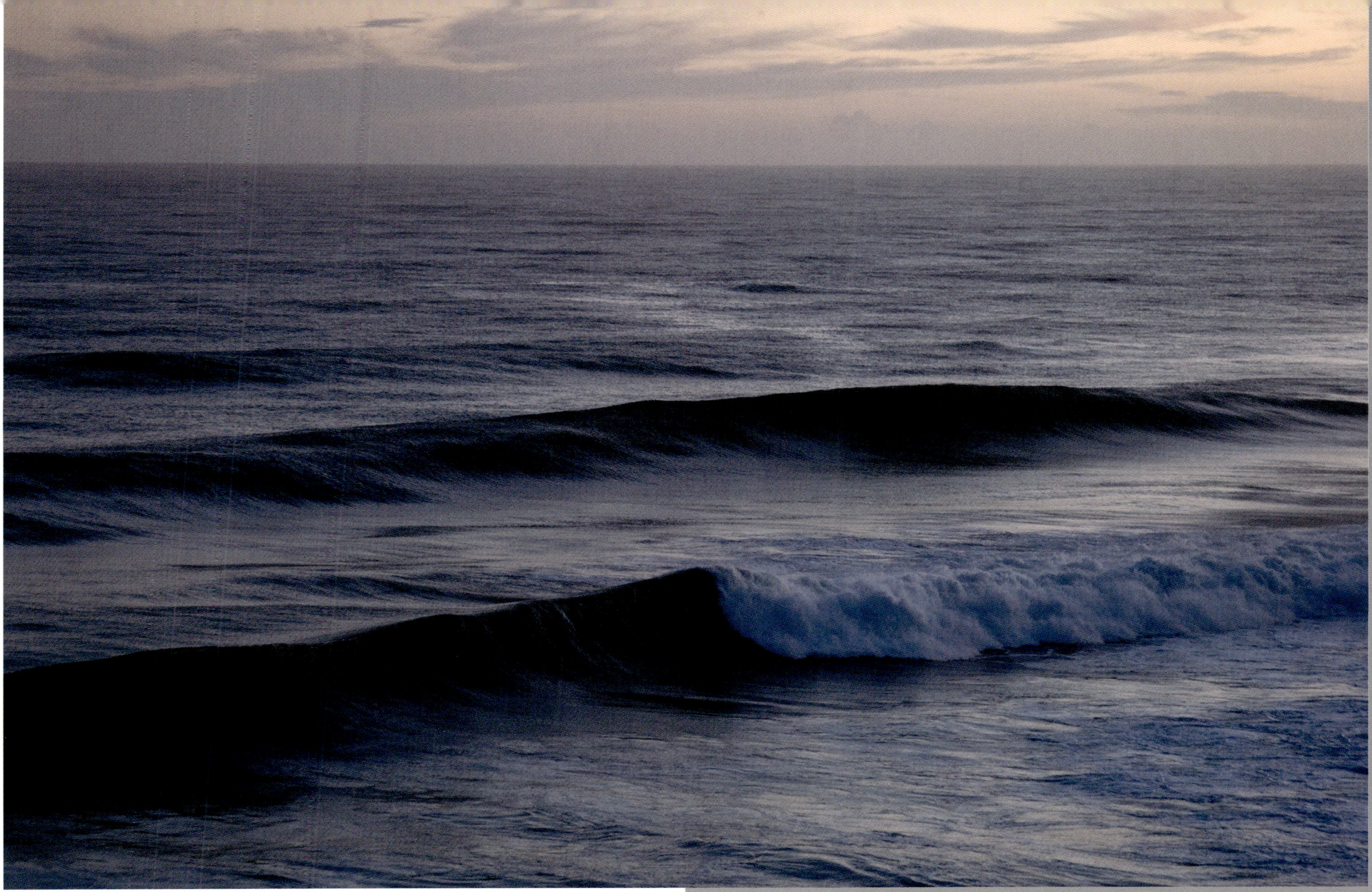

Secret Spot, The Lost Coast, November 11, 2009, 6:21 A.M.: The North Coast of Puerto Rico is hiding literally dozens of set ups like this. They're off the beaten track and take a specific set of conditions to turn on, but by taking the time to understand them, solitary sessions are nearly guaranteed.

Lugar Secreto, La Costa Perdida, 11 de noviembre de 2009, 6:21 A.M.: La costa Norte de Puerto Rico esconde docenas de olas como esta. Se encuentran lejos de los caminos frecuentados y funcionan con condiciones específicas, pero si te tomas el tiempo para lograr entenderlas, tendrás sesiones solitarias casi garantizadas.

Héctor Santamaría, Isla Bonita Studios, Santurce, September 8, 2006, 4:40 P.M.: Héctor was up for an ad for his sponsor, Hurley, and they hired me to do a lifestyle shoot of him. I've always been very lucky to have the support of my good colleague, Franklin Miranda, and access to his studio and all his gear, so making shoots like this a success has been very easy.

Héctor Santamaría, Estudio Isla Bonita, Santurce, 8 de septiembre de 2006, 4:40 P.M.: Héctor le tocaba hacer un anuncio para su auspiciador, Hurley, y me contrataron para hacerle una sesión de fotos de estilo de vida. Siempre he tenido la suerte de contar con el apoyo de mi buen colega, Franklin Miranda, y del acceso a su estudio y a todo su equipo, por lo que se me ha hecho muy fácil tener éxito en sesiones fotográficas como esta.

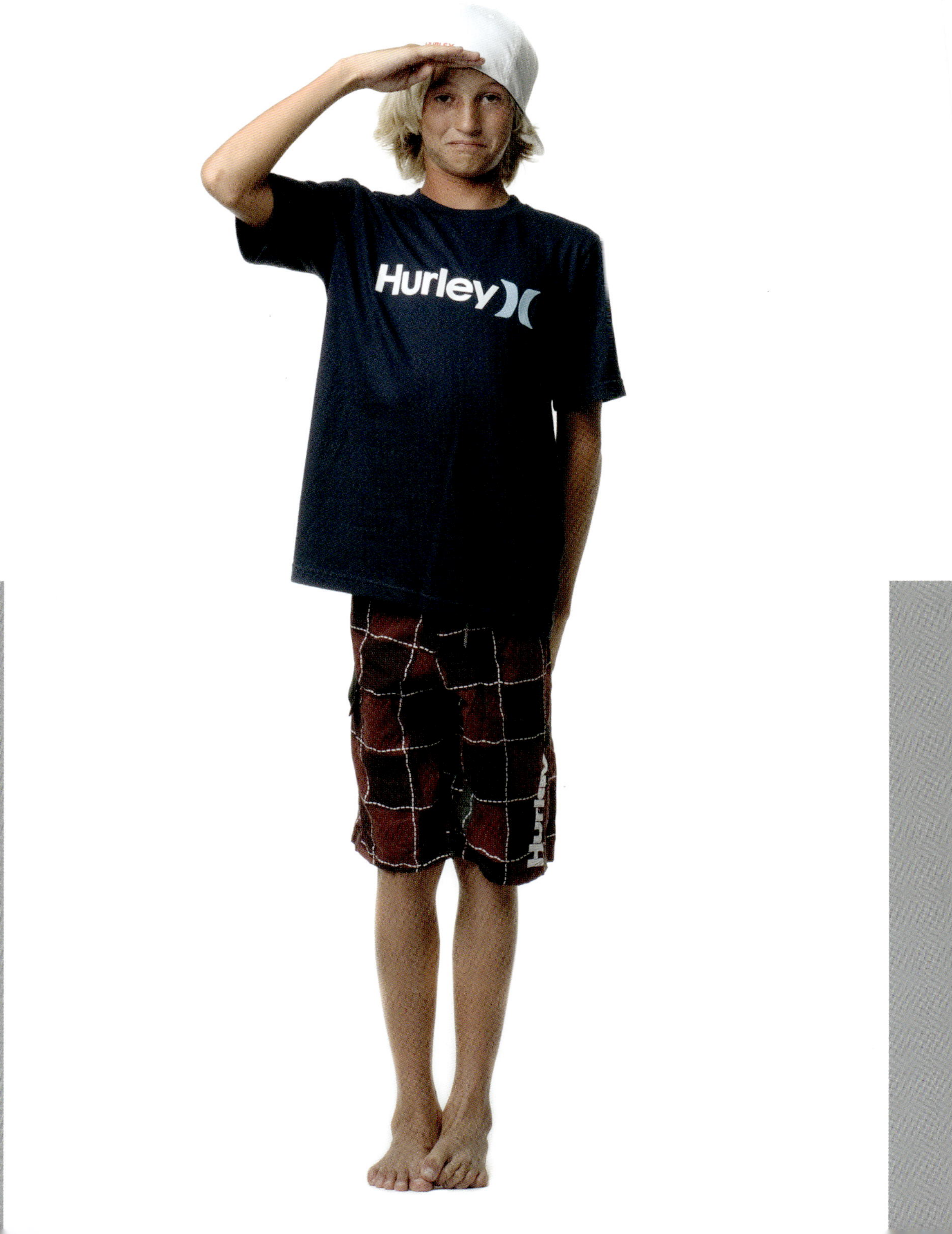

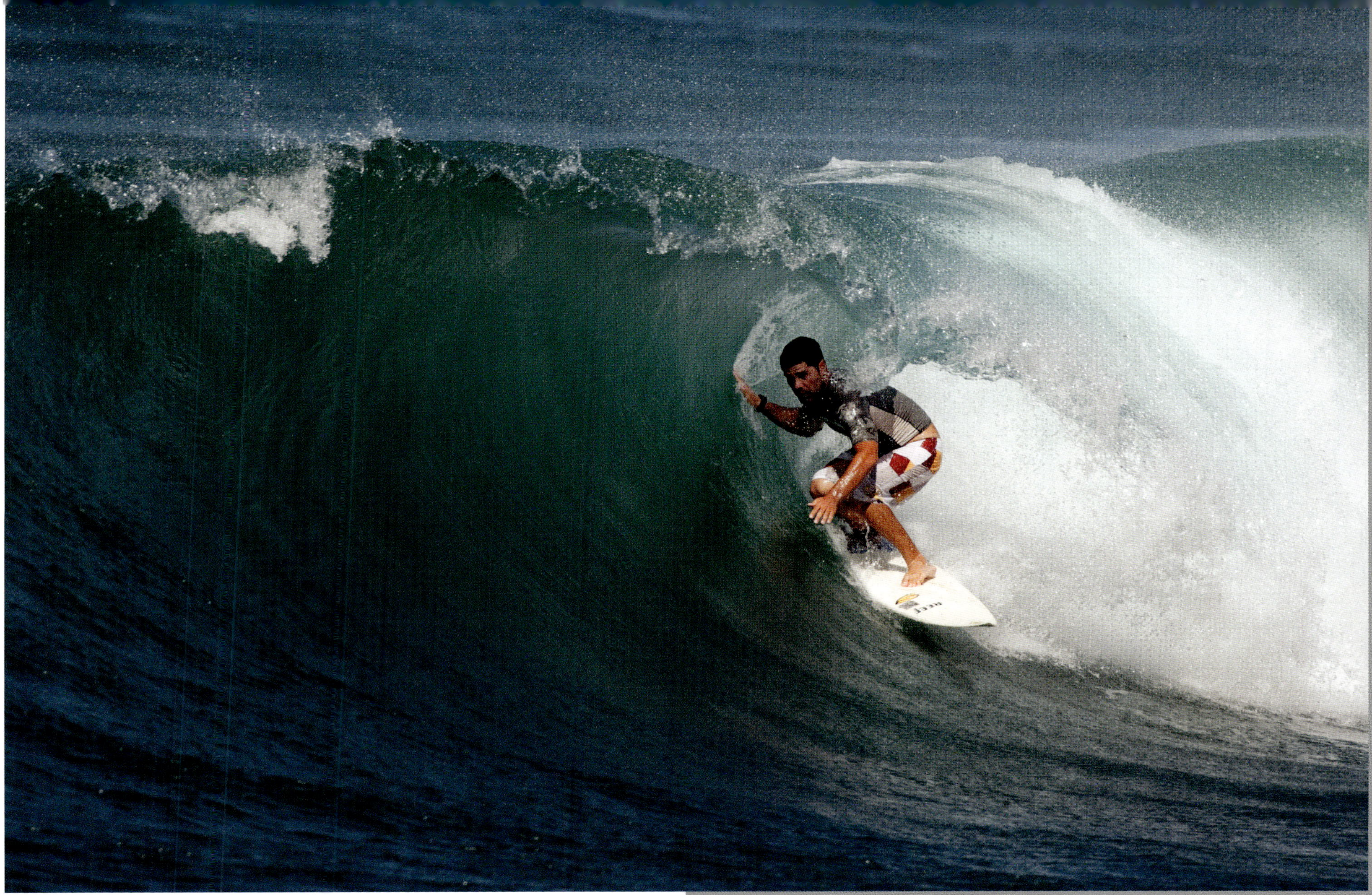

Ramse Morales, The Lost Coast, October 10, 2008, 2:46 P.M.: Ramse is a lifelong local from Rincón who joined us this day for a swell-chasing adventure along The Lost Coast. This spot in particular is somewhat protected from the wind and has an inside bowl section that was very much up Ramse's alley.

Ramse Morales, La Costa Perdida, 10 de octubre de 2008, 2:46 P.M.: Ramse es un local de toda la vida de Rincón que nos acompañó este día en una aventura de perseguir una marejada por La Costa Perdida. Este lugar en particular tiene algo de protección del viento y tiene una sección en el interior del "bowl" que le gustó mucho a Ramse.

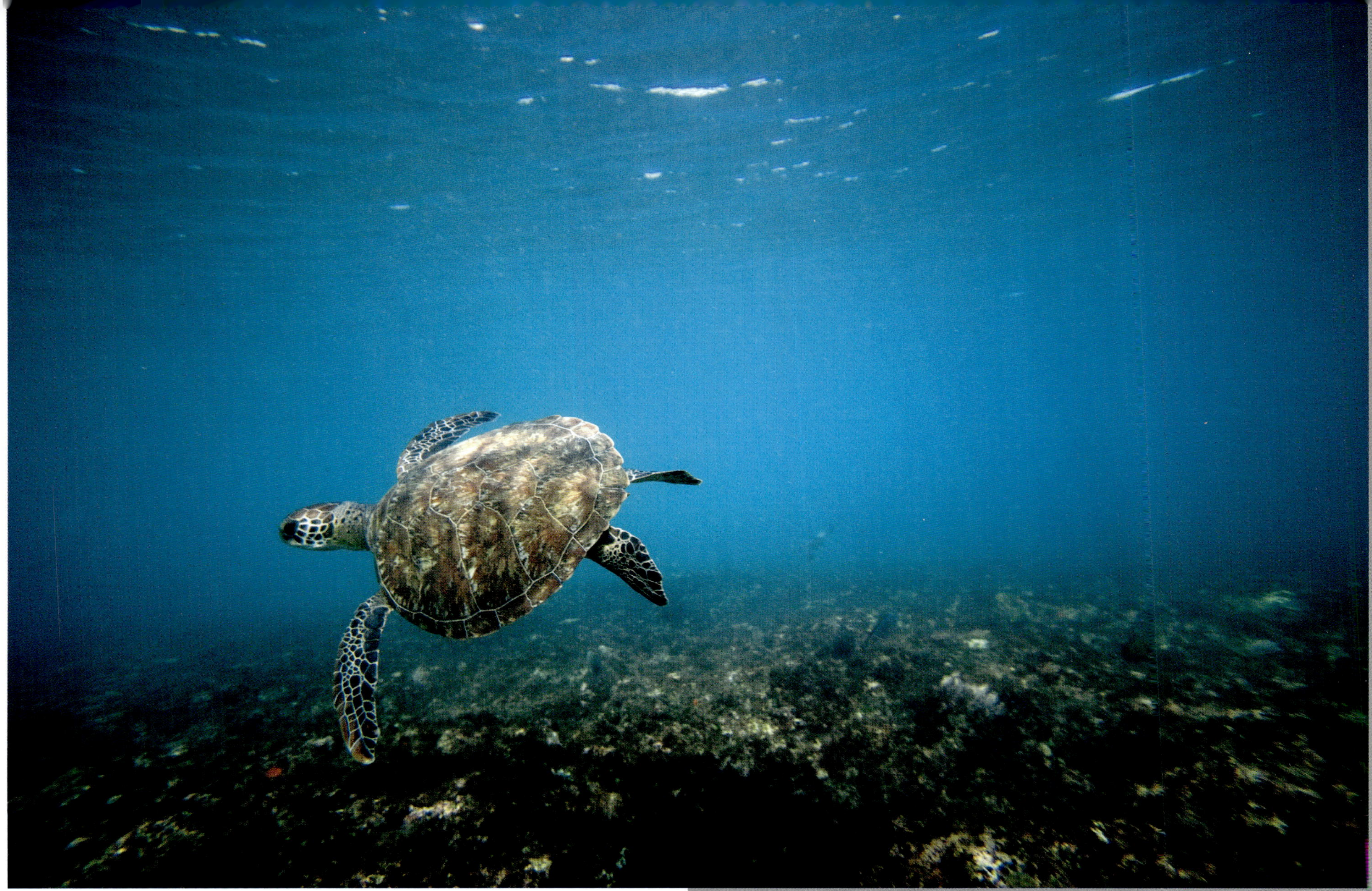

Sea Turtle, Hollows, Barceloneta, December 13, 2006, 9:17 A.M.: This is one of the reasons that surfers tend to be passionate about protecting the ocean and their coasts. And as the only indicator species that can speak, we're the only ones who can defend the interests of creatures like this one.

Tortuga de mar, Hollows, Barceloneta, 13 de diciembre de 2006, 9:17 A.M.: Esta es una de las razones por las que los surfers suelen ser apasionados protectores del océano y las costas. Y como la única especie indicadora que puede hablar, somos los únicos que podemos defender los intereses de criaturas como esta.

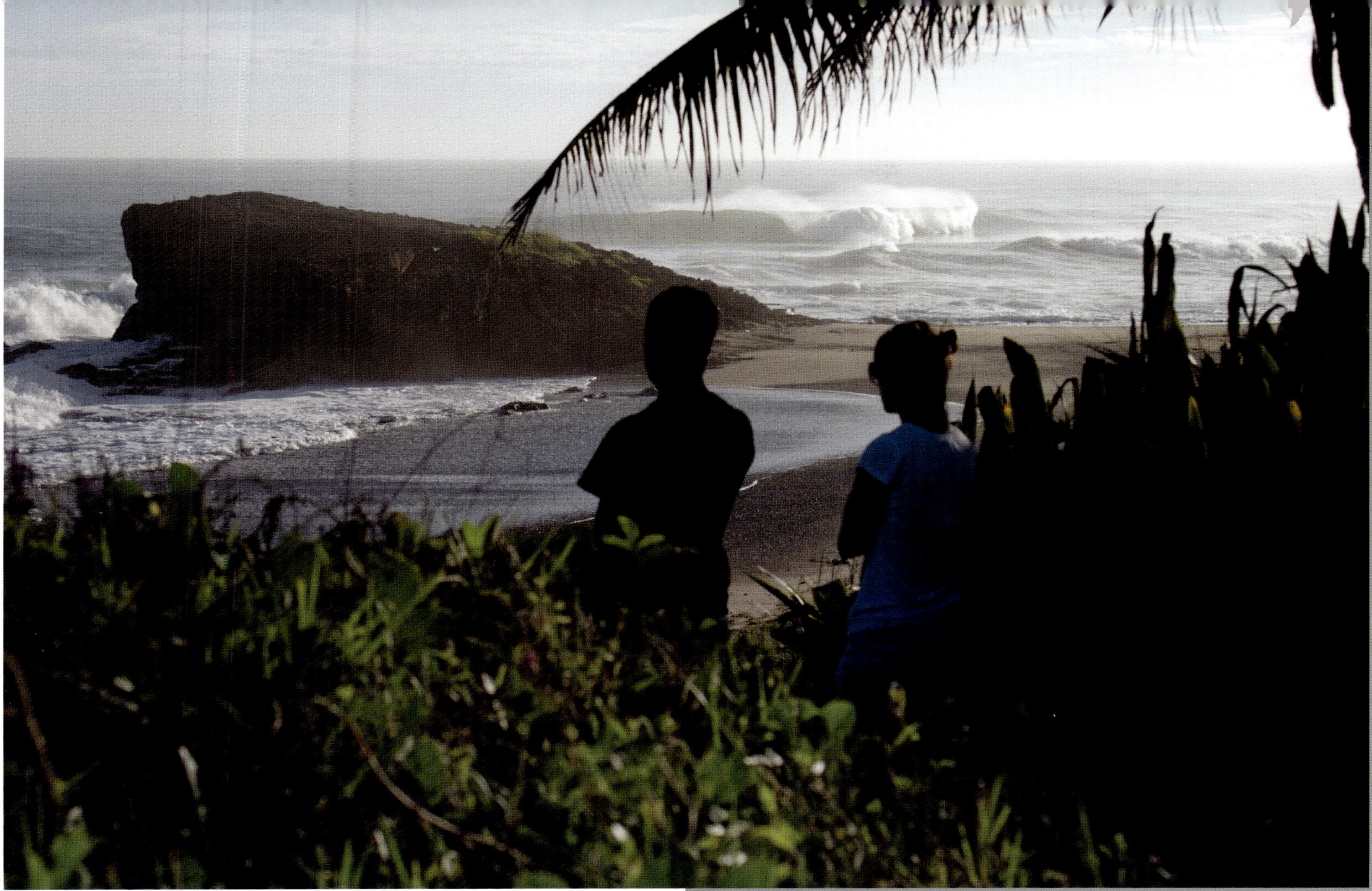

Surf Check, The Lost Coast, November 11, 2009, 7:34 A.M.: This stretch of coast has almost too many unridden waves to count. A variety of reefs and beaches accepting all swell angles, and some with a high wind tolerance, it became a staple of my search in 2007.

Chequeando las olas, La Costa Perdida, 11 de noviembre de 2009, 7:34 A.M.: Este litoral de la costa tiene demasiadas olas que no son corridas para contarlas. Una variedad de arrecifes y playas que aceptan todos los ángulos de las marejadas, y algunas soportan bastante viento, se hizo una parte esencial de mi búsqueda en 2007.

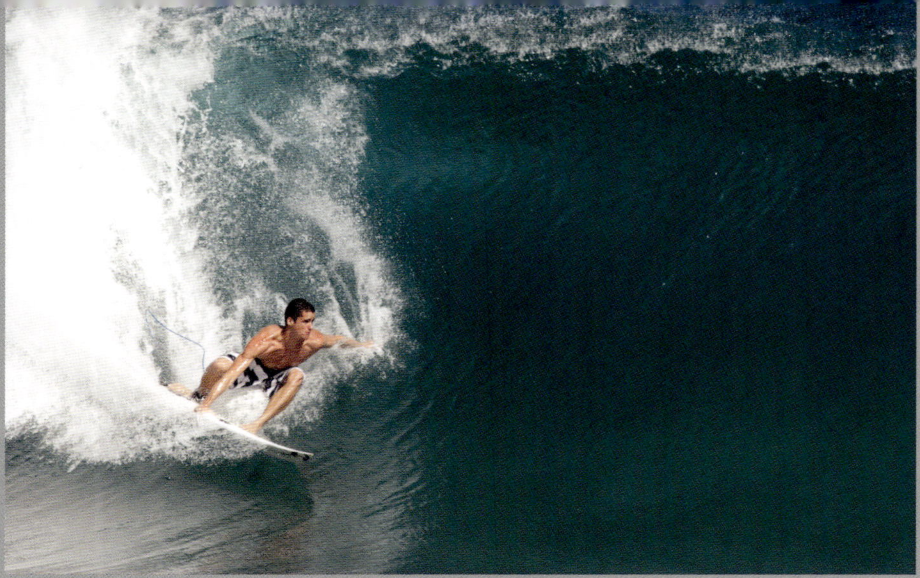

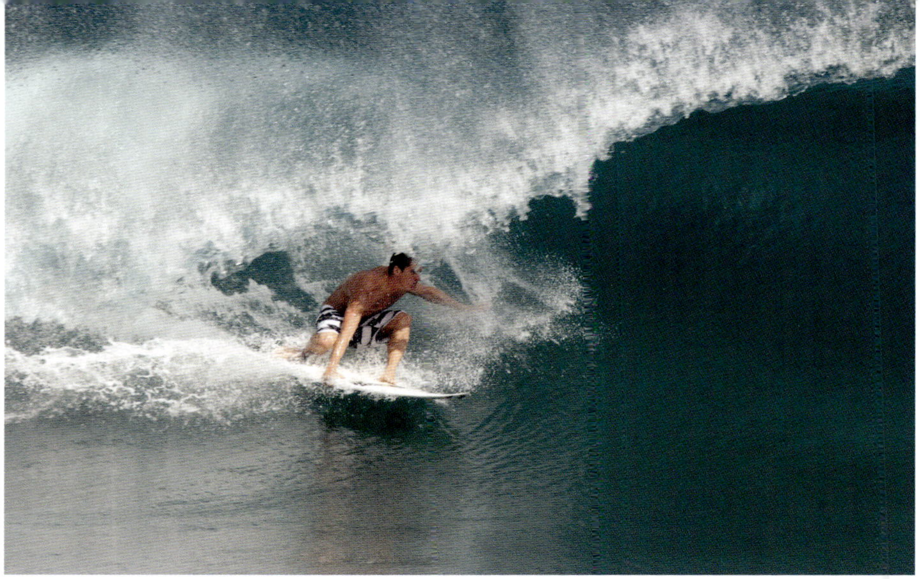

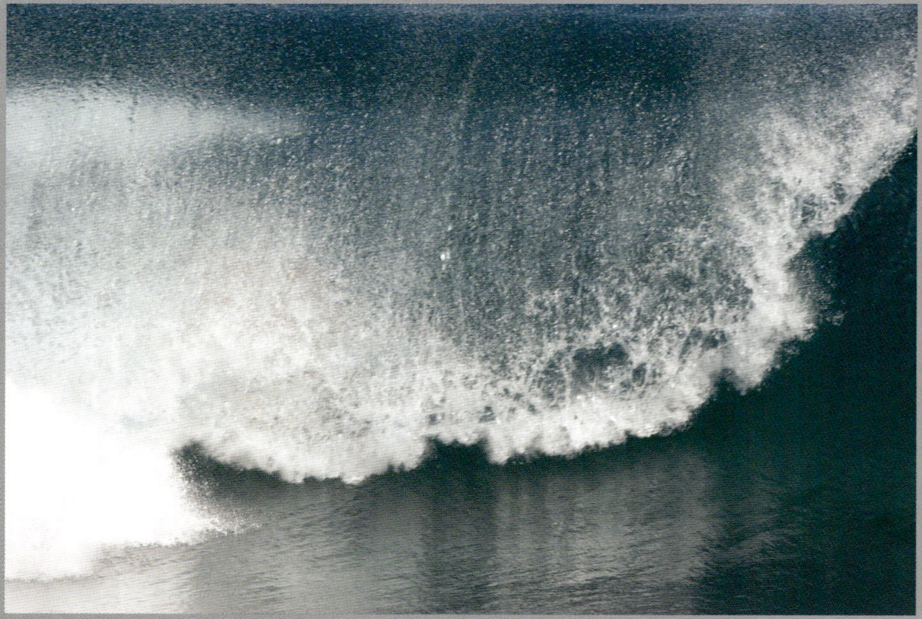

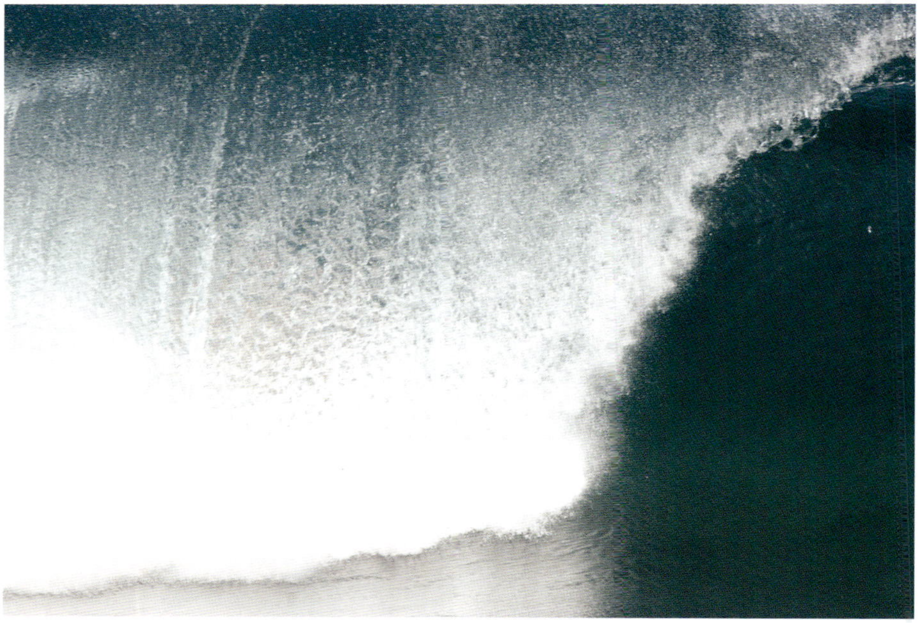

Leslie Bursian, Hollows, Barceloneta, January 11, 2008, 10:54 A.M.: While his brother Tommy is a top aerialist, Leslie is one of the best barrel riders in Puerto Rico. On this morning, Hollows was extremely pristine, from the quality of the waves to the water clarity, and Leslie pulled in to several deep barrels making it out of this one with the spit.

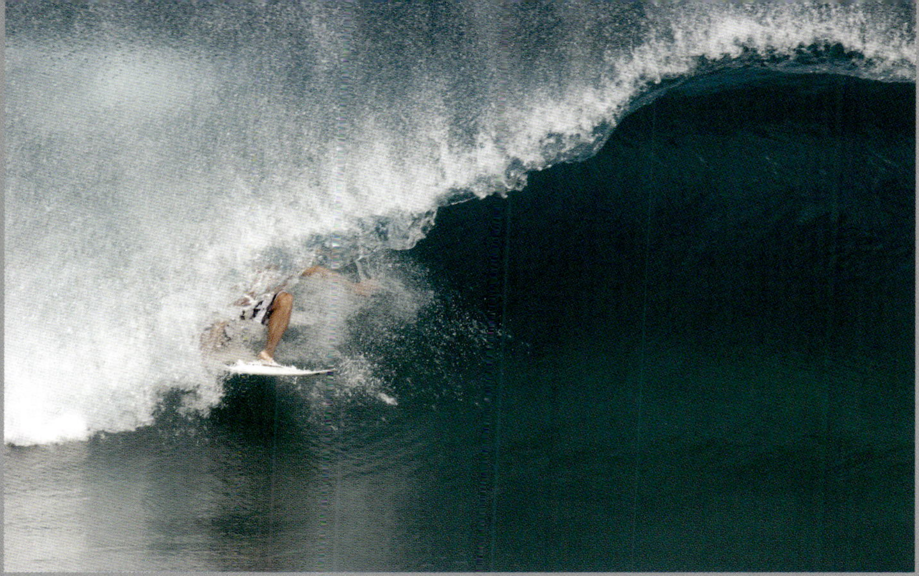

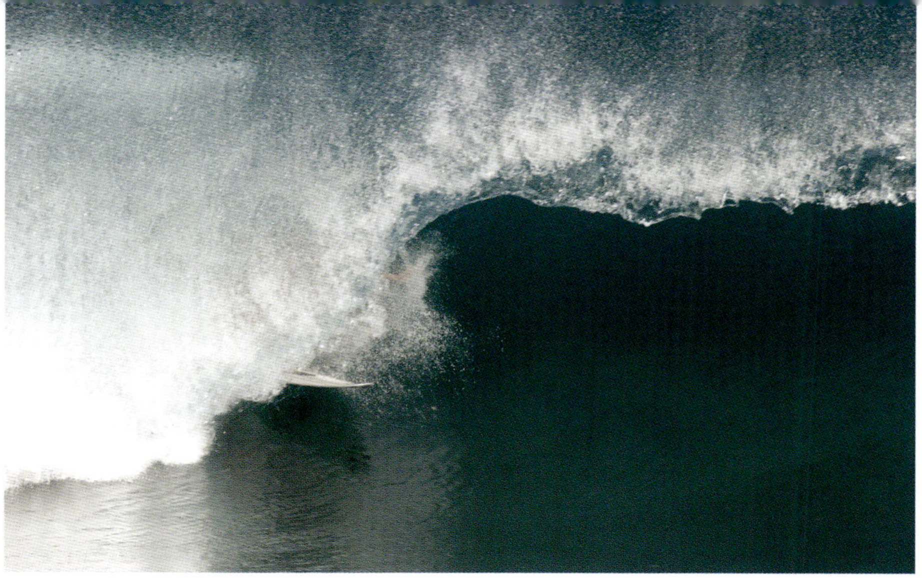

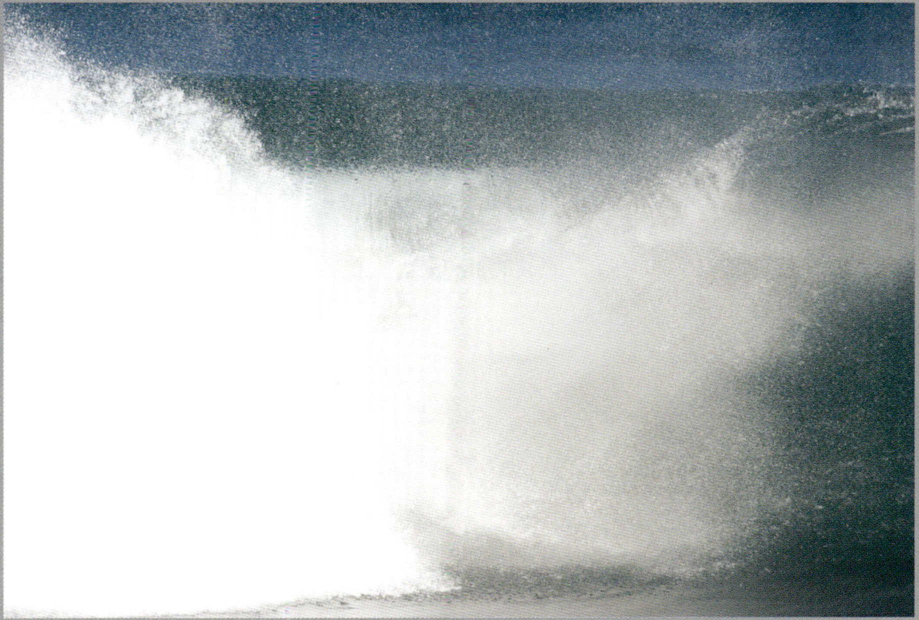

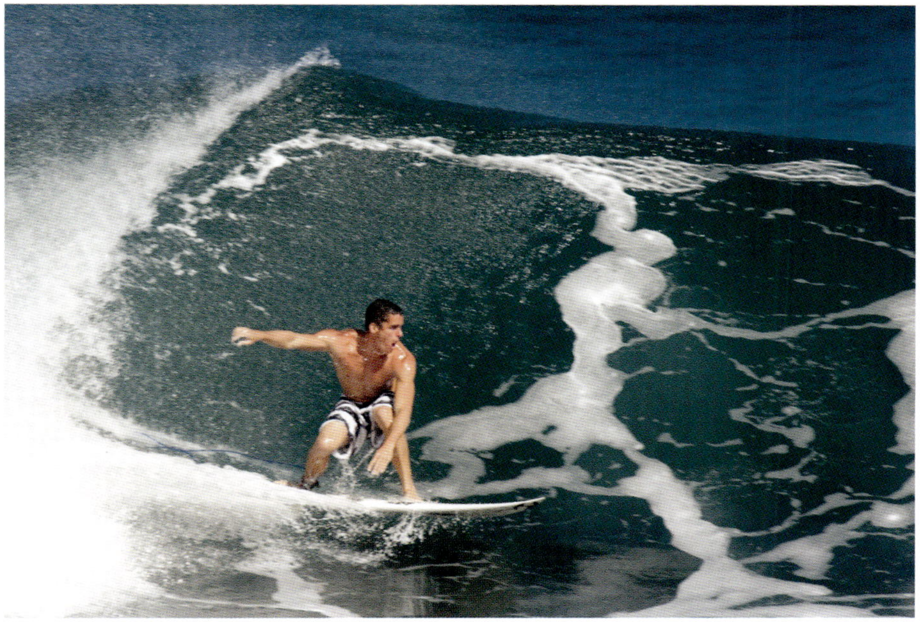

Leslie Bursian, Hollows, Barceloneta, 11 de enero de 2008, 10:54 A.M.: Mientras que su hermano Tommy es uno de los mejores en trucos aéreos, Leslie es uno de los mejores que corre tubos en Puerto Rico. Esta mañana las condiciones en Hollows eran prístinas, desde la calidad de las olas hasta la claridad del agua. Leslie corrió varios tubos profundos, y salió de este con una "escupida".

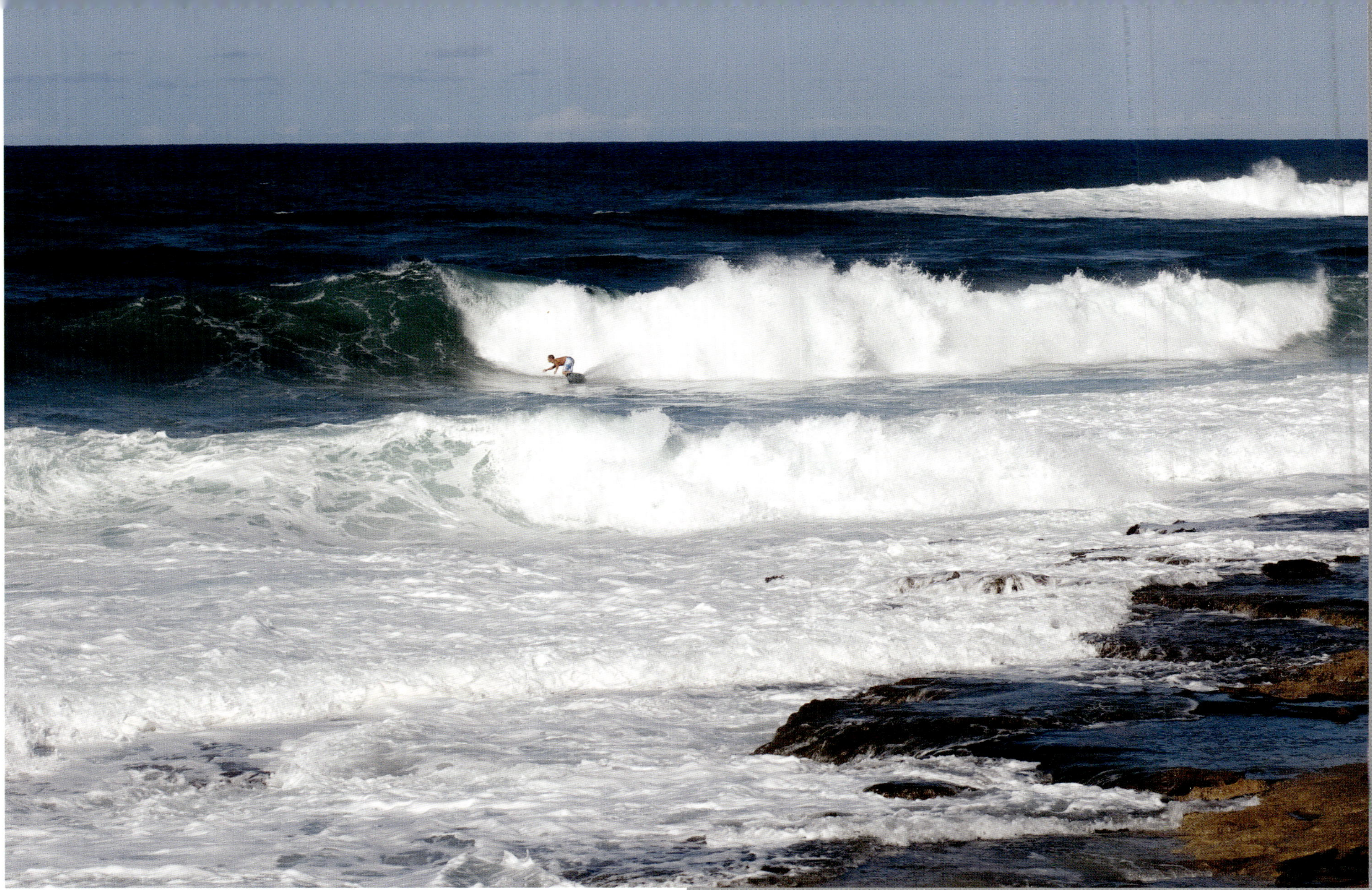

Leslie Bursian, The Lost Coast, January 20, 2007, 3:30 P.M.: This slab is one of the best waves I've seen in the region. It's very fickle, but when it does come together it's as good as any right on the island.

Leslie Bursian, La Costa Perdida, 20 de enero de 2007, 3:30 P.M.: Esta laja es una de las mejores olas que he visto en la región. Es muy inconstante, pero cuando se forma es de las mejores derechas de la Isla.

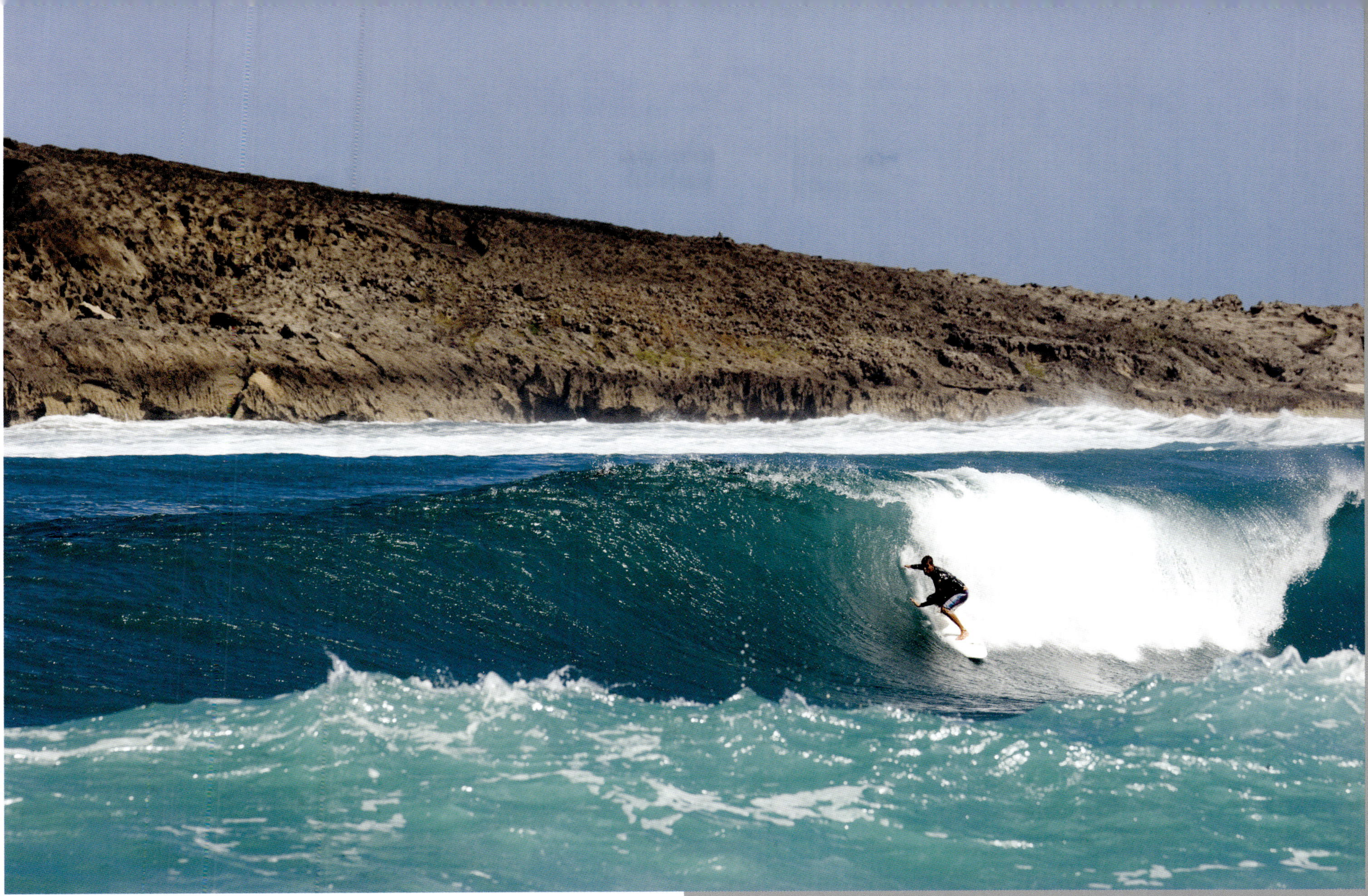

Chessy Montalvo, The Lost Coast, February 3, 2009, 11:57 A.M.: The Lost Coast's favorite son, Chessy turned me on to many spots here and continues to reveal possibilities with each new winter. Few surfers in Puerto Rico possess as much aloha spirit as does Chessy.

Chessy Montalvo, La Costa Perdida, 3 de febrero de 2009, 11:57 A.M.: Chessy, el hijo favorito de La Costa Perdida, me enseñó muchos puntos en el área y cada invierno revela nuevas posibilidades. Pocos surfers en Puerto Rico tienen tanto espíritu de aloha como Chessy.

Benjamin Jorge, La Ocho, San Juan, February 28, 2009, 7:45 A.M.: Benji is a fixture at La Ocho on any day that's a bit overhead or smaller. He is a well-known entity by all the locals, and they afford him the respect that he rightfully deserves. Benji is essentially Puerto Rico's Duke Kahanamoku.

Benjamin Jorge, La Ocho, San Juan, 28 de febrero de 2009, 7:45 A.M.: Benji siempre está en La Ocho los días en que las olas están un poco por encima de la cabeza o más pequeñas. Los locales lo conocen bien y le dan el respeto que se merece. Benji es, en esencia, el Duke Kahanamoku de Puerto Rico.

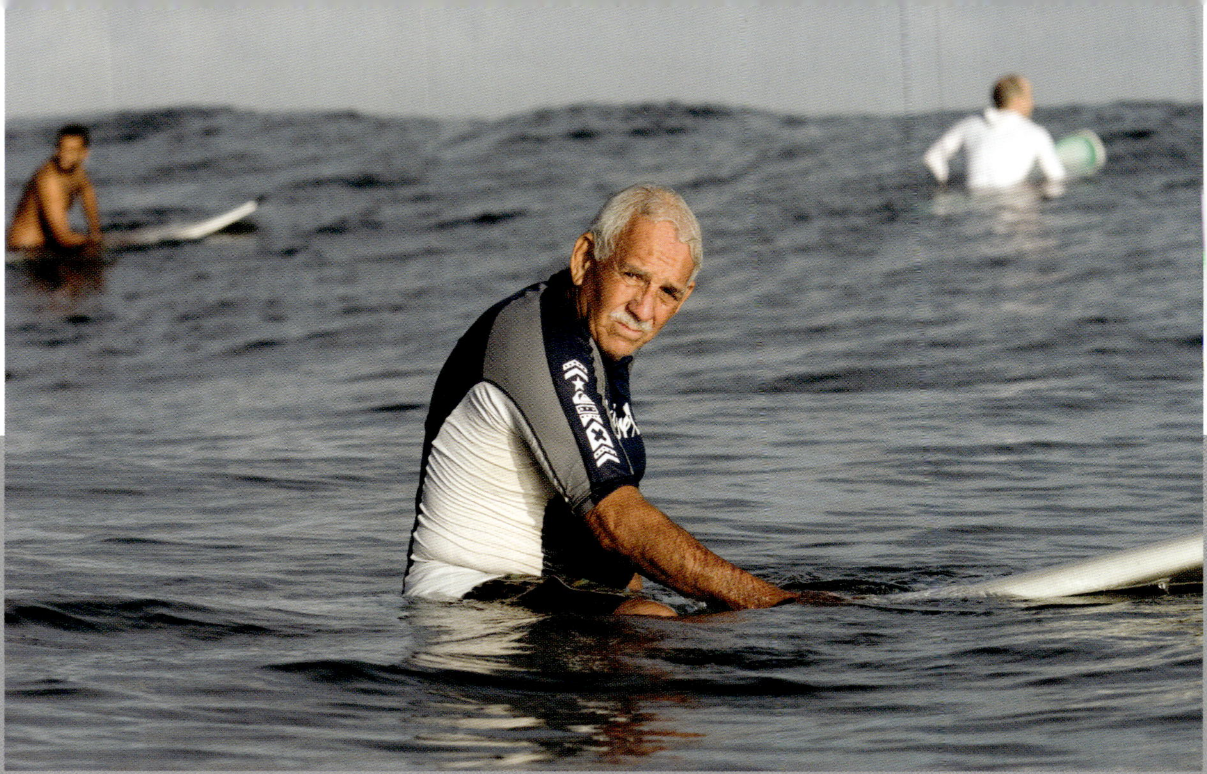

La Selva, Luquillo, January 4, 2010, 9:57 A.M.: The winter of 2009–2010 was one of the best seasons of surf anyone in Puerto Rico can remember. More swells with westerly direction reached the island accompanied by favorable winds than is the norm, and that, coupled with the ability to drive right up to the beach at La Selva, made for some memorable days there.

La Selva, Luquillo, 4 de enero de 2010, 9:57 A.M.: El invierno de 2009 - 2010 fue una de las mejores temporadas de surfing que se pueda recordar en Puerto Rico. Llegaron a la Isla más marejadas del oeste de lo común acompañadas de vientos favorables y esto, combinado con la posibilidad de conducir hasta justo en frente de la playa en La Selva, produjo unos días muy memorables allí.

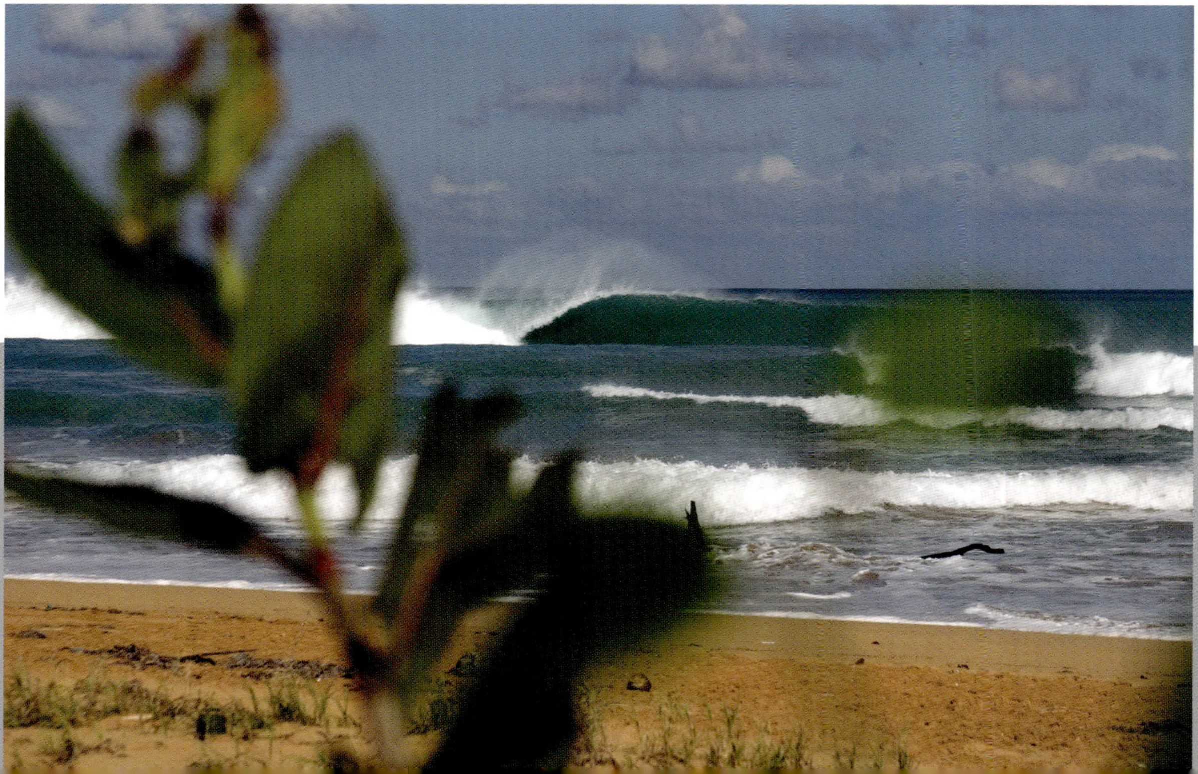

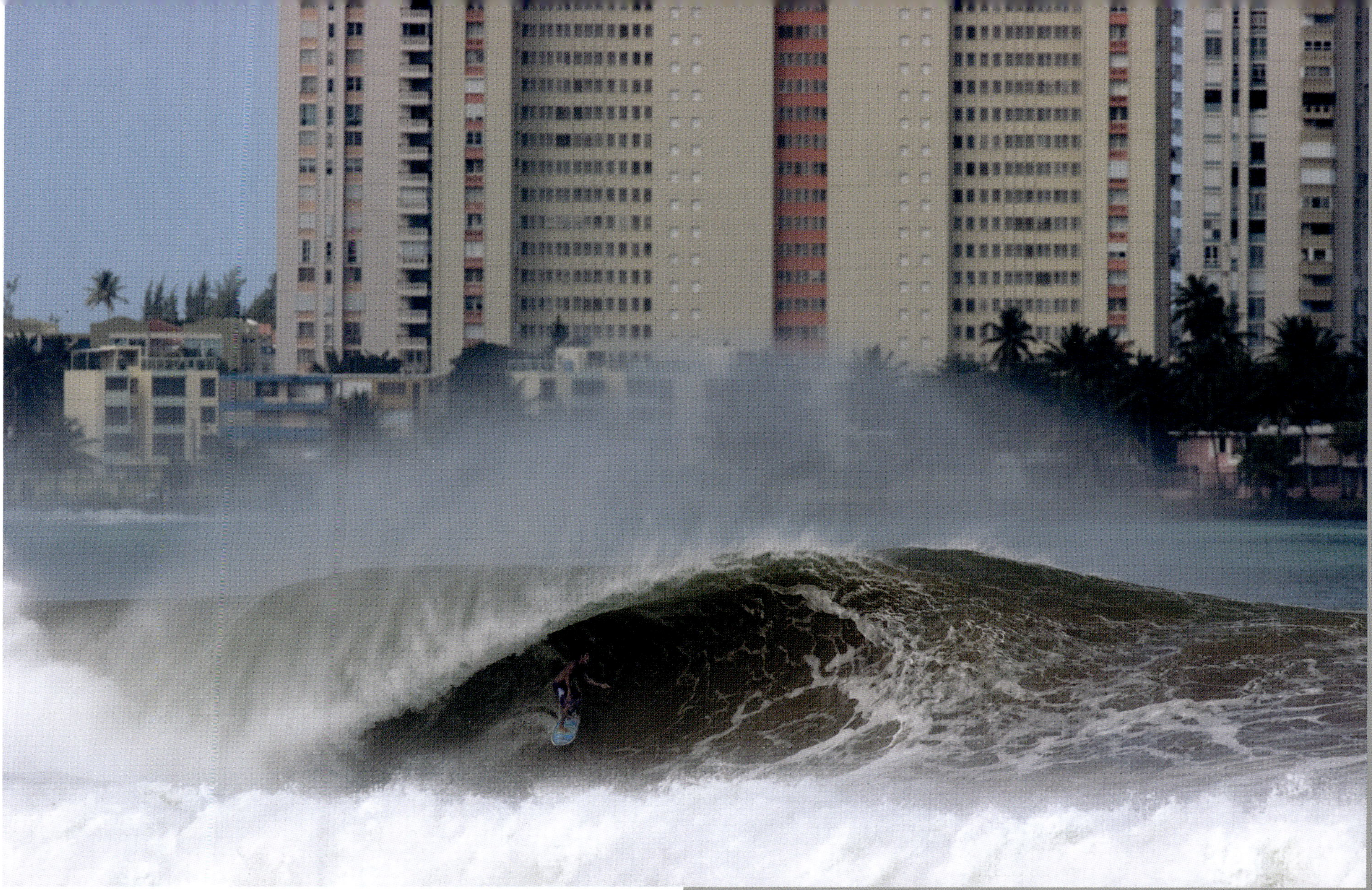

Brian Ramos, La Selva, Luquillo, January 5, 2010, 10:55 A.M.: The following day saw the swell peaking, the direction holding, and the wind remaining offshore. Exhausted from several hours of swimming the previous day, I found a unique angle from down the beach looking back into the main peak, and waited for Brian to take off on the biggest waves he could find.

Brian Ramos, La Selva, Luquillo, 5 de enero de 2010, 10:55 A.M.: El día siguiente, la marejada estaba en su punto máximo, se mantenía la dirección, y el viento seguía de la tierra. Exhausto de haber nadado varias horas el día anterior, encontré un ángulo único desde más abajo en la playa mirando hacia el pico principal, y esperé a que Brian se tirara en las olas más grandes que pudiera encontrar.

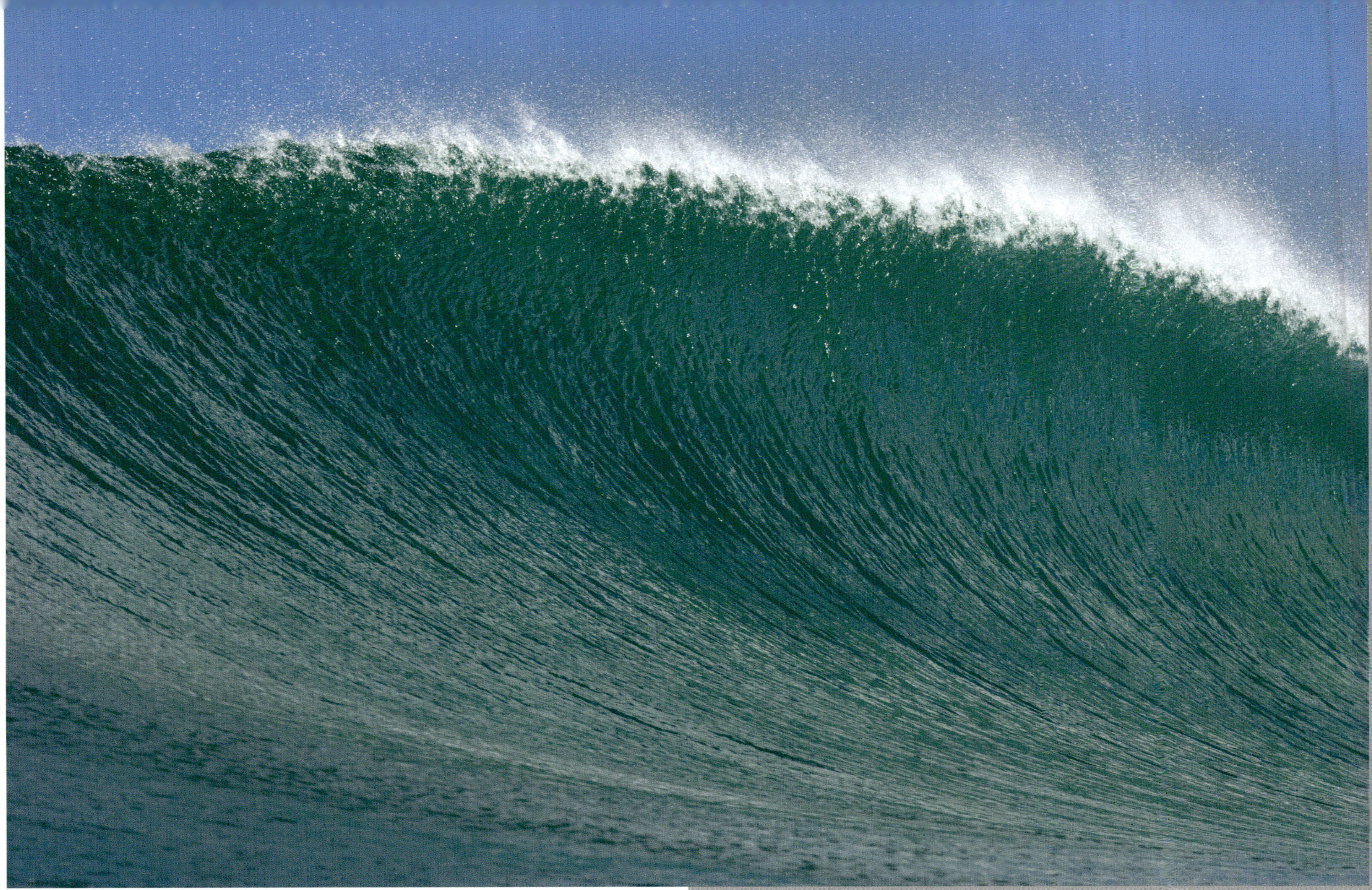

La Selva, Luquillo, December 20, 2009, 1:37 P.M.: A couple weeks earlier we had enjoyed a similar swell in terms of direction and favorable winds, but less grandiose in size, creating ideal conditions for swimming in the emerald green waters of La Selva.

La Selva, Luquillo, 20 de diciembre de 2009, 1:37 P.M.: Unas semanas antes habíamos disfrutado de una marejada similar en términos de la dirección y los vientos favorables, pero de menor tamaño, creando condiciones ideales para nadar en las aguas color verde esmeralda de La Selva.

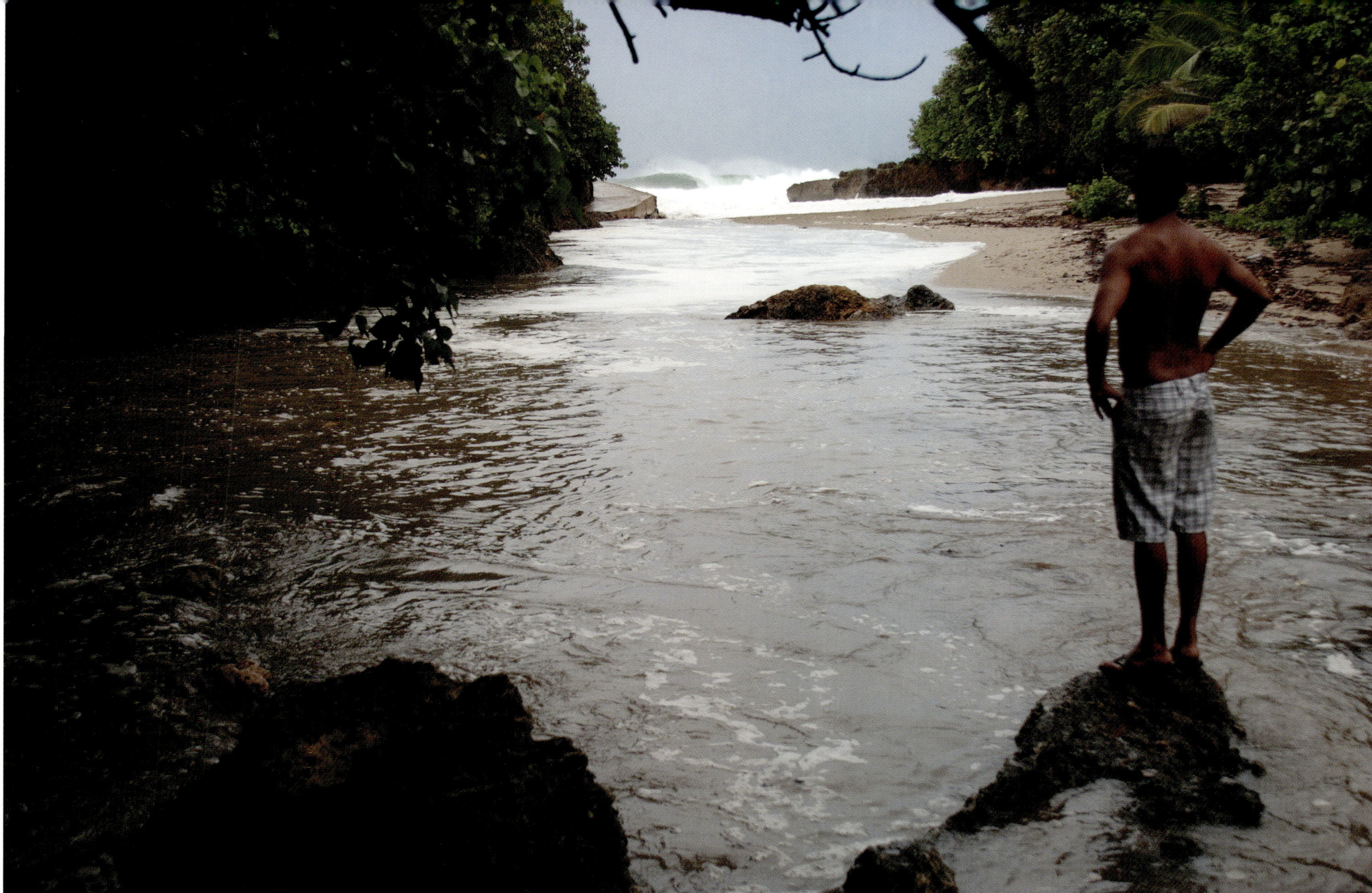

Chessy Montalvo, Surf Check, The Lost Coast, August 31, 2010, 8:45 A.M.: In the wake of Hurricane Earl, the entire North Coast of the island was maxing out under stiff offshore winds. Chessy and I hiked down a ravine to check this reef, but we ended up surfing elsewhere this day.

Chessy Montalvo, Chequeando las Olas, La Costa Perdida, 31 de agosto de 2010, 8:45 A.M.: Luego del paso del Huracán Earl, toda la costa norte de la Isla estaba al máximo bajo fuertes vientos de la tierra. Chessy y yo bajamos el barranco para chequear este arrecife, pero terminamos surfiando en otro lugar.

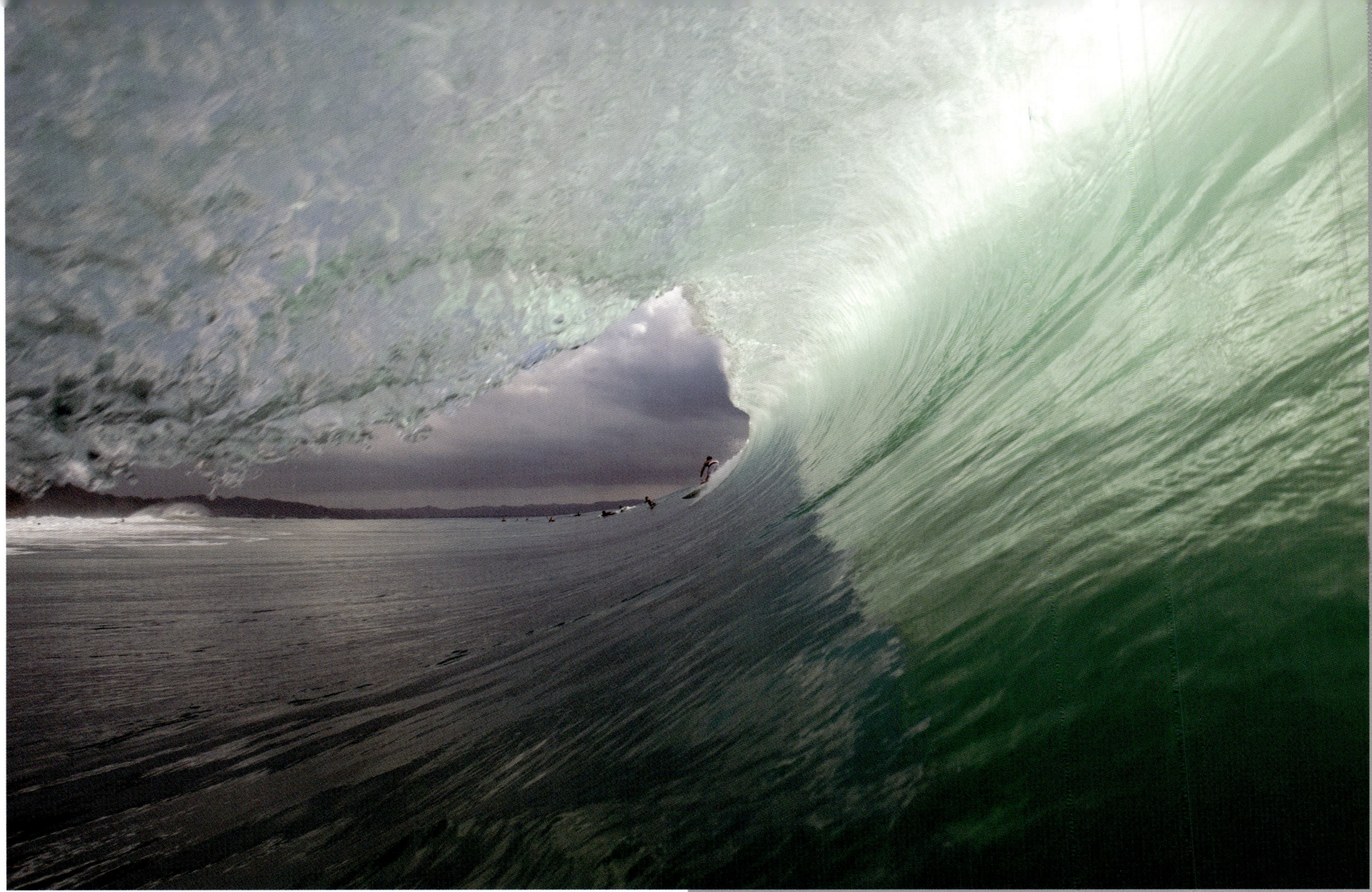

Manglito, Aguadilla, February 12, 2010, 4:58 P.M.: As one of the island's most hollow waves, Manglito is also one of the places where it's most possible to get in the barrel with a camera. I like the fact that you can see not only the coasts of Aguadilla and Aguada on the horizon, but also a surfer taking off on the shoulder.

Manglito, Aguadilla, 12 de febrero de 2010, 4:58 P.M.: Además de ser una de las olas más huecas de la Isla, Manglito también es uno de los lugares con mayores posibilidades de tener una cámara dentro del tubo. Me gusta el hecho de que puedes ver las costas de Aguadilla y Aguada en el horizonte y también a un surfer tirándose en el rabo de la ola.

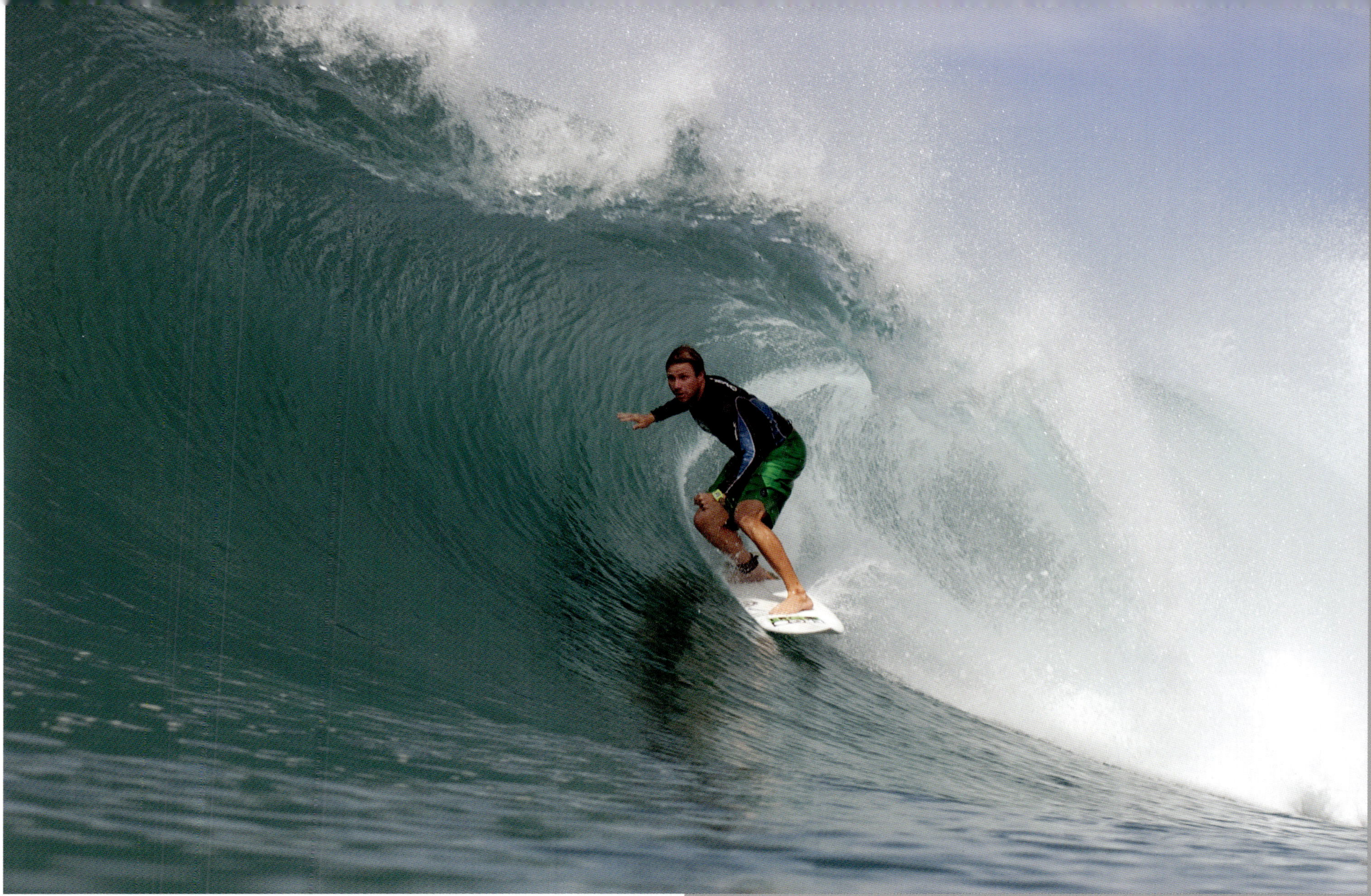

Josie Graves, Manglito, Aguadilla, December 23, 2010, 12:03 P.M.: Despite having lived somewhat in the shadow of his younger brother Dylan for most of his career, Josie is an extremely accomplished surfer in his own right. And that's a fact that is never more evident than in heavy barreling waves like those on offer this day.

Josie Graves, Manglito, Aguadilla, 23 de diciembre de 2010, 12:03 P.M.: A pesar de haber vivido la mayor parte de su carrera a la sombra de Dylan, su hermano menor, Josie es un surfer consumado por sus propios logros. Y ese hecho se hace evidente en olas con tubos de gran fuerza como los de este día.

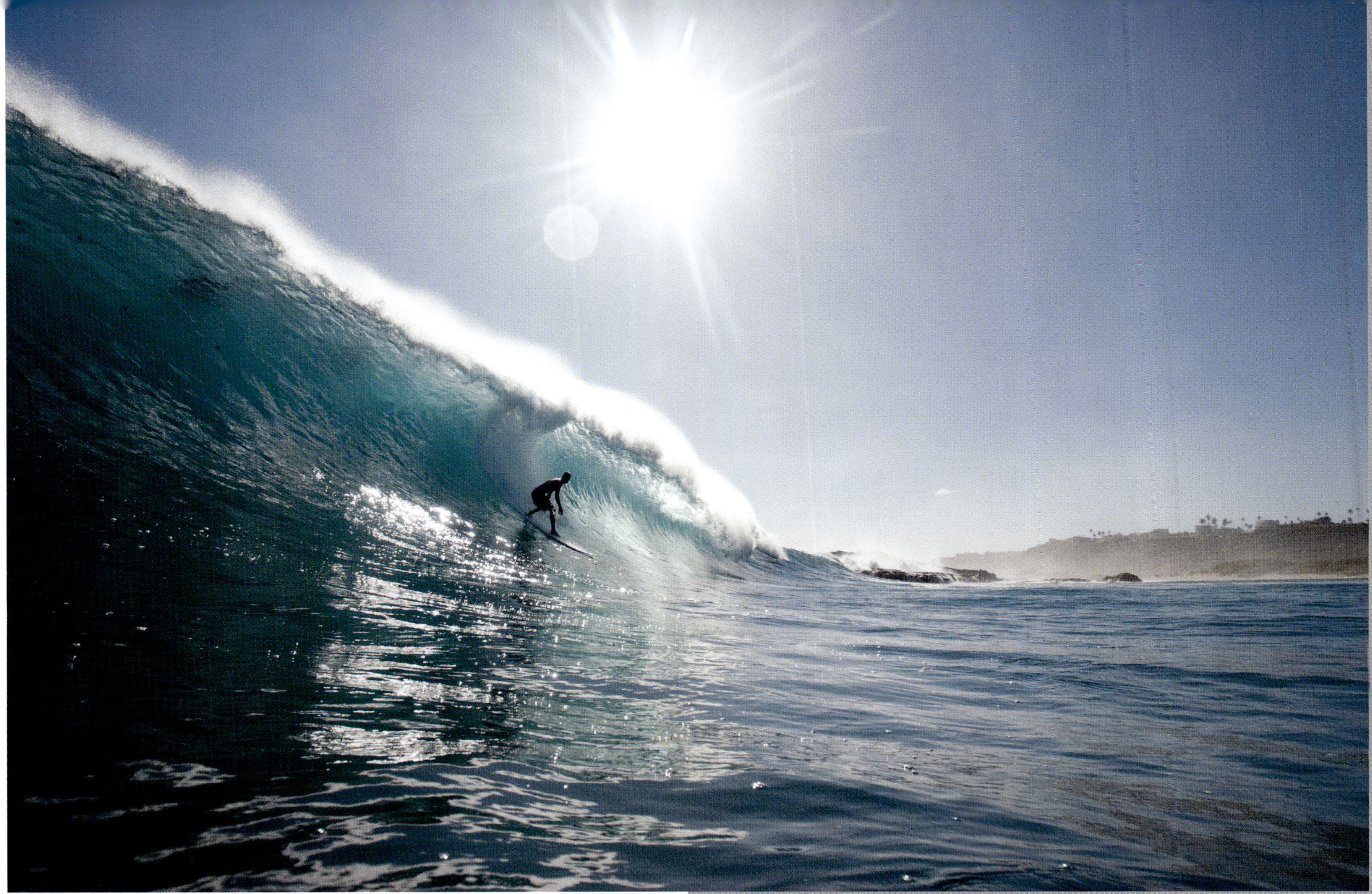

Brian Toth, Middles, Isabela, September 21, 2006, 8:43 A.M.: This image of Brian is from the swell associated with Hurricane Helene, and is what my camera captured at almost the same moment as the image appearing on page 13 as part of the Preface. What I find revealing is how much smaller the wave looks from the water, particularly with the super wide-angle lens, than it looks from the beach.

Brian Toth, Middles, Isabela, 21 de septiembre de 2006, 8:43 A.M. Esta toma de Brian fue de la marejada asociada con el Huracán Helene y es lo que mi cámara capturó en casi el mismo momento de la foto que aparece en mi Prefacio en la página 13. Me parece interesante que la ola luce mucho más pequeña desde el agua, especialmente con el lente súper gran angular.

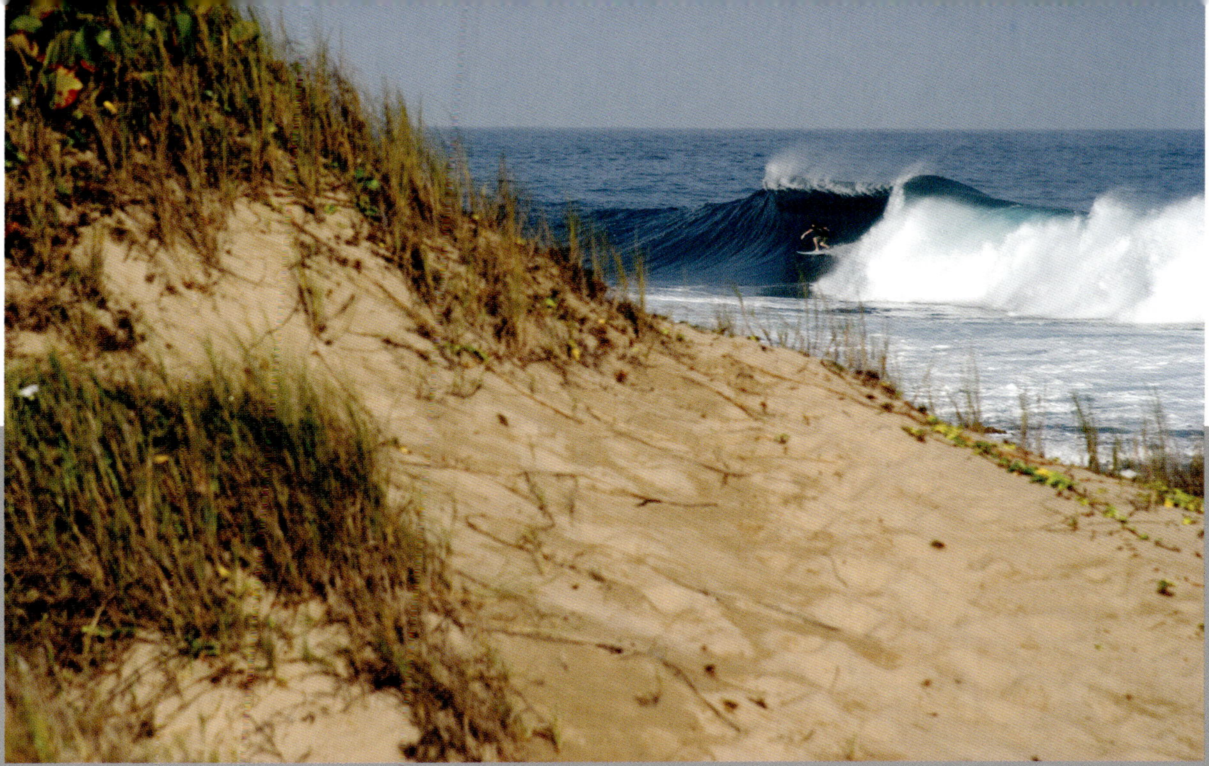

Brendan Buckley, Middles, Isabela, December 10, 2010, 8:22 A.M.: This was a classic mid-winter morning at Middles. With the preponderance of rights along the North Coast of the island and the way the early morning sun hits the water, it's hard to shoot into the waves. But on the flip side, shooting lefts or from behind the rights creates an ideal lighting situation. Throw in a talented visitor like Brendan pulling into the inside bowl at Middles on the wave of the morning and you have a keeper.

Brendan Buckley, Middles, Isabela, 10 de diciembre de 2010, 8:22 A.M.: Esto fue una mañana clásica de mitad de invierno en Middles. Con la gran cantidad de olas derechas en la costa norte de la Isla y la manera en que el sol de la mañana ilumina el agua, es difícil fotografiar dentro de las olas. Pero, por el contrario, la situación es ideal para tomas de izquierdas o desde atrás. Si añadimos un talentoso visitante como Brendan entrando al "bowl" interior de Middles en la mejor ola de la mañana, tenemos una buena foto.

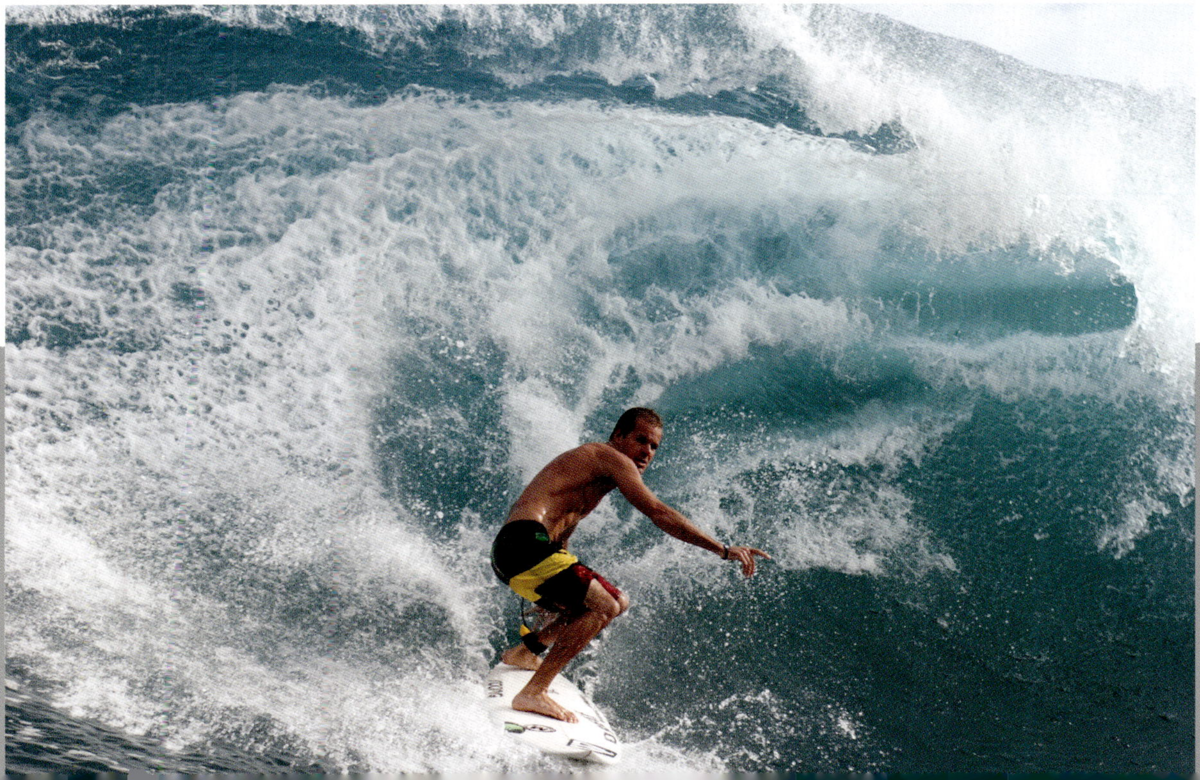

Brian Toth, Middles, Isabela, December 10, 2010, 9:23 A.M.: I've seen Brian pull this layback stall maneuver dozens of times. But I've never been in position to capture it in a unique way, either from the beach or the water, until this day. It's something of a signature move for Brian, and now that he is firmly established as an iconic Puerto Rican surfer, it makes this image all the more special and unique.

Brian Toth, Middles, Isabela, 10 de diciembre de 2010, 9:23 A.M.: He visto a Brian hacer esta maniobra de echarse hacia atrás y atrasarse en la ola docenas de veces. Pero nunca había estado en posición de capturarlo en una manera única, desde la playa o del agua, hasta este día. Es casi un distintivo de Brian, y ahora que se ha establecido como un ícono del surfing puertorriqueño, la imagen es aún más especial.

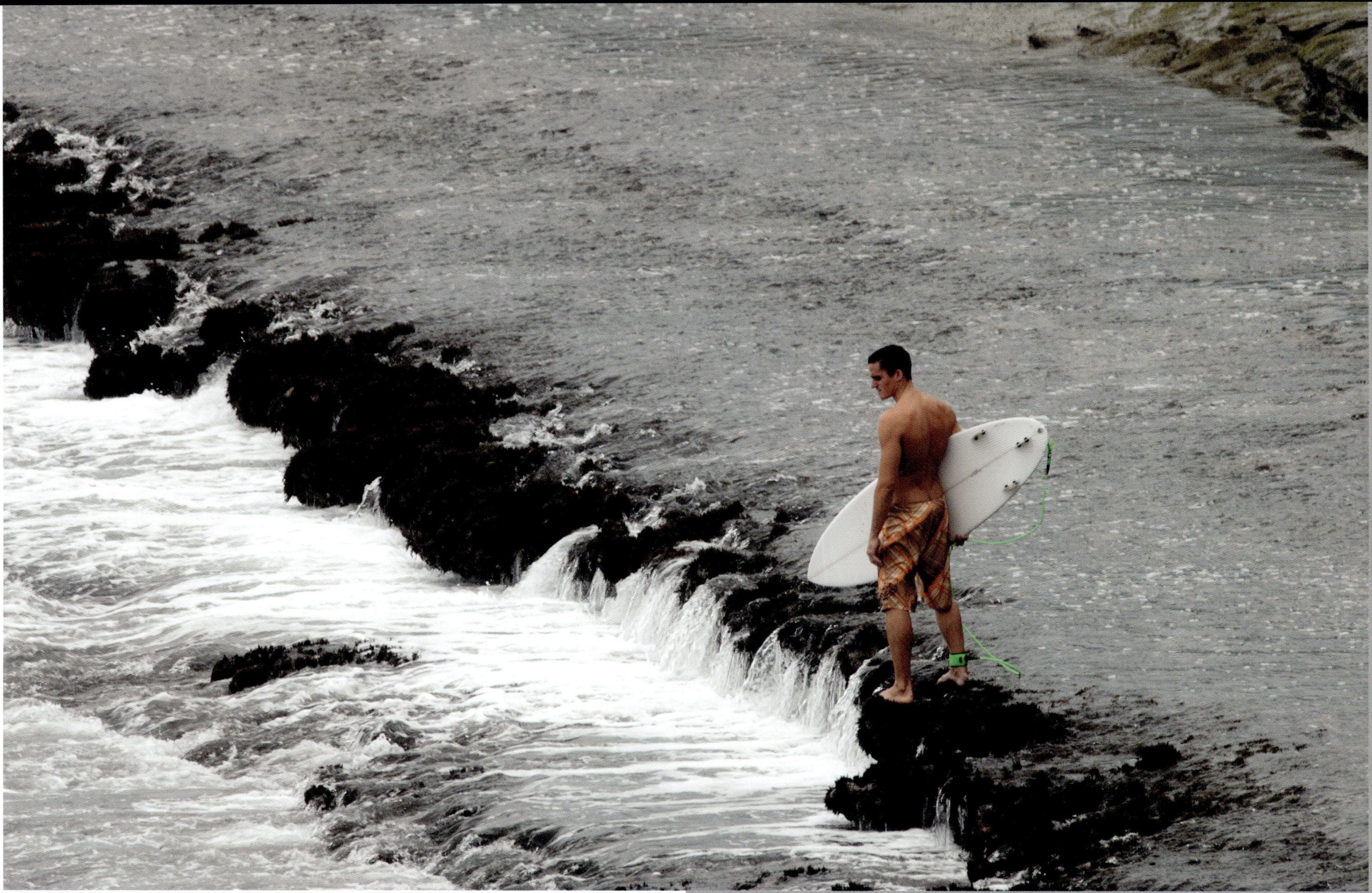

Leslie Bursian, The Lost Coast, December 27, 2010, 10:09 A.M.: A lot of the waves along this stretch of coast have sketchy shorelines, and at many the only option is to enter and exit the water over urchin-infested reef. When that's the case, it pays to take your time and be studious about your approach.

Leslie Bursian, La Costa Perdida, 27 de diciembre de 2010, 10:09 A.M.: Muchas de las playas en este pedazo de la costa tienen orillas peligrosas y a veces la única opción es entrar y salir del agua por arrecifes infestados de erizos. Cuando ese es el caso, vale la pena tomarse el tiempo de estudiar bien el camino.

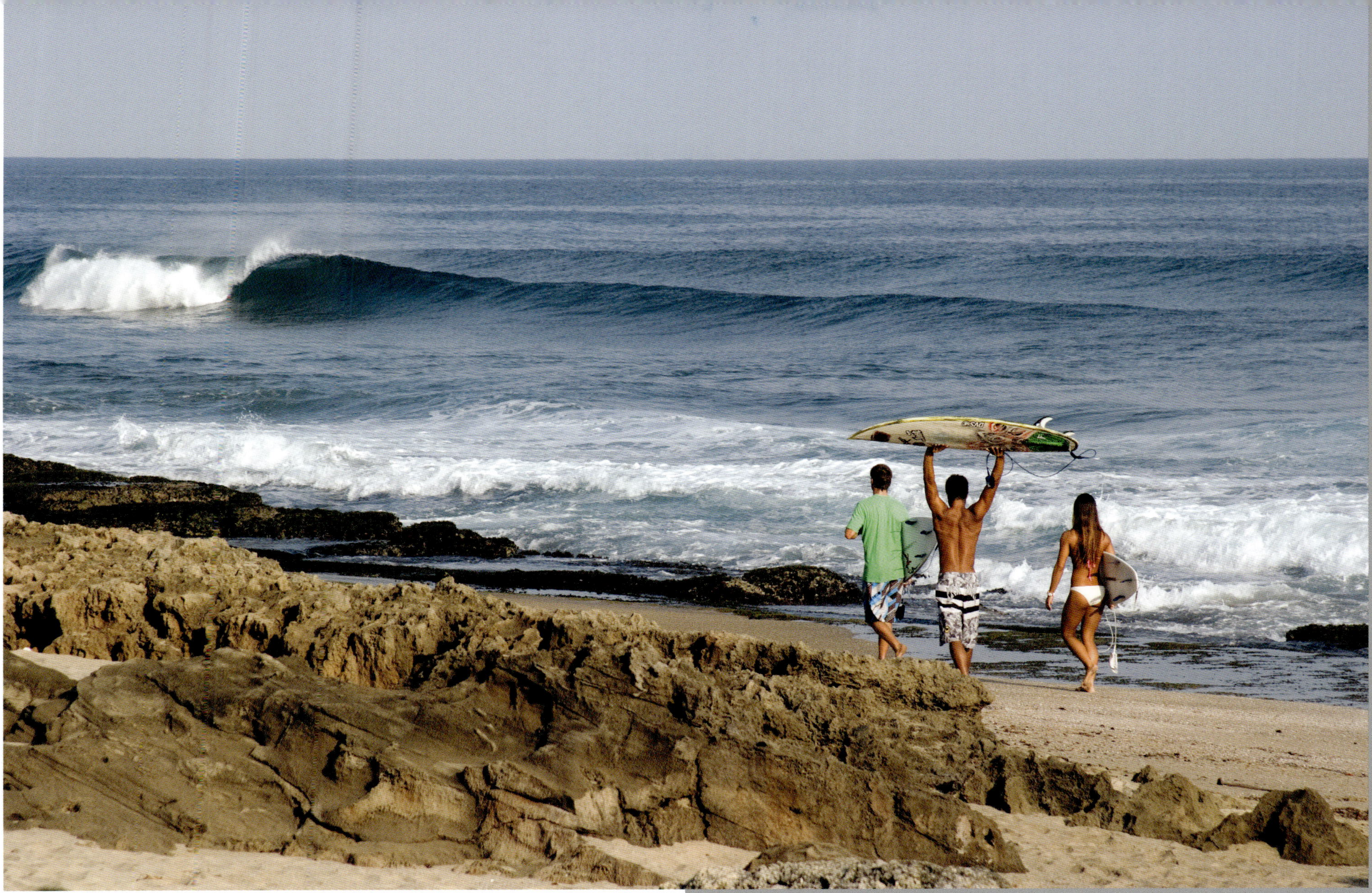

Josie Graves, Pedro Fernández, and María Kuzmovich, Pelícano, Guajataca, October 11, 2009, 7:50 A.M.: This image is very typical of an average day of autumn surf in Puerto Rico: clean and playful with lots of options in terms of approach. Just as good for a shortboard as for a longboard, and no death to defy in paddling out; this is what draws thousands of visitors every winter.

Josie Graves, Pedro Fernández y María Kuzmovich, Pelícano, Guajataca, 11 de octubre de 2009, 7:50 A.M.: Esta imagen describe un típico día de surfing en Puerto Rico durante el otoño: limpio y divertido, con muchas opciones para entrar al agua. Olas buenas para tablas largas y cortas, una remada sin peligros: esto es lo que atrae a miles de visitantes cada invierno.

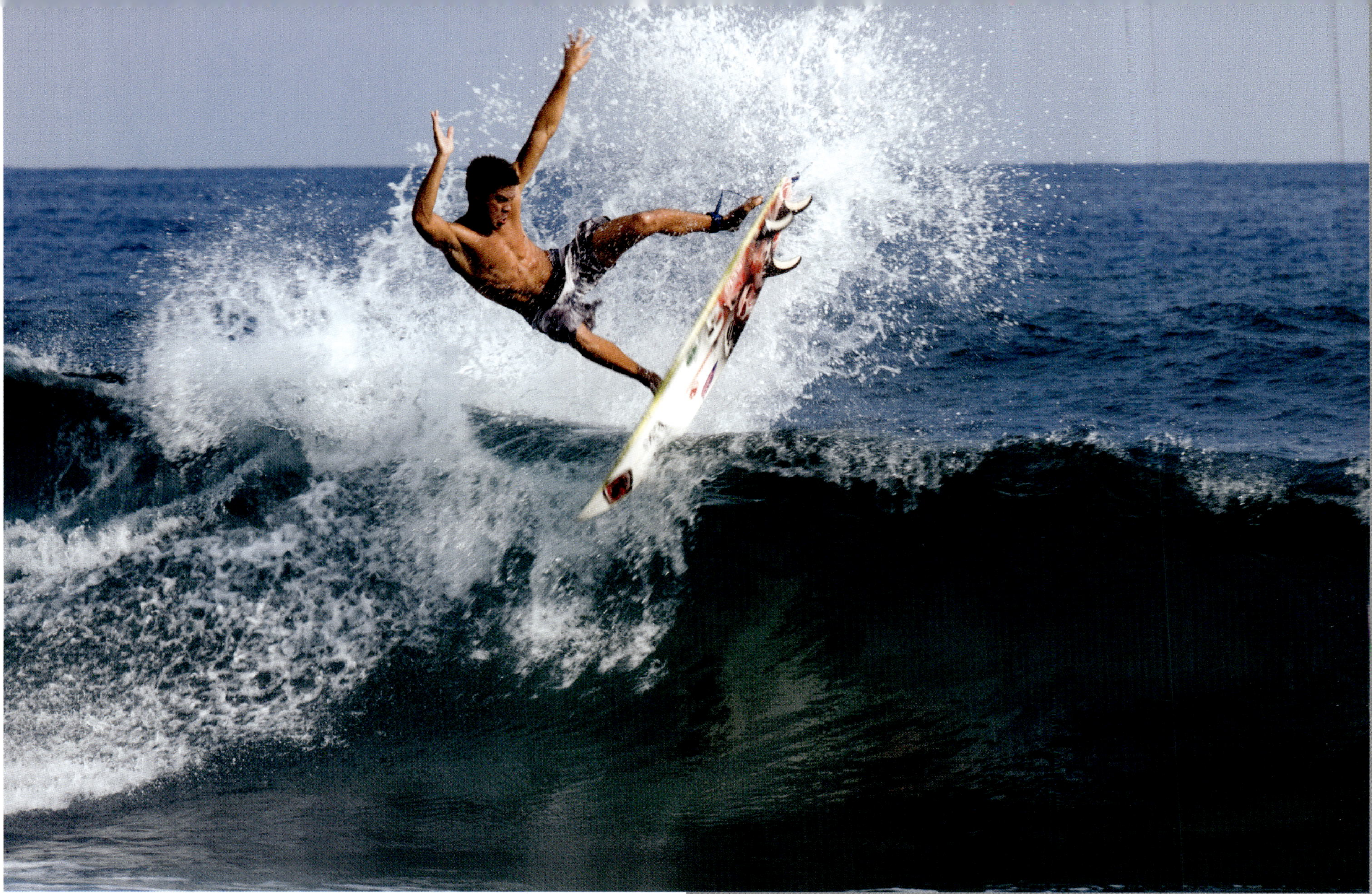

Pedro Fernández, Pelícano, Guajataca, October 11, 2009, 8:41 A.M.: Pedro is always quick to make the most of playful conditions when he visits Puerto Rico. On this day he was flying all over the place.

Pedro Fernández, Pelícano, Guajataca, 11 de octubre de 2009, 8:41 A.M.: Pedro siempre aprovecha al máximo las condiciones divertidas cuando visita Puerto Rico. Este día estaba volando por todas partes.

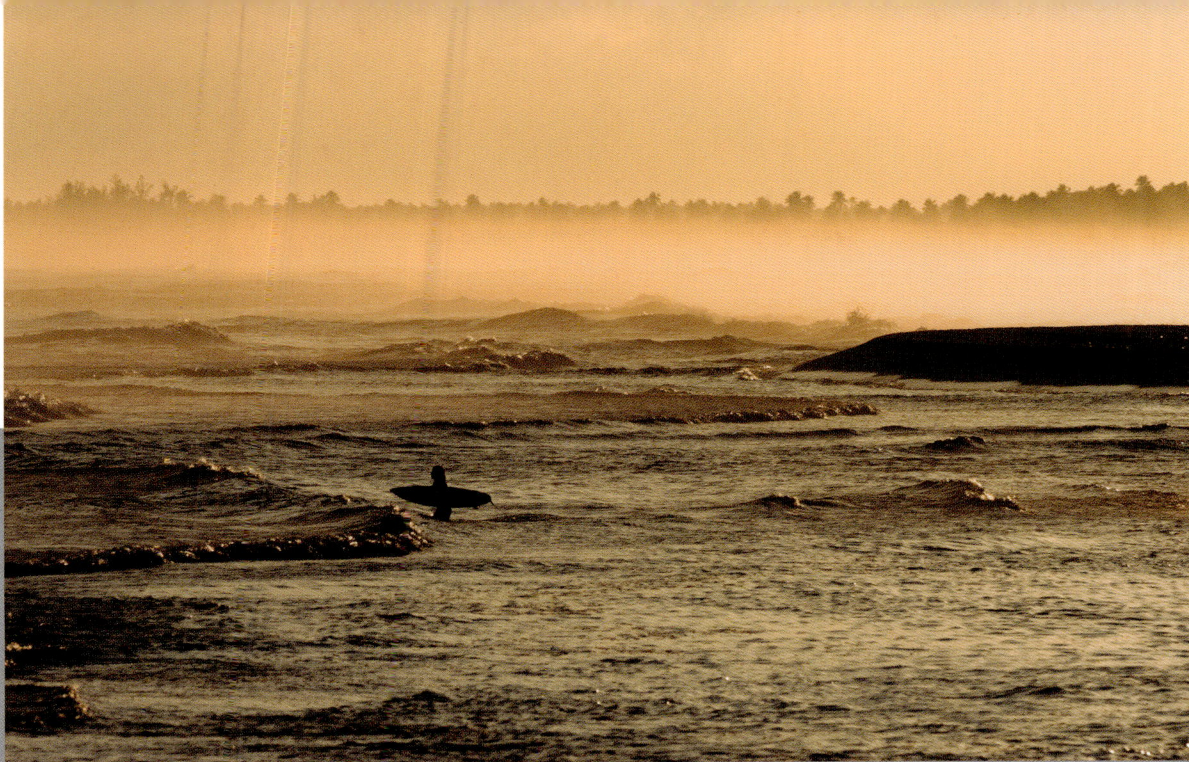

Aviones, Piñones, October 23, 2009, 6:39 A.M.: At the golden hour of dawn in Piñones, a lone surfer wades through the shallows before an early morning session at Aviones.

Aviones, Piñones, 23 de octubre de 2009, 6:39 A.M.: En la hora dorada del amanecer en Piñones, un surfer solitario nada por la orilla antes de una sesión mañanera en Aviones.

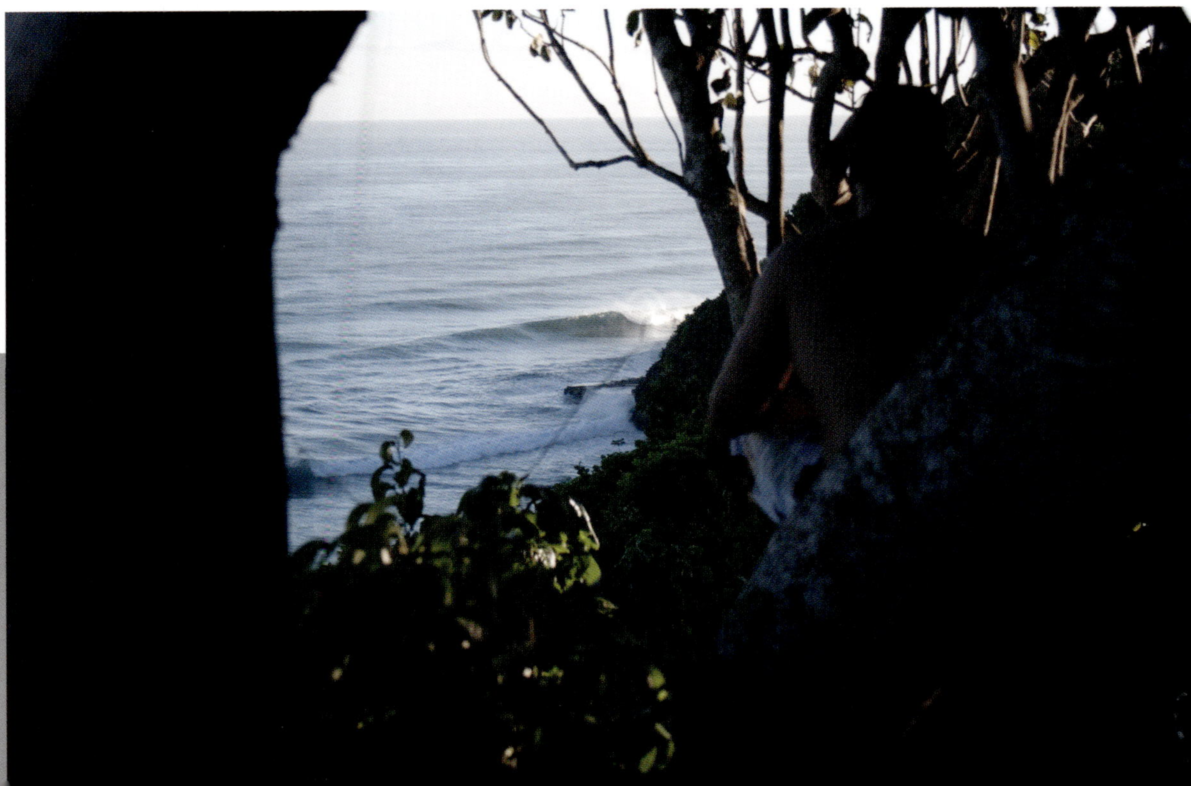

Ramse Morales, The Lost Coast, October 10, 2008, 7:02 A.M.: Yet another perfect set up on The Lost Coast—difficult to get wired, not easy to access, but worth the effort on days like these.

Ramse Morales, La Costa Perdida, 10 de octubre de 2008, 7:02 A.M.: Otro lugar perfecto en La Costa Perdida, difícil de predecir, difícil de llegar, pero vale la pena el esfuerzo en días como este.

Chessy Montalvo, Pressure Point, Aguadilla, December 4, 2007, 5:29 P.M.: Chessy and I had been shooting all morning by the time we arrived at Pressure Point. He watched me catch a bunch of waves on my single-fin in a quick 45 minute session. As I was drying off, I noticed him gazing at the board. I told him he was welcome to use it, and this stylish image resulted from his first session on a retro board.

Chessy Montalvo, Pressure Point, Aguadilla, 4 de diciembre de 2007, 5:29 P.M.: Chessy y yo llegamos a Pressure Point luego de una sesión de fotos esa mañana. Él se quedó afuera mientras yo cogía olas en mi tabla de una quilla y, cuando me estaba secando, lo vi mirando mi tabla y le dije que si quería, podía usarla. Esta imagen es el resultado de su primera sesión en una tabla estilo "retro".

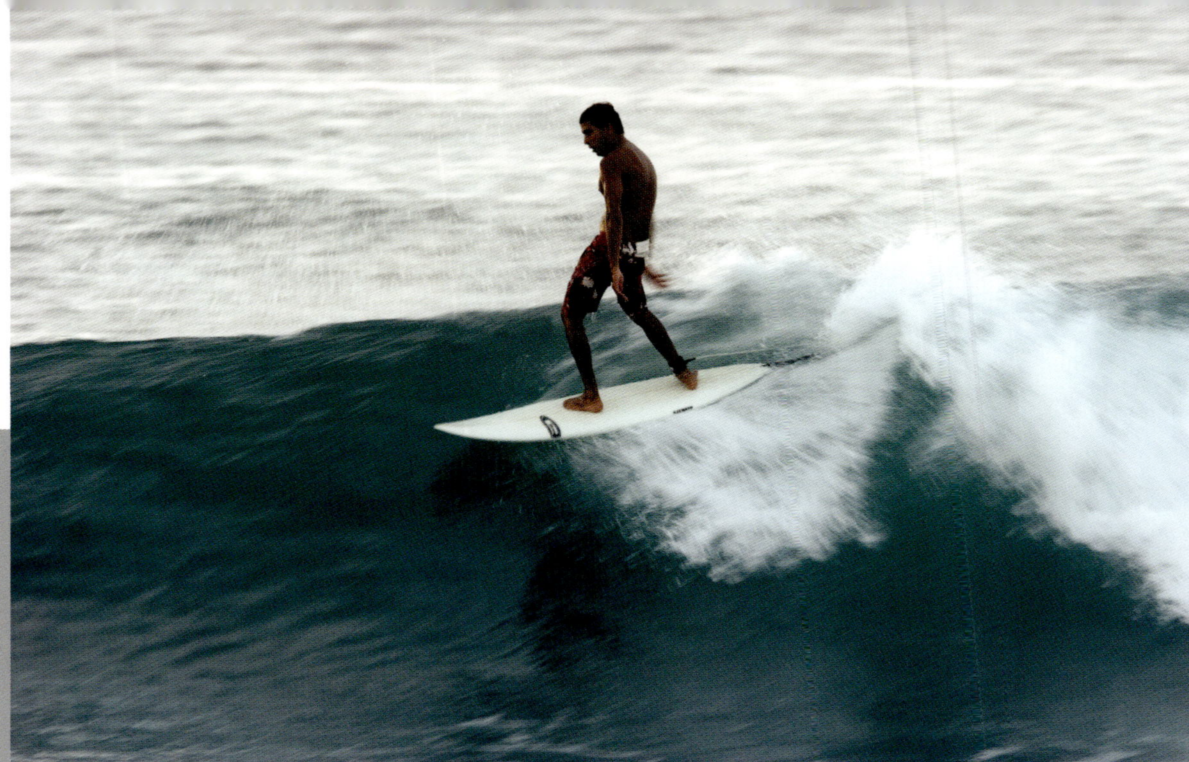

Chessy Montalvo, Middles, Isabela, December 5, 2007, 10:28 A.M.: The following day, Chessy was still grooving the single-fin—all smiles and hooked on the glide.

Chessy Montalvo, Middles, Isabela, 5 de diciembre de 2007, 10:28 A.M.: El día siguiente, Chessy seguía disfrutándose la tabla retro, todo sonrisas, encantado con sus movimientos.

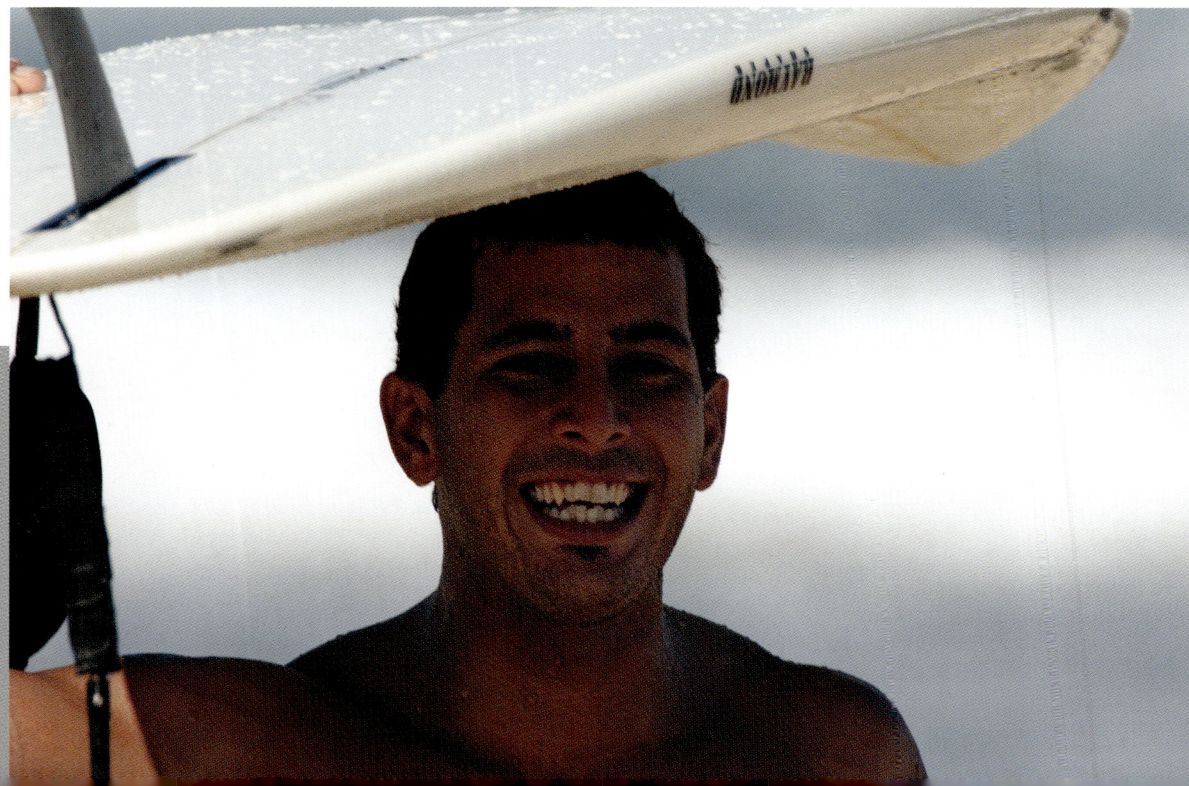

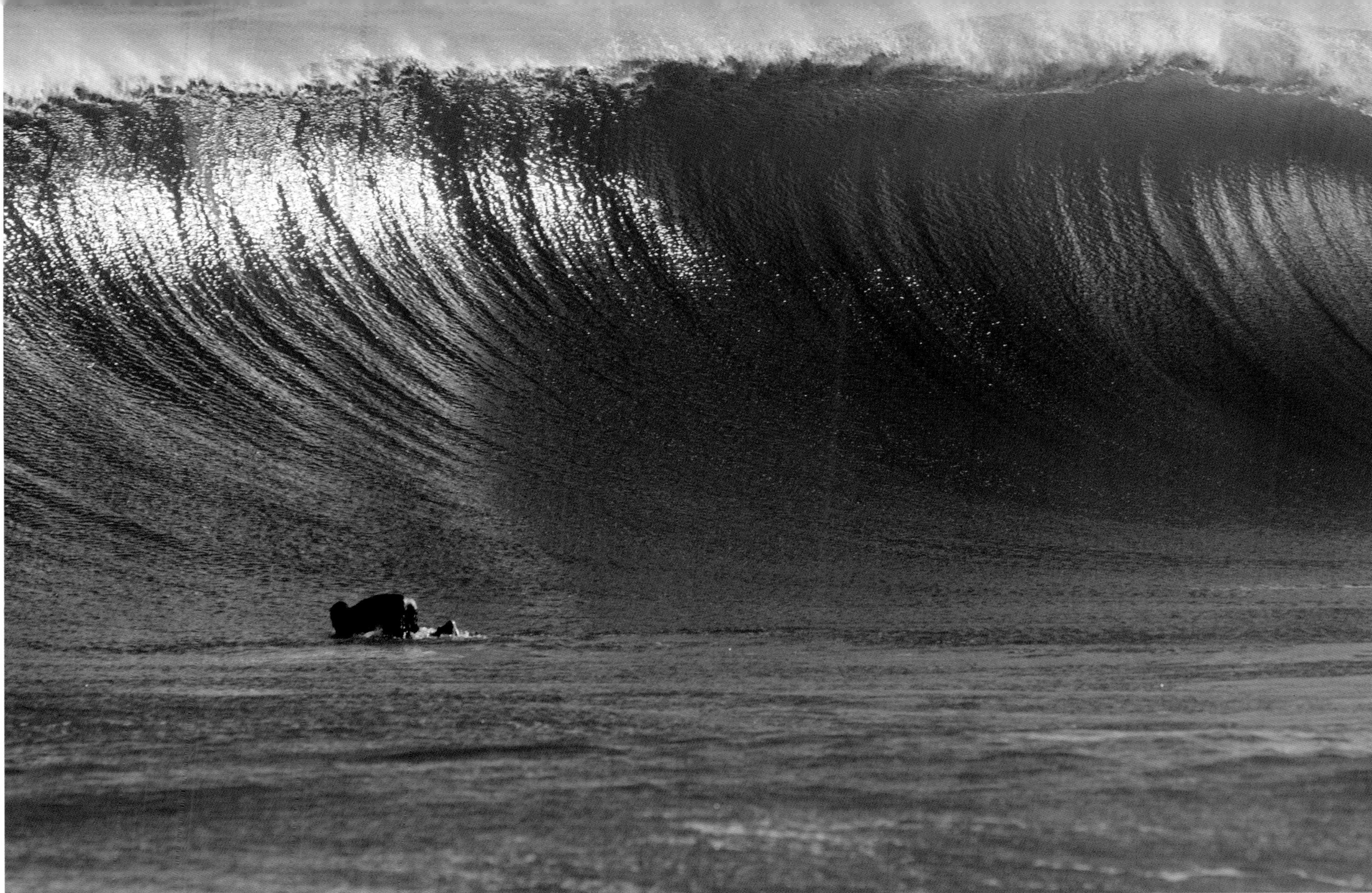

Shayne McIntyre, The Lost Coast, March 28, 2009, 8:25 A.M.: A day after the first Tres Palmas swell since the "Swell of the Century," I got over the crowd, threw caution to the wind, and headed out to The Lost Coast. The wind was offshore, my go-to spot was working, and I was able to recruit a couple of hearty souls to have a go.

Shayne McIntyre, La Costa Perdida, 28 de marzo de 2009, 8:25 A.M.: El día después de la primera marejada en Tres Palmas después de la "Marejada del Siglo", me cansé de la gran cantidad de personas y me fui a la Costa Perdida. El viento estaba de la tierra, mi lugar favorito estaba funcionando, y pude reclutar a varios valientes para que se metieran al agua.

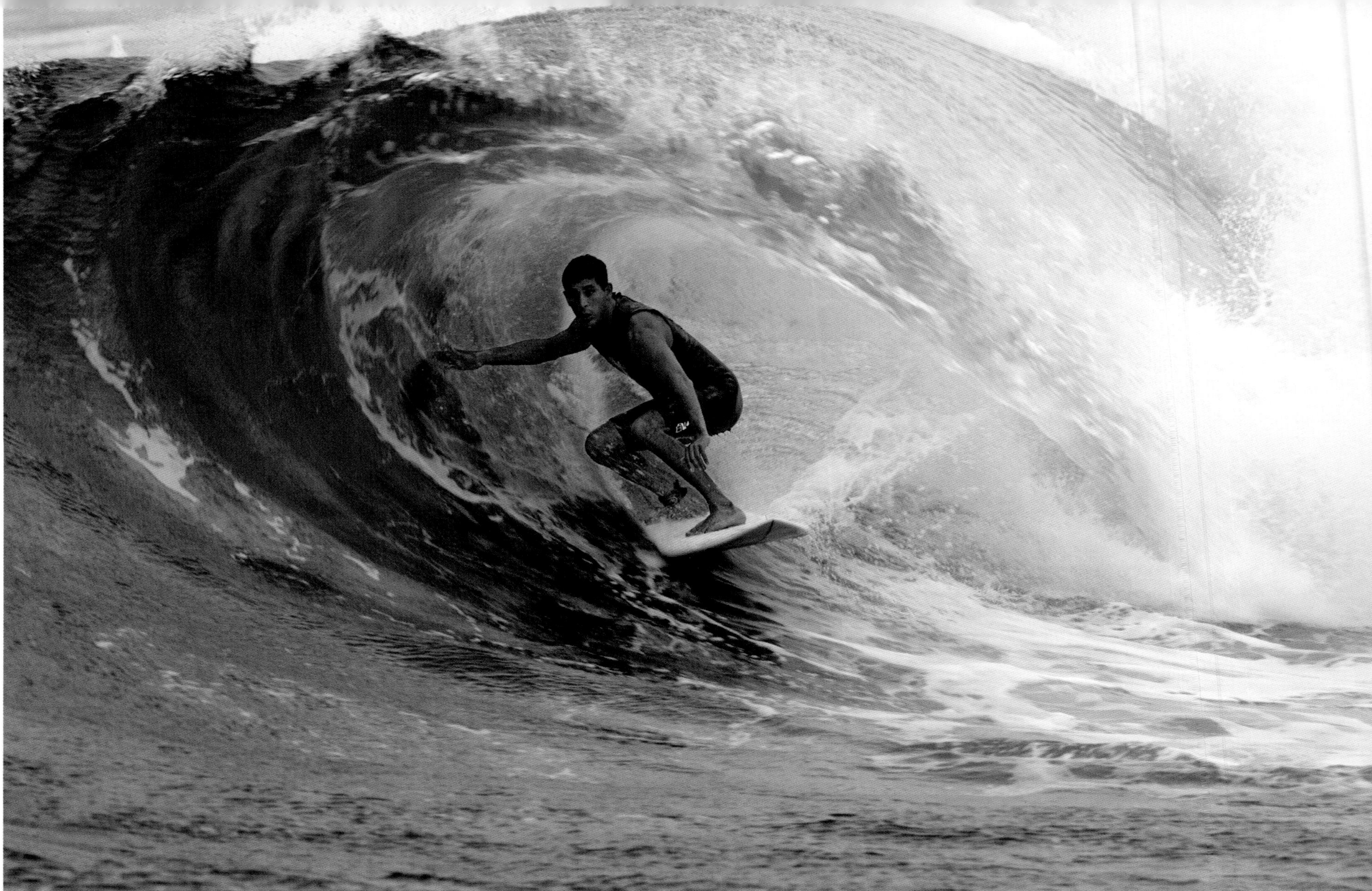

Chessy Montalvo, The Lost Coast, November 9, 2009, 9:36 A.M.: During another session aboard my single-fin at a spot that was nearly maxed out, Chessy found this bowl on the inside section of reef and rode it through to the channel.

Chessy Montalvo, La Costa Perdida, 9 de noviembre de 2009, 9:36 A.M.: Durante otra sesión usando mi tabla de una quilla en una playa que casi no aguantaba el tamaño de la marejada, Chessy pudo conectar esta ola en la sección interior del arrecife y la corrió hasta llegar al canal.

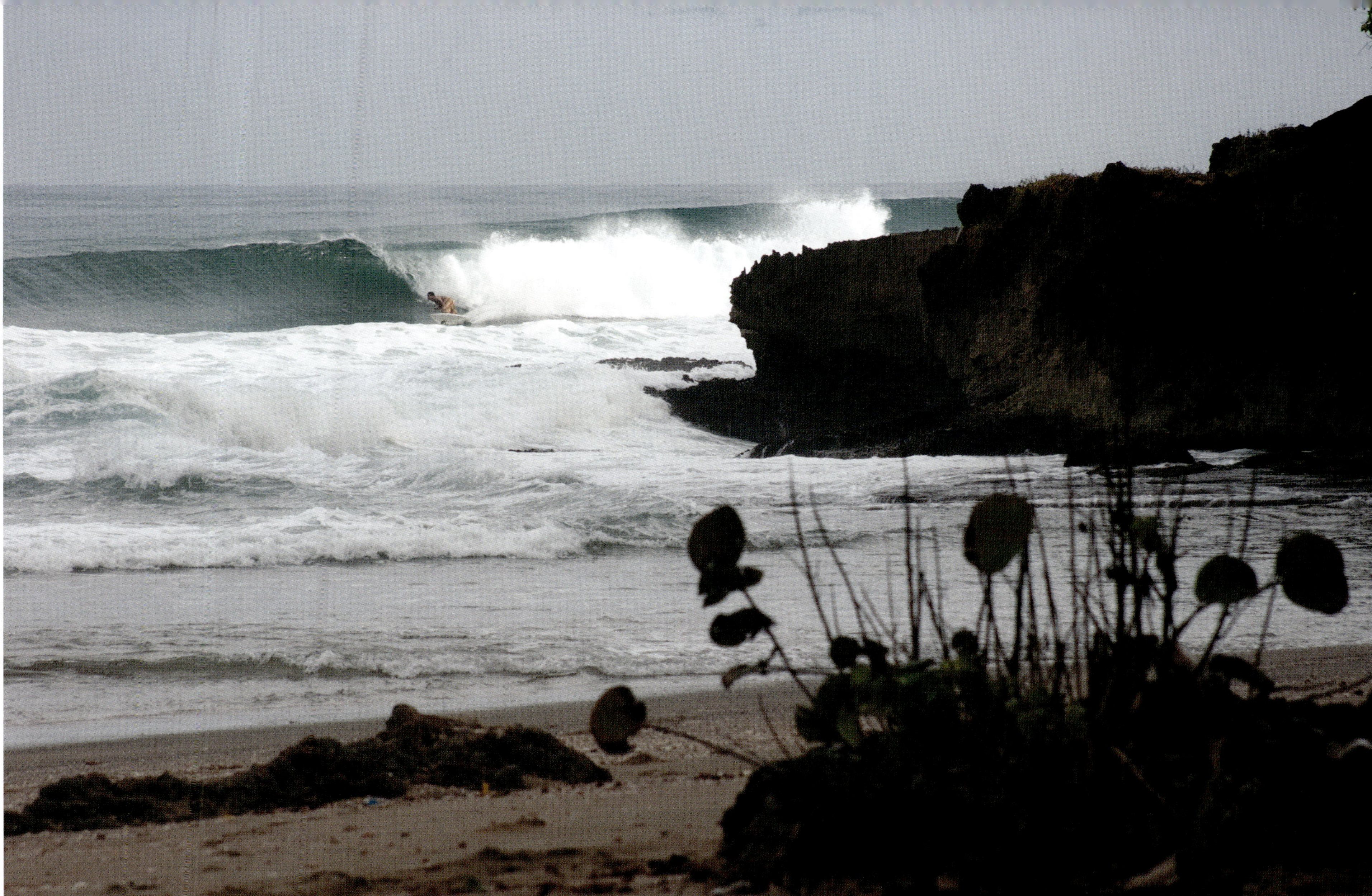

Leslie Bursian, The Lost Coast, December 27, 2010, 9:17 A.M.: On a perfect December morning, I managed to coax Leslie into a Lost Coast run, and he added the element of talent I needed to turn this angle into a truly alluring lineup image.

Leslie Bursian, La Costa Perdida, 27 de diciembre de 2010, 9:17 A.M.: Una mañana perfecta de diciembre logré que Leslie accediera a ir a La Costa Perdida y su talento convirtió este ángulo en una imagen realmente atractiva.

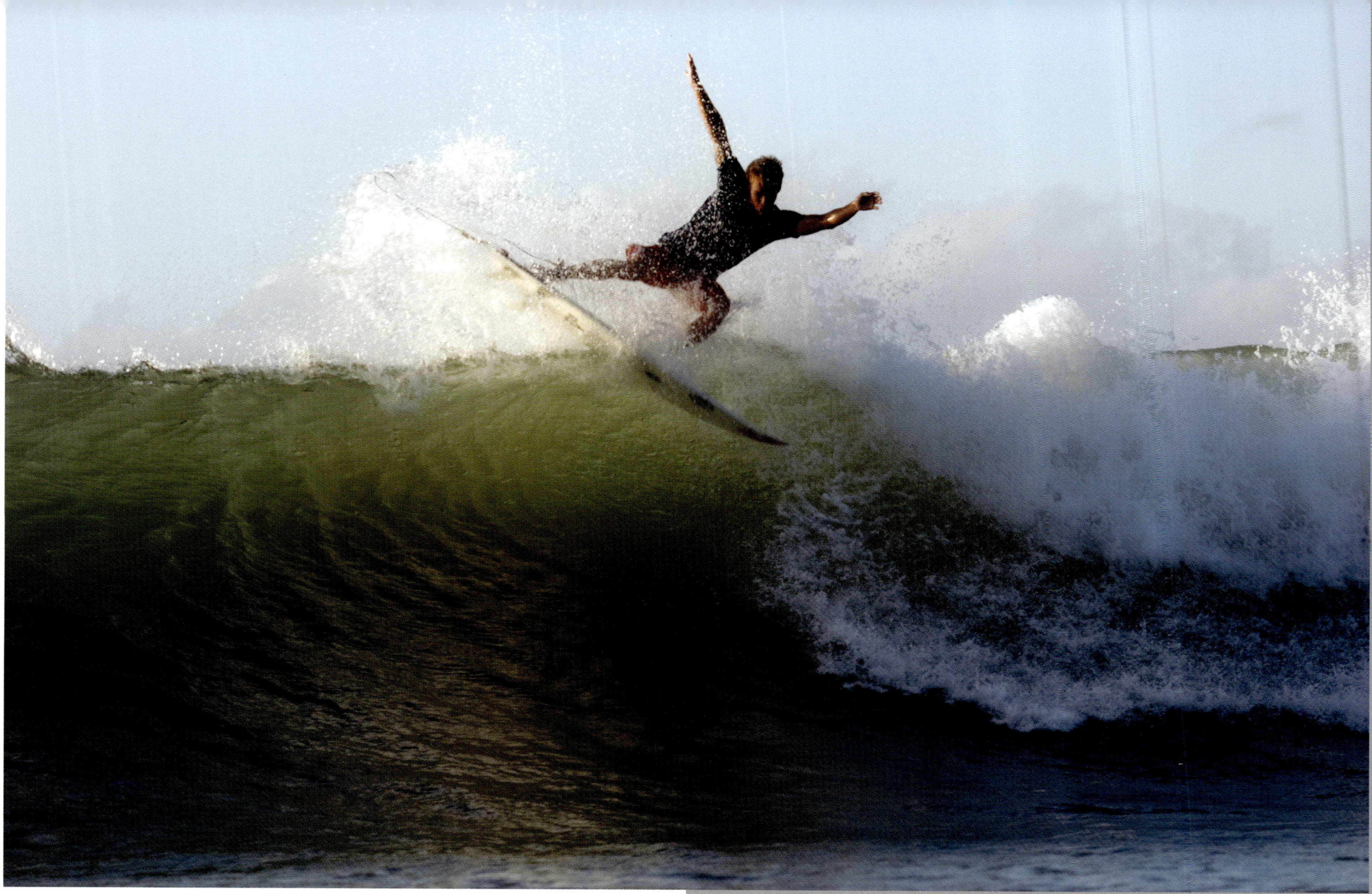

Darren Muschett, Maria's, Rincón, November 1, 2009, 5:30 P.M.: Darren is the son of an expat Rincón local, and few people surf the waves there with more style, finesse, or pizzazz than he does.

Darren Muschett, Maria's, Rincón, 1 de noviembre de 2009, 5:30 P.M.: Darren es hijo de un local expatriado de Rincón, y pocas personas surfean las olas allí con tanto estilo, refinamiento y encanto como él.

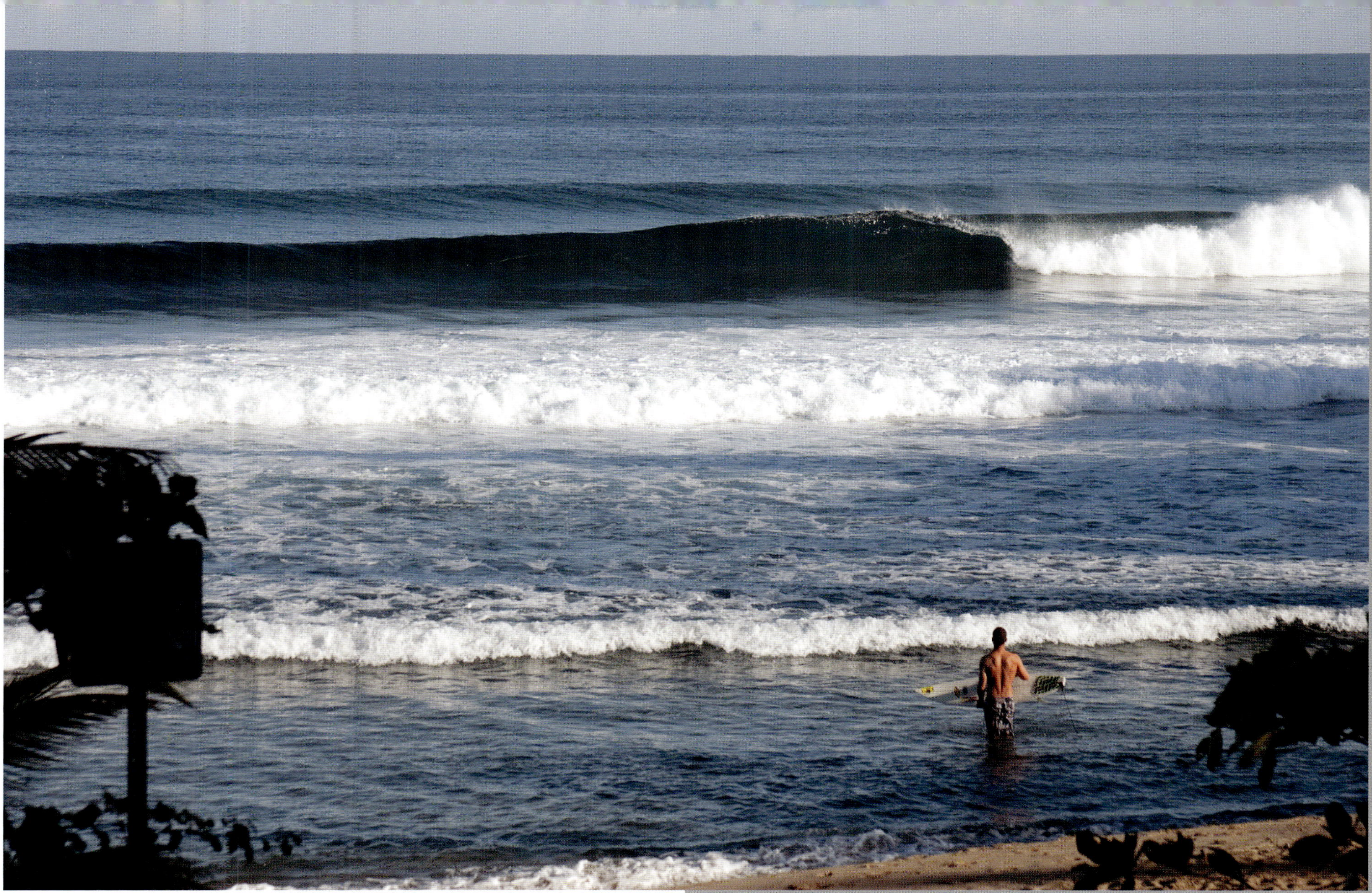

Ramse Morales, Pools, Rincón, November 27, 2009, 8:08 A.M.: A core, lifetime Rincón local, Ramse is a talented surfer, a successful surf school operator, a committed husband and father, and a truly soft-spoken, good-hearted soul.

Ramse Morales, Pools, Rincón, 27 de noviembre de 2009, 8:08 A.M.: Ramse, un verdadero local de Rincón, es un talentoso surfer, un exitoso director de una escuela de surfing, un comprometido esposo y padre, y una persona tranquila y de buen corazón.

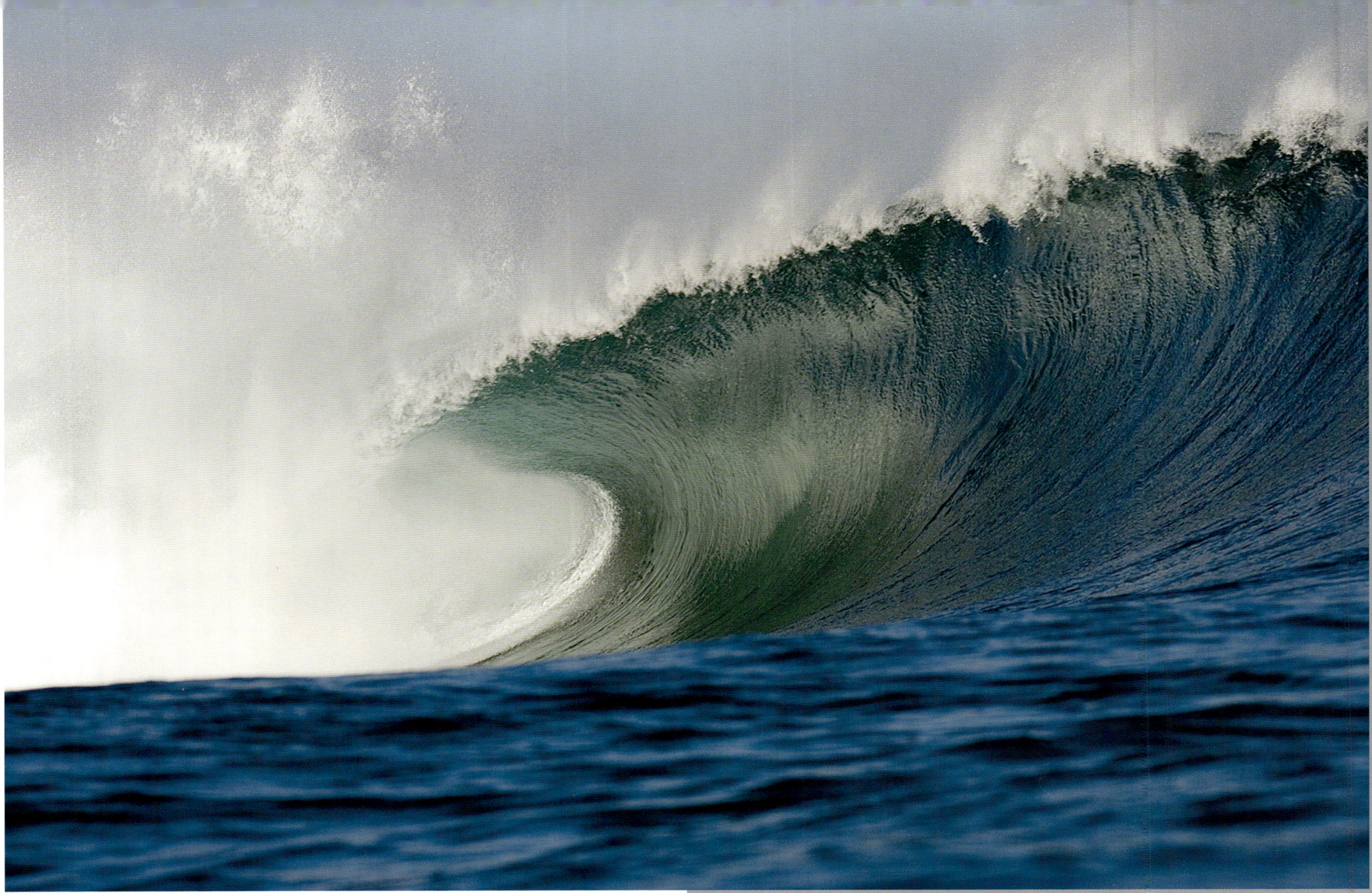

Survival, Aguadilla, January 29, 2007, 8:09 A.M.: This was a historic day at Survival. The early morning saw Wesley Toth and Jacob Cruz attempt to paddle surf these massive barrels, with each having a bit of a shocker. I arrived a little later with Otto Flores, Jorge Iglesias, Craig Prothers, and the PWC gear necessary to tackle these beasts. Some great surf shots came out of the session, but I like this image of a double-up tube best.

Survival, Aguadilla, 29 de enero de 2007, 8:09 A.M.: Este fue un día histórico en Survival. En la madrugada, Wesley Toth y Jacob Cruz habían intentado remarle a estos tubos masivos y recibieron varias sorpresas. Yo llegué un poco más tarde con Otto Flores, Jorge Iglesias, Craig Prothers, y el equipo motorizado necesario para atacar estas bestias. La sesión produjo varias tomas de surfing magníficas, pero esta imagen de un tubo escalonado es mi favorita.

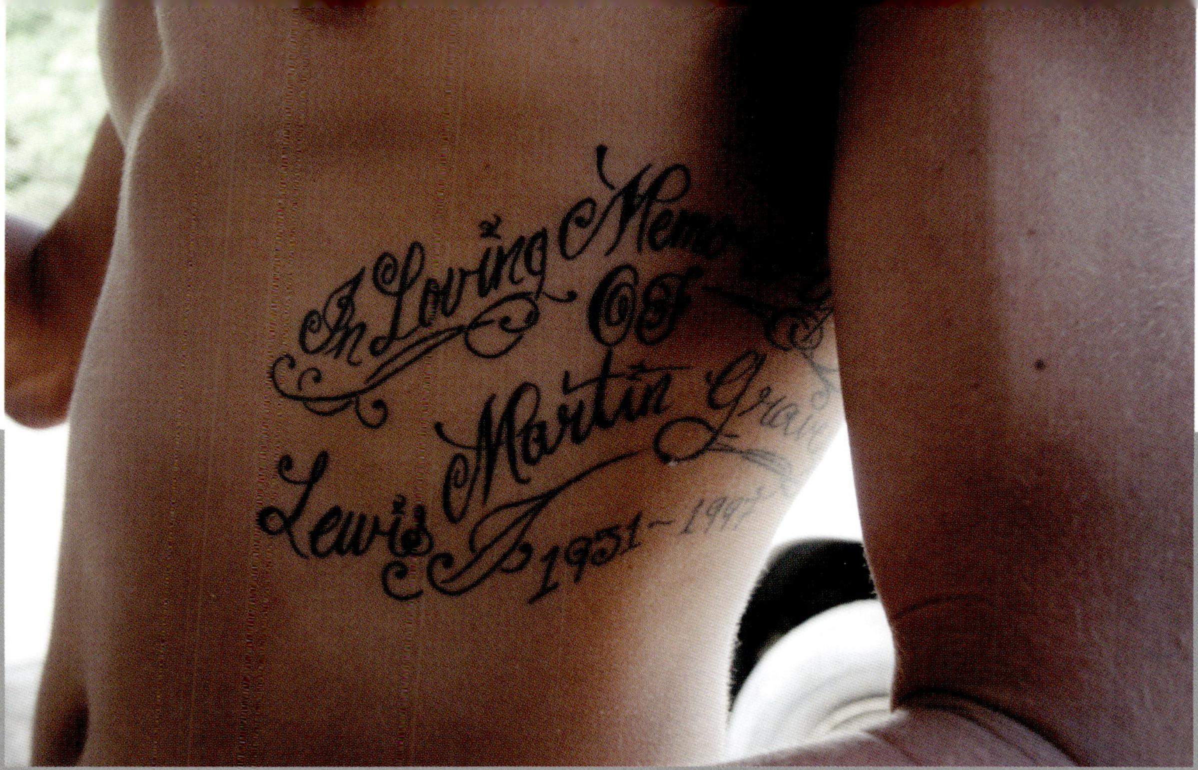

Dylan Graves' Tatoo, Isabela, May 17, 2007, 10:34 A.M.: Lewis Graves, Dylan's late father, was one of the bona fide pioneers of Caribbean surfing, credited with the discovery of several of the region's premiere waves before settling in Isabela to raise his family with his wife Barbie. None of which has been lost on his youngest son, who eulogized his father in the most permanent way.

El tatuaje de Dylan Graves, Isabela, 17 de mayo de 2007, 10:34 A.M.: Lewis Graves, el fenecido padre de Dylan, fue uno de los verdaderos pioneros del surfing en el Caribe, y a él se le atribuye el descubrimiento de varias de las mejores olas de la región antes de asentarse en Isabela para establecer una familia con su esposa, Barbie. Todo esto está muy presente en su hijo menor, quien le rindió tributo a su padre de la manera más permanente.

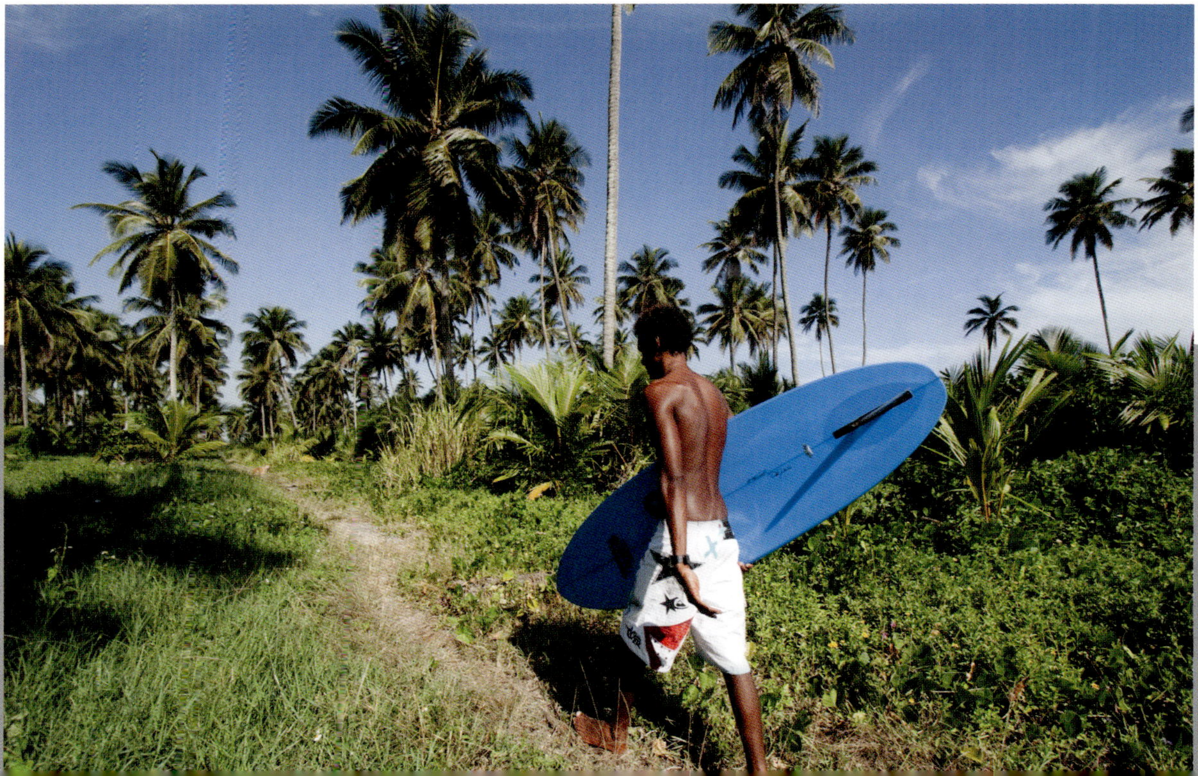

Chris Dennis, Cerro Gordo, September 12, 2009, 9:00 A.M.: During a week that Chris spent with me in San Juan, I took him to some of my favorite spots just outside the city. On this day in particular, we enjoyed one of the best sessions I've had at the offshore reef at the end of this hike through a palm grove. It's the kind of surfing scenario that tens of thousands of people dream about, and we're lucky to have it in our backyard.

Chris Dennis, Cerro Gordo, 12 de septiembre de 2009, 9:00 A.M.: Durante una semana que Chris pasó conmigo en San Juan, lo llevé a algunos de mis lugares favoritos justo en las afueras de la ciudad. Este día disfrutamos de una de las mejores sesiones que he tenido en este arrecife luego de atravesar un palmar. Es el tipo de escenario de surfing con el que miles de personas sueñan, y tenemos la suerte de tenerlo en nuestro patio.

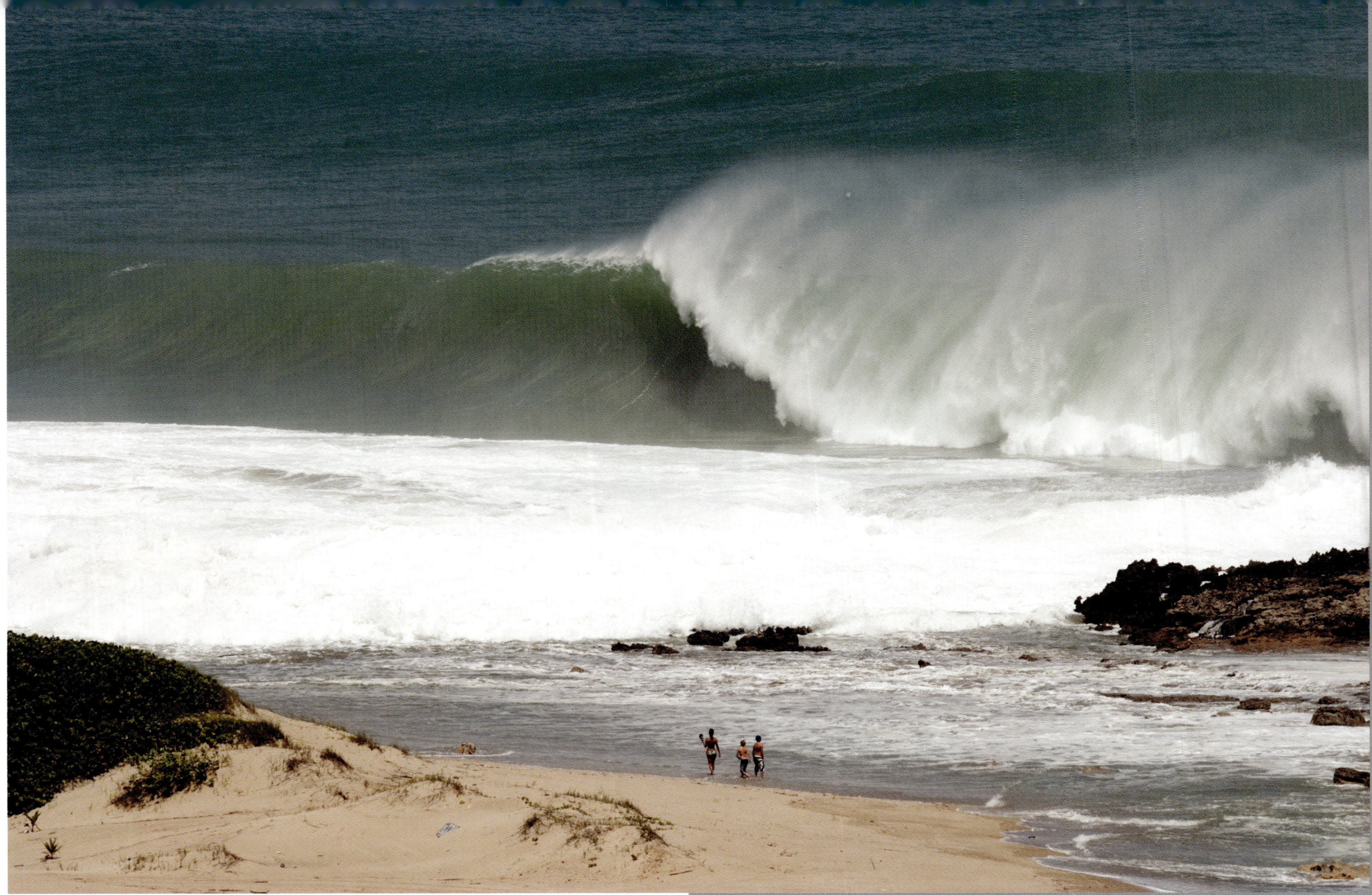

Middles, Isabela, September 19, 2010, 11:25 A.M.: When Hurricane Igor spun by the island as a Category 4 storm on the Saffir-Simpson scale, the island's surfers were abuzz with anticipation for a solid swell. The first two days of the event were hampered by very easterly swell and westerly winds, rendering all but a select few beaches fairly unrideable. However, on the third day of the swell, as Igor raced away from the island to the north, a major spike in the northerly component of the swell pulsed onto the many reefs as the wind was drawn up from the south towards the storm. Huge perfect surf was everywhere along the island's North Coast, but unruly sets made most places death defying at best.

Middles, Isabela, 19 de septiembre de 2010, 11:25 A.M.: Cuando el Huracán Igor pasó cerca de la Isla como una tormenta de categoría 4 en la escala Saffir-Simpson, los surfers en la Isla esperaban ansiosos una marejada sólida. Los primeros dos días la marejada venía muy del este con vientos del oeste y fueron muy pocas las playas que se pudieron correr con esas condiciones. Sin embargo, en el tercer día de la marejada, mientras Igor se alejaba de la Isla hacia el norte, una fuerte intensificación del componente norte de la marejada pulsó sobre los muchos arrecifes mientras el viento era atraído del sur hacia la tormenta. Por toda la costa norte entraban olas enormes y perfectas, pero la mayoría de los lugares suponían un alto nivel de peligro debido a que entraban olas aún más grandes ocasionalmente.

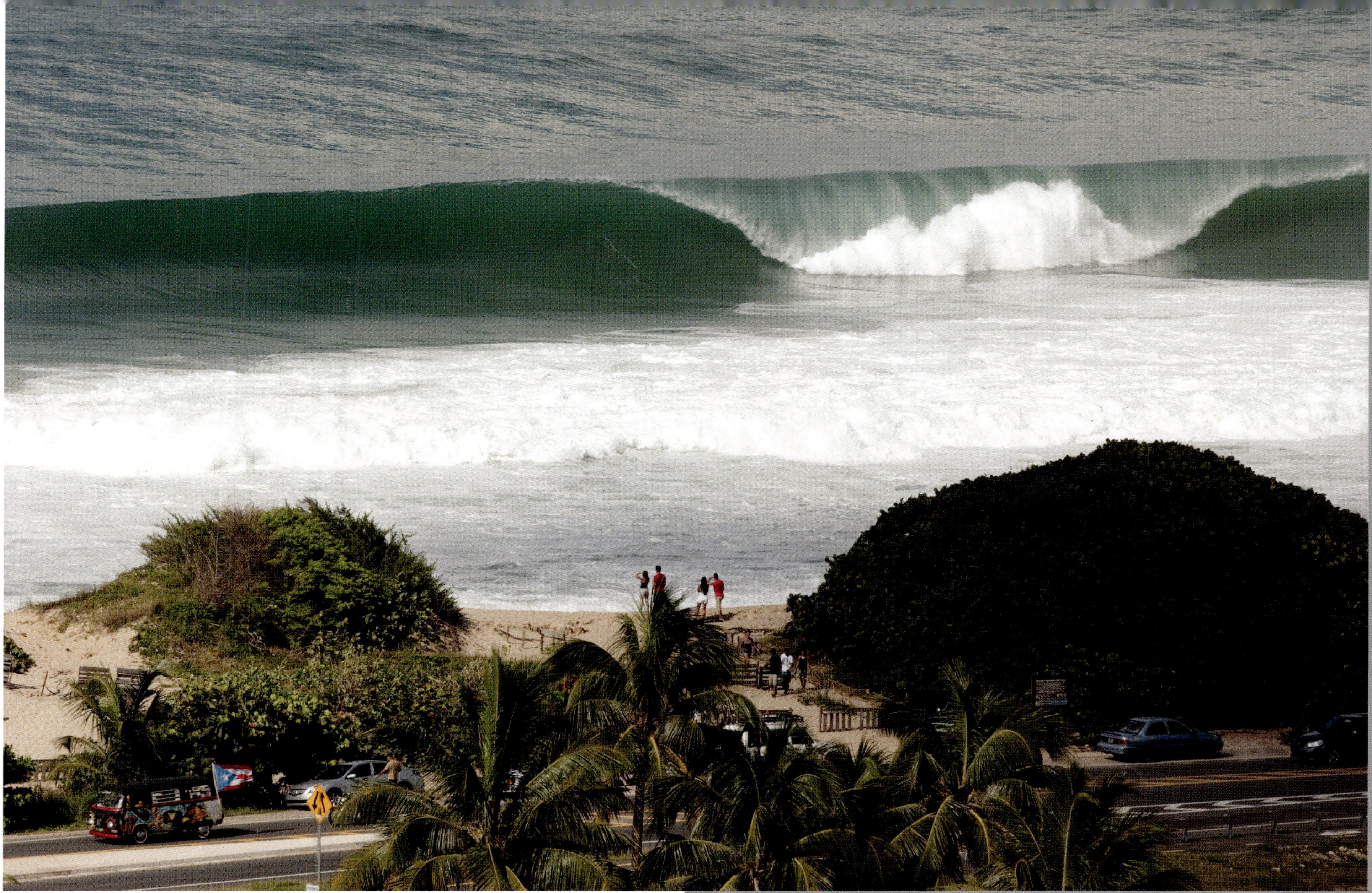

Middles, Isabela, September 19, 2010, 3:36 P.M.: This was the afternoon of the first day of offshore winds from Hurricane Igor, and as the wind stayed offshore and the sun continued to shine as it set into the western sky, I went back to a spot I had scouted four years earlier. I remember concentrating on the waves and my composition, when, after pulling my eye away from the viewfinder, I noticed the Volkswagen van flying the Puerto Rican flag off the back bumper, adding just enough national pride to the scene to make it special without going overboard.

Middles, Isabela, 19 de septiembre de 2010, 3:36 P.M.: Esta fue la tarde del primer día que los vientos soplaban de la tierra por el Huracán Igor, y mientras el viento se mantenía soplando desde la tierra y el sol continuaba brillando mientras rotaba hacia el oeste, regresé a un punto que había descubierto cuatro años antes. Recuerdo que me concentraba en las olas y mi composición cuando, al sacar mi ojo del visor noté la van Volkswagen ondeando la bandera puertorriqueña desde el parachoques posterior, lo cual le añadía una cantidad perfecta de patriotismo a la escena sin pasar de la raya.

Wesley Toth, Survival, Aguadilla, November 7, 2011, 9:11 A.M.: Wes making an exceptionally picturesque view on this break look even better by simply standing in the pocket.

Wesley Toth, Survival, Aguadilla, 7 de noviembre de 2011, 9:11 A.M.: Wes hace que esta vista excepcionalmente pintoresca se vea aun mejor con pararse en la ola.

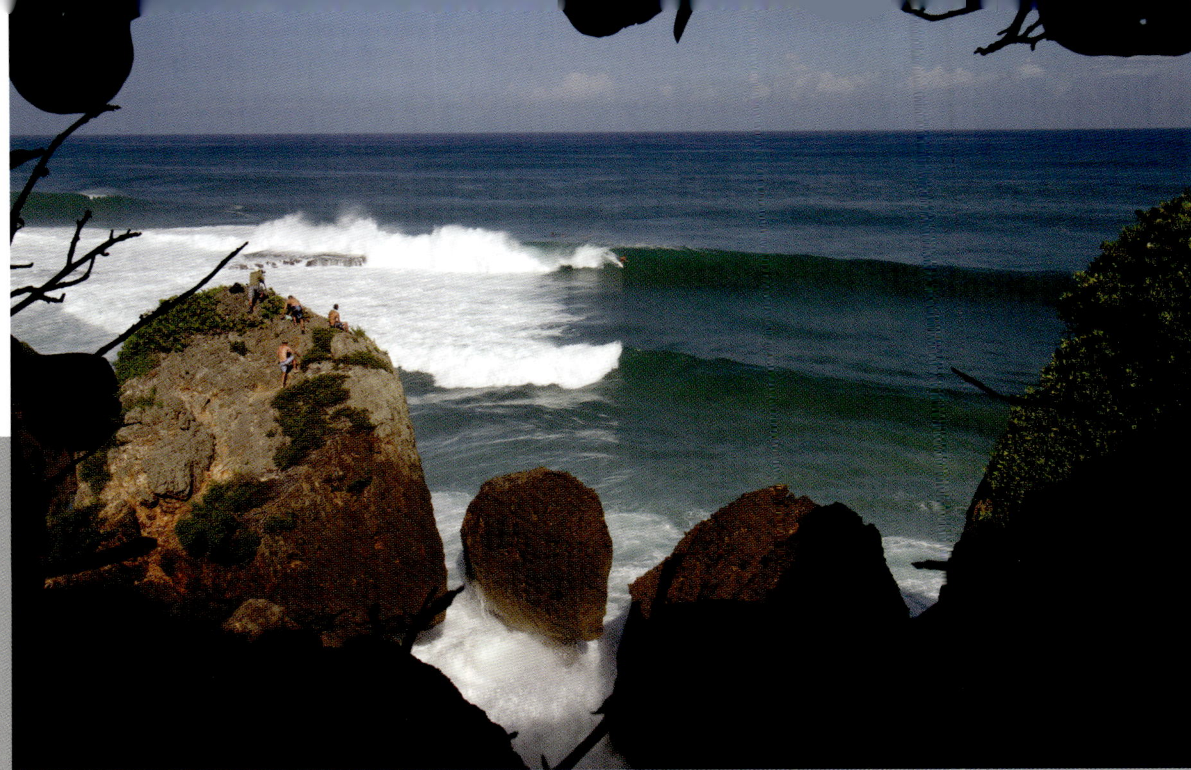

Brian Toth, Survival, Aguadilla, November 7, 2011, 9:38 A.M.: Brian waited nearly an hour for this wave. Even while staying at the helm of the peak the entire time while sets came and went and everyone was catching waves, Brian chose not to go. But when the wave he'd been waiting for arrived, it cemented him as the de facto owner of this little piece of paradise.

Brian Toth, Survival, Aguadilla, 7 de noviembre de 2011, 9:38 A.M.: Brian esperó casi una hora por esta ola. Aunque se mantuvo siempre en el pico mientras llegaban los sets y todo el mundo cogía olas, Brian decidía no tirarse. Pero cuando llegó la ola que él esperaba, quedó certificado como el dueño de facto de este pedacito del paraíso.

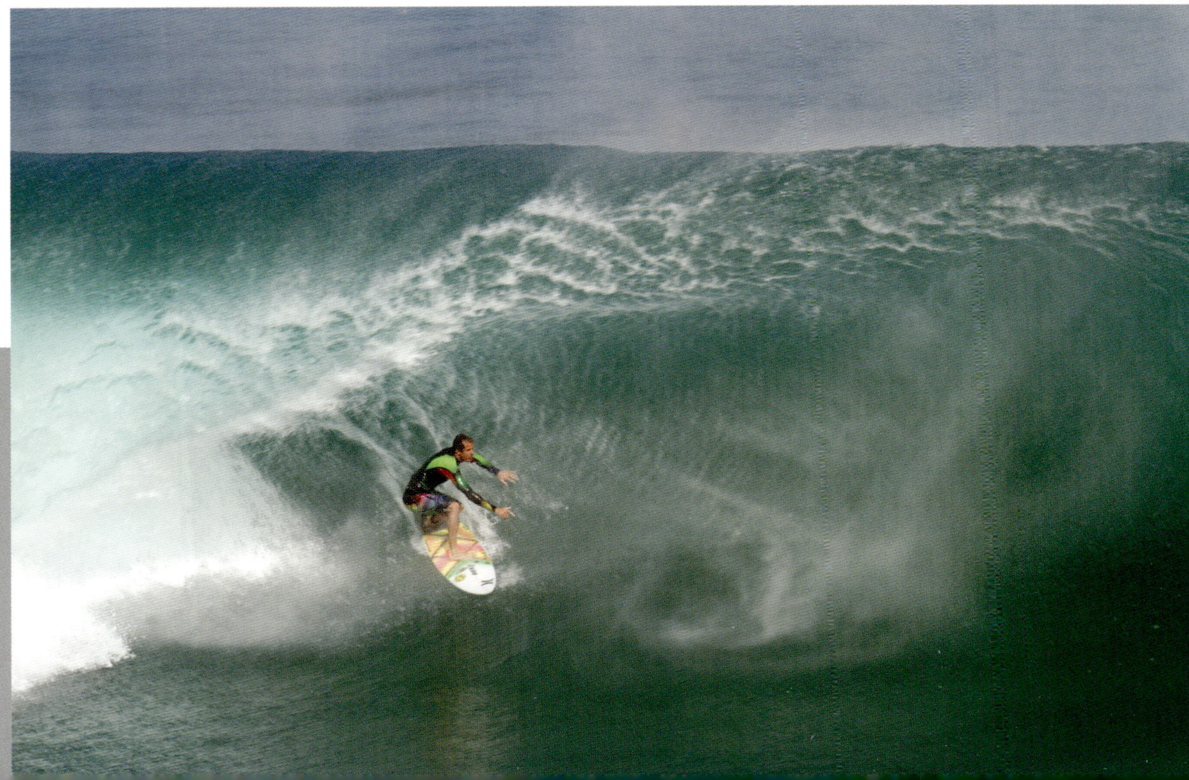

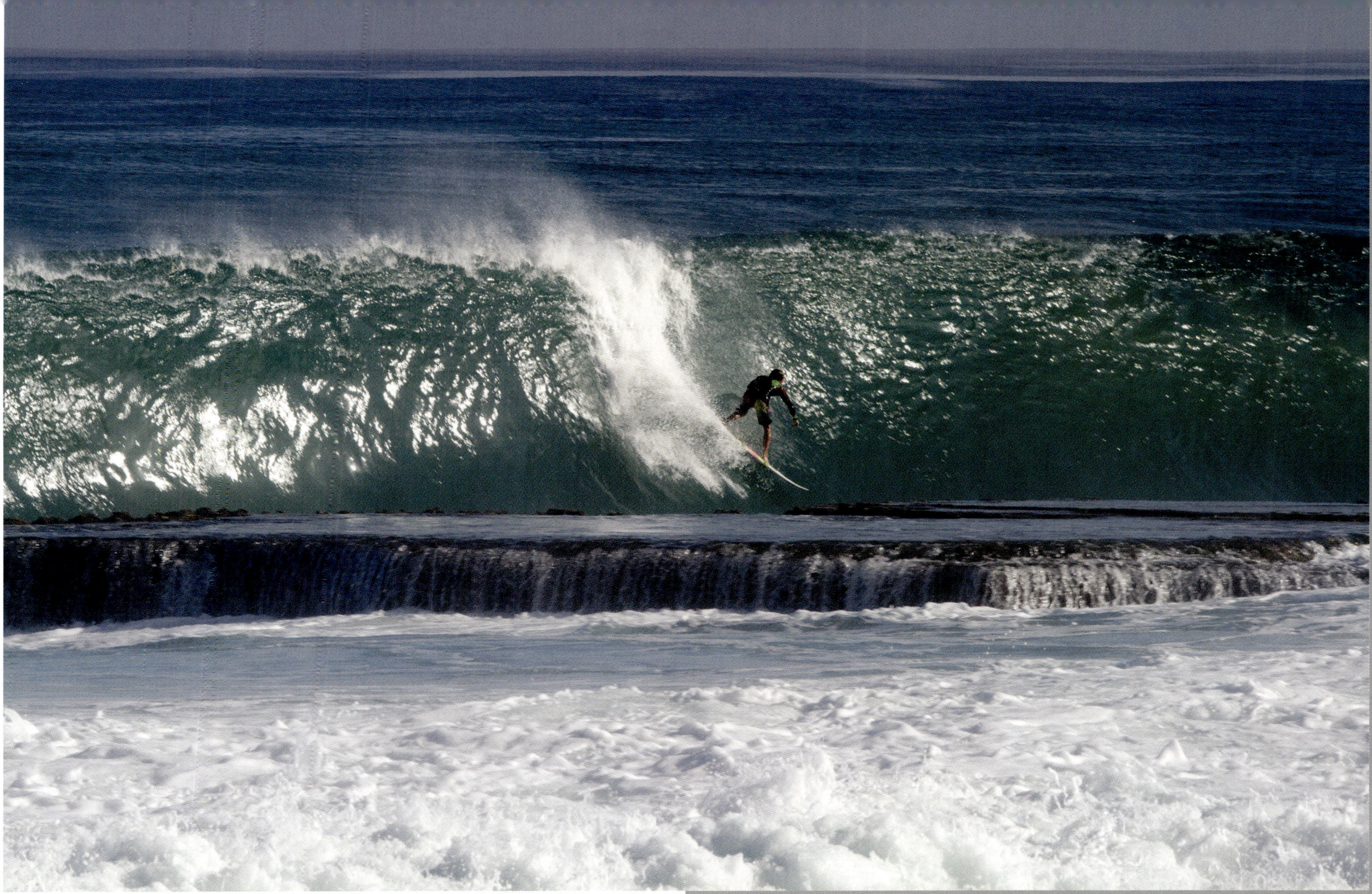

Brian Toth, Survival, Aguadilla, November 7, 2011, 8:25 A.M.: This is from the first major swell event of the 2011–2012 season. What I found most interesting about this session was the way Brian demonstrated his knowledge of this break. He was clearly on another level from everyone else in the lineup.

Brian Toth, Survival, Aguadilla, 7 de noviembre de 2011, 8:25 A.M.: Esto es de la primera marejada grande de la temporada 2011 - 2012. Lo que me pareció más interesante de esta sesión fue la manera en que Brian demostró su conocimiento de esta playa. Era evidente que estaba a un nivel más alto que los demás.

Padrón Twins, Camuy, December 10, 2010, 2:37 P.M. (captured with the Hipstamatic application on an iPhone 4).

Gemelos Padrón, Camuy, 10 de diciembre de 2010, 2:37 P.M. (capturada con la aplicación Hipstamatic en un iPhone 4).

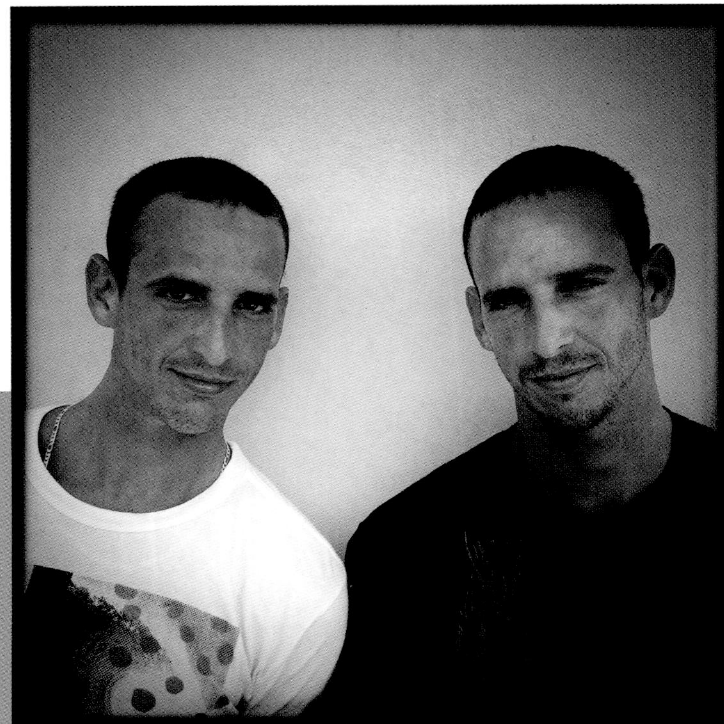

Brian & Craig Toth, Wilderness, Aguadilla, December 11, 2010, 5:55 P.M. (captured with the Hipstamatic application on an iPhone 4).

Brian y Craig Toth, Wilderness, Aguadilla, 11 de diciembre de 2010, 5:55 P.M. (capturada con la aplicación Hipstamatic en un iPhone 4).

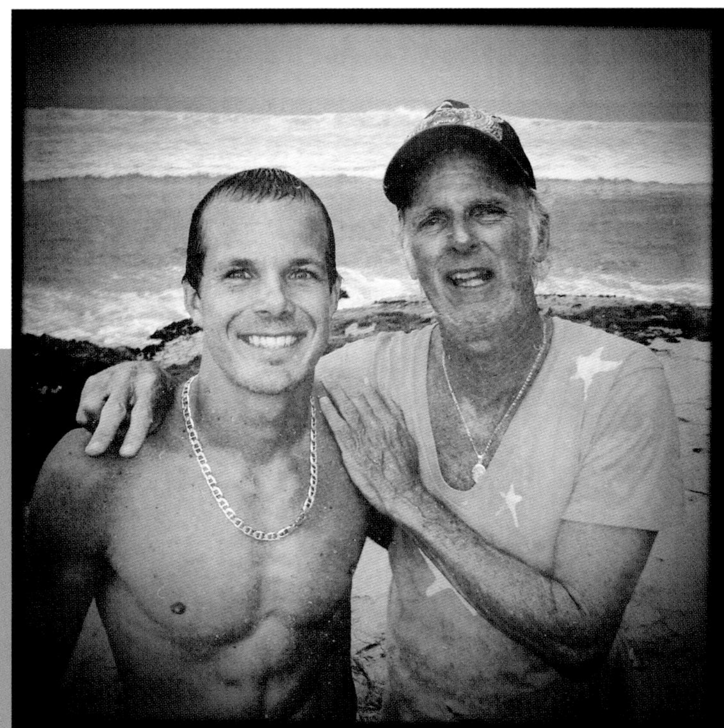

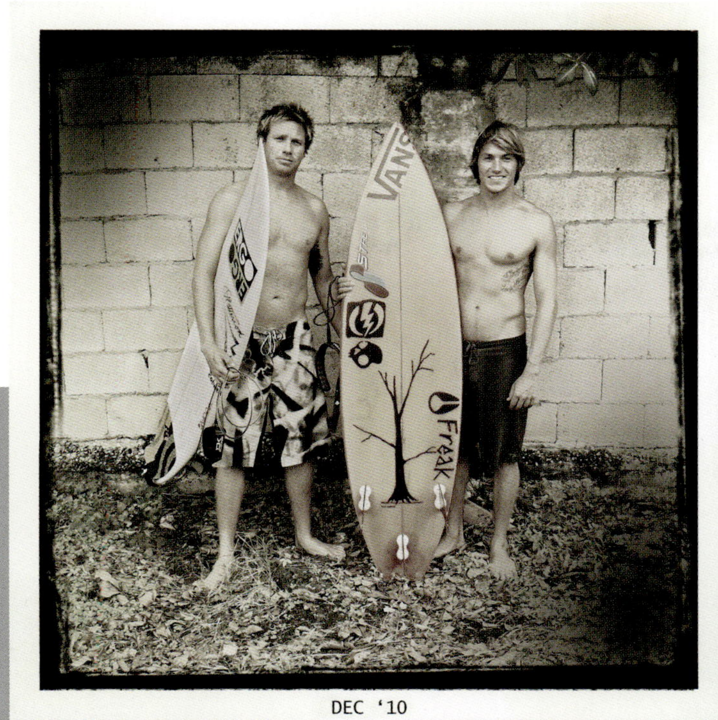

Josie & Dylan Graves, The Lost Coast, December 27, 2010, 9:42 A.M. (captured with the Hipstamatic application on an iPhone 4).

Josie y Dylan Graves, La Costa Perdida, 27 de diciembre de 2010, 9:42 A.M. (capturada con la aplicación Hipstamatic en un iPhone 4).

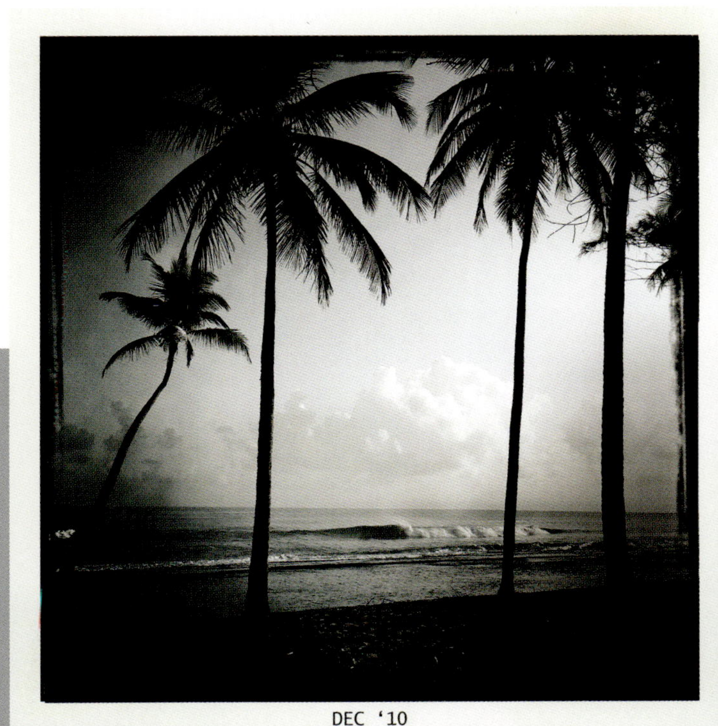

Aviones, Piñones, December 12, 2010, 7:42 A.M. (captured with the Hipstamatic application on an iPhone 4).

Aviones, Piñones, 12 de diciembre de 2010, 7:42 A.M. (capturada con la aplicación Hipstamatic en un iPhone 4).

The Rip Curl Pro Search

The Rip Curl Pro Search event was historic on so many levels. It was the first WCT event ever held in the Caribbean (or anywhere on the East Coast, if Puerto Rico qualifies as part of the region), the first time the ASP Men's and Women's champions were crowned in the same event, the unfortunate last surfing destination of Andy Irons, and the site of Kelly Slater's record 10th world title among a long list of other unforgettable and consequential moments.

Having never had the opportunity to document a WCT contest nor ever having spent much time in the company of any of the world's elite talent, the chance to cover such an event was exciting for me.

The following images are a small selection of the several thousand captures I recorded during the course of the event's waiting period.

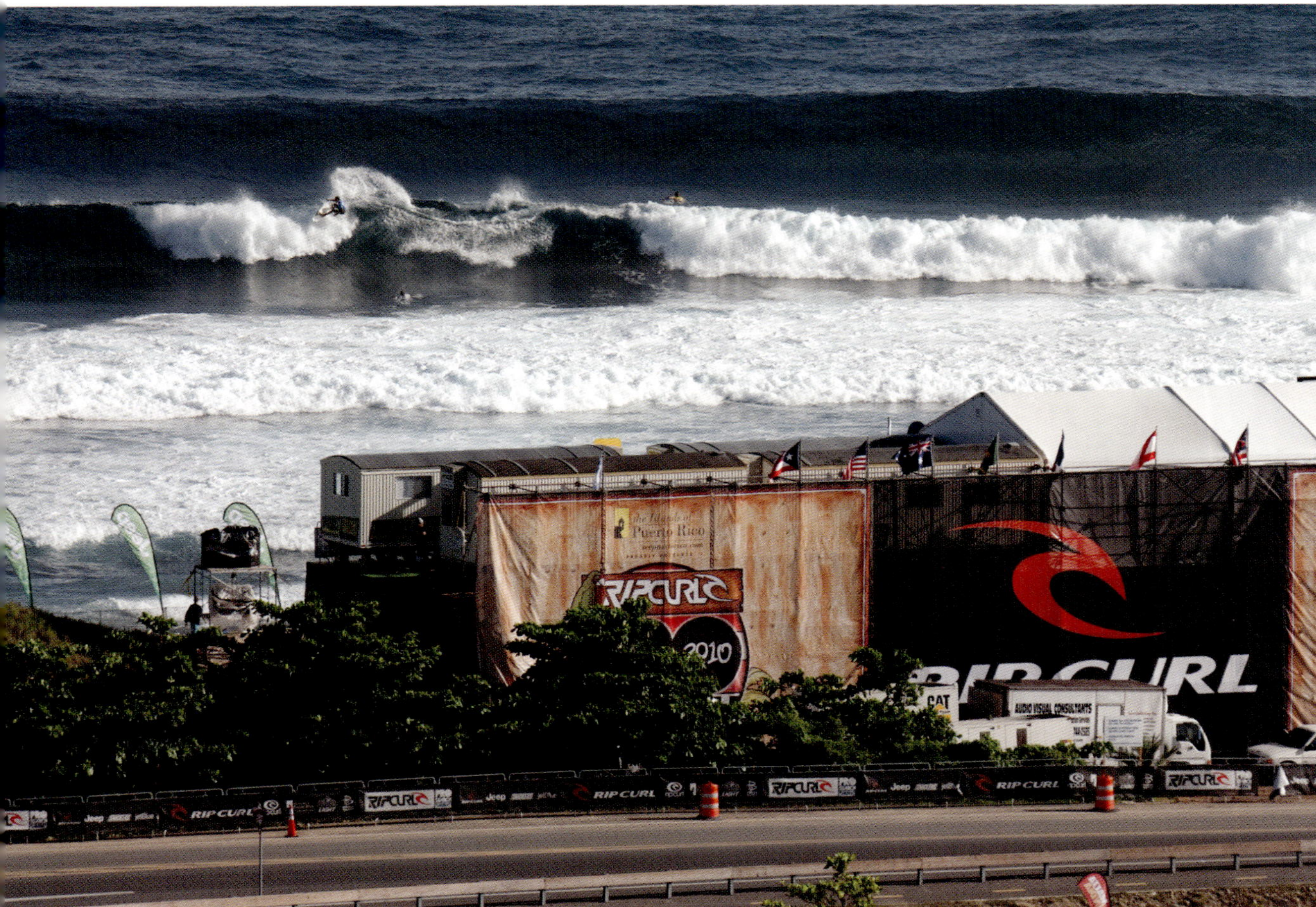

José Tavarez, Rip Curl Pro Search Trials, October 29, 2010, 8:25 A.M.: The first day of competition featured the local trials where the island's top 16 ranked surfers would battle it out for a single spot in the main event. The very first heat had Alejandro Moreda, Carlos Cabrero, Héctor Santamaria, and José Tavarez taking advantage of perfect early morning conditions. Although Tavarez did not advance through this heat, his floater brought together a perfect composition of the entire venue from a secluded location on the cliff in Isabela.

José Tavarez, Rip Curl Pro Search Trials, 29 de octubre de 2010, 8:25 A.M.: El primer día de competencia los mejores 16 surfers de la isla batallaron por un espacio en el evento principal. En el primer encuentro se enfrentaron Alejandro Moreda, Carlos Cabrero, Héctor Santamaría y José Tavarez en condiciones perfectas temprano en la mañana. Aunque Tavarez no logró avanzar, esta maniobra flotadora completó una composición perfecta del evento desde un punto escondido en el acantilado de Isabela.

El Rip Curl Pro Search

El evento Rip Curl Pro Search fue histórico en muchos niveles. Fue el primer evento del WCT celebrado en el Caribe (o en cualquier lugar de la costa este de EEUU, si se considera a Puerto Rico parte de esta región), por primera vez los campeones masculino y femenino de la ASP se coronaron en el mismo evento, fue el último destino de surfing de Andy Irons, y la sede del décimo título mundial de Kelly Slater, entre muchos otros momentos inolvidables.

Nunca había tenido la oportunidad de documentar una competencia del WCT ni había pasado mucho tiempo con los talentos élite del mundo, así que fue sumamente emocionante para mi poder cubrir un evento como este.

Las siguientes imágenes son una pequeña muestra de las miles de fotos que capturé durante el periodo de espera del evento.

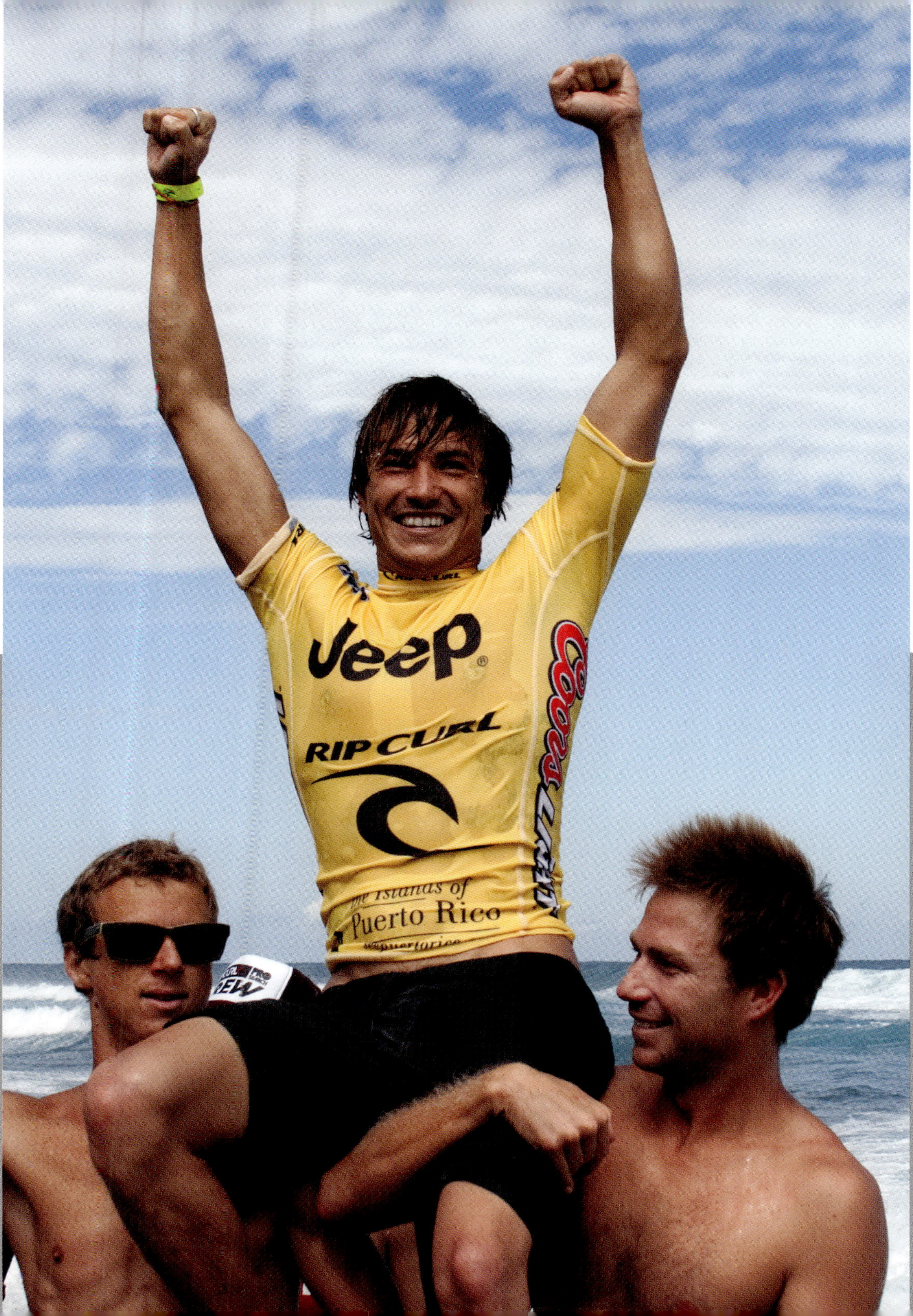

Dylan Graves, Rip Curl Pro Search Trials, October 29, 2010, 10:58 A.M.: With a field of 16 surfers, each trialist only needed to win three heats to come away victorious. But despite everyone in the lineup being friends, an event of this magnitude and significance made it easy to muster the necessary competitiveness and desire. And while everyone in contention had logged hundreds of hours on the peak at Middles, it was regularfoot Dylan Graves who used his intimate knowledge of the playing field to take the win and be carried off on the shoulders of his fellow trialist and close friend, Wesley Toth, and his older brother, Josie Graves.

Dylan Graves, Rip Curl Pro Search Trials, 29 de octubre de 2010, 10:58 A.M.: Con solo 16 surfers, cada competidor solo tenía que ganar tres rondas preliminares para conseguir el título. Y a pesar de que todos eran amigos, la magnitud de un evento como el Rip Curl Pro Search hizo fácil que surgiera la competitividad y el deseo de ganar. Aunque todos los competidores contaban con cientos de horas de experiencia en el pico de Middles, fue Dylan Graves quien, con su conocimiento íntimo de la playa, logró ganar y, al salir del agua, fue cargado por su amigo, Wesley Toth, y su hermano mayor, Josie Graves.

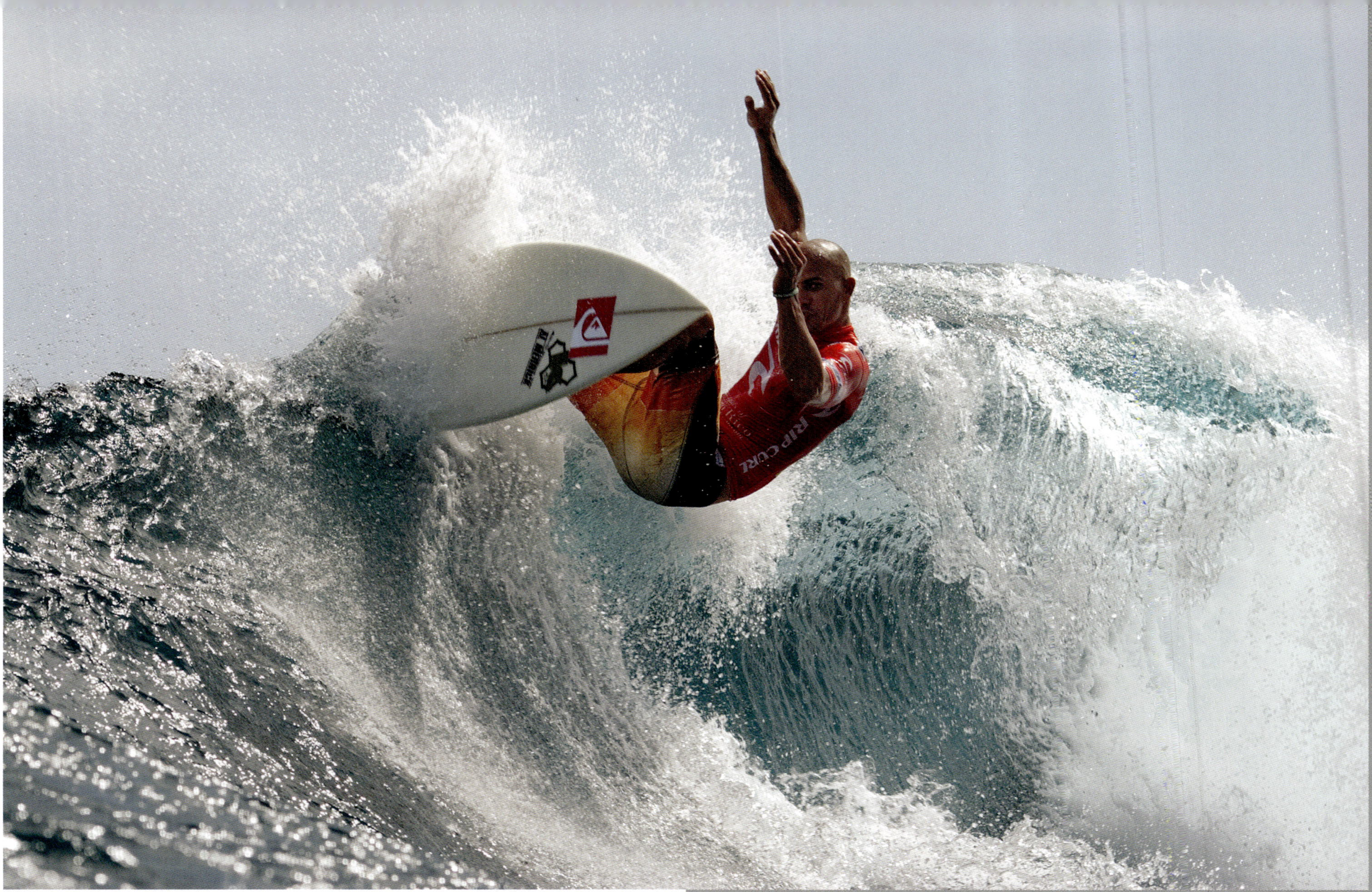

Kelly Slater, Rip Curl Pro Search, October 30, 2010, 10:41 A.M.: As the first day of the main event got underway, the surf remained pristine, and Kelly Slater would begin his unstoppable march into the record books. In Heat 6 of Round 1, Slater was pitted against Australian Daniel Ross and California native Dillon Perillo. What is unique about this image is that it is fairly demonstrative of what has always separated Slater from the rest of the surfing world. With his board in an extremely critical position on the lip of the wave, we see that his left eye is already focused on where he is going next in the trough of the wave. In essence, and like any great athlete, he is not only one step ahead of everyone else, but even a step ahead of himself, thinking more like a chess player or military strategist than a competitive surfer.

Kelly Slater, Rip Curl Pro Search, 30 de octubre de 2010, 10:41 A.M.: Las olas seguían perfectas el primer día del evento principal y Kelly Slater comenzó su marcha imparable hacia los libros de historia. En el sexto encuentro de la primera ronda, Slater enfrentó al australiano Daniel Ross y al californiano Dillon Perillo. Lo interesante de esta imagen es que ilustra algo que siempre ha distinguido a Slater del resto del mundo del surfing. Con su tabla en una posición sumamente crítica, vemos que su ojo izquierdo ya está enfocado en lo próximo que va a hacer. Como todo gran atleta, no solo está un paso adelante de su competencia, está un paso adelante de sí mismo y piensa más como un jugador de ajedrez o estratega militar que un surfer profesional.

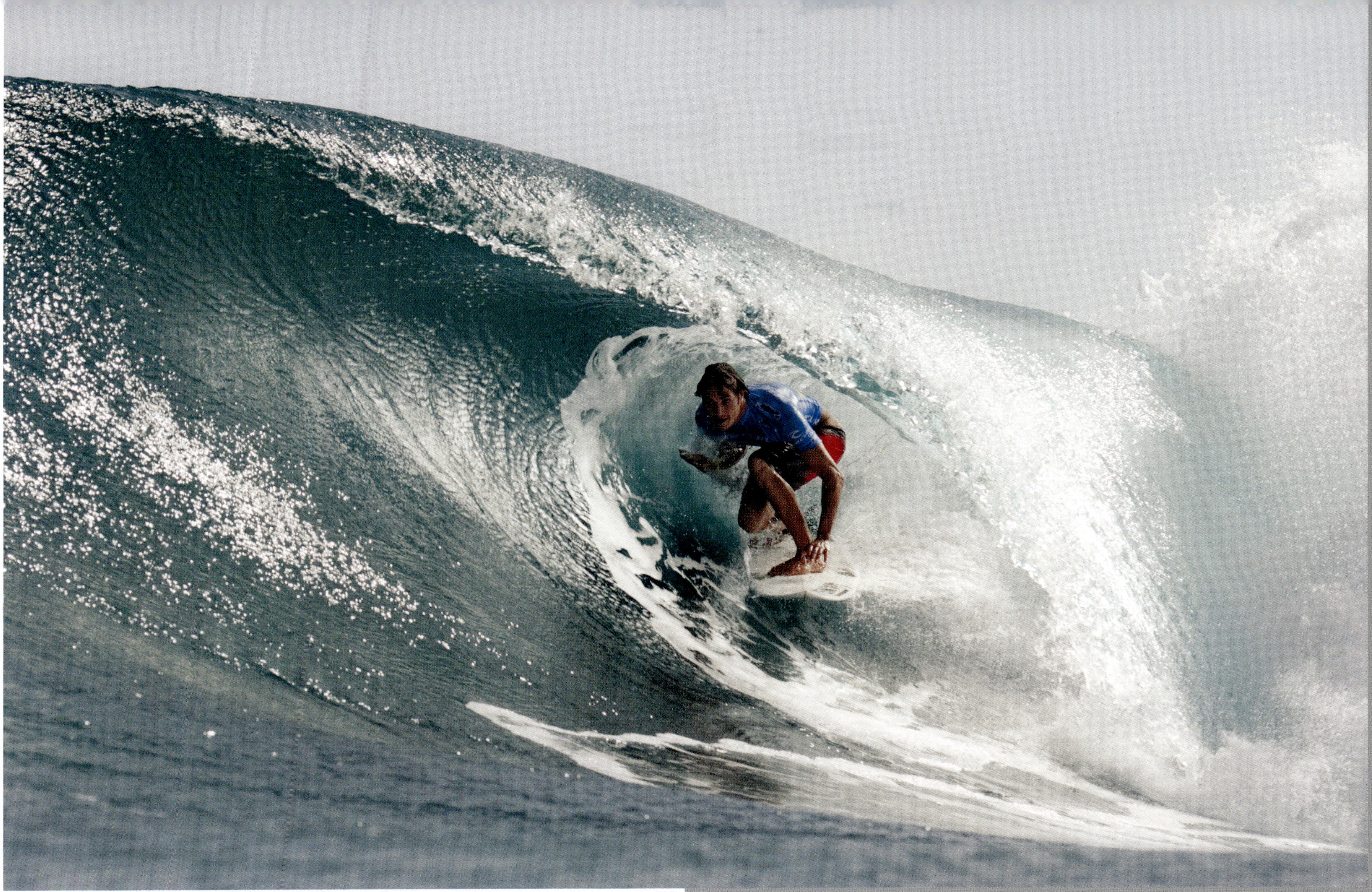

Dylan Graves, Rip Curl Pro Search, October 30, 2010, 9:55 A.M.: Heat 5 of Round 1 featured Dylan Graves, local hero and trials winner, against World #2 Jordy Smith from South Africa and California's Brett Simpson. Although registering some good time in the tube, Dylan ended up third in the three-man heat and was banished to the losers bracket of Round 2, where he handily defeated Australian Adrian Buchan in a head-to-head matchup leading him to an eventual showdown in Round 3 with Kelly Slater. That Round 3 matchup was among the most anticipated and exciting heats of the event, and although Graves came up short against history's greatest wave rider, he gave Slater a serious run for his money, led for nearly half the heat, and won the hearts of countless thousands of fans the world over with his passionate competitive fire and graceful sportsmanship in defeat.

Dylan Graves, Rip Curl Pro Search, 30 de octubre de 2010, 9:55 A.M.: En el quinto encuentro de la primera ronda el héroe local, Dylan Graves, enfrentó al segundo en el mundo en ese momento, Jordy Smith, de Sudáfrica, y a Brett Simpson, de California. Aunque logró tubos como este, Dylan llegó tercero en este encuentro y pasó a la segunda ronda donde destrozó al australiano Adrian Buchan como preámbulo a su encuentro con Slater en la tercera ronda. Ese encuentro fue de los más anticipados y emocionantes de todo el evento, y aunque Dylan no logró derrotar al mejor de todos los tiempos, no se lo hizo fácil a Slater; estuvo adelante por más de la mitad del encuentro y se ganó los corazones del mundo entero con su pasión y su tremendo espíritu deportivo.

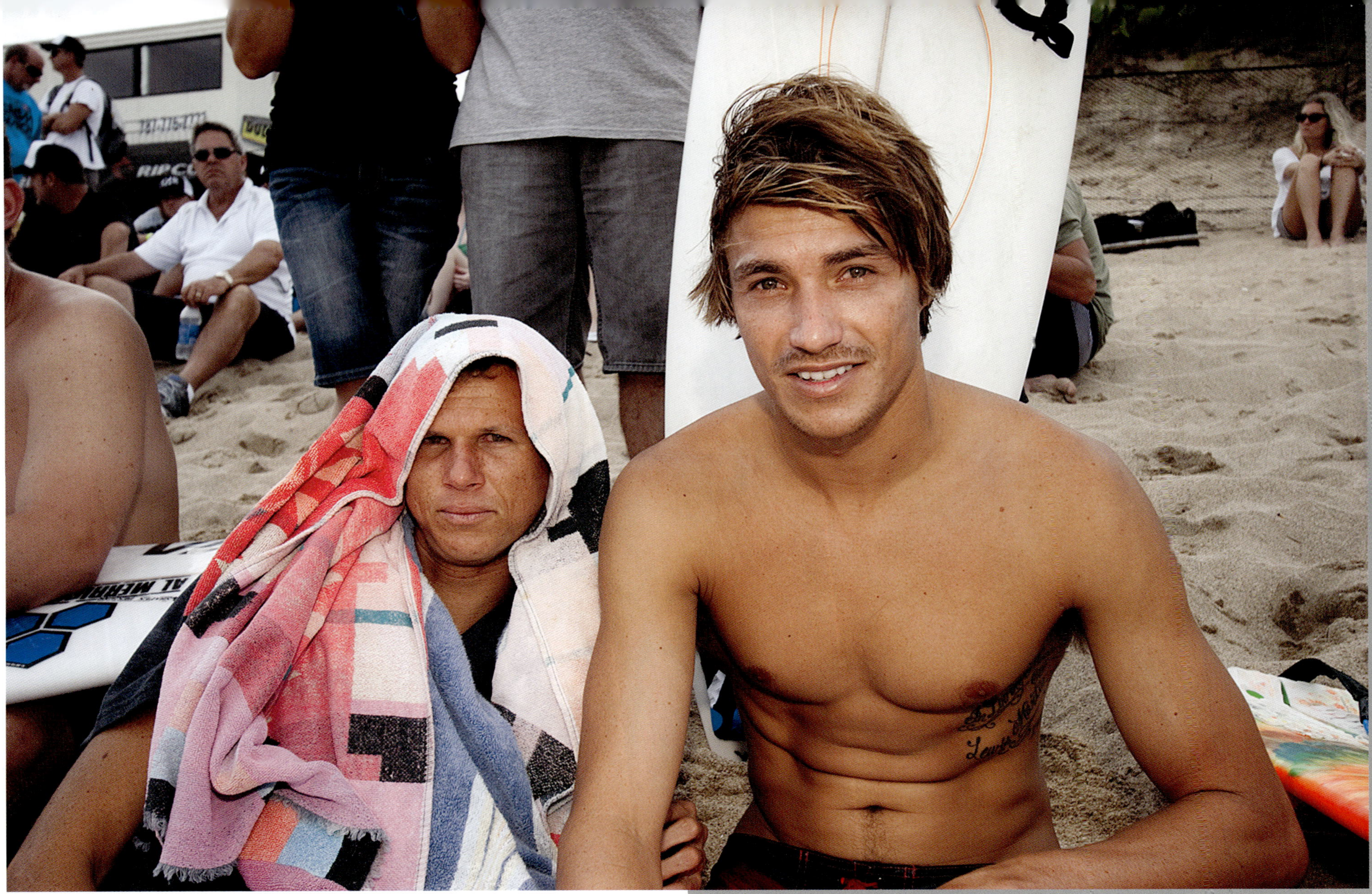

Wesley Toth and Dylan Graves, Paddle for Andy Irons, Middles, November 3, 2010, 11:00 A.M.: The expressions on the faces of Wesley and Dylan reveal the gravity of the circumstance as the masses gathered on the beach for a memorial paddle the morning following the passing of Andy Irons, legendary WCT surfer.

Wesley Toth y Dylan Graves, Paleteo para Andy Irons, Middles, 3 de noviembre de 2010, 11:00 A.M.: Las expresiones en las caras de Wesley y Dylan revelan la gravedad de la circunstancia mientras se aglomeraban las masas en la playa para un paleteo en memoria del legendario surfer del WCT, Andy Irons.

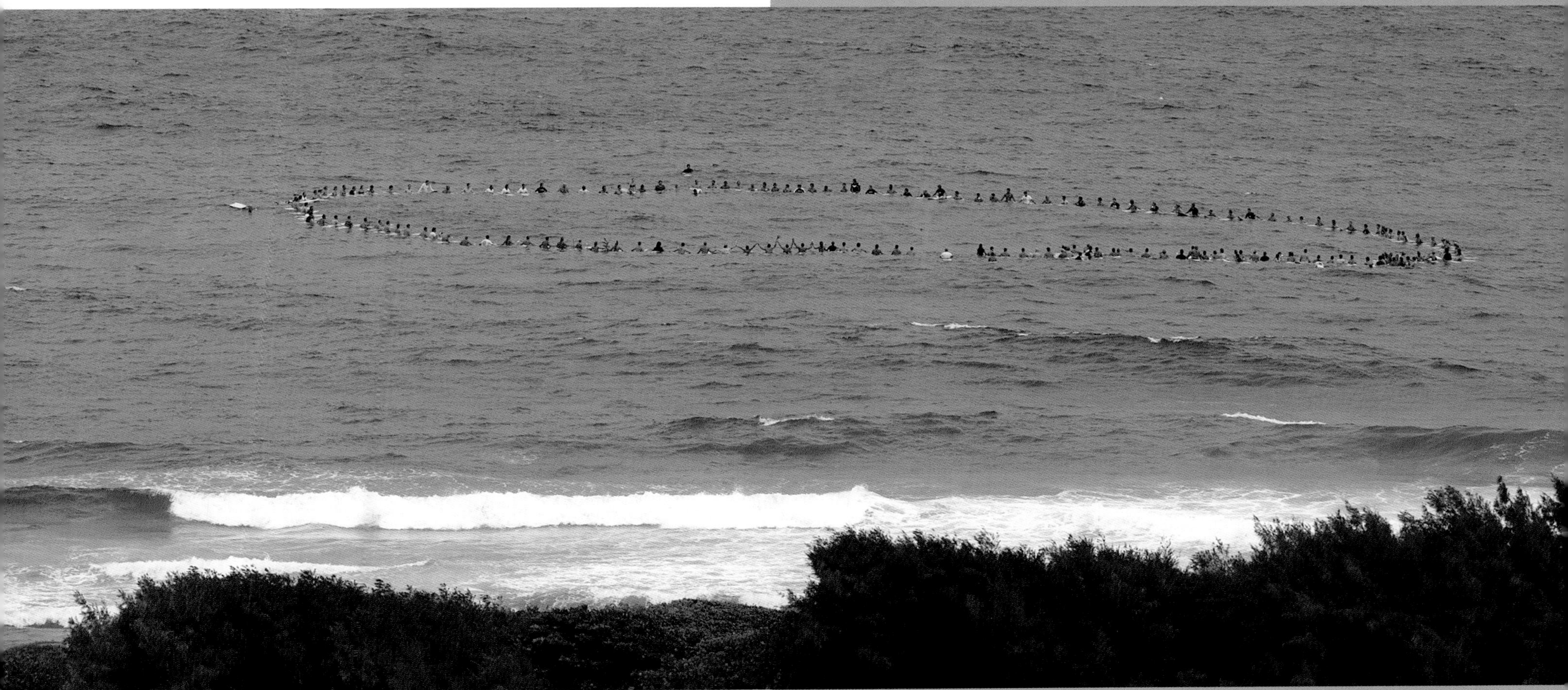

Paddle for Andy Irons, Middles, November 3, 2010, 11:29 A.M.: The shocking and unexpected death of Andy Irons brought the Pro Search event, and all the euphoria surrounding it, to a screeching halt when the news broke late in the afternoon of November 2. The organizers and contestants quickly coordinated a traditional "paddle out" during which the deceased is remembered, revered, and honored with flowers, the formation of a circle of united hands, and words from anyone composed enough to speak. RIP, Andy Irons (1978–2010).

Paleteo para Andy Irons, Middles, 3 de noviembre de 2010, 11:29 A.M.: La inesperada y chocante muerte de Andy Irons detuvo repentinamente el evento Pro Search y toda la euforia que este había causado al darse a conocer la noticia durante la tarde del 2 de noviembre. Los organizadores y competidores coordinaron rápidamente un paleteo tradicional para rendirle homenaje al fallecido con flores y la formación de un círculo de personas unidas de manos en el agua. Que descanse en Paz Andy Irons 1978–2010.

Kelly and Judy Slater, Rip Curl Pro Search, November 6, 2010, 1:20 P.M.: In life there is nothing like the support of a mother. It represents an inseparable bond with enough of which anything is possible, even winning 10 world championships. While waxing his board shortly before paddling out for the quarterfinal heat in which he would claim his unequaled place in history, Kelly's mother, Judy, approached with a warm embrace wishing him luck. He subsequently went out at Middles to decimate the surf and his unsuspecting opponent, Brazilian Adriano de Souza; the rest, as they say, is history.

Kelly y Judy Slater, Rip Curl Pro Search, 6 de noviembre de 2010, 1:20 P.M.: En la vida no hay nada como el amor de una madre. Representa un enlace inseparable que todo lo puede, hasta ganar 10 campeonatos mundiales de surfing. Mientras Slater enceraba su tabla antes de los cuartos de final que le asegurarían su lugar único en la historia del deporte, su madre Judy le dio un abrazo de buena suerte. Poco después, Slater entró al agua en Middles a destrozar las olas y a su rival brasileño Adriano de Souza y el resto, como dicen, es historia.

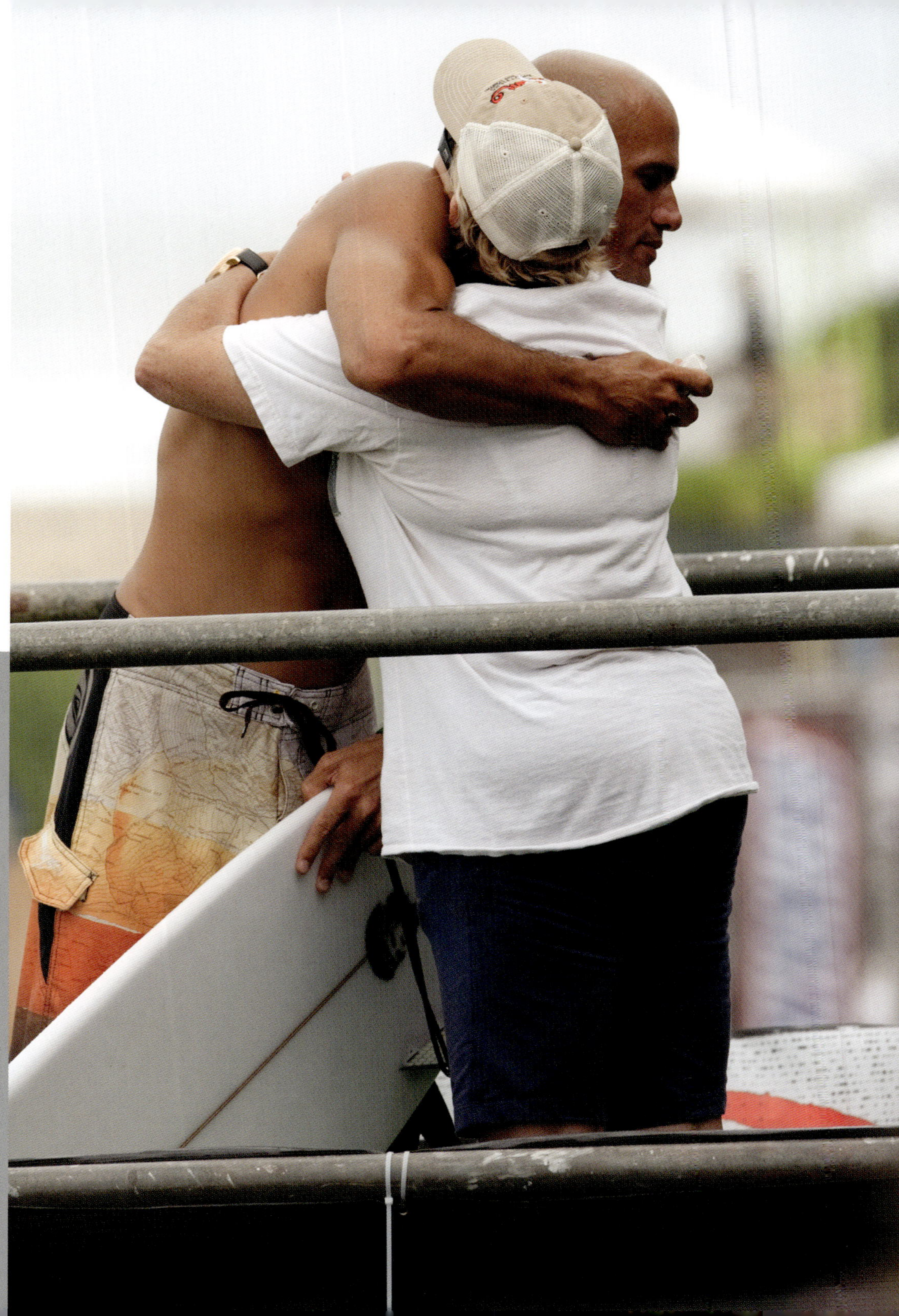

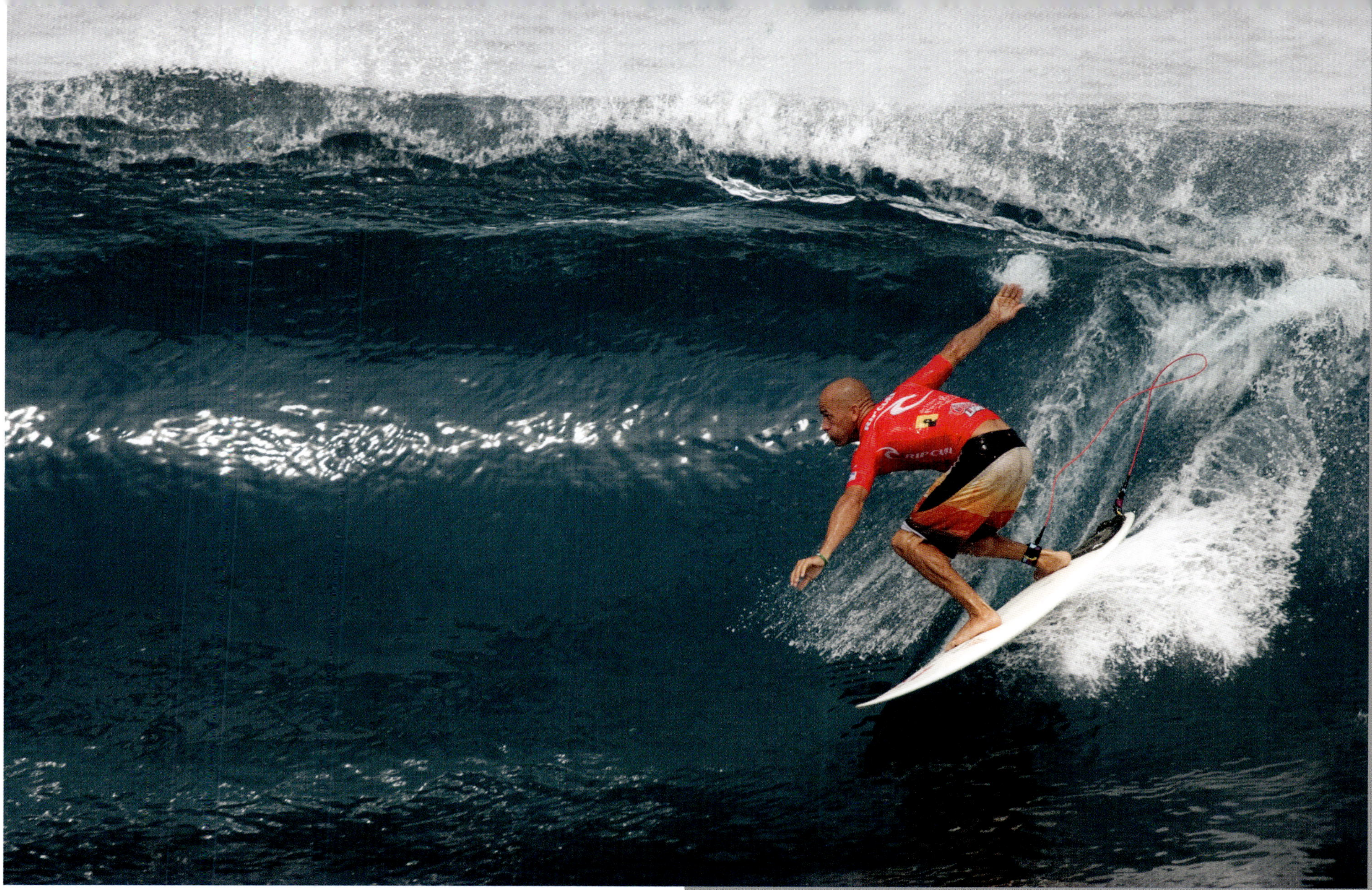

Kelly Slater, Rip Curl Pro Search, November 6, 2010, 1:33 P.M.: Wasting no time in getting down to the task of winning world championship #10, Kelly Slater pulled into the first of a two-section barrel on the first wave of his quarterfinal heat, earning him a 9+ point score and a healthy sigh of relief knowing that he could surf in a relaxed way thereafter.

Kelly Slater, Rip Curl Pro Search, 6 de noviembre de 2010, 1:33 P.M.: Sin perder tiempo en su meta de obtener su décimo título, Slater se colocó en la primera sección de su primera ola, un tubo doble que obtuvo una puntuación de sobre 9 puntos, y le permitió surfear tranquilo el resto del encuentro.

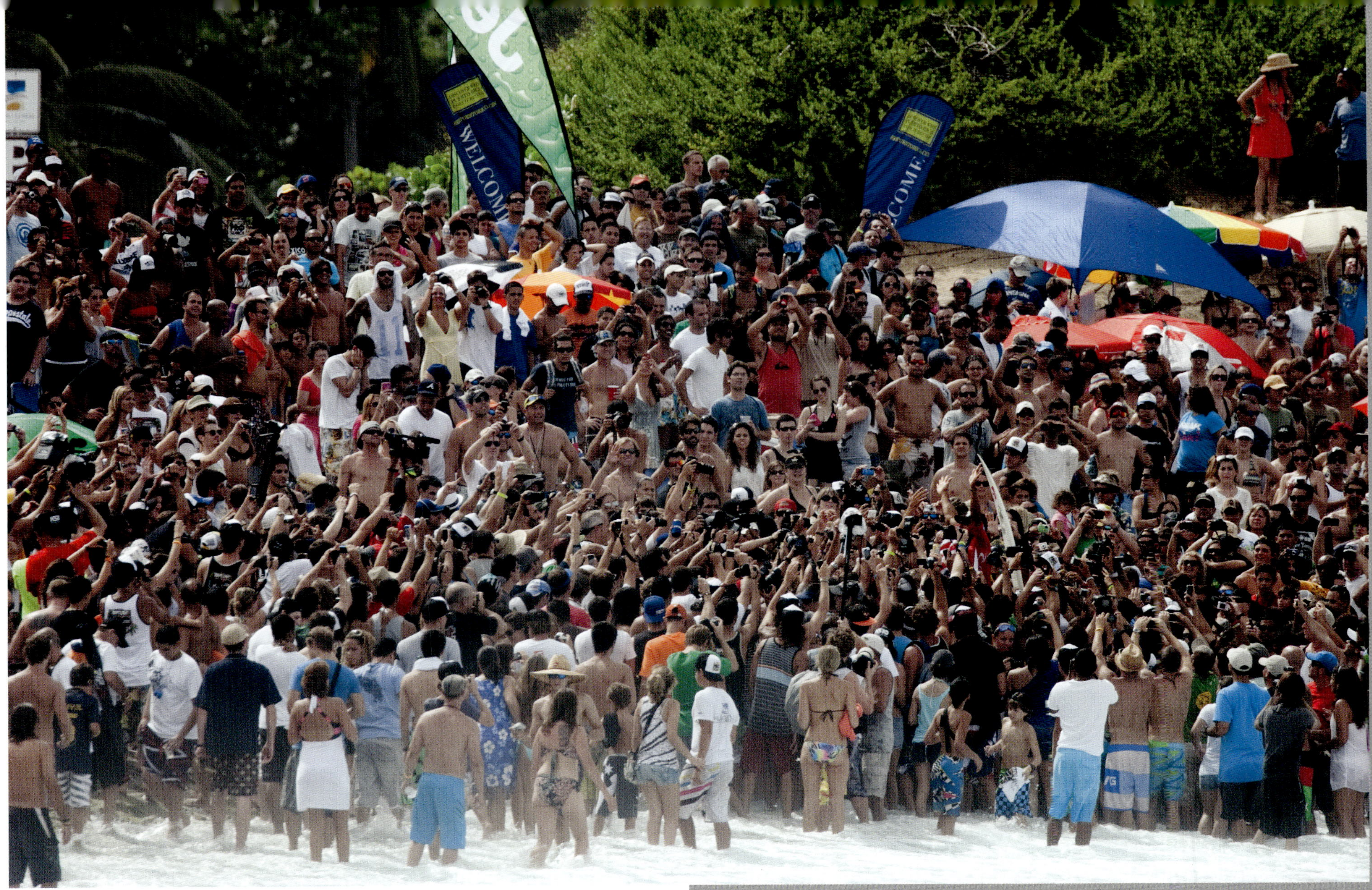

Kelly Slater, Rip Curl Pro Search, November 6, 2010, 2:04 P.M.: In perhaps the single most historic moment of the entire event, Kelly Slater is carried up the beach in and among the thousands of fans and hundreds of photographers upon emerging from the water after the quarterfinal heat that clinched his record-setting 10th ASP world title. The most decorated surfer in the history of the sport in a monumental moment on the sands of Puerto Rico could hardly have been imagined by anyone on the island.

Kelly Slater, Rip Curl Pro Search, 6 de noviembre de 2010, 2:04 P.M.: En lo que tal vez fue el momento más histórico del evento, Kelly Slater fue cargado hasta el podio entre miles de fanáticos y cientos de fotógrafos al salir del encuentro de cuartos de final que le ganó su décimo título ASP. El surfer más condecorado en la historia del deporte en un momento histórico en arena boricua, algo que nadie en la Isla se hubiera imaginado.

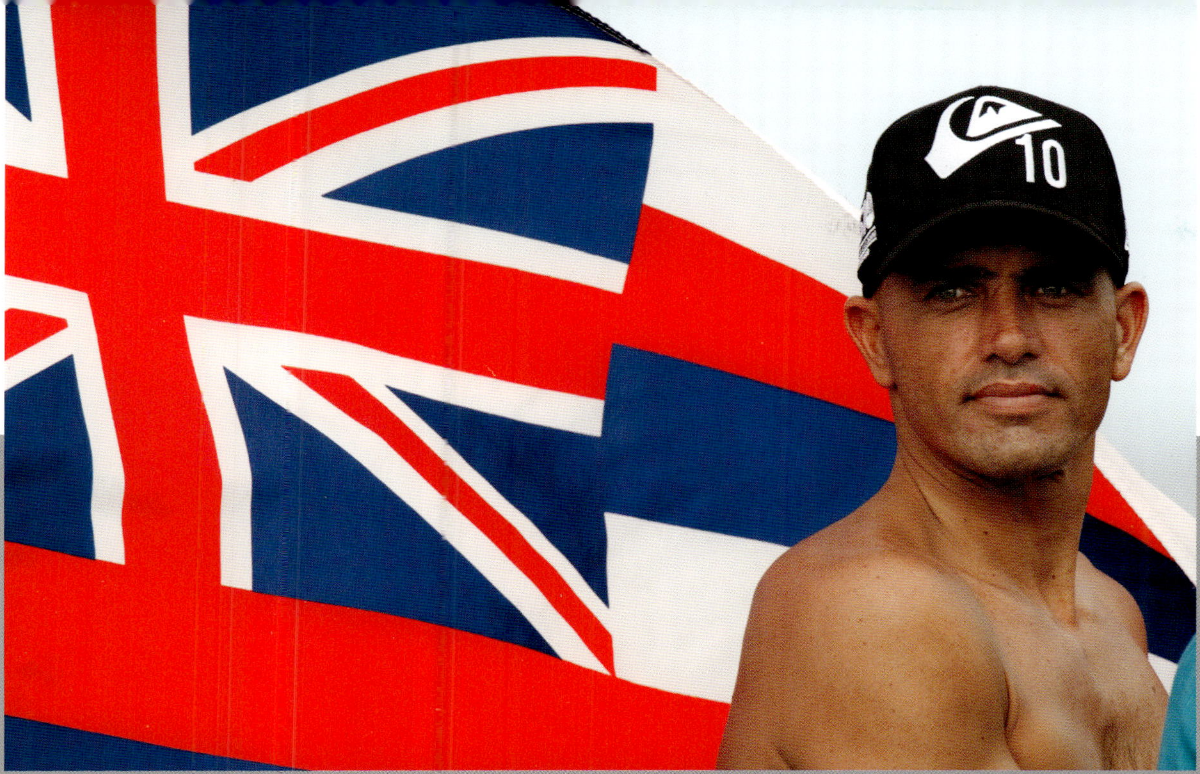

Kelly Slater, Rip Curl Pro Search, November 6, 2010, 3:15 P.M.: In a pensive moment during a post-semifinal interview, Slater's thoughts were undoubtedly on his former rival and subsequent close friend and confidant, Andy Irons, in the wake of his untimely death during the middle of the Pro Search waiting period.

Kelly Slater, Rip Curl Pro Search, November 6, 2010, 3:15 P.M.: En un momento de introspección durante una entrevista después de las semifinales, Slater seguramente recordaba a su rival y amigo, el fallecido Andy Irons, tras su inesperada partida durante el tiempo de espera del evento.

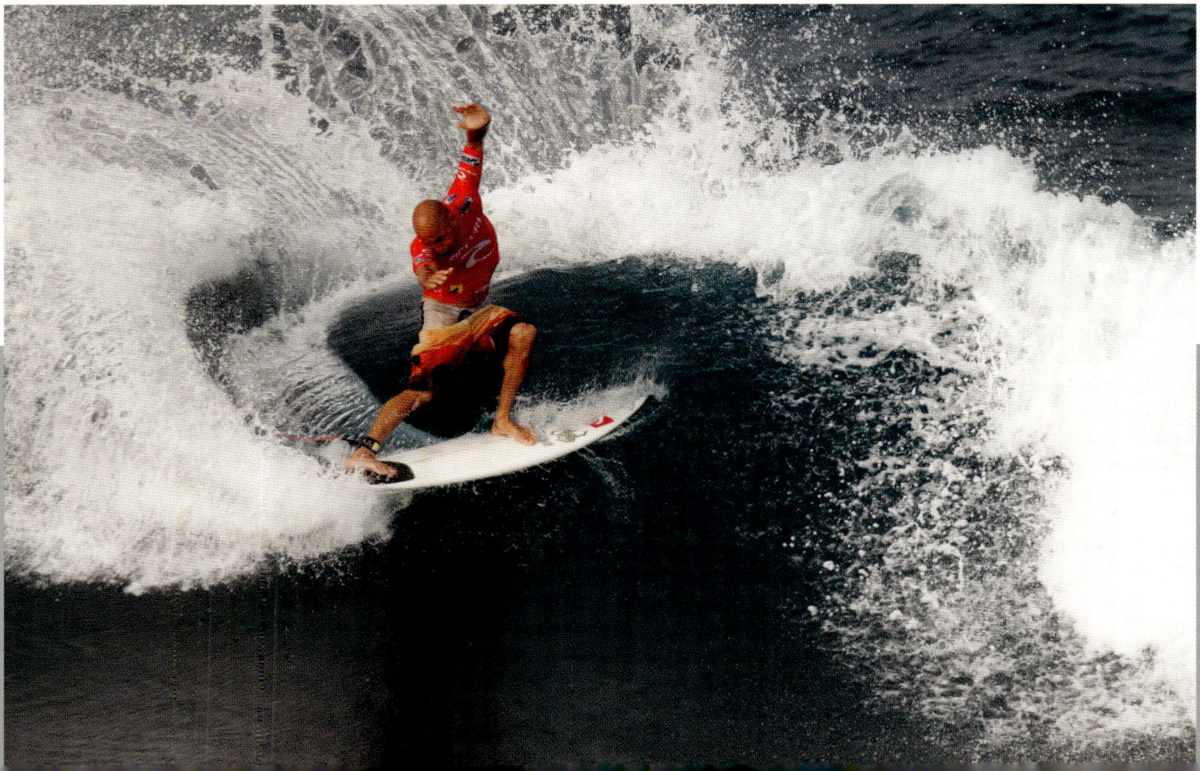

Kelly Slater, Rip Curl Pro Search, November 6, 2010, 4:26 P.M.: In a signature move that has not only distinguished Kelly Slater from the rest of the surfing world, but has also been immortalized in bronze in his home town of Cocoa Beach, Florida, the soon-to-be 10-time ASP world champion put an exclamation point on an incredible week of surfing during the final frame of competition against Australia's Bede Durbidge.

Kelly Slater, Rip Curl Pro Search, 6 de noviembre de 2010, 4:26 P.M.: En una maniobra que no solo lo ha distinguido en el mundo del surfing, además se ha plasmado en bronce en su ciudad natal de Cocoa Beach, Florida, el que pronto sería 10 veces campeón mundial del ASP cerró con broche de oro una semana espectacular de surfing en la etapa final de la competencia frente al australiano Bede Durbidge.

Kelly Slater, Rip Curl Pro Search, November 6, 2010, 4:48 P.M.: Puerto Rican flag in hand, the newly crowned world champion and Pro Search event winner left no doubt that those lucky enough to have witnessed his achievements on this day were part of a moment that will arguably go down as the most memorable in the history of the sport.

Kelly Slater, Rip Curl Pro Search, November 6, 2010, 4:48 P.M.: Con la bandera puertorriqueña en mano, el recién coronado campeón mundial y del Rip Curl Pro Search dejó claro que quienes evidenciaron sus logros este día fueron testigos de un momento que posiblemente será el más memorable en la historia del deporte.

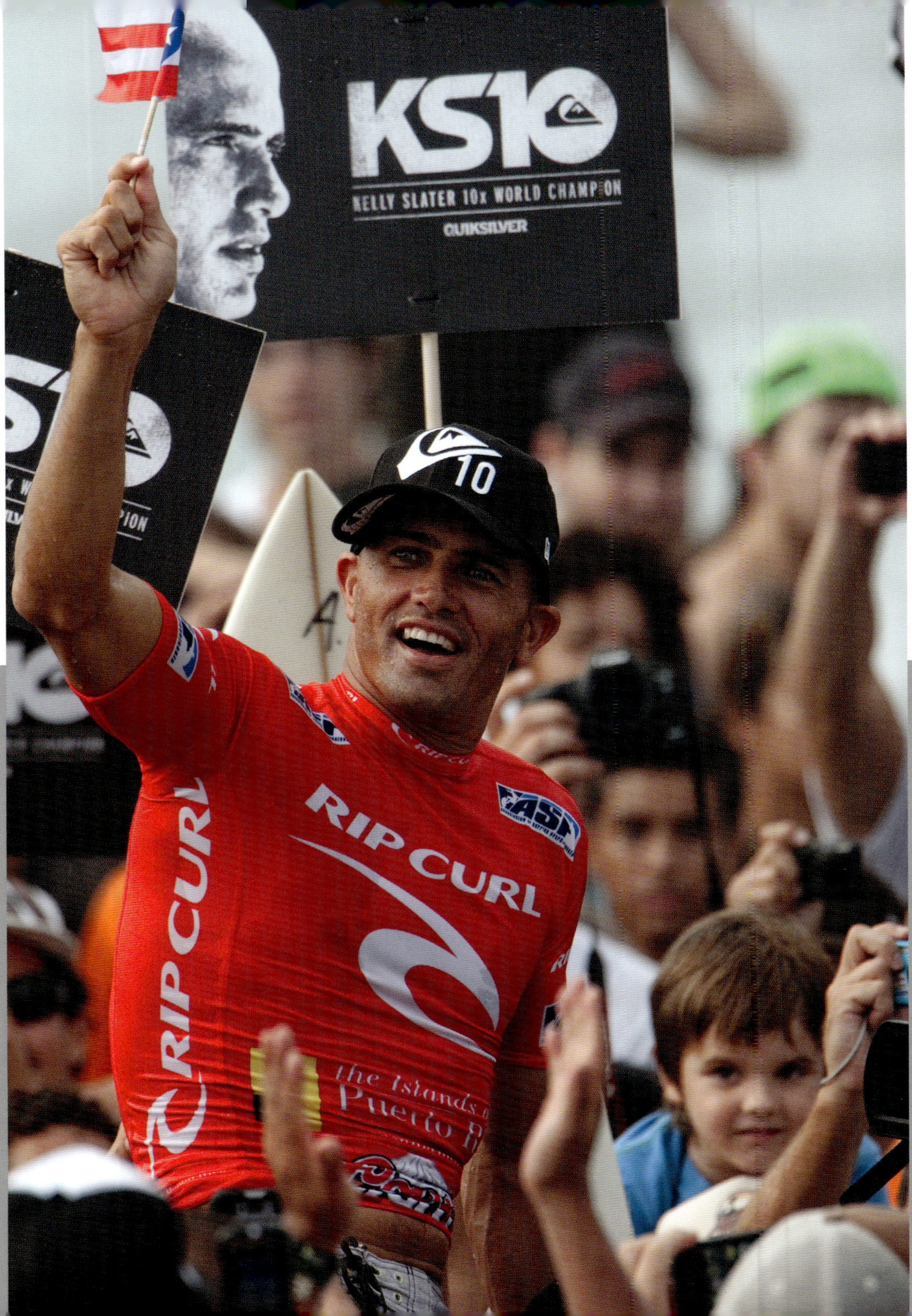

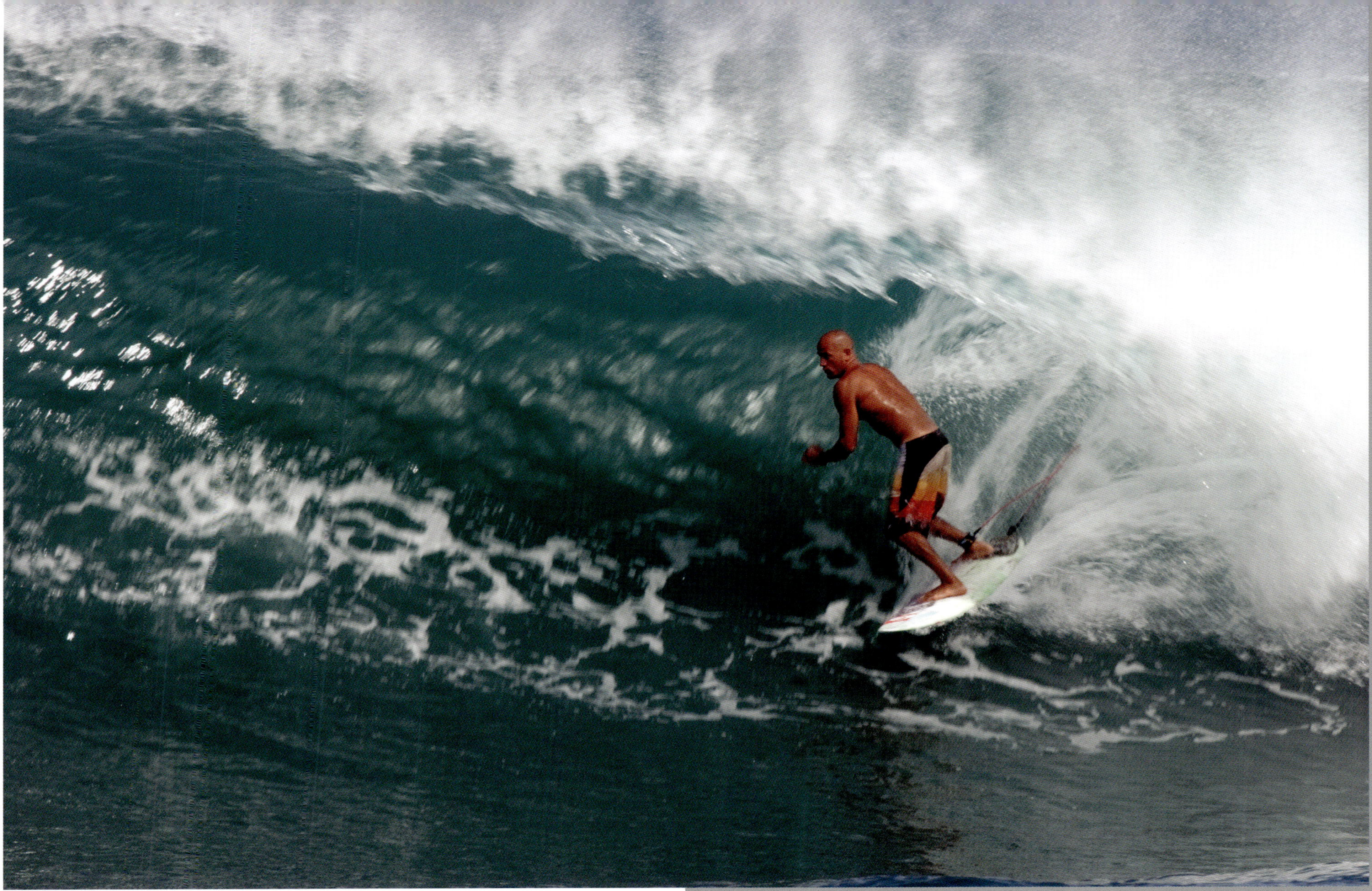

Kelly Slater, Backdoor, Surfer's Beach, Aguadilla, November 10, 2010, 11:17 A.M.: With the competitive pressure of a 10th world title completely off his back, Kelly Slater hung around for the last four days of the waiting period and enjoyed two of the best sessions of which he had ever been part in Puerto Rico.

Kelly Slater, Backdoor, Surfer's Beach, Aguadilla, 10 de noviembre de 2010, 11:17 A.M.: Ya libre de la presión competitiva de un décimo título mundial, Kelly Slater se quedó en Puerto Rico durante los últimos cuatro días del tiempo de espera y disfrutó dos de las mejores sesiones de surfing que tuvo en la Isla.

An Oceanographic Synopsis of Puerto Rico's Surf

Una sinopsis oceanográfica del surf en Puerto Rico

Figure 1. Bathymetry of Puerto Rico and nearby areas. Note the Puerto Rico Trench to the North of the island, with a maximum depth of 28,232 feet. The steep seabed slope on Puerto Rico's North coast leads to steep, powerful waves.

Figura 1. Batimetría de Puerto Rico y áreas aledañas. Se puede observar la Fosa de Puerto Rico al norte de la isla. El fondo marino empinado causa que las olas lleguen con mucha fuerza a la costa norte de la Isla.

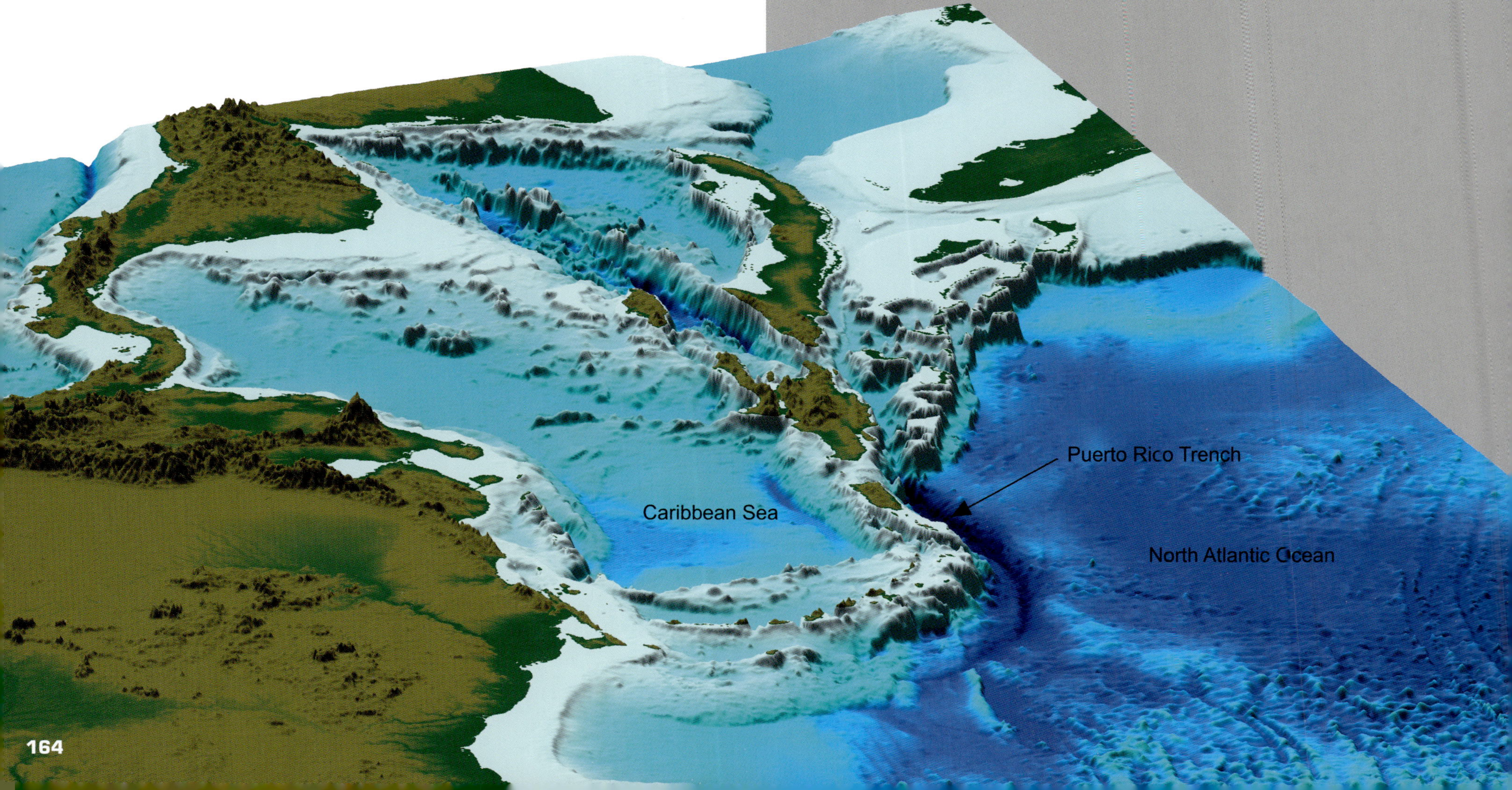

INTRODUCTION

Located at the eastern end of the Greater Antilles, the island of Puerto Rico lies at 18°21′ N - 66°01′ W and has a wide swell window facing most of the North Atlantic Ocean. It lies immediately to the south of the Puerto Rico Trench, which is 500 miles (800 km) long and has a maximum depth of 28,232 feet (8,605 m), making it the deepest point in the Atlantic Ocean. (Figure 1)

Complex bathymetric features create a funnel effect with the Puerto Rico Trench directing most swells traveling from the north towards the south onto the island's coasts. Puerto Rico's north and west coasts are the home of numerous reefs and beaches where these swells often create excellent surf. The perpetually offshore coast of Rincón drew the 1968 Amateur World Championships in an era of heavy boards and no leashes, and thereafter the cat was out of the bag to a large degree.

But why does Puerto Rico get such good surf? Let's take a look at some of the geomorphologic and oceanographic reasons why Puerto Rico is a world-class surfing destination:

Steep Bathymetry: Waves travel faster and spend less energy when traveling in deep water. The very small continental shelf on the island's north coast causes minimal wave energy dissipation due to friction between waves and the seabed. In addition, a steeper seabed creates steeper breaking waves, leading to the gaping barrels for which Puerto Rico's North Coast is famous.

Small Tidal Range: On Puerto Rico's Atlantic coasts, tides are mixed semidiurnal, meaning that there are two high tides and two low tides per day. The tidal range is around 2 feet, which makes Puerto Rico a microtidal region. This low tidal range minimizes tidal currents and ensures that surf spots are usually working throughout the day, although many of the prime surf spots for hollow waves usually work best at low tide.

Open Ocean Exposure: Puerto Rico's North Coast is directly exposed to the North Atlantic Ocean and enjoys a very wide swell window of more than 180 degrees. This means that with almost any swell direction, ranging from east (90 degrees) to west (270 degrees), different spots can be firing under certain wind conditions.

The most important factor influencing surf quality is wind direction. Prevailing winds in Puerto Rico fluctuate from SE to NE most of the time, with NE winds being predominant during winter and S to SE winds being more common in late summer and fall. Winds can change quickly from day to day, however, so excellent conditions may be found on any coast at any given time.

Large-scale atmospheric phenomena also dictate the quality of Puerto Rico's surf. Good winter swell conditions for Puerto Rico are usually associated with a negative North Atlantic Oscillation (NAO) index. The NAO index

INTRODUCCIÓN

Localizado al extremo este de las Antillas Mayores, la isla de Puerto Rico se encuentra en las latitudes 18°21′ N - 66°01′ O y tiene una ventana amplia de marejadas que mira hacia el Océano Atlántico norte. Se encuentra inmediatamente al sur de la Fosa de Puerto Rico, que tiene 500 millas (800 kilómetros) de largo con una profundidad máxima de 28,232 pies (8,605 metros), el punto más profundo del Océano Atlántico. (*Figura 1)*

La complejidad de la batimetría del área crea un efecto de embudo con la Fosa de Puerto Rico que dirige hacia la Isla la mayoría de las marejadas que viajan de norte a sur. Las costas norte y oeste de Puerto Rico son el hogar de numerosas playas y arrecifes donde estas marejadas a menudo crean olas perfectas. Los vientos favorables de Rincón atrajeron el Campeonato Amateur Mundial de surfing en el 1968. Después de este evento, el mundo entero supo de las tremendas condiciones de surfing que tiene Puerto Rico.

¿Pero por qué son tan buenas las olas de Puerto Rico? Veamos algunos de los factores geomorfológicos y oceanográficos que hacen de Puerto Rico un destino de surfing de clase mundial:

Batimetría empinada: Las olas viajan más rápido y pierden menos energía cuando pasan por aguas profundas. La pequeña plataforma continental en la costa norte de la Isla causa muy poca disipación de energía por fricción con el fondo del mar. Además, un fondo más empinado crea olas más empinadas, lo que resulta en los tubos grandes que se producen en las olas de la costa norte de Puerto Rico.

Poca fluctuación en las mareas: En las costas Atlánticas de Puerto Rico hay dos mareas bajas y dos mareas altas por día. La diferencia entre mareas altas y bajas es alrededor de 0.65 metros (2 pies) lo que significa que la Isla es una región micromareal. Esta baja fluctuación en las mareas minimiza las corrientes mareales y asegura buenas olas durante todo el día, aunque muchas de las playas con las olas más tubulares funcionan mejor con mareas bajas.

Exposición abierta al océano: La costa norte de Puerto Rico está expuesta directamente al Océano Atlántico Norte y goza de una ventana de marejadas muy ancha de más de 180 grados. Eso significa que marejadas de casi cualquier dirección desde el este (90 grados) hasta el oeste (270 grados) pueden crear olas perfectas en muchos picos dependiendo de la dirección del viento.

El factor más importante en cuanto a la calidad de las olas es la dirección del viento. En Puerto Rico, los vientos fluctúan mayormente del sureste al noreste; el viento del noreste predomina en el invierno y los vientos alisios del sur y sureste son más comunes durante el verano

is defined as the sea level pressure difference between Portugal and Iceland. It is a measure of the southern extent of the jet stream and gives an indication of how far south the winter storm track is at a given moment in time. A positive NAO index indicates the presence of an area of high pressure in the Northwestern Atlantic, which would block winter storms from creating good surf for the region. A negative NAO index means this high pressure has weakened and moved east towards Europe, allowing the jet stream to oscillate further south, creating stronger winter swells for Puerto Rico. The National Oceanic and Atmospheric Administration (NOAA) now gives forecasts for the NAO index for up to 14 days in advance.

SURF SEASONS

Puerto Rico enjoys a highly seasonal cycle in wave heights, with the winter season (November–April) providing the most consistent waves. Hurricane season is characterized by small waves punctuated by intense rapidly decaying swell events with highly variable winds, making it more difficult to find quality waves than during winter storms. (Figure 2)

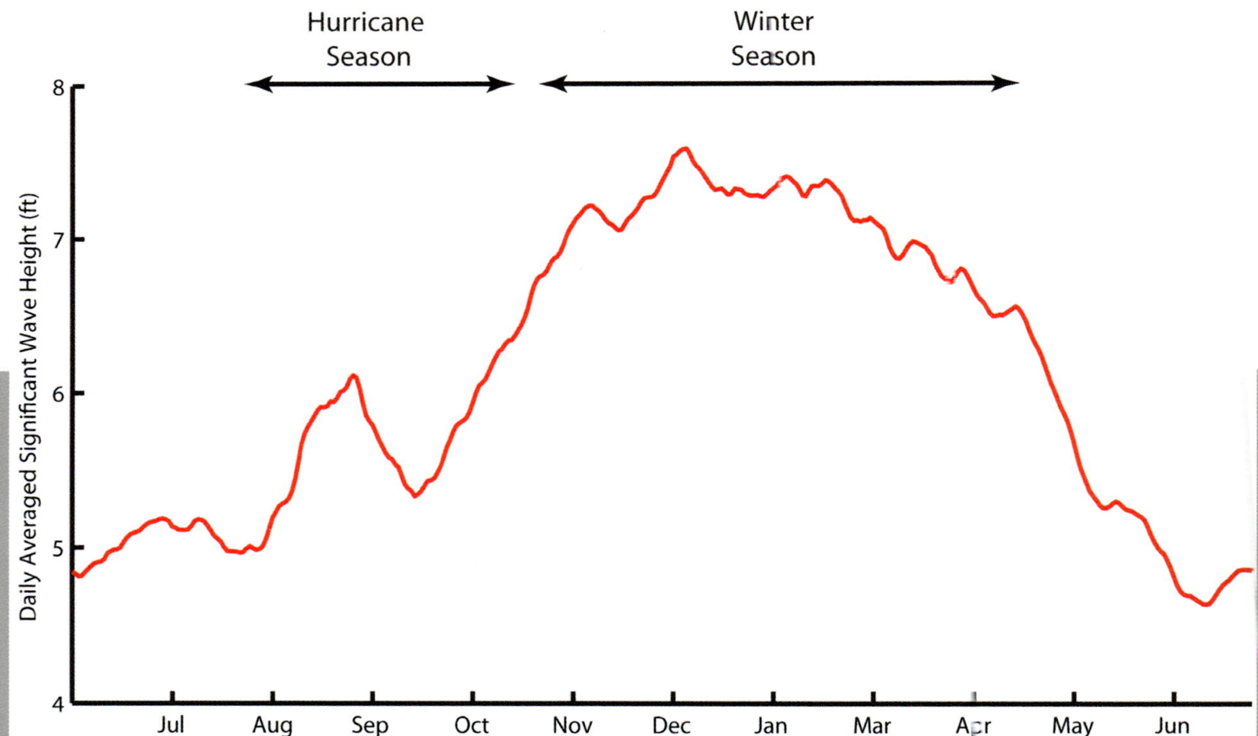

Figure 2. Seasonal variation of the daily average significant wave height for Puerto Rico's North Coast, obtained from 20 years of wave hindcast data (Wave Information Study, United States Army Corps of Engineers). This pattern is representative of the annual cycle in surf heights for Puerto Rico. Note the peak during hurricane season and the maximum in wave heights around December/January.

Figura 2. Variabilidad anual en la altura diaria promedio del oleaje significativo para la costa norte de Puerto Rico, obtenido de 20 años de datos (Wave Information Study, United States Army Corps of Engineers). Este patrón es representativo del ciclo anual de las altura de las olas en Puerto Rico. Se puede observar un pico durante la temporada de huracanes y el máximo de las alturas alrededor de diciembre/enero.

y el otoño. Sin embrago, los vientos varían mucho y en cualquier momento pueden ocurrir condiciones excelentes en cualquier costa.

Los fenómenos atmosféricos de gran escala también dictan la calidad de las olas en Puerto Rico. Las buenas condiciones en las marejadas de invierno en Puerto Rico están asociadas usualmente a un índice negativo en la Oscilación del Atlántico Norte (conocido como NAO, por sus siglas en inglés). El índice NAO se define como la diferencia en la presión del nivel del mar entre Portugal e Islandia. Es una medida de la extensión hacia el sur de la corriente en chorro y ofrece una indicación de cuán al sur está el corredor de tormentas invernales en cualquier momento dado. Un índice positivo de la NAO indica la presencia de un área de alta presión en el noroeste del Atlántico, lo que impediría que las tormentas invernales crearan buenas olas para la región. Un índice negativo de la NAO significa que esta alta presión se ha debilitado y movido al este, hacia Europa, permitiendo que la corriente en chorro oscile más hacia el sur creando marejadas invernales más fuertes para Puerto Rico. La NOAA (Administración Nacional Oceánica y Atmosférica) ahora ofrece pronósticos del índice de la NAO de hasta 14 días.

TYPICAL SWELL EVENTS

Trade wind swell: Easterly trade winds in the range of 10-25 mph generate consistent east and northeast wind swell in the range of 2-6 feet with periods from 6-12 seconds. These waves ensure that there is almost always some sort of surfable wave on Puerto Rico's North Coast.

Cold front swell: Cold fronts propagating along the US East Coast generate strong NW winds with a medium fetch. This creates 6'-12' NW swells with periods in the range of 8-15 seconds. Depending on the intensity of the cold front and its distance to the island, these swells are usually accompanied by moderate to strong NE to N winds. Light S winds can sometimes be found a day before the cold front arrives, grooming the incoming swell into perfect waves all along the island's North Coast.

Figure 3. Predominant surf-producing swell events and their corresponding direction during the winter season. In addition to these events, hurricanes and tropical storms can produce waves from virtually any direction, sometimes creating perfect waves in unusual locations throughout the Island.

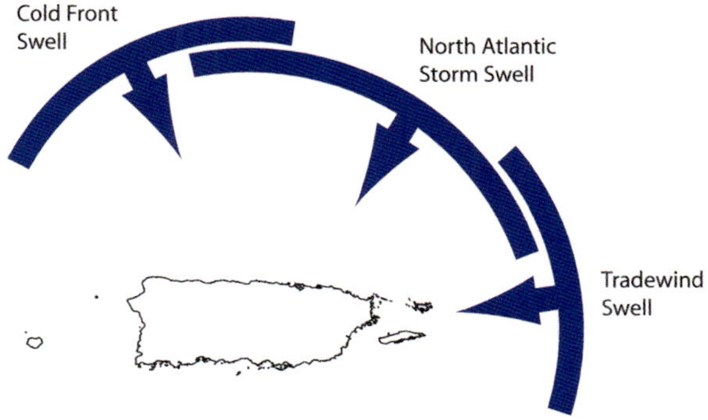

Figure 4. Typical swell patterns for Puerto Rico for an 8 ft. northeasterly swell, from a high-resolution numerical simulation (*courtesy of the Caribbean Coastal Ocean Observing system*).

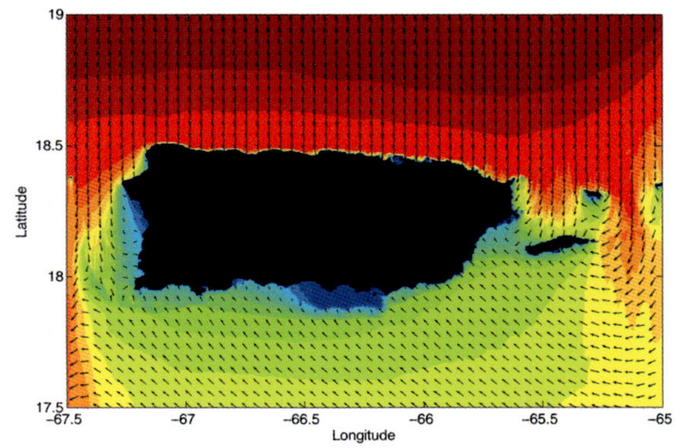

TEMPORADAS DE SURFING

Puerto Rico goza de ciclos temporales de tamaño de oleaje, pero es en invierno (noviembre – abril) cuando ocurren las marejadas más constantes. La temporada de huracanes se caracteriza por olas pequeñas acentuadas por eventos de marejadas intensos y vientos muy variables que hacen que sea más difícil conseguir olas de calidad que durante las tormentas invernales. (*Figura 2*)

EVENTOS TÍPICOS DE MAREJADA

Marejadas de viento predominante: Los vientos predominantes del este entre 10-25 MPH generan marejadas constantes del este y noreste con tamaños entre 2 y 6 pies con períodos de 6 a 12 segundos. Estas marejadas aseguran que casi siempre haya algo de olas para surfiar en la costa norte de Puerto Rico.

Marejadas de frentes fríos: Los frentes fríos que salen de la costa este de los EE.UU. generan fuertes vientos del noroeste sobre extensiones de océano medianas. Esto crea marejadas del noroeste de 6 a 12 pies con períodos de 8 a 15 segundos. Dependiendo de la intensidad del frente frío y su distancia de la Isla, estas marejadas suelen estar acompañadas de vientos del noreste al norte que pueden ser moderados hasta fuertes. A veces, el día antes de la llegada de un frente, los vientos son del sur y peinan las marejadas entrantes para formar olas perfectas en toda la costa norte de la Isla.

Marejada de tormenta del Atlántico norte: El mejor escenario para olas grandes y perfectas es una tormenta grande en el Atlántico norte a

Figura 3. Eventos de generación de marejada predominante con sus direcciones correspondientes durante la temporada de invierno. Además de estos eventos, los huracanes y las tormentas tropicales pueden producir olas de casi cualquier dirección y a veces crean olas perfectas en lugares no muy usuales en la Isla.

Figura 4. Patrones típicos de oleaje significativo para Puerto Rico durante una marejada típica de 8 pies del noreste, generada por un modelo de simulación numérica de alta resolución (*cortesía del Caribbean Coastal Ocean Observing System*).

North Atlantic storm swell: By far the best scenario for epic waves is a large North Atlantic storm located about a thousand miles north-northeast of Puerto Rico. These storms usually send long-period energy with periods of up to 18 seconds. It was a similar storm that generated the famous "Swell of the Century" in March of 2008. These events are usually associated with light to moderate E-NE winds leading to excellent conditions along Puerto Rico's NW coast. (Figure 3)

With the advent of highly sophisticated numerical wave models (e.g., CariCOOS, NOAA, FNMOC) providing forecasts up to 180 hours in advance, it is now possible to plan your surf sessions up to a week ahead. This is especially useful in Puerto Rico, which is full of countless nooks and crannies with surf spots waiting to start firing under the right conditions. (Figure 4)

In addition to numerical models, there are several other useful tools at your disposal to know what the waves are doing in real-time while you hunt for surf. Thanks to the recent development of the NOAA-funded Caribbean Coastal Ocean Observing System (www.caricoos.org), there are now four ocean data buoys around Puerto Rico and the US Virgin Islands that provide directional wave data every hour. There is also a network of 12 real-time coastal weather stations around Puerto Rico which tell you the wind direction every five minutes, so you can tell if that barreling right point break is offshore or not.

Now you know why and when Puerto Rico gets epic, what swell and wind combinations make it go off, and how to predict swell events and find real-time wave data. The tools are there to score epic waves, now go find them!

Miguel Canals, PhD

unas mil millas al norte/noreste de la Isla. Estas tormentas suelen enviar energía de períodos largos de hasta 18 segundos. Fue una tormenta como esta la que generó la "Marejada del Siglo" en marzo de 2008. Estos eventos suelen tener vientos leves a moderados del este/noreste y crean condiciones excelentes en la costa noroeste de Puerto Rico. (*Figura 3*)

Con la llegada de los modelos numéricos de oleaje altamente complejos (por ej., CariCOOS, NOAA, FNMOC) que proveen pronósticos de hasta 180 horas, ahora es posible planificar las sesiones de surfing con hasta una semana de antelación. Esto es especialmente útil en Puerto Rico, que tiene gran variedad de lugares para surfiar esperando que se den las condiciones necesarias. (*Figura 4*)

Además de los modelos numéricos, tenemos varias herramientas útiles a nuestro alcance para saber cómo se comportan las olas en tiempo real mientras buscamos olas. Gracias al reciente desarrollo del Sistema de Observación Oceánica Costera del Caribe (www.caricoos.org), ahora hay 4 boyas de data oceánica alrededor de Puerto Rico y las Islas Vírgenes de EE.UU. que proveen información sobre la dirección de las olas a cada hora. También hay una red de 12 estaciones de clima costero a tiempo real alrededor de Puerto Rico que ofrecen la dirección del viento cada 5 minutos para que podamos saber si nuestra playa favorita tiene vientos favorables o no.

Ahora ya sabes por qué y cuándo las condiciones en Puerto Rico son épicas, qué combinaciones de marejadas y vientos le favorecen, y cómo predecir los eventos de marejada y encontrar información a tiempo real sobre las olas. ¡Ya tienes las herramientas para encontrar olas épicas, ahora ve a buscarlas!

Dr. Miguel Canals

Moonset Over Desecheo, Fisheye View Guesthouse, Rincón, February 2, 2007, 7:11 A.M.: I'm extremely fortunate to have friends all across the island of Puerto Rico, particularly along the coast. In Rincón, among a lot of other friends, Craig and Michele Prothers, owners and operators of The Fisheye View Guesthouse, have always afforded me access to the incredible view from their property on the top of the hill overlooking Maria's. On this morning I was chasing the full moon and knew that if the skies were clear in the west there would be an impressive scene to be captured from their yard as the moon sunk low on the horizon. When I roared up the driveway in the pre-dawn darkness, I must have jolted Craig from his sleep, as it wasn't long before he came out and watched the scene unfold with me.

Puesta de la Luna sobre Desecheo, Fisheye View Guesthouse, Rincón, 2 de febrero de 2007, 7:11 A.M.: Tengo la buenísima fortuna de contar con amigos en todas partes de la Isla de Puerto Rico, especialmente en las costas. En Rincón, además de muchos otros amigos, Craig y Michele Prothers, los dueños y administradores del Fisheye View Guesthouse, siempre me han permitido acceso a la increíble vista desde su propiedad en el tope del cerro que mira hacia Maria's. Esta mañana estaba persiguiendo la luna llena y sabía que si el cielo estaba claro en el Oeste habría una escena impresionante para capturar desde su patio al hundirse la luna en el horizonte. Debo haber despertado a Craig cuando entré a la marquesina en la oscuridad justo antes del amanecer, pues poco después salió y se sentó conmigo a ver esta escena desarrollarse

About the Author

Arguably the most widely published photographer working out of the Caribbean, Steve Fitzpatrick's passion for capturing the very genuine surf culture of the island of Puerto Rico has been unrivaled over the past two decades. His dynamic watershots, alluring lineups, revealing portraits, and straightforward lifestyle images have made his name synonymous with exceptional surf imagery coming from the island, and have illustrated the pages of most of the world's major surf media publications, both in print and online. His singular pursuit of the A-list surf image has taken him all over Puerto Rico, and the globe, and has garnered him a reputation as one of the world's top working surf photographers.

But Steve's work goes beyond surfing, and he has a long list of commercial and corporate clients including Banco Popular, Heineken Caribbean, Enterprise Rent-A-Car, Walgreens, Colgate Palmolive, Proctor & Gamble, Hanes, Caribbean Heli Jet, Quiksilver, and Hurley Int'l, among others. His skills and professionalism on location as well as in the studio have endeared him to his clients who repeatedly call on him to deliver under tight deadlines and challenging conditions.

Since 1995, Steve has been represented by the Masterfile Stock Image Library, the largest privately owned stock agency in North America, where his imagery is regularly licensed for commercial, advertising, and editorial use.

In January of 2009, Steve was voted "Photographer of the Year" for 2008 by Eastern Surf Magazine for his death-defying coverage of that year's Swell of the Century, when he captured images of island locals riding massive 40 foot waves at Tres Palmas while negotiating the lineup on an Uli inflatable surfboard. He narrowly escaped death when, after surviving being caught inside by a massive set, he was run over by an irresponsibly operated jet ski—he suffered a traumatic brain injury and a head wound requiring 35 stitches.

Steve's online portfolio is available at www.stevefitzpatrick.com and his personally signed prints, including every image presented in this book, as well as many that didn't make the cut, can be purchased there or by contacting Steve directly with your request at steve@stevefitzpatrick.com.

Sobre el Autor

En las pasadas dos décadas nadie ha trabajado para capturar la genuina cultura del surfing en Puerto Rico con tanta pasión como lo ha hecho Steve Fitzpatrick; posiblemente el más publicado de los fotógrafos que trabajan en el Caribe. Sus dinámicos tiros desde el agua, llamativas imágenes de los picos, reveladores retratos y sinceras imágenes de estilo de vida han logrado que su nombre sea sinónimo de imágenes excepcionales de surfing de la Isla y han ilustrado las páginas de la mayoría de las principales publicaciones de surfing del mundo, tanto impresas como en línea. Su búsqueda de imágenes de primera categoría lo ha llevado por todo Puerto Rico y el mundo y le ha valido una reputación como uno de los fotógrafos de surfing más trabajadores del mundo.

Pero el trabajo de Steve va más allá del surfing. Su lista de clientes comerciales y corporativos incluye Banco Popular, Heineken Caribbean, Enterprise Rent-A-Car, Walgreens, Colgate Palmolive, Proctor & Gamble, Hanes, Caribbean Heli Jet, Quiksilver y Hurley Int'l, entre otros. Mediante sus destrezas y su profesionalismo ha ganado el aprecio de sus clientes, que siguen contando con él para entregas con estrictas fechas límites y condiciones de trabajo difíciles.

Desde 1995 ha contado con la representación de la Masterfile Stock Image Library, la mayor compañía privada de reservas en Norteamérica, donde sus imágenes se venden con regularidad para uso comercial, publicitario y editorial.

En enero de 2009, Steve fue elegido "Fotógrafo del Año" para el 2008 por la Eastern Surf Magazine por su cobertura de la Marejada del Siglo que casi le cuesta la vida. Steve logró capturar imágenes de los locales de la Isla corriendo olas de 40 pies en Tres Palmas utilizando una tabla inflable Uli y logró esquivar la muerte cuando, luego de ser arrastrado por varias olas, fue arrollado por una motora acuática y sufrió lesiones cerebrales traumáticas y una herida craneal que requirió 35 puntos de sutura.

El portafolio en línea de Steve está disponible en la página www.stevefitzpatrick.com y sus impresos firmados, incluyendo todas las imágenes presentadas en este libro tanto como las que fueron seleccionadas pero tuvieron que quedarse fuera de las escogidas, están a la venta en su página o mediante contacto directo con Steve mediante el correo electrónico steve@stevefitzpatrick.com.

Contributors

ALEX DICK-READ

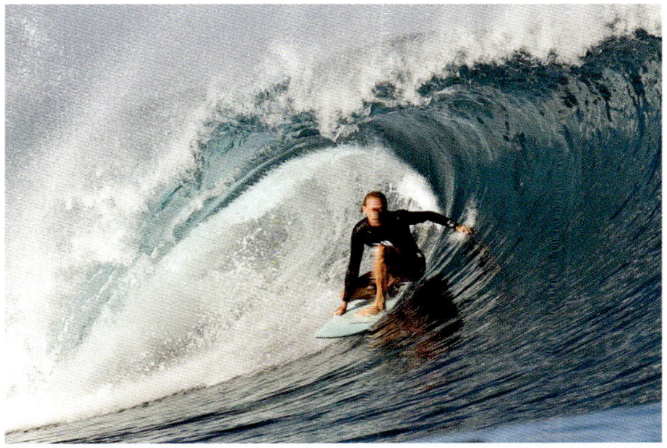

Alex Dick-Read is the editor of *The Surfer's Path* magazine, which he founded in 1996. He currently lives, surfs, and edits the magazine on the island of Tortola in the British Virgin Islands, where he was born and raised.

Alex Dick-Read es el editor de la revista *The Surfer's Path*, la cual fundó en 1996. Actualmente vive, surfea y edita la revista en la isla de Tortola en las Islas Vírgenes británicas donde nació y se crió.

EDUARDO EMANUELLI

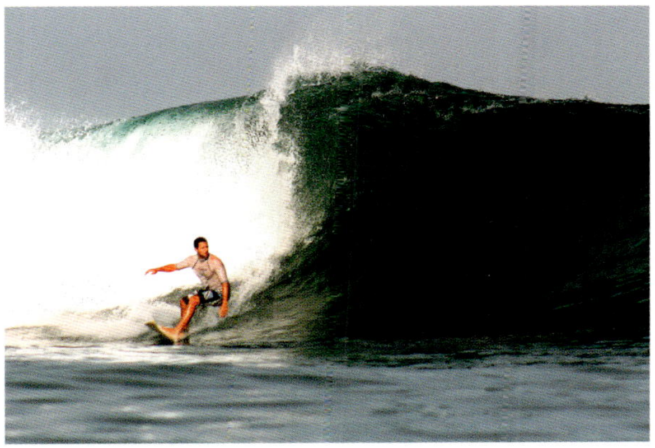

Eduardo Emanuelli is an attorney with an L.L.M. in Conflict Resolution from Pepperdine University. Amidst the realities of his career as Vice President and Partner at Carrion, Laffitte, & Casellas, and his passion for all entrepreneurial and philanthropic endeavors life throws his way, the native Puerto Rican finds his best moments when surrounded by his wife, Nell Curtis, and a great group of family and friends. Only adding that the best days always seem to involve a good surf.

Eduardo Emanuelli es un abogado con una especialidad en Resolución de Conflictos de la Universidad de Pepperdine. A la par con su realidad empresarial como Vice Presidente y Socio de Carrion, Laffitte & Casellas, y su pasión por estar envuelto en todo tipo de negocio o misión filantrópica personal que la vida le ponga de frente, el nativo puertorriqueño expresa que encuentra sus mejores momentos junto a su esposa, Nell Curtis, y a un gran grupo de familiares y amistades. Añadiendo, que los mejores días siempre suelen envolver una buena sesión de surf.

RICKY AMON

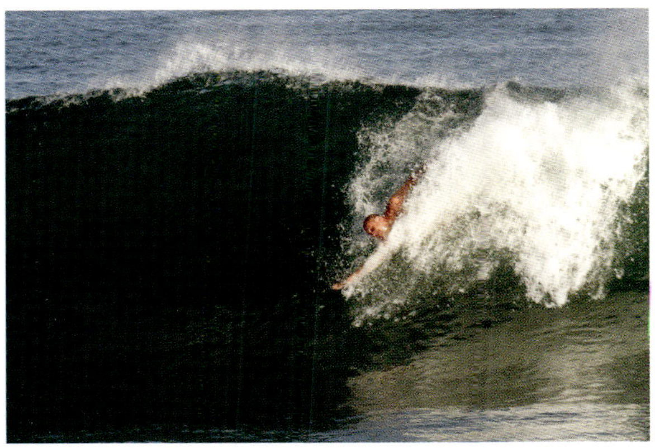

Ricky Amon was born in Puerto Rico, and is a former UCLA all-American athlete and international indoor and beach volleyball player. During the 80s and 90s he bodysurfed regularly with "The Wedge Crew" at the Southern California break, "The Wedge." Ricky still enjoys exploring new and uncrowded spots to bodysurf on the outer reefs and islands of Puerto Rico. He is currently working as a sports and recreation advisor for the government of Puerto Rico, and is developing several TV documentaries.

Ricky Amon nació en Puerto Rico y fue un atleta "All-American" en UCLA, y un jugador internacional de voleibol en sala y voleibol de playa. Durante los años 80 y 90 hacía "bodysurfing" regularmente con el "Wedge Crew" en la playa "The Wedge" al sur de California. Ricky todavía se divierte explorando nuevas y no congestionadas olas en los arrecifes externos e islas adyacentes a Puerto Rico para hacer "bodysurfing". Actualmente trabaja como asesor de recreación y deportes para el gobierno de Puerto Rico y está desarrollando varios documentales para la televisión.

DR. MIGUEL CANALS

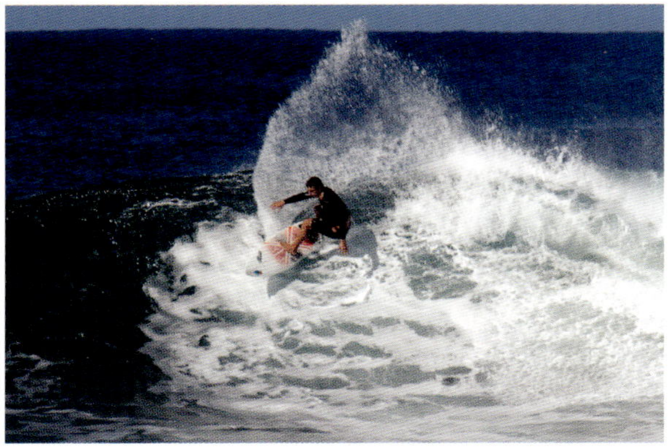

Dr. Miguel Canals is a lifelong surfer who grew up surfing the reef breaks of northwestern Puerto Rico. He holds a PhD in Ocean Engineering from the University of Hawaii, and is an Assistant Professor and Director of the Ocean Engineering Laboratory at the University of Puerto Rico at Mayagüez. He is also the Associate Director of the Caribbean Coastal Ocean Observing System, and leads the development of the system's ocean data buoy program.

El Dr. Miguel Canals ha surfiado toda la vida y creció surfiando los arrecifes del noroeste de Puerto Rico. Tiene un doctorado en Ingeniería Oceánica de la Universidad de Hawai, y es profesor asociado y director del Laboratorio de Ingeniería Oceánica en la Universidad de Puerto Rico en Mayagüez. También es el director asociado del Sistema de Observación Oceánica Costera del Caribe, y dirige el desarrollo del programa de boyas oceánicas del sistema.

GLORI COLÓN

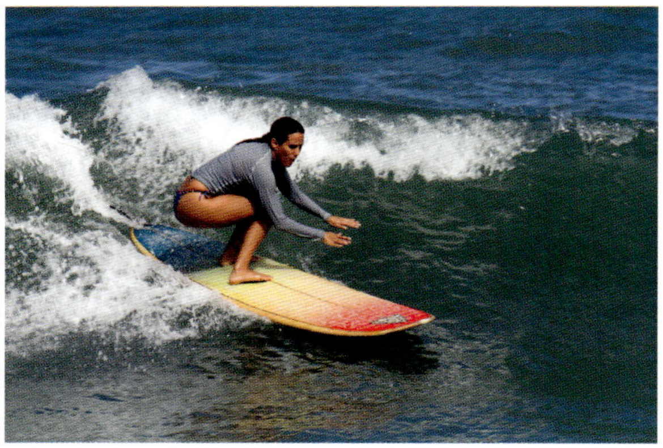

Glori Colón Suárez has been a freelance translator for more than 10 years. She holds a master's degree in Translation from the University of Puerto Rico and a certification from the American Translators Association. Having lived near the beach all her life, surfing has always been among her favorite pastimes. She currently lives on the beach in Isla Verde, and spends most of her free time in the water having fun on her longboard.

Glori Colón Suárez ha trabajando como traductora independiente por más de 10 años. Tiene una maestría en traducción de la Universidad de Puerto Rico y una certificación de la American Translators Association. Ha vivido toda su vida cerca de la playa, por lo que el surfing siempre ha sido uno de sus pasatiempos favoritos. Actualmente vive en la playa de Isla Verde y pasa la mayoría de su tiempo libre en el agua disfrutando sobre su tabla larga.

COMPANIONS

I have chased nary a single swell during my years in Puerto Rico without the company of my loyal canine companions.

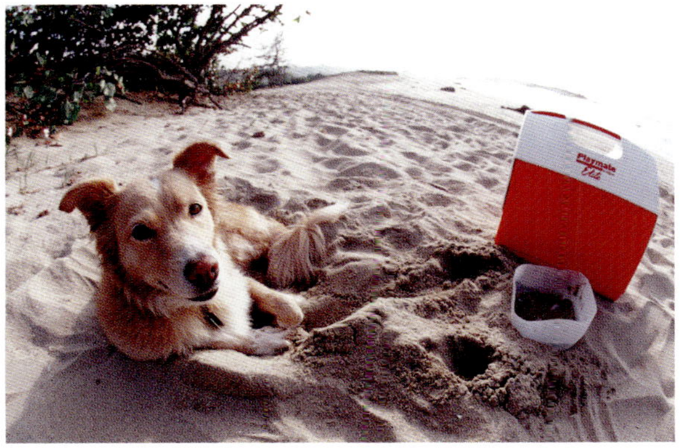

Sandy, Secret Spot, Isabela, September 2001: Sandy was the first of the beach cruiser dogs that accompanied my early years on the island. Roaming the beaches in a beat up van without much security, Sandy earned her keep by defending all our things to the death. She was also a great frisbee player and loved the water. In the summer of 2006 Sandy was diagnosed with lymphoma and passed away while I was on assignment in the Bahamas.

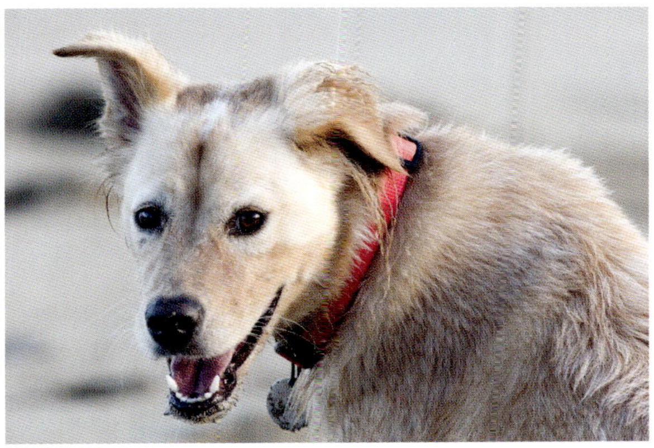

Hermina, Hollows, Barceloneta, November 11, 2008, 8:22 A.M.: Hermina came along a few months after Sandy left us, and lived fast and furious for two and a half years: She was lost overnight on the Expresso de Las Americas at four months old; followed me off a boat and into the peak at Racetracks before a year; and was lost overnight in the Rincón wilderness before two. At two and a half, in March of 2009, she was struck by a car and killed while on an unauthorized walk.

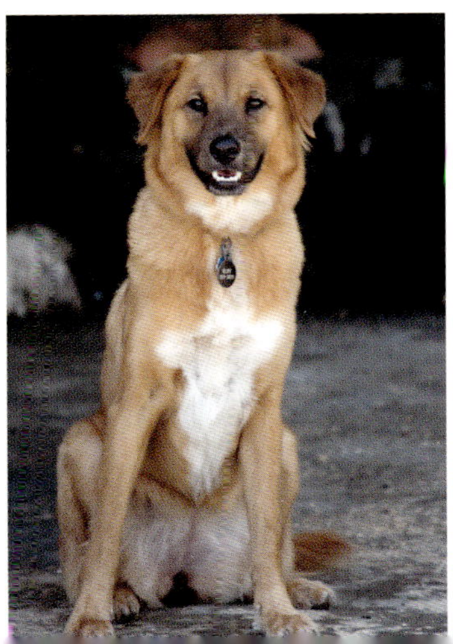

Ruby, The Lost Coast, August 16, 2009, 12:16 P.M.: A week to the day that Hermina was lost Ruby appeared only a few miles from where I'd found Hermina. She was timid and had been tied up, it seemed, but before long she began to have fun walking the beach after some food, and the rest of the transition was seamless. She is a surf groupie, but doesn't like the water much, preferring dry land and creature comforts. She is now the third in a line of dogs of the same rare breed indigenous to Puerto Rico known as *La Pewita Winda*.

COMPAÑERAS

No he perseguido marejada alguna en Puerto Rico sin la compañía de mis fieles acompañantes caninos.

Sandy, Secret Spot, Isabela, septiembre de 2001: Sandy fue la primera perra playera que me acompañó en mis primeros años en la Isla. Vagaba las playas en mi vieja van con muy poca seguridad y Sandy se ganaba su sustento defendiendo nuestras pertenencias hasta la muerte. También era una excelente jugadora de frisbee y amante del mar. En el verano de 2006, Sandy fue diagnosticada con linfoma y falleció mientras yo trabajaba en las Bahamas.

Hermina, Hollows, Barceloneta, 11 de noviembre de 2008, 8:22 A.M.: Hermina llegó pocos meses después de la partida de Sandy, y vivió intensamente por dos años y medio. Se perdió en el Expreso Las Américas a los cuatro meses, me siguió nadando desde un bote hasta el pico en Racetracks antes del año, se perdió una noche en la selva de Rincón antes de los dos años. A los dos y medio, en marzo de 2009, la chocó un auto y murió durante un paseo no autorizado.

Ruby, La Costa Perdida, 16 de agosto de 2009, 12:16 P.M.: Exactamente una semana después de perder a Hermina, apareció Ruby a solo unas millas de donde había encontrado a Hermina. Era tímida y parecía que había estado amarrada, pero en poco tiempo comenzó a disfrutar caminando por la playa después de comer, y el resto de la transición fluyó sin contratiempos. Es una fanática del surfing, pero no le gusta mucho el agua, prefiere la tierra firme y las comodidades. Es la tercera en una línea de perros de la misma rara raza nativa de Puerto Rico conocida como "La Pewita Winda".

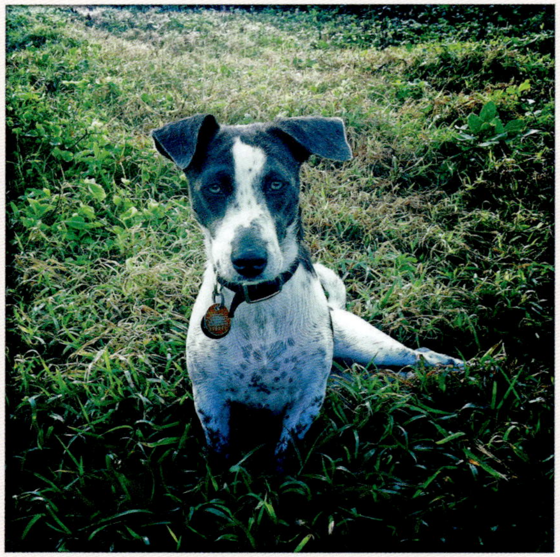

Ema, The Lost Coast, December 9, 2010, 7:03 A.M.: Late in the fall of 2010 Ema appeared in our neighborhood mangy and emaciated with perhaps a week of life left in her twisted little body. She spent the first 20 hours of her life with us sleeping in my air-conditioned office, likely never having had a restful night's sleep in her life. With basic medical help she has turned into a spunky little companion to Ruby despite a broken hip. She excels at sleeping on couches and people beds, and receiving rubdowns whenever possible.

Ema, La Costa Perdida, 9 de diciembre de 2010, 7:03 A.M.: A finales del otoño de 2010, Ema apareció en nuestro vecindario. Sarnosa, desnutrida y con tal vez una semana más de vida en su cuerpecito torcido. Pasó las primeras 20 horas de su vida con nosotros durmiendo en mi oficina con aire acondicionado, probablemente la primera noche de descanso de su vida. Con algo de ayuda médica se ha convertido en una animada compañera para Ruby a pesar de su cadera rota. Es experta durmiendo en sofás y camas de gente, y recibiendo caricias siempre que sea posible.

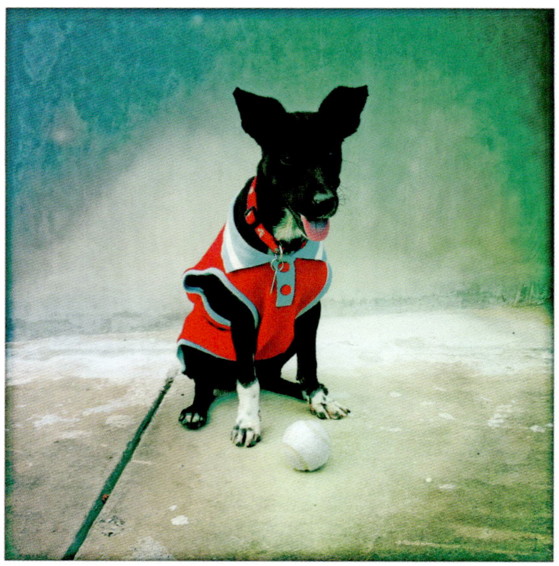

Olive, Isla Verde, June 16, 2011 6:26 P.M.: Dery and I went to Plaza for dinner and a movie one Saturday night. There was Olive. Looking mangy. Four hours later we come out and there she still is. We coax her to the car, and keep her on the balcony. Monday morning the vet says, "That's not mange, she was burned with hot water." A couple weeks later she turned into a car chaser and was run over. Miraculously surviving with no broken bones or internal injuries, she did have a dislocated hip and needed surgery. She's recovered from that, but still is something of a tripod.

Olive, Isla Verde, 16 de junio de 2011 6:26 P.M.: Un sábado por la noche, Dery y yo fuimos a Plaza para cenar e ir al cine. Allí estaba Olive. Parecía que tenía sarna. Cuatro horas después, cuando salimos, allí estaba todavía. La metimos en el auto y la pusimos en el balcón. El lunes por la mañana el veterinario nos dijo, "eso no es sarna, la quemaron con agua hirviendo." Unas semanas más tarde se convirtió en perseguidora de autos y la atropellaron. Milagrosamente sobrevivió sin fracturas ni heridas internas, aunque se dislocó una cadera y hubo que operarla. Ya se ha recuperado, pero sigue siendo un poco trípode.

Main Sponsor/Auspiciador Principal

PLAZA LAS AMERICAS

El centro de todo

Collaborators/Colaboradores

CL&C CARRION LAFFITTE CASELLAS INSURANCE BROKERS

TRES MONJITAS

TRIPLE-S PROPIEDAD

Notes

The images presented in this book are a compilation of film images captured from 1992 through 2005, and digital images captured from 2005 through 2011.

The film images were captured with Nikon and Canon cameras in 35mm, and Photographic Support Systems, Steve Ogles and Aquatech water housings where necessary. In medium format the film images were captured using Mamiya RZ and Mamiya 645 Pro camera systems. Film stocks used were Ektachrome 64, Fuji Velvia, and Fuji Velvia 100 in color, and Kodak Tri-X and Agfa Scala in black-and-white.

The digital images were all captured with Canon 20D bodies and Essex Surf Housings where necessary. All digital images were captured in the Raw format and processed using Photoshop CS4.

Captions for digital images have dates and exact times of capture. Captions for film images have dates only, and these dates may be approximate.

Notas

Las imágenes presentadas en este libro son una colección de imágenes en película capturadas entre 1992 y 2005, e imágenes digitales capturadas entre 2005 y 2011.

Las imágenes en película fueron capturadas con cámaras Nikon y Canon en 35mm, y se usaron carcasas Photographic Support Systems, Steve Ogles y Aquatech. En formato mediano, las imágenes en película fueron capturadas con sistemas de cámaras Mamiya RZ y Mamiya 645 Pro. Las películas usadas fueron Ektachrome 64, Fuji Velvia y Fuji Velvia 100 en color y Kodak Tri-X y Agfa Scala en blanco y negro.

Todas las imágenes digitales fueron capturadas con cámaras Canon 20D y carcasas Essex. Todas las imágenes digitales fueron capturadas en el formato "Raw" (crudo) y procesadas mediante Photoshop CS4.

Los calces de las imágenes digitales tienen las fechas y horas exactas en que se tomaron. Los calces de las imágenes en película solo tienen las fechas, y estas fechas pueden ser aproximadas.

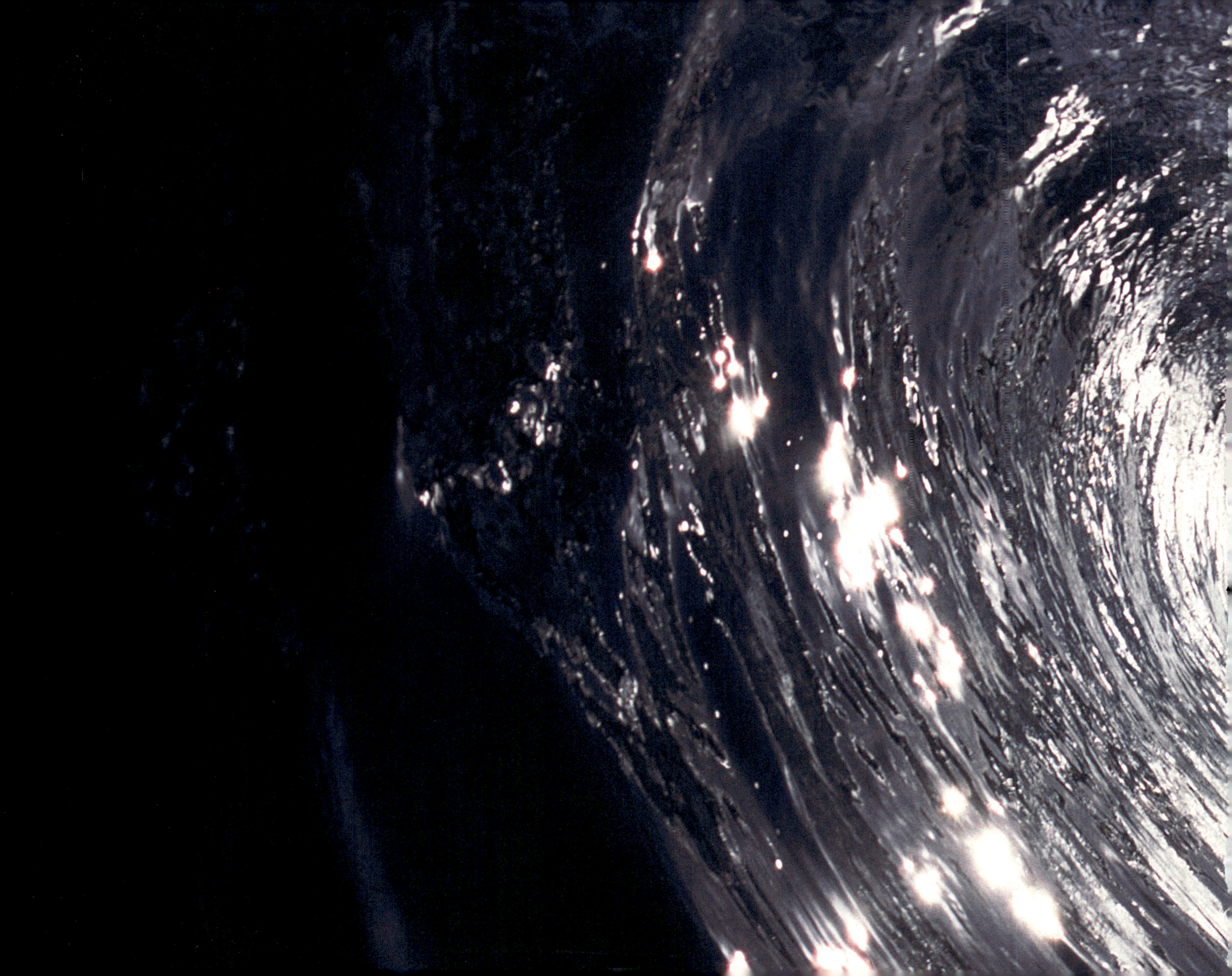